地理国情社会化应用丛书

面向规划决策的地理国情服务

苏世亮 杜清运 翁 敏 编著

科学出版社
北京

内 容 简 介

本书根据不同行业部门和大众的需求，创建面向规划决策的地理国情服务体系框架，结合实例系统说明地理国情服务的体系、产品和模式，旨在为科学进行地理国情数据综合统计分析、实现地理国情的社会化应用，以及知识产权创新提供理论支持和技术指导。本书共分为 5 个部分：第一部分提出地理国情服务的概念框架（第 1 章）；第二部分内容为地理国情综合统计分析，主要包括体系框架（第 2 章）、基础算法（第 3 章）、实践案例（第 4 章）；第三部分介绍地理国情社会化应用的体系框架和实践经验（第 5 章）；第四部分阐述地理国情知识产权创新的内涵和现状（第 6 章）；第五部分是总结与展望（第 7 章）。

本书可作为规划、国土、测绘等部门生产单位和科研院所的参考书，也可作为高等学校地理国情相关专业的本科生和研究生教材。

图书在版编目（CIP）数据

面向规划决策的地理国情服务/苏世亮，杜清运，翁敏编著.—北京：科学出版社，2018.3

（地理国情社会化应用丛书）

ISBN 978-7-03-056614-0

Ⅰ.①面… Ⅱ.①苏… ②杜… ③翁… Ⅲ.①地理–研究–中国 Ⅳ.①K92

中国版本图书馆 CIP 数据核字(2018)第 038104 号

责任编辑：苗李莉 李 静 / 责任校对：樊雅琼
责任印制：肖 兴 / 封面设计：图阅社

科学出版社 出版
北京东黄城根北街 16 号
邮政编码：100717
http://www.sciencep.com

中国科学院印刷厂 印刷
科学出版社发行 各地新华书店经销

*

2018 年 3 月第 一 版　开本：787×1092 1/16
2018 年 3 月第一次印刷　印张：17 3/4　插页：8
字数：420 000

定价：99.00 元

（如有印装质量问题，我社负责调换）

前　言

　　地理国情是指通过地理空间属性将包括自然环境与自然资源、科技教育状况、经济发展状况、政治状况、社会状况、文化传统、国际环境、公众感知与心态等在内的各类国情进行关联与分析，从而得出能够深入揭示经济社会发展的时空演变和内在关系的综合国情。地理国情是我国动态掌握自然资源分布、生态环境变化、社会可持续发展，以及科学决策的重要手段。国务院领导多次要求，测绘地理信息部门要以第一次全国地理国情普查为契机，进一步转变职能，提高服务水平，加快转变发展方式，优化调整组织机构，提升服务经济社会发展大局的能力，推动测绘地理信息事业转型升级发展。"十三五"是我国全面深化改革的关键时期，这既对测绘地理信息领域深化改革、转型发展提出了要求，也对地理国情服务于各领域全面深化改革提出了殷殷期望，提供了发挥作用的广阔舞台。

　　地理国情服务是未来 20 年测绘地理信息工作的重要主题，是在数字中国建设初具规模、自主对地观测能力快速提升的前提和条件下，根据经济社会发展的实际需要，提供适用性、实用性、针对性、辅助决策性更强的测绘地理信息产品。相对于以地形图测绘、地理信息数据库建设等为主要内容的传统业务而言，开展地理国情服务体现了发展理念、工作重点、服务方式、产品形式、生产工艺等方面的深刻变化，已成为测绘地理信息服务国家改革发展大局的主攻方向、测绘地理信息领域供给侧结构性改革的关键突破口、测绘地理信息事业改革创新发展的重要途径，将有力推动测绘地理信息事业转型升级。转型后的测绘部门应将目标定位在服务于国家当前和未来资源合理开发利用、环境健康、生态文明、经济转型、可持续发展，包括为国土资源利用、环境承载能力、生态文明程度、区域经济发展潜能，以及新型城镇化发展水平等社会化应用方面的科学决策提供可靠的、公正的地理国情监测信息和产品，重视知识产权创新，在长期的彰显作用、扩大影响、积累口碑的基础上，逐步提高政府和公众对其认知度、认同度和参与协同度，形成常态化的服务能力，逐步融入政府宏观决策管理的各项具体业务中，并经常性发挥作用，从而树立起测绘地理信息部门地理国情服务的工作品牌。

　　按照"边普查、边监测、边应用"的思路，国家和地方均开展了地理国情服务的实践。国家层面，围绕京津冀协同发展、国土空间开发、生态环境保护、资源节约利用、城乡一体发展等方面开展了监测试点示范，取得了京津冀地区 7 年重点大气颗粒物污染源空间分布、首都经济圈 20 年城市空间格局、三江源生态保护区管理、海南省"多规合一"信息化平台建设、国家级新区建设变化、沿海滩涂变化、南水北调中线工程水源地环境动态监测、三峡地区地质环境变化、抚顺矿山地面沉降等监测成果。成果引起相关部门和地方政府的高度重视。然而，地理国情服务在我国仍处于探索阶段，囿于传统的基础测绘观念和工作方法，大部分珍贵的地理国情数据自采集后，未得到有效的开发利用，其巨大价值因而未能充分得到社会大众的认可。我国的地理国情服务面临着主题定位不明晰、理论不系统、核心业务不规范化、产品创新滞后、工作职能未法定化等困境。如何根据不同行业部门和大众的需求，构建地理国情服务模式，提高地理国情的服务能力，充分开发利用地理国情的潜在价值，是一个值得研究解决的重大课题。

为解答上述问题，武汉大学资源与环境科学学院特别策划了"地理国情社会化应用丛书"。该丛书的第一批次共分为 4 本（图 1），具体包括：面向规划决策的地理国情服务、地理国情分析型专题图设计、地理国情软件工程设计及面向规划决策的城市空间计算。其中，前三本为指导教学、研究和生产实践的参考性教材，从综合到具体地介绍地理国情的产品设计和服务模式；第四本为研究方法与成果的梳理和总结，以深圳市为典型案例区系统介绍城市空间计算体系、模型设计和成果应用。

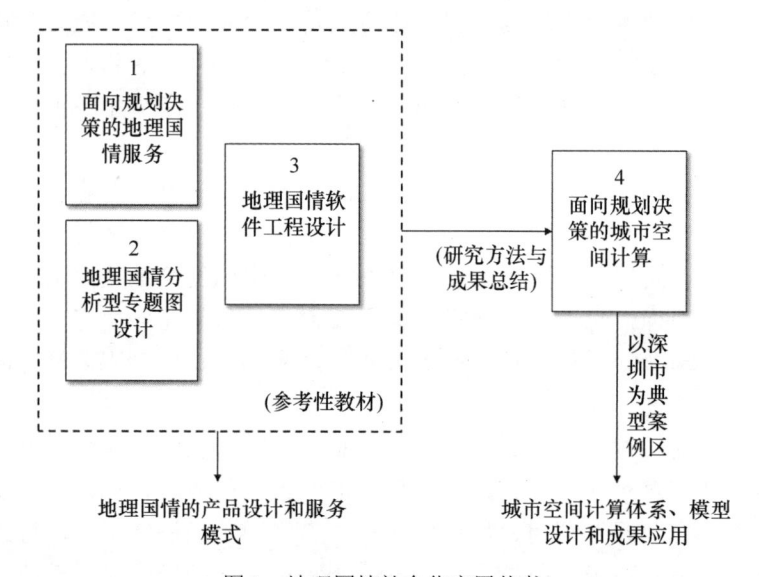

图 1　地理国情社会化应用丛书

作为丛书系列专著的开首，本书从如下六个方面作出了一定的创新贡献。

（1）对地理国情、地理国情信息、地理国情数据的概念、内涵、特征、类型、相互关系进行梳理和界定，构建地理国情的概念框架，进而建立地理国情服务的整体框架。

（2）提出地理国情综合统计分析的目标框架、理论基础、算法模型体系及相应的构建原则。

（3）阐释规划决策与地理国情的关系。设计出一套具有普适性的主题和方法体系，用于指导面向规划决策的地理国情综合统计分析。在此基础上，选取一系列的典型案例，说明地理国情综合统计分析的流程，并对我国测绘部门的综合统计分析实践做初步的总结。

（4）提出地理国情社会化应用的体制机制、产品体系和服务模式。针对不同的产品类别，构建相应的概念设计和实践案例，并对地理国情社会化应用在我国测绘部门的实践进行总结。

（5）阐述地理国情与知识产权的关系，提出地理国情知识产权的概念体系，总结我国地理国情知识产权的现状。

（6）提出地理国情服务的未来发展框架，为地理国情服务实践提供参考。

本书共分为5个部分（图2）：第一部分提出地理国情服务的概念框架（第1章）；第二部分内容为地理国情综合统计分析，主要包括体系框架（第2章）、基础算法（第3章）、典型案例（第4章）；第三部分介绍地理国情社会化应用的体系框架和实践经验（第5章）；第四部分阐述地理国情知识产权创新的内涵和现状（第6章）；第五部分是总结与展望（第7章）。

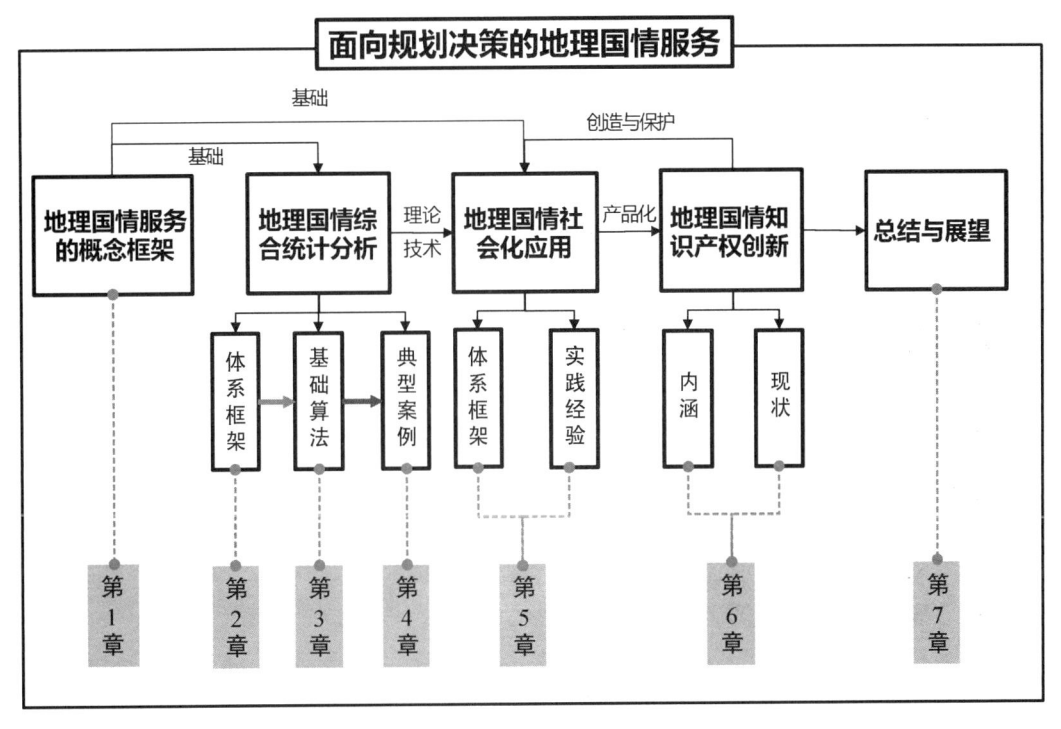

图2　本书章节架构

本书是所有作者精诚协作的集体成果。蔡忠亮教授和亢孟军副教授给予了一定的指导和协助。硕士研究生皮建华、李泽堃、徐梦雅、万琛、谭冰清、罗馨、丁宁、韩剑姿、张倩雯、吕再扬、周昊、谢峘、孙一璠、巩玥、毛子源、罗健、钟艾妮等承担了大量的资料搜集、数据整理、专题制图，以及系统开发任务。部分的经验总结得益于与重庆市地理信息中心、上海市测绘院、北京市测绘设计研究院、湖北省地图院、贵州省第二测绘院、四川省第二测绘地理信息工程院等生产单位的合作。此外，丛书在策划初期得到了科学出版社的大力支持，在此表示真诚的感谢。

本书参考了大量文献资料和科研成果，虽已尽最大可能注明，但难免挂万漏一，敬请原谅和指正。武汉大学城市化研究室特别开设了微信公众号（wurg2016），方便与广大读者交流地理国情服务的理论与实践经验，敬请关注。由于地理国情实践工作在我国尚属首次开展，地理国情服务的基本定位、主要职能、体系框架、技术流程等目前还处于探索与实践阶段，加之作者水平有限，本书难免会存在不妥之处，欢迎各界同仁批评指正。

作　者

2017 年 6 月于珞珈山

目 录

前言
第1章 地理国情的体系框架 1
  1.1 地理国情的概念框架 1
  1.2 地理国情服务 7
第2章 地理国情综合统计分析的体系框架 16
  2.1 目标框架 16
  2.2 理论框架 17
  2.3 技术框架 32
第3章 地理国情综合统计分析的基础算法 35
  3.1 基本统计分析 35
  3.2 综合统计分析 51
  3.3 尺度和结构效应分析 78
  3.4 时空依赖效应 82
  3.5 时空异质效应 85
  3.6 非线性特征分析 89
  3.7 复杂地理计算 91
  3.8 泛在地理数据分析 101
第4章 面向规划决策的地理国情综合统计分析 107
  4.1 规划决策与地理国情 107
  4.2 主题选取与方法设计的概念流程 111
  4.3 面向国家层面规划决策的地理国情综合统计分析 115
  4.4 面向区域层面规划决策的地理国情综合统计分析 129
  4.5 面向省域（直辖市）层面规划决策的地理国情综合统计分析 146
  4.6 面向城市层面规划决策的地理国情综合统计分析 175
  4.7 面向县域层面规划决策的地理国情综合统计分析 202
  4.8 地理国情综合统计分析在我国测绘部门的实践总结 213
第5章 地理国情的社会化应用 217
  5.1 地理国情社会化应用的体系框架 217
  5.2 地理国情辅助决策综合统计分析专题图 223
  5.3 地理国情辅助决策综合统计分析软件 233
  5.4 地理国情辅助决策在线服务平台 238
  5.5 服务公众的地理国情应用 APP 242

  5.6 民生地图 ·· 245
  5.7 地理国情社会化应用在我国测绘部门的实践总结 ······························· 247
第 6 章 地理国情知识产权创新 ··· 253
  6.1 地理国情知识产权 ··· 253
  6.2 我国地理国情知识产权现状 ··· 257
  6.3 我国地理国情知识产权创新 ··· 262
第 7 章 总结与展望 ·· 265
  7.1 总结 ··· 265
  7.2 展望 ··· 268
参考文献 ··· 272
综合统计分析方面推荐参考文献 ·· 275
彩图

第1章 地理国情的体系框架

1.1 地理国情的概念框架

1.1.1 地理国情

国情是指一个国家的社会经济发展状况、自然地理环境、文化历史传统,以及国际关系等各个方面情况的总和,也是指某一个国家某个时期的基本情况,它主要包括一个国家的社会性质、资源环境、人口、政治权力、经济情况、历史、文化思想、民族和宗教、军事国防和对外关系等内容。概括地说就是国家区域的物质基础和上层建筑基本情况的反映,包括社会国情、文化国情、心态国情、历史国情、地理国情等许多方面,是国家制定发展战略和发展政策的依据,也是执行发展战略和发展政策的客观基础。

地理国情是重要的基本国情,是从地理空间的角度分析、研究和描述国情。狭义来看,地理国情是指与地理空间紧密相连的自然环境、自然资源基本情况和特点的总和;广义来看,地理国情是指通过地理空间属性将包括自然环境与自然资源、科技教育、文化传统、经济发展、政治状况、社会状况、国际环境、公众感知与心态等在内的各类国情进行关联与分析,从而得出能够深入揭示经济社会发展的时空演变和内在关系的综合国情(图1.1)。从广义内涵来看,地理国情包含资源、环境、生态、社会、经济、人口等众多要素,这些要素具有各自的结构、功能和发展规律,但直接或间接地通过空间位置相关联,互相制约、阻抗、协同或促进,表现出多维、异构、综合、复杂和非线性等结构特征(王家耀和谢明霞,2016)。因此,地理国情具有如下典型特征。

1)区域特征

国情要素与一定区域的地理位置关联在一起,具有直观和明显的区域异质性特征。

2)多维特征

在同一空间位置上会具有多个专题和属性的国情要素。例如,在一个感兴趣点位上,可取得土地覆盖、污染、物种、交通、人口、经济等多种要素。

3)异构特征

多维度特征决定了地理国情的多语义、多比例尺、多标准和多源的异构特征。例如,在一个感兴趣点位上,土地覆盖、污染、物种、交通、人口、经济等多种要素因获取、存储和处理方式不同,表现出不同的数据结构、语义和精度。

4)时序特征

地理国情各要素间和要素内部本身都存在着物质、能量和信息的流转,要素间的协调度和地理国情的整体功能是随时间的变化而变化的。

5）非线性特征

地理国情是各组成要素通过相互作用耦合后的综合反映，耦合过程不是简单的叠加或相减，而是复杂的非线性过程（互相制约、阻抗、协同或促进）。

6）客观性特征

地理国情是自然和人文地理要素空间形态的直接表达，是不以人的主观意志为转移的客观存在。其能够客观、公正地表达地表自然和人文信息的变化。

7）系统性

任何一个地理国情要素都不是孤立存在的。不同类别的地理国情相互作用共同形成了一个复杂的巨系统。

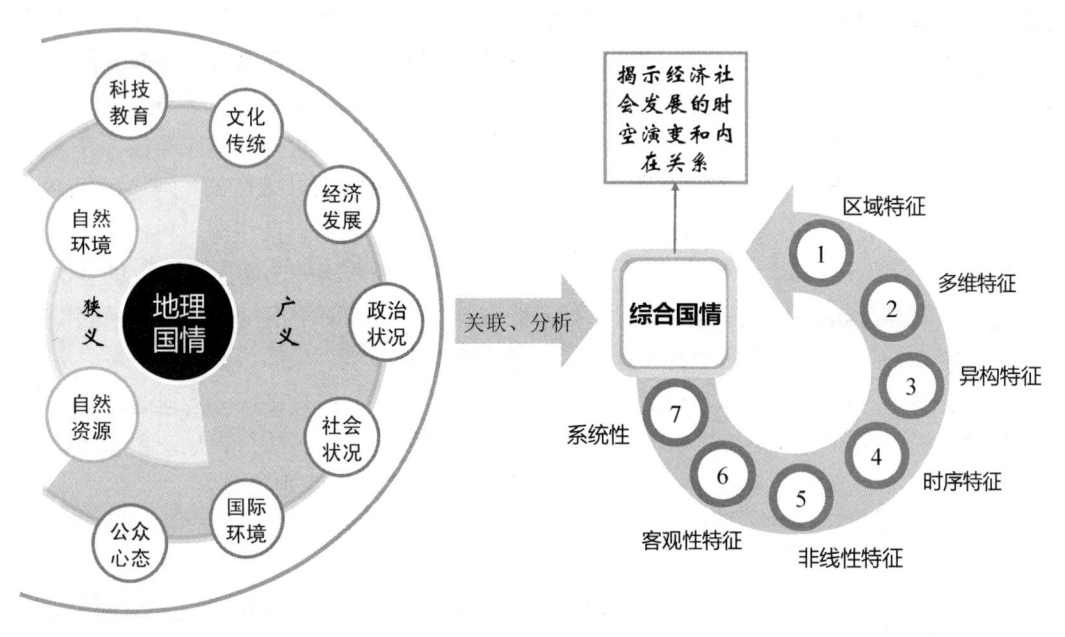

图 1.1　地理国情的概念

1.1.2　地理国情信息

地理国情信息是指与空间位置相关的，描述资源、生态、环境、人文、社会、人口、经济等国情要素结构和特征的综合信息。地理国情信息不仅仅是对客观世界的描述，更重要的是它反映了各种自然环境要素之间的联系，以及基于这些要素所产生的社会人文现象的空间关系及其变化规律，是一种由表及里的信息。地理国情信息具有多时态（multi-temporal）、多主题（multi-thematic）、多层次（multi-hierarchical）、多维度（multi-dimensional）、多粒度（multi-granular）等特征。其中，"时态"反映了地理国情要素随着时间变化的情形；"主题"是指从不同专题描述地理国情要素（倪金生等，2017）；"层次"是基于地理国情要素的层次或级别的划分来描述其相应层次的特征（陶舒等，2015；谢明霞等，2016）；"维度"是指地理国情要素具有多内涵特点；"粒度"是指描述地理要素或者要素信息的详细程度（刘凯等，2014）。地理国情信息与传统的地理信息概念既相互联系又相互区别。

（1）地理信息是地理国情信息的基础。首先，地理信息与地理国情信息都是从空间角度出发，对与地理相关的要素情况和特征进行记录和描述；其次，地理信息与地理国情信息所包含的基本内容相一致，二者都是对地球表层及其上下一定范围内的自然经济综合体的空间变化情况及其相互关系的反映；再者，地理信息与地理国情信息有一致的表达方式，地理国情信息是一定区域内各种地理信息的综合集成，地理信息能够为地理国情信息的描述与分析提供载体。

（2）地理国情信息是地理信息的扩展。地理国情信息不仅是对地理信息的广度扩展，同时也是对地理信息的深度挖掘。首先，地理信息所表达的信息往往是单一的、离散的，而地理国情信息具有现势性、动态性、覆盖面广、综合性强等特征，它反映的是一定时期内地理信息的空间变化和发展等情况，是地理信息从三维到四维的扩展。其次，地理信息一般反映的是可度量的地理实体特征，它仅仅是对实体表征属性的描述，属于物质基础信息。而地理国情信息则是在地理信息的基础上对与地理相关的产业经济、社会人文等信息的空间反映，它不仅是对物质基础信息的描述，更是对其上层建筑信息的反映，是对地理信息从外在到内在的深度挖掘。它通过对一定时空范围内各种自然地理要素的描述和分析来表达与其相关的社会、文化现象，是一种由下至上的信息。

根据地理国情信息的特征，并结合信息获取的方式，笔者提出一个"2极—3层—多核"的分类体系（图1.2）。一方面，从信息的表达内涵来看，地理国情信息可分为基础信息、描述信息和综合信息。其中：①基础信息指最初获取的，未经过分析处理或者仅对相关要素进行了简单编辑的原始地理信息，它具有基础性、本底性的特点，是对地理现象静态空间特征的基本描述。②描述信息是指在基础信息的基础上，运用数理统计的方法对原始数据进行处理和分析所得到的信息。描述信息反映国情要素的物理结构特征、分布格局和变化规律，它根据特定的目标对基础信息的共性和特征做进一步综合，是连接地理现象的基础与其内在规律的过程信息。③综合信息是指为了满足不同的应用需求，以基础信息和描述信息为基础，采用多学科分析方法与数据挖掘技术，对不同类别地理国情要素之间相互作用和演进规律进行动态、综合和系统的评价、预测和模拟而得到的信息。综合信息是地理国情信息与地理信息区别的主要因素。首先，综合信息揭示了不同类别国情要素自身和互作的动态变化规律，可以展现国家、社会发展的内在机理和规律，是地理国情信息的核心。其次，综合信息是综合性和专业性的结合。综合信息涉及不同类别、不同层次的信息，因而需要应用专业的分析方法来分析和挖掘；同时，综合信息还应是对各种要素宏观的、有机的表达，从而能够适应不同行业、不同部门的应用需要。

另一方面，从信息的获取方式来看，地理国情信息可以分为普查信息和泛在信息两大类。其中：①普查信息是通过地理国情普查及各类行业普查获取的空间信息，主要包括观测信息、感知信息、文本信息、POI（感兴趣点）信息和AOI（感兴趣区域）信息等。普查信息的获取往往通过实地勘测、调查、对地观测（航空、遥感）等方式获取。②泛在信息是由传感网、互联网、通信网、行业网等网络系统获取的国情要素本身及其相关信息（如位置、状态、环境等），主要包括基础地理信息、结构信息、支付信息、

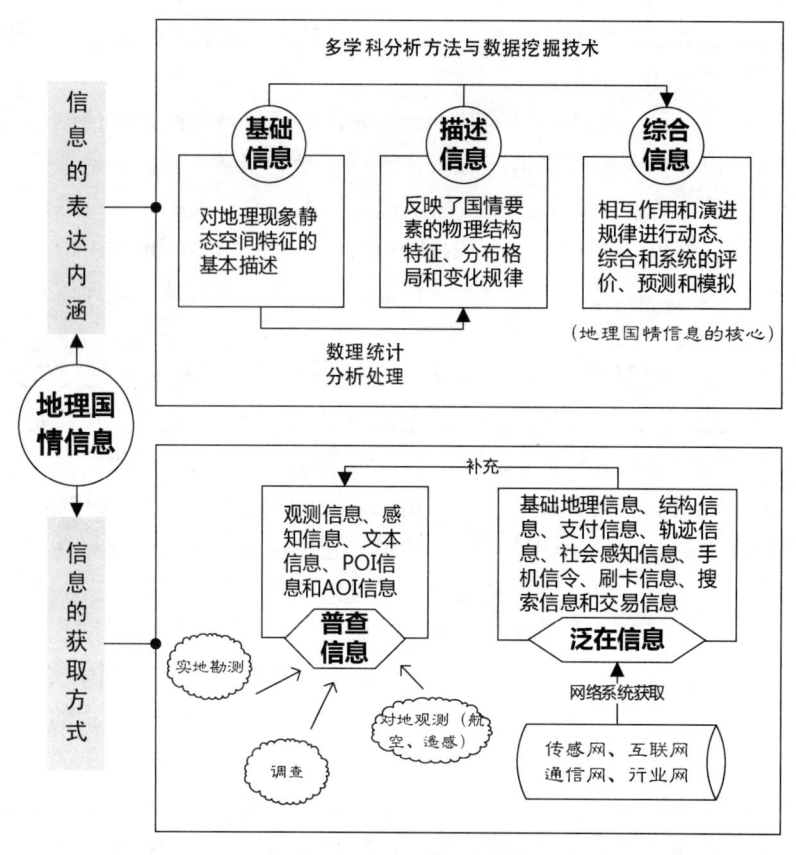

图 1.2 地理国情信息的分类体系

轨迹信息、社会感知信息、手机信令、刷卡信息、搜索信息和交易信息等。普查信息的获取一般周期较长，覆盖范围较小，涵盖内容较有限，信息相对单一；而随着泛在网相关技术的不断发展，泛在信息获取的周期较短，信息量越来越大，信息内容越来越丰富（李德毅，2014）。因此，泛在信息既是普查信息的重要补充，又是地理国情信息必不可少的组成。不同的是，普查信息具备的空间位置属性一般是用地理坐标直接表达，或者由地名、地址、相对方位和距离关系等相对表达；而泛在信息的空间属性，则一般用 IP 地址、URL、签到、社交网络账户等形式描述用户登录或发布信息的位置等表达（吴芬芳和熊卿，2015；周成虎，2015）。

1.1.3 地理国情大数据

地理国情数据是地理国情信息的载体。从数据量、增长速度、准确度、应用价值等方面看，地理国情数据是天然的"大数据"（张继贤等，2016），具备大数据的"5V"特征（图 1.3）：①Volume（海量），由于地理国情监测数据的自生长性，随着时间的推移，数据会自动增加，现有数据量达 10PB，未来将达 E、Z 级；②Veracity（准确性），遥感结合地面调查，确保了数据真实、准确；③Velocity（时效性），采集实时性，处理高效性；④Variety（异构性），地理国情监测数据来源多样，经过不同手段获得的数据存储格式及提取和处理方法各不相同，直接导致数据模型的不一致和数据的异构性；⑤Value（高价值），能够有效反映资源、环境、生态、经济、人文、人口等要素的空间分布及其发展变化规律，受到政府、企业和公众的关注与认可，对推进大数据"国家战略"具有重要的价值。与地理国情信息分类体系相一致，地理国情大数据可以分为普查数据和泛在数据两大类，具体可分为如下 11 个小类（图 1.4）。

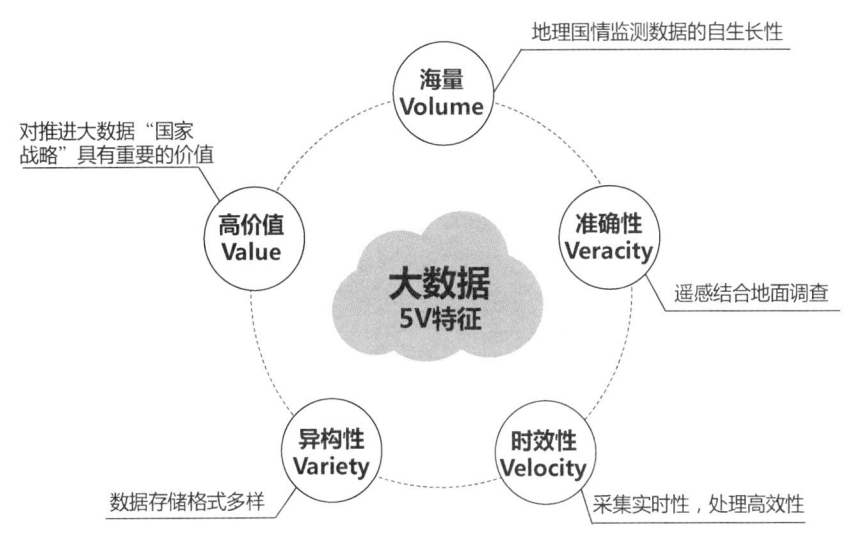

图 1.3　地理国情大数据的"5V"特征

1）基础地理信息数据

该数据是指通用性最强、共享需求最大，几乎为所有与地理信息有关的行业采用的数据。作为统一的空间定位和进行空间分析的基础地理单元，主要由自然地理信息中的地貌、水系、植被，以及社会地理信息中的居民地、交通、境界、特殊地物、地名等要素构成，内容包括数字线划图（DLG）、数字高程模型（DEM）、数字栅格地图（DRG）、数字影像地图（DOM）、地名数据等，特点是数据体量大、信息量大、应用面广、现势性好，具有极高的共享性和社会公益性。

2）遥感对地观测数据

通过航天、航空或地面遥感获得的数据，是地理国情监测的稳定数据源，可以满足地理国情的动态、常规监测需求。按数据空间分辨率可以分为低、中、高空间分辨率遥感数据；按电磁波的光谱段可以分为可见光、热红外、微波、LiDAR 遥感数据。该数据的特点是获取范围大、重访周期短、数据体量大、时效性强。

3）地面观测感知数据

以传感器为数据采集的工具，常年进行监测，是分析规律、建立模型、验证模型、预测预报的重要数据源，包括大地测量数据、遥感影像解译样本数据、农情监测数据、水质、水文及水色监测数据、气象监测数据、地表形变监测数据等，是地理国情监测的数据来源。该类数据的特点是观测频率高、数据类型多、数据体量大、数据具有可比性。

4）地理国情普查与监测数据

面向不同应用专题，对不同时相的地理空间信息进行调查和变化监测所获取的数据，包括地表覆盖分类数据、数字正射影像、兴趣点数据、地表覆盖变化监测图斑、兴趣点属性变化数据等。特点是数据量大、精度高、信息量大、应用面广等。

基础地理信息数据
DLG、DEM、DRG、DOM

遥感对地观测数据
低、中、高空间分辨率
可见光、热红外、微波、
LiDAR

地面观测感知数据
大地测量、遥感影像解译样本、
农情、水质、水文及水色监测、
气象、地表形变监测

地理国情普查与监测数据
地表覆盖分类数据、数字正射影像、兴趣点数据、地表覆盖变化监测图斑、兴趣点属性变化数据

行业普查与调查数据
土地、林业、水利、农业、交通、环境、经济、人口

社会经济统计数据
基于行政区划的人口、社会、经济、健康数据

地理国情大数据

普查数据 + **泛在数据**

志愿者地理数据
借助Web 2.0标注和上传

社交媒体感知数据
个人文本、图像、视频、链接、表情符号等

类移动GPS大数据
公交刷卡数据、浮动车GPS数据、共享单车GPS数据、手机信令、刷卡消费

互联网大数据
新浪、搜狐网、百度、谷歌、搜房网、链家、58同城

物联网大数据
物流数据、电网数据、水网数据等

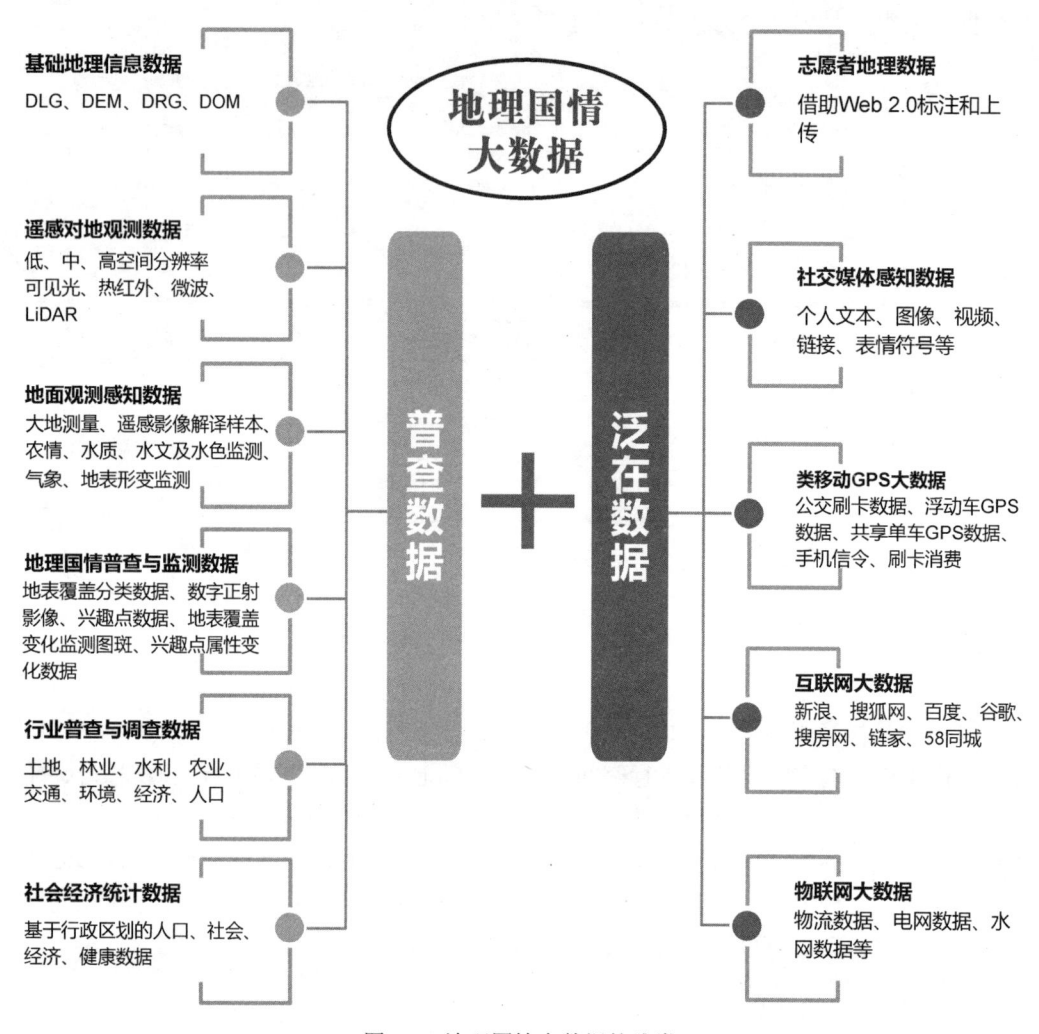

图1.4 地理国情大数据的分类

5）行业普查与调查数据

根据特定目的，由土地、林业、水利、农业、交通、环境、经济、人口等部门开展的不定期调查、考察形成的数据，如全国性的土壤普查、水利普查、林业普查、污染源普查、经济普查、地名普查、交通设施普查、营养状况调查、土地利用现状调查、耕地地力调查与质量评价等。这类数据可为地理国情溯源提供宝贵的参考，特点是历史性、周期性及不可重复获取。

6）社会经济统计数据

以行政区划为单元，对人口、社会、经济、健康等信息进行定期采集形成的数据，是反映人文国情的重要资料，也是地理国情综合统计分析不可或缺的数据。这类数据具有准确性、可比性、可衔接性及时序性的特点。

7）志愿者地理数据

是由大量非专业人员利用智能手机、GPS 终端、iPad，以及各类定位传感器志愿获取，并借助 Web 2.0 标注和上传的地理空间数据。众源提供了一种全新的地理国情数据获取模式。此类数据具有现势性高、传播快、信息丰富、成本低、数据量大、质量各异、冗余而不完整、覆盖不均匀、缺少统一规范、隐私和安全难以控制等特征。

8）社交媒体感知数据

用户在使用社交媒体（博客、微博、微信、维基、视频分享网站、社交网站、点评社区、论坛等）过程中产生的大量与地理位置相关的个人文本、图像、视频、链接、表情符号等信息。此类数据反映了用户对社会事件的感知，是舆情信息最便捷有效的重要数据源。具有数据量大、更新快、时效性强、结构复杂等特征。

9）类移动 GPS 大数据

由移动 GPS 设备或类 GPS 功能所记录的用户活动原始时空轨迹数据，包括公交刷卡数据、浮动车 GPS 数据、共享单车 GPS 数据、手机信令、刷卡消费数据等。此类数据可以反映人类出行、通勤、活动和移动的时空规律，为从微观层面观察社会、经济、人口、环境等国情要素提供了有效的手段。具有时序性好、数据量大、隐私性强等特点。

10）互联网大数据

互联网已经成为人们生产生活不可或缺的重要场所。人们在互联网上购物、交流、搜索、浏览的各种行为所产生的数据量越来越大。如新浪、搜狐网等每天有大量用户浏览信息，百度、谷歌等搜索引擎为用户检索出大量需要浏览的内容，并实时记录关键词的搜索密度；搜房网、链家等网站上有大量二手房交易信息，58 同城等网站提供租房价格信息等。此类数据亦是舆情信息最便捷有效的重要数据源。具有数据量大、时效性强、更新快等特征。

11）物联网大数据

物联网通过智能感知、识别技术与普适计算等通信感知技术实现物物相连，包括物流数据、电网数据、水网数据等。此类数据可以反映人类社会日常运转的时空规律。具有时序性好、数据量大、隐私性强等特点。

1.2 地理国情服务

1.2.1 地理国情服务的主题框架

国家开展第一次全国地理国情普查，是为了获取自然和人文地理要素信息，实现各类经济社会信息与地理信息的融合，综合反映国家自然资源、国家生态环境发展现状，成为制订国家和区域发展战略与发展规划的重要基础，为大众、政府、企业提供科学决策的重要参考（李维森，2017）。地理国情服务是指在地理国情信息内涵框架的基础上，通过地址编码技术将分布于不同部门的、多元化的、时空动态的地理国情信息进行集成，从不同层次、不同角度、不同专题、不同标准向不同需求的用户，选择合适的产品体系和服务模式，提供及时、可靠的结论和建议，从而满足各种综合性、区域性、主题性的行为和决策需要（图1.5）。因此，国情信息采集、综合统计分析、社会化应用构成了地理国情服务的三大主题（图1.6）。这三大主题呈现出螺旋式耦合的关系：①国情信息采集是基础，综合统计分析是核心，而社会化应用是目的；②国情信息采集为综合统计分析与社会化应用提供数据支持，而综合统计分析是国情信息实现社会价值的必要手段；③社会化应用对国情信息采集和综合统计分析提出新的要求，既促使了国情信息采集实时化、自动化、来源泛在化，又提高了综合统计分析的专业化、智能化、多样化；④随着国情信息采集和综合统计分析技术的提高，将带来应用领域多元化、服务内容多样化、服务方式主动化、服务主体社会化。

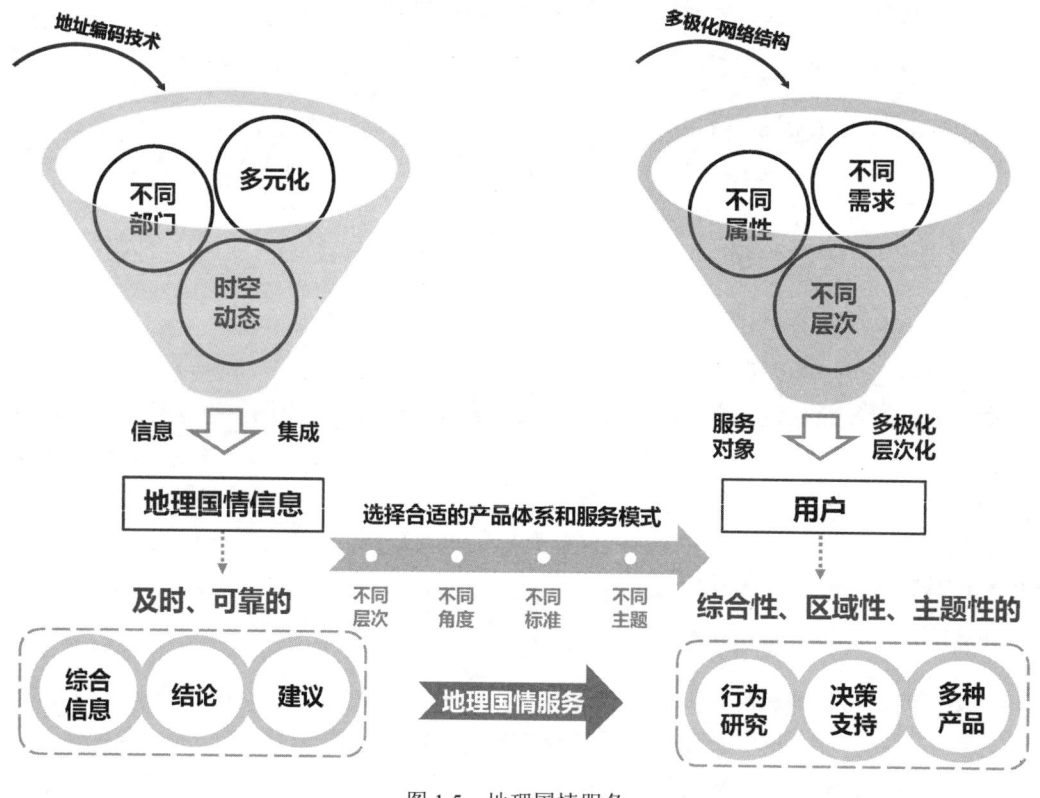

图1.5 地理国情服务

与传统的GIS服务（张霞，2014；王玉海等，2007）相比，地理国情服务具有如下四个特点。

1）数据集中性与分布性共存

地理国情数据类别较多，且涉及的范围比较广。例如，地理国情普查与监测数据集中存储在测绘部门，而专题数据则分布在不同的行业部门。每个部门都有自己的数据库管理员进行数据的增加、删除、更新、备份等日常工作，导致了数据的集中性与分布性共存。

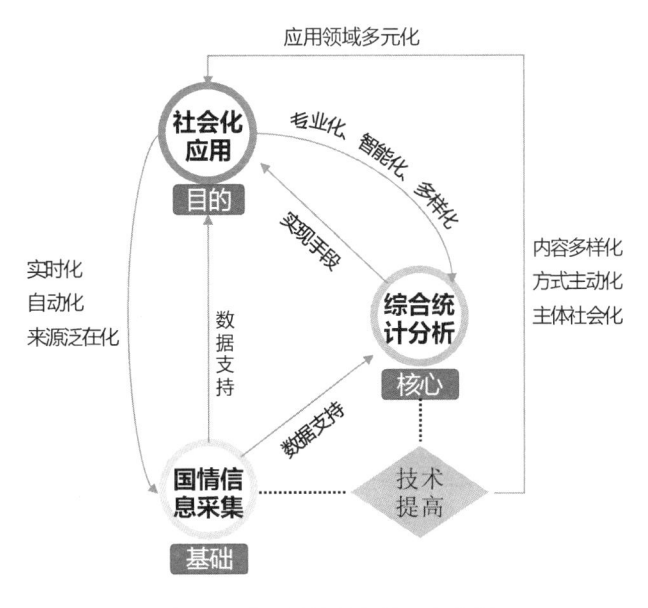

图 1.6 地理国情服务的三大主题

2）服务对象多极化和层次化

地理国情社会化应用与服务的对象主要包括普通公众、企业、非营利组织、政府决策者等。这几类服务对象不是呈现出相互隶属、相对重要的金字塔结构，而是表现为相互联系、同等重要的多极化网络结构。此外，各类对象根据属性的不同，又可以划分为不同层次，不同层次上的对象表现出不同的需求。

3）服务内容权限性和等级性

地理国情普查与监测数据具有高度的涉密性，行业普查和调查数据与物联网大数据则具有较高的行业保密性。此外，社会感知数据和移动 GPS 大数据也会涉及个人隐私。因此，地理国情服务根据对象的类别设有不同的权限性。此外，相同类别的对象因为等级的不同，也设有不同的保密等级。

4）服务模式综合化、多元化、智能化

传统的 GIS 服务主要以数据的查询与共享为主要模式，而地理国情服务的内容则是为不同类别和层次的对象提供具有高度综合性、专业性和知识性的产品。这些产品既可以是综合统计分析的结果、公报、报告和决策建议，也可以是具有分析和决策功能的软件、插件、专题地图（集）、皮书和 APP 等。

当前，地理国情普查与监测是地理国情信息采集的最有效、最重要的手段。地理国情普查是指对一个国家的陆地国土范围内的地表自然和人文地理要素进行普查。我国地理国情普查要素包括地形地貌、植被覆盖、荒漠与裸露地、水域、交通网络、居民地及设施和地理单元七大类（张成，2014）。地理国情监测是综合利用全球卫星导航定位技术（GNSS）、航空航天遥感技术（RS）、地理信息系统技术（GIS）等现代测绘技术，综合各时期已有测绘成果档案，对地形、水系、交通、地表覆盖等要素进行动态化、定量化、空间化和常态化的监测（史文中等，2012）。

我国目前所开展的地理国情普查的对象和研究内容属于狭义角度的地理国情，尚无法有效对其他国情要素（如资源、环境、经济、人口、社会、政治、文化）进行信息采集（图 1.7）。加之不同行业部门之间尚未形成有效的协作机制，大部分地区的人文要素信息采集依赖于社会经济统计数据。针对众源地理数据、社交媒体感知数据、移动 GPS 大数据、物联网大数据等重要国情信息，目前尚未形成有效的常态化采集方式和手段。如何丰富和健全国情信息采集的内容和体系是当今阶段必须要解决的问题（桂德竹等，2017）。

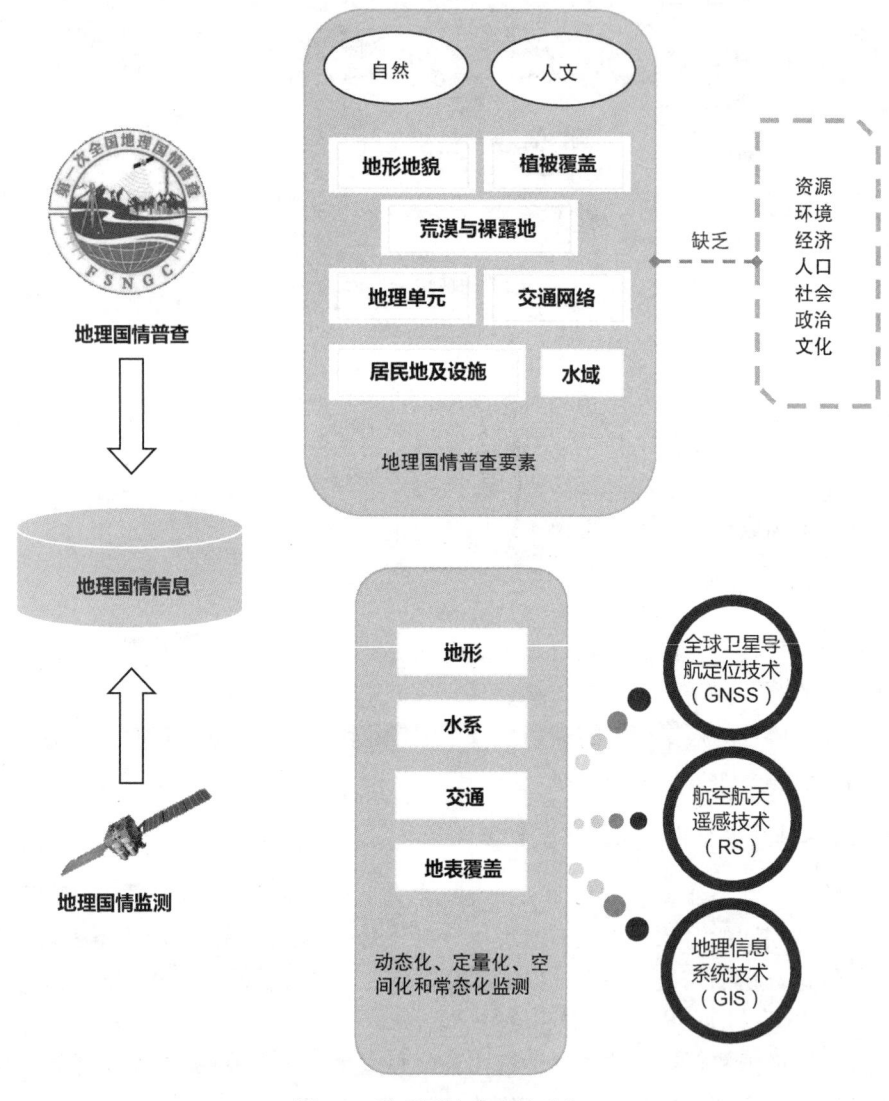

图 1.7 地理国情信息的采集

综合统计分析是指通过建立地理空间单元划分体系，形成多尺度的统计分析单元，考虑不同服务主体的多元化需求，遵循相关学科的理论和原理，以地理国情数据为基础，设计分析的主题、维度和内容，借助得当、稳定和健壮的统计分析和数据挖掘的方法，综合分析资源、环境、生态、人口、社会、经济、文化等要素的内在空间特性及其在地理空间上的关联和相互作用，揭示它们的分布规律、发展趋势和互作机理，最终形成科学有效的结论，为规划决策提供依据和参考（图 1.8）。从这一概念可以看出，地理国情综合统计分析的内容应属于广义的地理国情概念范畴。现阶段我国承担或从事地理国情统计分析任务的科研院所和研究人员大多将地理国情统计分析作为工程项目，无论从方法、过程还是成果发布上，基本上是参照基础测绘、GIS 系统开发、传统地图制图、空间分析等思想和模式进行实施的，而未对地理国情综合统计分析的理论基础、主题设计、方法论体系进行深入的探讨，造成了目标不明确、尺度不匹配、主题不多样、方法不科学、内容不综合等诸多"知识贫乏"问题，严重影响了地理国情的社会化应用（王家耀和谢明霞，2016）。因此，如何避免用基础测绘的思维方式进行地理国情的综合统计分析，实现思想和方法的双重转型，是摆在我们面前迫切需要解决的问题。

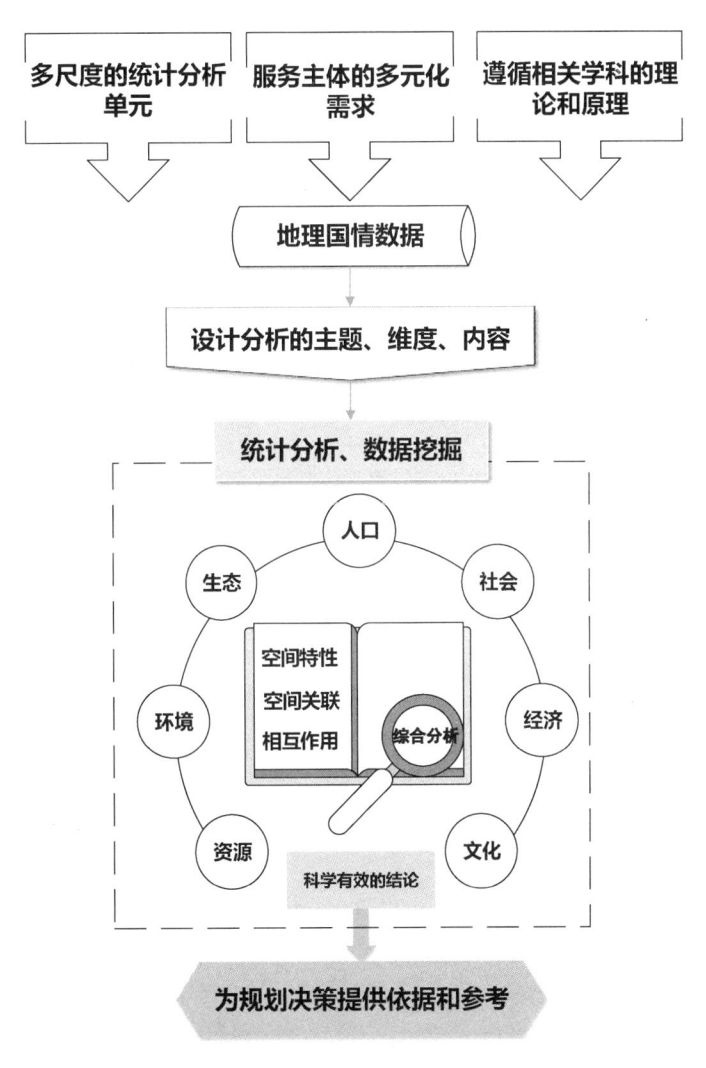

图 1.8 地理国情综合统计分析

地理国情在社会经济发展过程中发挥着重要的作用，从国民经济各部门到社会公众都需要相应的地理国情信息，如城市规划所涉及的城镇空间体系、人口分布、资源供给等综合分析均需要地理国情信息的强有力支持（唐伟等，2016）。此外，个体活动空间的扩大和社区管理参与意识的提高，致使对空间环境的把握能力相对不足，越来越需要借助地理国情信息规划出行路线、评估生活质量、共享社会感知。只有通过地理国情的社会化应用才能满足上述需求。社会化应用强调的是面向社会需求的应用，是指在地理国情信息内涵框架的基础上，从不同层次、不同角度、不同专题、不同标准向不同需求的用户，选择合适的产品服务模式，从而满足各种综合性、区域性、主题性的行为和决策需要（图1.9）。囿于传统的基础测绘观念和工作方法，大部分珍贵的地理国情数据自采集后，未得到有效的开发利用，其巨大价值因而未能得到社会大众的认可。如何根据不同行业部门和大众的需求，构建地理国情社会化应用与服务模式，提高地理国情的社会化应用与服务能力，充分开发利用地理国情的潜在价值，是一个值得研究解决的重大课题（李德仁等，2016）。

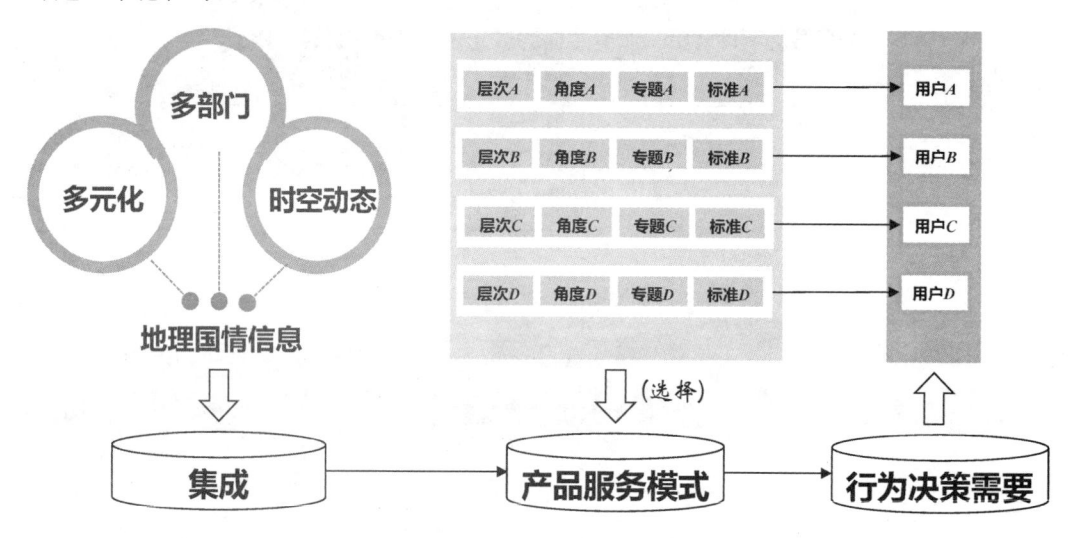

图 1.9　地理国情社会化应用

1.2.2　地理国情服务的体制框架

完善的体制是地理国情服务可持续发展的重要保障（周星等，2013；王小攀等，2016）。地理国情服务体制机制主要由 4 部分构成：业务体系、产品体系、分工协作机制和法规政策体系（图 1.10）。

1）业务体系

地理国情服务业务体系由地理国情服务核心主题业务，以及支撑其开展的业务流程、组织体系、技术体系、装备体系、标准体系和质检体系等构成。地理国情服务的核心业务与主题相对应，分为监测、综合统计分析和社会化应用。其中，监测主要是对地理国情进行的全面监测，定期、系统地掌握地理国情变化（马万钟和杜清运，2011；吕长广，2013；杨伯钢等，2017）；综合统计分析主要是通过统计分析掌握地理国情要素互作机理（董春等，2014，2016；仇明等，2015；刘耀林等，2015a；刘耀林等，2015b；张琴琴等，2016）；社会化应用主要是将地理国情监测数据和综合分析结果应用于各行各业，服务决策者和社会大众（张辉峰和桂德竹，2014；周旭斌和孟蕾，2014；严竞新等，2017）。

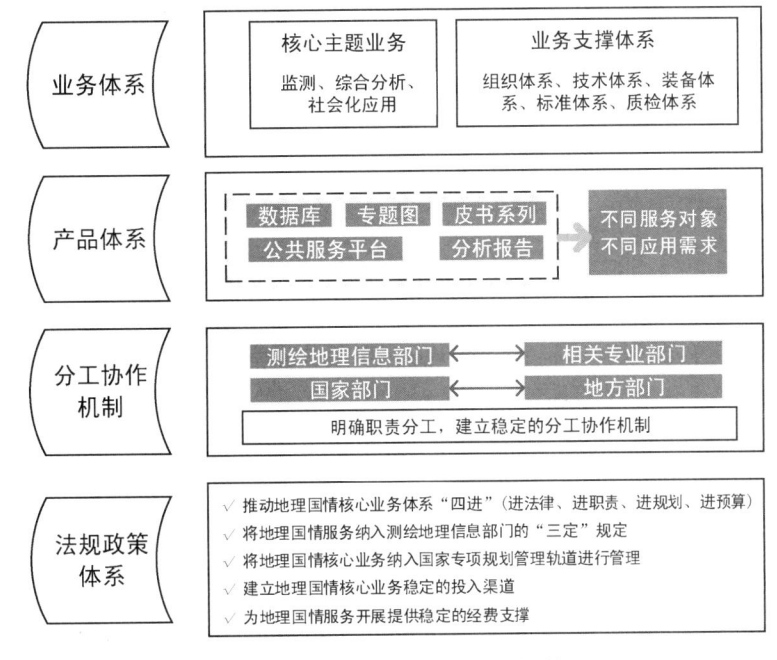

图 1.10 地理国情服务体制机制

地理国情服务业务支撑体系主要包括：①组织体系，不论是履行地理国情服务的事业职能，还是其行政职能，都需要相应的组织机构和人才队伍作为支撑（周星等，2014）；②技术体系，相对于传统测绘而言，地理国情服务需要解决一系列特别的技术问题（如狄琳，2011；杨皓月，2011；朱力维等，2014；余咏胜等，2015；张旭敏等，2015）；③装备体系，装备决定能力，地理国情服务需要完备的装备能力的支撑；④标准体系，为了使地理国情服务规范化开展，就要建立和完善地理国情服务相关标准体系；⑤质检体系，需要建立一整套质量保证方案，确保地理国情服务产品可靠、权威。

2）产品体系

构建地理国情服务业务体系，只是建立了开展这项工作的基础能力，而要实现这项工作的价值和功能，需要进一步形成稳定的地理国情产品体系。因此，应针对不同服务对象和不同应用需求，逐渐形成包括数据库、专题图、分析报告、皮书、公共服务平台等全面、丰富、多样化的地理国情产品形式（如王军等，2014；王海银等，2015；陈庆欢，2016），并通过公开发布、提供使用等方式，为政府和社会提供地理国情服务。

3）分工协作机制

地理国情服务工作涉及面广，不仅需要测绘地理信息部门和相关专业部门之间分工协作，也需要国家和地方测绘地理信息部门之间的相互配合。因此，做好地理国情服务，需要进一步明确测绘地理信息部门与相关专业部门的职责分工，并建立稳定协调的沟通和会商机制。地理国情服务工作本身却是一个从微观到宏观、从局部到整体、从细微到综合的工作过程，地理国情服务离不开各个地方的参与和支持，因此还要明确国家和地方测绘地理信息部门的职责分工，在此基础上建立稳定的地理国情服务分工协作机制。

4）法规政策体系

地理国情服务作为测绘地理信息发展的战略重点，其可持续的开展离不开相应的法制环境的保障。因此，要建立地理国情服务法律政策体系，具体说来就是推动地理国情核心业务体系"四进"，进法律、进职责、进规划、进预算。应当在明确地理国情服务内涵和本质、职责分工、产品模式、投入机制等的基础上，进一步确立该项工作的法律地位，将以上内容以法律的形式固定下来。要争取将地理国情服务纳入测绘地理信息部门的职能、机构、人员编制等的"三定"规定，并做好职能细化分解，将各项工作职能赋予各组织机构，使工作职能落实到具体的工作单位。为了保障地理国情事业全面协调可持续发展，有必要将地理国情核心业务纳入国家专项规划管理轨道进行管理。此外，还需要建立地理国情核心业务稳定的投入渠道，为地理国情服务开展提供稳定的经费支撑。

1.2.3　当前我国地理国情服务存在的问题

按照"边普查、边监测、边应用"的思路，国家和地方均开展了地理国情服务的实践。国家层面，围绕京津冀协同发展、国土空间开发、生态环境保护、资源节约利用、城乡一体发展等方面开展了监测试点示范，取得了京津冀地区7年重点大气颗粒物污染源空间分布、首都经济圈20年城市空间格局、三江源生态保护区管理、海南省"多规合一"信息化平台建设、国家级新区建设变化、沿海滩涂变化、南水北调中线工程水源地环境动态监测、三峡地区地质环境变化、抚顺矿山地面沉降等监测成果。成果引起相关部门和地方政府的高度重视，其中京津冀地区的污染源分布、植被覆盖、城市扩展、地表沉降等监测成果引起了国务院领导关注。省级层面，浙江省在开展国土专项审计工作中，利用地理国情编制基本农田疑似占用地块分析报告，辅助审计部门对是否占用基本农田进行审核，极大提高审计效率和精准程度。海南省在开展"多规合一"试点工作中，利用普查成果梳理发现各类规划冲突矛盾，科学划定基本生态保护红线，统筹城乡发展、优化产业、基础设施空间布局，实现"一张蓝图"，得到海南省政府的高度评价。黑龙江省以哈尔滨市木兰县为示范区，以地理国情普查成果为基础，与环保部门合作开展示范区重要生态功能区、生态敏感区、脆弱区及禁止开发区的生态保护红线划定试点。新疆、西藏、云南、内蒙古等省级政府利用地理国情成果推进生态文明建设、资源管理、维稳、应急等工作。然而，地理国情服务在我国仍处于探索阶段，主要存在如下四方面的问题。

1）核心业务尚未规范

由于对地理国情作为国情研究重要组成部分的工作定位存在认识上的模糊和偏差，以及国情服务模式尚未规范化和系统化，地理国情服务核心业务的工作内容、业务流程、技术体系和队伍、装备等支撑条件还不够完善，需要在实践中不断规范。

2）科技创新能力不足

监测方面，地理国情数据获取的实时化水平较低，要素快速自动解译、变化发现快速检测等地理国情数据处理的自动化水平也相对较低。综合统计分析方面，尚未形成统一的国家标准体系，大多数地区只是探索性地开展相关工作。理论基础、主题选择、技术体系、软件平台等系统工作均处于空白状态。

3）工作职能未法定化

地理国情服务作为建设责任政府、服务政府的重要支撑，是新时期国情研究和分析工作的深化，需要有保证其效能充分发挥的法律基础。目前，地理国情服务工作尚无比较系统、完善的法律法规和规章可依。

4）社会化应用的推进策略尚不完善

地理国情服务尚未明确赋予职责的探索性工作，目前，通过试点工作建立的沟通协调形式并未真正以制度固定下来，不能长效开展，需有序推进。

第 2 章 地理国情综合统计分析的体系框架

2.1 目 标 框 架

地理国情综合统计分析的目标主要体现在三个方面：辅助决策、校正纠偏、监管检验。其中，辅助决策是当前最基本的目标，校正纠偏是中期过渡性目标，监管检验则是该项工作的最终目标，三者亦步亦趋、层层递进（图 2.1）。

图 2.1 地理国情综合统计分析的目标框架

1）辅助决策

时代的进步和技术的发展，要求管理者注重统筹兼顾，在统筹经济建设和社会发展、城乡一体、区域协调、人与自然和谐发展方面作出系统、科学、全面、可持续的长远规划和科学决策。开展地理国情监测，可以快速获取地表植被、土地利用、生态变化、城镇化发展等各种地理国情信息，通过综合统计分析深入揭示经济社会发展与自然资源环境的内在关系和演变规律，促进重大工程、重要项目安排的科学决策、科学评价、科学管理。这是地理国情综合统计工作目前最基本的目标。

2）校正纠偏

对国情进行分析和研究的相关政府部门，由于其身份既是规则制定者，又是规则的执行者和监督者，因此定义国情要素、调查量测标准等往往会从管理事权考虑，容易造成国情信息的重复和遗漏，导致所获取的国情信息存在偏差。而测绘地理信息部门从地理空间的视角切入开展国情综合统计，其信息资料来源是客观的对地观测数据，不受本部门利益影响，因而可以相对客观、公正地分析地理国情信息变化及其反映的问题，对相关部门的国情信息起到校正纠偏的作用。这是地理国情综合统计分析的中期过渡性功能。

3) 监管检验

加强对政府绩效的监督成为大势所趋、人心所向。政府绩效需要有公正、中立的第三方进行科学评估。地理国情综合统计分析具备空间化、可视化表达和综合分析的优势，能够对重要地理国情及其反映的问题进行分析和评估，从而监督、检验大多数政府公共服务的实际水平。因此，地理国情综合统计分析工作能够在充分发挥辅助支持、校正纠偏的作用基础上，进一步发挥其监管检验的功能和作用，对相关部门履行职能的过程和成果进行监管，强化其行政管理职能的发挥。

通过以上分析可知，地理国情综合统计分析既具有保障服务的属性，又具有监督管理的应用潜能，即地理国情综合统计分析的"事业"、"行政"属性能够兼而有之。"事业"属性体现在保障服务上，即满足经济社会发展对地理国情辅助决策的需求；而"行政"属性则属于能够被挖掘的潜在职能，体现在监督管理上，即通过地理国情综合统计分析成果来评价和监管行政职能履行情况。地理国情综合统计分析能够作为测绘地理信息事业发展战略重点提出来，其功能定位绝不仅仅是保障服务的"事业"职能，而应是更进一步、更高层面的监管"行政"职能，唯有如此，地理国情综合统计分析才能在测绘地理信息转型发展中发挥战略性、关键性作用。但是必须看到，实现行政职能必须以其事业职能为基础和前提，否则行政职能只会是空中楼阁，无所依托。因此，长远谋划地理国情综合统计分析，应以实现地理国情监测的"事业"、"行政"双职能为终极目标，推动测绘地理信息从经济社会的保障服务者逐渐转型升级为美丽中国建设的监督管理者。

2.2 理论框架

地理国情综合统计分析是一个关系复杂、多维、兼具多理论和多技术背景的复杂课题。一个亟待解决的问题是如何找到一些基本的理论引导测绘工作者思考、分析和揭示地理国情的分布与变化规律。笔者在地理学、统计学、社会经济学、生态学、环境学、系统论、协同论等学科主流观点的基础上，将地理国情的基本问题理解为地表差异、区位选择、人地关系（相关总结见潘玉君等，2003；金相郁，2004；申雄伟，2005；何琼，2007；梁进社，2008，2009；宋正娜等，2010；胡志丁等，2012；宋长青，2016），并归纳出地理国情综合统计分析的理论框架（图2.2）。

2.2.1 地表差异性理论

1) 差异性的度量和解释受到尺度和规模的影响

"3W"（何种类型的国情要素（What）、分布在何地（Where），以及为什么（Why））

```
地理学                   ┌ ·差异性的度量和解释受到尺度和规模的影响
    统计学         地      ·热力差异是地表差异的基础
                  表      ·外驱动力对地理环境的形成与演变具有重要影响
      生态学      差      ·风化、侵蚀、搬运和堆积是形成地表特性的一种基本自然过
                  异        程
        社会经济学 性      ·地方的创造和发展建构了地表差异性的关于人的世界
                  理      ·人口迁移、产品贸易与地表差异性互为因果
          环境学  论
                    理  ┌ ·区位的选择是人们感知地表差异后的价值判断
            系统论 论 区 ·要素集群形成区位空间
                    基 位 ·区位间的相互作用随其距离的增加而减小
              协同论 础 选 ·公共区位的选取是社会价值取向的空间优化
                       择
                       理
                       论
                       
                      ┌ ·空间竞争是人地关系的第一要义
                    人 ·空间交互促使了人地关系的网络化
                    地 ·人地关系的网络化改变了城市化的进程与格局
                    关 ·社会经济发展对自然资源的依赖程度表现出较大的地区差异
                    系 ·社会经济发展的外部性是分析生态环境问题产生的起点
                    理 ·社会经济发展与生态环境表现出普适的耦合关系
                    论 ·观念与制度的差异是人们在资源利用与环境保护方面发生分
                       歧或对立的基本因素
```

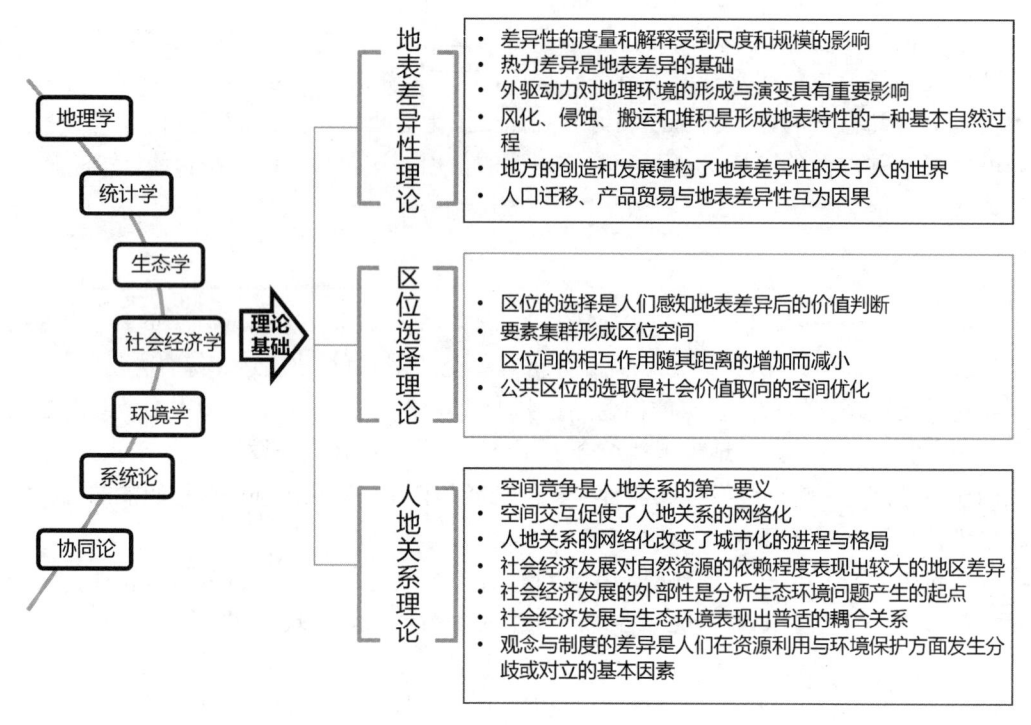

图 2.2 地理国情的理论框架

是地理国情综合统计分析的一个根本性的论题。"地表差异性"则是对"3W"分析的起点，因为地表差异性是国情要素分布格局的决定因素之一。在地理空间中，尺度和规模既影响对差异性的度量，也影响对它的解释，进而言之，地理国情综合统计分析的尺度和规模原理十分考究地理变量的选择。尺度和规模原理的基本要点是，不同尺度和规模的地理现象，它的作用机制和对它的解释具有显著的差别。例如，小范围的下垫面的植被覆盖变化对大气环流几乎没有影响，但是对城市气候来讲也许就不可忽视。可是，对城市气候变化的分析，不仅要考虑小尺度的下垫面所发生的变化，而且要考虑整个气候空间模式的变化对城市气候是否具有实质性的影响。在人的世界中，如果是在国际间进行选择，就必须在全球的尺度来分析，如果是在一国城市之间选择，则应该在国家的尺度上看，可是如果是在城市内部进行选择，就可以大大地缩小范围。然而，范围的缩小并不意味着简化，因为考虑的角度有所差别。例如，在国家间选择，主要是考虑政治、文化、发展机会和收入；在一国的城市之间，关心的主要是收入和发展机会，而在城市内部，也许对地点与服务设施和就业的距离、房价上的因素的权衡就十分重要。尺度和规模原理还涉及地图的使用，对城市气候和城市土地利用而言，地理学家应使用较大比例尺地图，可是对于城市体系和气候区划研究而言，较小比例尺的地图也许足矣。

2）热力差异是地表差异的基础

地表差异性产生的自然基础之一是地表的热力差异，它在地球表层的作用无处不在。大气环流、水循环和生物循环是地球表面上直接与太阳能相关的几个联系十分紧密的自然过程。首先，太阳能的短波辐射透过大气层到达地面，被地表吸收后其温度

升高。地表又以长波辐射的形式向外传递能量，一部分被大气吸收，另一部分射向太空。由于海陆间的比热有别，海洋的大于陆地的，因而海陆之间的温度不同，其上空大气膨胀的高度也不等，造成大气上部的压力不同而产生流动，进而下部的压力也不同，这样就发生了海陆之间的大气环流。海陆之间对水分蒸发和吸收的差异，以及降水导致海洋从空中向陆地输送水分。生物通过阳光、水分和其他营养元素生长，并进行着生物循环。这些过程中各个环节物质的量变和质变，以及热力学的环境效应十分重要，如温室气体效应、城市热岛效应、海岸带和江河湖泊的水生物化学效应等。去掉太阳能这一项，以上这些均不存在，它们是地球表面对太阳能做出反应的第一个综合体。热力差异不仅是大气环流、水循环形成的动力之一，也是形成地表多样性景观的主导因素。热力差异的作用可以发生在不同地理尺度，并出现在不同的地理现象中。在全球尺度上，如海陆之间热力差异引致的大气环流和水循环；中等尺度上，高山和山前平原之间的热力差异引发的昼夜之间的风向变化；在较小尺度上的山风和谷风；中国北方山区阴坡和阳坡的热力差异产生了因蒸发差异导致的水分差异，从而形成不同的植物组合和长势。地球上从赤道向两极，从山底到高山顶，由于热力差异而形成的土壤、植被类型的分带和分层现象，在地理学中被分别称作纬向地带性和垂直地带性，而在海陆之间由于热力差异导致的降水的差异进而形成的土壤、植被类型变化称为经向地带性。

3）外驱动力对地理环境的形成与演变具有重要影响

来自地表以外的一些因素对地理环境的形成与演变起着重要的作用，它们主要是：地壳运动、日地月之间的相互作用。地壳运动既是地貌的内营力基础，又是形成地表复杂多样景观的重要地质因素。尽管地理国情综合统计不研究地壳是如何运动的，但却关注地壳运动的地理环境效应。例如，青藏高原的隆起，对于地理国情综合统计分析而言，虽然不研究青藏高原隆起的机制，而把它看成是既定的事实，但关心它隆起而引发的地理环境变化，如对中国地貌、气候、水文的意义。像地壳运动一样，可以类比的是日地月系统的地理环境效应。例如，日地月相对位置引发的潮汐，是生活在海边的人们关注的重要的环境现象；地转偏向力在河流地貌、海洋流、大气环流中的作用等，对于相同运动方向的物体在地球的南北半球却有着不同的效应，深刻地影响人们的生产、生活和交流（交通运输）。换言之，地壳运动、日地月系统的环境效应也是分析地表差异性的重要出发点。一个很好的案例是关于香港的发展。地转偏向力是河流摆动的一个重要影响因素，注入珠江的诸水系也不例外。这些水系汇入珠江后，也会摆动，由于曲流的惯性作用在伶仃水道西侧形成堆积区，东侧则相反，甚至成为侵蚀区。潮汐引发的沉积在珠江口东岸也造成了一些负面影响，但总体来讲相对较小，因而维持了那里的良好港湾条件。所以，当轮船的吨位越来越大时，澳门的港口条件逐渐失去优势，香港的通航和贸易条件越来越好，为其发展成为国际商贸和金融中心奠定了良好的基础。

4）风化、侵蚀、搬运和堆积是形成地表特性的一种基本自然过程

风化、侵蚀、搬运和堆积是基本的地表过程，是在自然力的作用下地表物质运动的

基本形式。岩石的风化是土壤形成的基础,土壤侵蚀则是土地生产力损失的直接因素,而搬运和堆积却是河口地貌、冲积平原、洪积扇等形成的基本因素。所以,风化、侵蚀、搬运和堆积作用是地貌形成的外营力因素。进一步讲,地貌会在不同尺度上对气候产生影响进而影响水和生物的分布。因此,风化、侵蚀、搬运和堆积在地理环境的形成和演变上的解释力是十分重要的。值得关注的是,风化、侵蚀、搬运和堆积渗透在各种地理环境问题中,具有重要的意义。由于季风气候,在中国北方春季,风蚀对干旱和半干旱地区土壤的破坏不可轻视,可是在南方山区,水蚀却是最重要的。黄土高原的水土流失不仅仅造成了当地土壤价值的流失,而且在注入黄河后,在河道的堆积导致中下游河床的加高,在中国称之为"地上河"和"悬河"。可是,在黄河入海口大量的泥沙堆积为填海造地又创造了极好的条件。

5)地方的创造和发展建构了地表差异性的关于人的世界

渗透在地理国情综合统计分析中的一个十分重要的论点是,地表的差异性不仅来源于自然界,人类活动也会对地球表面的差异性做出反应,可以自生差异性,或加强或减轻源于自然界的差异。当今最有影响的就是全球化和区域化。海洋为世界范围的贸易提供了交通的自然基础,可是只有在大轮船时代它才能发挥应有的价值,而且社会制度和经济发展是它的价值得以发挥的现实条件。关于社会经济系统自身能够产生重要的差异性,众所周知的就是工业革命的出现和传播。它发生在岛国英吉利,使大英帝国成为资本主义的火车头。其他国家工业化的渠道有两种:一是模仿;二是与英国进行贸易。可是这两者都与距英国的远近密切相关,因为模仿和贸易都需要付出交通代价,前者涉及人员交流成本,后者涉及产品运输成本。还有一个因素,那就是文化的亲和力,它也与在空间上对英国的接近性有关。事实上,工业革命正是这样,从英国首先传到邻近的西欧,然后向中欧和北美扩散,岛国日本也做出了积极的反应,这是当今世界基本格局的原始因素。社会因素引发的,在地理因素的帮助下,近现代世界上最大的区域发展差异性被创造出来了。

6)人口迁移、产品贸易与地表差异性互为因果

迁移和产品贸易(地域分工)是人类对空间差异性的一个重要反应,也是塑造差异性的主要因素,它具有深刻的原因和过程。迁移发生的基本因素是推力和拉力,起因于自然环境、政治、经济、文化和社会诸多方面。应该说推力和拉力是同时起作用的,但往往可以依据各方出现的先后顺序来区分迁移是由推力还是由拉力所主导。例如,伊拉克难民逃往他国,可以说是伊拉克战争这个推力主导的;美国政府放宽移民限制而引发迁移的增加就是拉力主导的。迁移还可以分为强迫的和自愿的:当年黑奴被贩卖到美洲就是强迫的,而英国殖民者到美洲却是自愿的。迁移同时是一个复杂的过程,目前关于迁移的解释有空间互动、人力资本、预期收入假设、两部门理论、家庭决策理论、信息与网络理论、迁移找寻理论、不完全信息、动态和多次迁移理论等,但迁入区与迁出区之间的差异性是其基础。

产品贸易也是区域差异的结果。两地贸易的基本条件是它们之间关于某种商品的价格差不小于它们之间的运输代价。是什么造成了这种价格差?是它们之间的相对成本

差。如果一地的某种生产要素的数量相对较多，同时某种产品对这种要素的需求也较密集，那么该地生产这种产品的成本就比较低，它的价格也较低，反之亦然。这是地区资源相对丰裕程度产生的贸易基础。可是地区之间的生产技术也会有差异，显然对于任何一种产品而言，只要两地的生产技术有差别，在生产要素相同分布的条件下，技术先进的必然生产成本低。生产技术先进性差异的地理基础是什么？一是地区的创新力；二是技术的空间扩散。当代对创新的研究发现，如果企业集聚，它们的创新会在相互之间得到比较好的借鉴、吸收和模仿。如果你怕自己的技术被别人利用，你选择离开集聚区，但你会落后，因此，产业发生了集聚，地理因素再一次对生产和贸易产生了重要的作用。在新经济地理学家看来，地区竞争力或地区生产成本的降低是它的社会、政治、经济、文化和制度等诸多因素的综合结果，因此，从社会网络结构研究地区的生产、贸易和竞争力也十分重要。

2.2.2　区位选择理论

1）区位的选择是人们感知地表差异后的价值判断

面对地表差异性，人们面临着在哪些区位之间进行选择。对某一区位的选定是以放弃在其他区位的利益为代价的。因此，区位的选择与放弃，是由人们感知地表差异的动机或判断标准的不同引起的。区位选择始终与人类的经济活动相伴，农地就近选择、工厂临河而建、长江三角洲经济集聚都是区位选择的结果。传统的区域经济学区位理论，无论工业区位论、农业区位论、市场区位论，其区位选择的目标都表现为经济效益——利润最大化，工业区位论、农业区位论、市场区位论通过选择优势区位来降低成本、增加利润，以最小的投入获取最大的效益。例如，以杜能的农业区位论和韦伯的工业区位论为代表的新古典区位论，以节省运费、实现成本最小作为目标；近代区位论主要关注商业和工业，以利润最大作为目标，影响广泛的有菲特尔"贸易区边界理论"、赖利"零售业引力模型"、克里斯泰勒"中心地理论"、帕兰德"商业区位论"、廖什"市场区位论"、胡弗"运输区位论"等；现代区位论关注领域更为宽泛，从传统的产业布局到住区、公共设施区位选择，追求的目标不再局限于成本和利润，开始注重社会效益。以地理学家为代表的"新经济地理学"学派则强调经济体是在有差异的社会政治、经济制度、文化空间中进行选择，即强调所谓的经济体在社会文化中的"嵌入"。因此，区位的选择是人们感知地表差异后的综合价值判断。

2）要素集群形成区位空间

个体在地理上的靠近、聚集形成群体，各种群体也在一定的地理空间上集聚，称为集群。地球上的一切事物在地理空间上都呈一定的集群状态。这是事物延续、生长和发展的必要条件和必然结果。如果非集群的个体不能发育出群体，形成新的集群，则无论个体有如何的生命力，也终将毁灭。举例而言，各种生物的生长集中于一定的地理空间；流水聚集才得以成江河湖海；人类互相联系地生活在一起才得以形成一个社会，形成发达的农业区域和城市，创造高度的文明；工业的集聚产生集聚效益，形成工业区等。事物集群的根本原因在于"万有引力"的作用（包括人的心理过程）。自然因素、人文和社会因素集群的结果形成两种区位空间，一是集群地区内部结构上的相似，成为均质区域或称形式区域；二是集群产生势能，对外发生作用的结果形成功能区域或称作用区域。这就是各种地理区划有两种划分类型的客观公理基础。这里的"势能"概念不同于物理学上的势能含义，物理学上的势能只是位势能。非生命物体具有位势能和内部结构势能，生命体除这些之外还具有生物势能（因为生命的新陈代谢而具有的）。事物的存在终将影响环境，事物之间必然相互作用，不同事物所具有的势能是各不相同的，这包括势能的大小不同，以及势能组成种类上的不同。根据能量从强度高的所在流向强度低的所在的物理学法则，各种事物无时无刻不向地理环境中输送和扩散着自己的势能，当然同时也在吸收着外来的势能。因此，势能扩散是一切事物共有的特性。势能扩散，是一切地理运动和地理过程的原动力，各种不同来源的势能作用的结果，造成了复杂的地理现象，形成了错综的地理规律。太阳是影响地球上生命体最重要的势能源；人类集中的场所——城市向外扩散势能，从而形成了城市腹地吸引范围。

  3）区位间的相互作用随其距离的增加而减小

  假定其他条件不变，即影响两区位发生作用的其他因素不变，地理空间的任何两区位之间的相互作用随其距离的增加而减小。这里的"距离"指的是地理距离，不只是简单的几何距离或路程，距离的衰减作用既表现在自然地理过程中，又表现在人文地理学诸领域，它包含了事物之间接触性和近便性的计量。在自然地理学中，距离往往通过物质运动过程中的能量消耗，产生相互作用的降低。在人文地理学中，距离往往通过交通成本或中间干预机会起作用，削弱两地的交流，因而距离衰减成为地理学的一条定律。由于距离衰减作用，对任何均质的空间，只要某一物质或事物先占据了某一位置，空间就被异化了。对这一物体或事物越接近，受它的影响就越大。在经济地理学中，距离衰减作用被分解为：经济体对距离和对其他方面投入的替代性，经济要素对距离的敏感性的差异性。将这个原理发挥得淋漓尽致的是"单中心模型"。该模型提出城市的工业和居住竞标地租分别是单位土地工业和居住活动的所得减去其投入后的剩余，由于对交通和对其他投入的替代性，它们都随着与市中心的距离的增加而减少。然而，单位土地上工业与居住活动关于交通成本的敏感性不同，前者小于后者，这样就造成了增加单位距离而引起的地租减少幅度的差异：工业活动的减少幅度较小，而居住的减少幅度较大。结果是，工业地租竞标曲线的倾斜度较小，居住地租竞标曲线的倾斜度较大。在接近中心的地区，工业竞标地租较小，而在较远的地方，居住竞标地租较小。土地市场会对上述情况做出反应，将土地租给付出最多报酬的活动。最终，居住活动占据中心附近，工业活动在居住活动周边。在自然地理中，距冷高压越远，空气运动的能耗总量越多，冷高压对当地气候的作用越小。同样的情形是：花粉的传播、地震的破坏作用、污染物的扩散、沙尘暴的扩展等，都因为在这些地理现象中，事物从发生的源地向四周运动时消耗了能量。一个典型的案例是洪积扇的形成。当水流与夹杂在其中的其他固体物质一起从山前的出口向外涌出时，随着距离的增加，总体上看水流的冲力在减少，大的颗粒首先留下，然后是较小的，最后是黏土。这样在洪积扇的边缘就形成了隔水层，能够拦截来自于山区的地下径流，可供动植物的生长之需。

4）公共区位的选取是社会价值取向的空间优化

福利国家的出现，尤其是第二次世界大战以来西方各国政府通过提供公共设施和公共服务，广泛而深入地介入公共经济活动，政府公共投资的区位选择的目标却体现为社会效益——福利最大化，政府在有限的财政支出前提下，通过合理布局公共设施，力求以最小的社会成本，尽可能提供普遍的、相对公平的福利保障。公共设施区位理论与传统经济区位理论之间的关系，大致可对应于福利经济学（公共财政理论）与传统（市场）经济理论之间的关系；同时，它们之间的鲜明对比还体现在是否以系统的视角进行区位的选择决策，公共设施区位问题倾向于整个设施系统的区位与空间结构，而传统经济区位理论则较少系统考虑多设施问题（表2.1）。以美国经济学家泰兹为代表的新古典福利经济学派，强调公共设施公平配置与福利最大化的观点，指出城市公共设施最优布局需要综合考虑效率与公平，并将规范研究与地理空间纳入到统一的理论框架之内。数量时代理论将行为分析方法运用到设施区位研究中，使数量模型逐渐与人类选择公共设施行为模式相结合。以 Dear、Wolch 为代表的后现代人文地理学家却在紧密结合社会现实背景的基础上继承了规范研究与数量方法的传统，用更加贴近社会现实的考虑取代传统的新古典福利经济学及普遍性假设。他们认为传统区位模型考虑的因素往往是局部的、琐碎的，倡导广泛的人文服务理念并深入研究各种区位因素，探讨科学的、规范的、以政策为导向的区位决策模式。相反的，以 Cox、Lake 为代表的马克思主义地理学家针对邻避设施，抛开传统的规范研究与数量方法，运用政治地理学及国家社会理论，将重点放在描述和分析成本与收益如何在社会空间中进行分配这一更广泛的问题上。虽然数量时代的两大流派存在较大分歧，但两者均从解决公共设施区位冲突问题中获取了灵感，他们在抛开新古典福利经济学与普遍性假设的同时，抓住公共设施植根于"社会"的本质，认为公共区位的选取是社会价值取向的空间优化，采用不同的途径和方法推动了公共设施区位理论向深入社会现实的、更具人本思想的方向发展。

表 2.1　西方公共设施区位理论的演进过程与最新研究进展

	第一阶段 20 世纪 60 年代末	第二阶段 20 世纪 70 年代	第三阶段 20 世纪 70～90 年代	第四阶段 20 世纪 80～90 年代	最新进展 20 世纪 90 年代中后期以来
主要研究范围	城市公共设施区位理论开创	城市公共设施区位理论与数量时代	后数量时代中拒绝规范与数量传统；关注城市社会中成本与效益的分配	后数量时代中继承规范与数量传统：在人文服务区位理论背景下重构设施区位模式	公共设施区位研究主题趋于多元化
主要研究问题	关注效率与公平问题；如何布局城市公共设施	依据设施距离、分布模式、可达性、影响和外部效应等区位标准，实现布局公平与效率；社区居民对于邻避设施的反对	为什么国家寻求在地方社区布局公共设施；以更广泛的视野研究成本与收益是如何在城市社会中分布的	如何在地方与城市尺度范围内配置公共设施，以平衡不同居民、社区之间的关系	多设施、多目标复杂区位模型；以空间可达性方法衡量设施布局合理性；构建公共设施规划决策支持系统；医院、公园等特殊设施区位研究
主要理论与方法基础	新古典主义福利经济；数量方法，模型构建；规范合理性	行为主义；数量方法，模型构建；规范合理性	政治地理学、国家理论；社会理论（阶层差异、环境的种族主义）	规划与模型构建范式；规范合理性；区位-配置模型	模型构建与社会现实背景的结合；区位-配置模型与 GIS 的系统集成；后现代地理学思想
设施类型	无具体说明	通常无说明，或大规模公共基础设施	具有环境危险性的设施	与人文服务相关的设施	各类公共设施

2.2.3 人地关系理论

1）空间竞争是人地关系的第一要义

有机体个体或群体的一个基本特性就是对空间的竞争。空间竞争反映关于空间利益的争夺，如对某地石油资源、土地、消费市场的占据。空间竞争渗透于地理空间的各个角落，是地理景观形成的一个基本机制。在自然地理中动植物对生存空间的竞争，一个常见的例子就是杂草对人工草的排挤，另一个是"占山为王"的老虎对自己领地的捍卫。像拉采尔那样的地理学家，认为国家是一个有机体，也会像生物那样对生存空间进行竞争。在人文地理中，古代部落首领的领地，古今宗主国和附属国的依存，现代国家间的结盟都体现了对空间的竞争，而企业的区位竞争在当今世界则比比皆是。重要的是，空间竞争是人类社会中的个体或群体进行区位选择的主要方式和过程，因而就成了理解和解释社会文化景观形成，尤其是经济景观形成的基本原理。当今，大多数经济要素的配置经由市场竞争来进行。所以，对空间市场竞争的分析和理解十分关键。空间市场的明显特征是它具有空间维度，加入这个特性，它既影响个体的竞争策略，同时影响其区位选择。在完全竞争的市场下，个体无法影响市场价格，把它看成是给定的，能做的是使成本最小化。这样一来，选择成本最小的区位，以及在已定区位上的产出优化是最佳的策略。杜能、韦伯的古典农业区位论和工业区位论是这方面的典型代表。如果厂商能够通过区位选择影响市场份额或市场价格，战略区位问题也许会出现。例如，在霍泰林的线型空间市场竞争中，占据中央区位将会获得大份额的市场。如果企业不在中央区位布局，市场对它将是不利的，这导致经济可能会在那里集中。

出现在中心地方论中的是关于空间的垄断竞争型市场分析。由于交通距离的存在，每一个厂商在它的市场区内享有垄断权，但同时面临来自周边厂商的竞争。因此，各个厂商的市场力是有限的，在市场区范围尽可能大和空间弥合性的原则下，蜂巢状的空间市场结构出现了。由于不同类别企业的门槛范围的差别，最终形成了有等级的蜂巢状的空间市场体系。然而，在当代关于同类商业的空间集聚式模式研究中，消费者为节约挑选引起的交通成本的购物行为是导致商家集聚的基本因素。如果一些同类商家集聚起来，分散布局的将失去吸引力，因为消费者为了挑选的便利将不去孤立布局的商家那里。关于商品的垄断竞争模型为当代产业集聚研究开辟了新的路径。在那里，新贸易理论被延伸到了经济地理学中，如同俄林的区际贸易和国际贸易研究一样。在垄断竞争模型中，如果企业集聚起来，将会分享更大的劳动力市场的优势，降低劳动成本；企业的技术革新会因为相互的接近而外溢，使每一个企业均受益。另外半成品的供应也显得方便，节约了运输成本。这些都是来自于企业外部的好处，称为外部经济。这样一来，企业会因地方的生产规模的增加而降低成本，外地的要素会因集聚区的高效率而向此地集中，但此时分散力也在增强，如地价和交通成本等。

2）空间交互促使了人地关系的网络化

空间交互现象广泛存在，如地理区域之间的通勤、人口迁移、物品交换等。福柯意识到全球化和地理的显著意义，通过关系性的视角将空间和网络关联起来。受福柯的后结构主义思想的影响，行动者网络理论认为世界是由关系和网络串联起来的，而不是分割成若干个次系统或者地理尺度；世界城市是社会实践和社会制度的产物，是相关社会群体互动和协商的结果。在行动者网络理论看来，全球网络、空间和时间并不是静止的、固定的、给定的，而是被塑造的。城市由人类、非人类、功能表征等之间的关系网络构成，世界城市"指挥和控制"的功能被网络中的"调节器"角色所取代，因为权力只有通过行动者参与来促动其他行动者行使功能的方式来发挥。总之，流态和流质、行动者网络、表现和实践、城市的时空叠合等质疑了几何空间（远与近）和线性时间（现在与过去）在解释全球城市和世界城市中的主导地位。流动空间理论则认为，社会实践创造了社会空间，而社会空间有两种形式：分别是地方空间和流动空间。直到目前，地方空间仍然是主导性的社会空间（如民族国家），但在信息社会中，流动空间越来越成为一种决定性的社会空间形式。卡斯特尔斯认为世界城市的本质属性更多地表现为在全球化中的连通性，把世界城市看作是一个过程而不是传统意义上的地点，赋予了世界城市动态的和联系的内涵。在流动空间中，世界城市被穿行其中的流（信息、资本、知识、文化实践等）所生产和再生产，而不是它们内部所确定的东西（如可供属性数据量度的城市的形态和功能）。20世纪末以来，以信息和通信技术的发展为基础，新技术的发明所引发的经济、制度、社会的共同变化塑造了城市，城市通过信息网络被吸纳进世界城市体系中，城市间各种要素流动的迅速增加使得全球城市间的联系更加紧密，城市间的经济网络开始主宰全球经济命脉，并涌现出若干在空间权力上超越国家范围、在全球经济中发挥指挥和控制作用的世界性城市。世界城市可以看成是众多的服务性公司实施其全球区位决策的聚合作用的结果，为了能够在全球范围内提供服务，多国公司在全球主要城市设立分支机构，从而形成全球性的服务网络。

3）人地关系的网络化改变了城市化的进程与格局

自20世纪中叶的产业革命开始，城市化的过程便与工业化和经济发展交织在一起，西方发达资本主义产业学派认为工业化引发的技术进步与劳动需求促进了规模经济的发展，生产的集聚（第二、三产业的集聚）促动了城市化的发展。美国学者诺阿姆（Northan，1975）发现，发达国家城市化变化呈现"S"形曲线，并把城市化过程分为三个阶段（图2.3），认为城镇化曲线反映的阶段性和导致城市化发展的社会经济结构变化的阶段性密不可分的。Davis（1965）的经典城市化曲线认为，如果把时间看成横轴，城市化率看成纵轴，城市化现象宛如一条被拉平的"S"曲线（图 2.4），认为人口转移与经济结构变化是相适应的。经济学家钱纳里和赛尔昆（1988）运用回归分析，得出了城市化进程与经济发展水平之间存在一定联系，并认为在一定的人均国民生产总值水平上，有一定的产业结构、就业结构和城市化水平相对应。Hall（1998）针对以美国为首的发达资本主义国家城市化发展演进特征，提出了"城市发展阶段"模式，并引入生命周期理论，认为一个城市从"年轻"的增长阶段发展到"年老"的衰退阶段，然后再进入到一个新的发展周期，且将发达国家的城市化发展过程归纳为城市化、郊区化、逆城市化、再城市化4个阶段。第二次世界大战以后，发展中国家的城市化发展特质和发达国家明显不同，表现为过度城市化、高自然增长率、工业化高度滞后与城市化产业转型与人口转型不相适应。这主要是由于第三世界城市化理论长期受"支配-依附"关系理论或"核心-外围"概念的影响，是建立在依附论框架下的依附型城市化理论。概括起来主要有六种理论框架（表 2.2）。

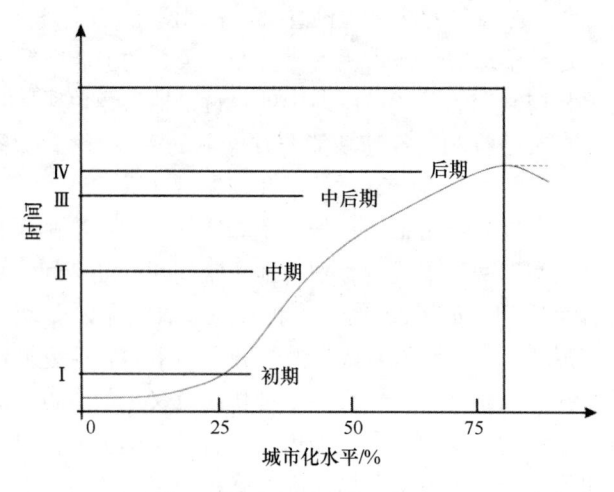

图 2.3　诺阿姆城市化"S"曲线

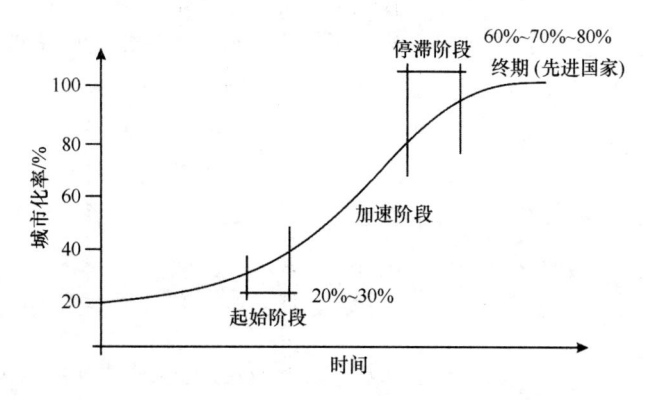

图 2.4　金利斯·戴维斯城市化变化曲线

表 2.2　第三世界城市化理论的支撑内容

理论框架	相关支撑理论或内容
经典与传统方法	刘易斯-拉尼斯-费景汉、乔根森等的"二元结构理论"：由于部门结构存在分化，产生经济二元性，丰富了农村剩余劳动力转化的内容； 托达罗模型：以"二元经济模型"为基础，解释了发展中国家乡村人口向城市迁移与城市高失业率并存现象； 推拉因理论（拉文斯坦）、配第-克拉克定理、马卜贡杰模型：人口及劳动力迁移理论，阐述城乡人口迁移的动力机制； 不均衡增长理论：增长极理论（弗朗索瓦·佩鲁）、极化与涓滴、回流和扩散增长模式（赫希里、谬尔达尔）、现代化理论（赫特尼）、扩散理论（赫德森）； 新古典经济学理论：新经济地理学创始人克鲁格曼认为，收益递增、低运输成本可以引发一种自我强化进程，同时人口增加促使了大规模产品增加、更高的实际收入及更多样的商品来源，这样反过来刺激了人口迁移行为； 新兴古典经济学：以华裔经济学家杨小凯、罗森、贝克尔、黄有光等为代表，重新审视古典经济学的分工理论，运用超边际的分析方法，提出了"城市的起源，城乡的分离都是分工演进的结果"
自上而下的发展范式	自上而下模式：斯托尔强调，不平衡增长、集聚与扩散的区域空间发展模式表现出一种自上而下的发展范式； 罗斯托的经济增长阶段论：认为经济增长分为 6 个阶段，认为部门结构升级和人类需求不断更替推动了经济的发展； 弗里德曼区域经济演化的 4 阶段说：前工业阶段—初级工业化阶段—过渡阶段—空间组织全面成熟阶段

续表

理论框架	相关支撑理论或内容
历史主义方法研究	累计循环理论:瑞典经济学家缪尔达尔认为,资本主义的发展具有区域、个人收入和福利的不均衡性及累积性;人口迁移的反向效应是资本朝着主要增长点集聚的结果,核心区继而形成,通过扩散效应,边缘地区的农产品和原材料市场也会增长,改进边缘区的生产方式;核心-外围理论:生产要素从边缘向中心转移,边际生产力最高,经济发展将使区域收入和福利差异缩小;范斯通过历史的考察,总结出北美(加勒比地区)城市体系演化模式,称为重商主义——强调大多数发展中国家城市体系的发展属于依附型城市化,国际贸易是支撑这种非均衡的载体
激进主义政治经济学方法——依附论	依附论:普雷维什、阿明、伊曼纽尔和弗兰克等认为,依附理论表述了以发达资本主义为主体的世界体系中的依附关系链,发展中国家对国际贸易的支配能力差,剩余价值的转变和不平衡交换的过程导致发展中国家(边缘、外围)贸易条件的恶化,经济发展和工业化需要引进外国资本和技术,从而形成社会剩余价值在发达资本主义国家(核心)集聚
自下而上的发展范式	弗里德曼和维林自1975年以来,对以农村为基础的发展战略进行深入研究,形成"自下而上"的城市化发展战略
后现代主义方法研究	改变以国家现代化为主流的时代,包括对现代主义的拒绝,回归到前现代主义时期的形式及产生明显的新的后现代形式

1980年以来,全球化与信息化的深入开展,劳动力、资本、技术等生产要素的全球化流动和新的全球范围内的劳动地域分工及产业结构的重组,生产的国际化与城市空间组织的巨型化、制度化,对城市化的进程正在产生巨大的影响,且相关研究刚刚起步。这一阶段研究主要表现在以下几个方面。第一,世界城市化进程影响的研究主要与两个全球化现象相联系:其一是以服务业为代表的产业结构升级;其二是经济的全球化与区域的一体化趋势。第二,跨国公司在世界经济中的主要作用越来越突出,管理/控制—研究/开发—生产/装配三个基本层面的空间配置已不再受到国界的影响,启示外资对发展中国家城市化进程贡献巨大(如制造业的全球转移,国际市场要素配置对产业结构、经济方式转型的贡献)。第三,全球化力量对世界城市体系(层级)塑造加剧,形成了诸如全球性城市(纽约、东京、伦敦、巴黎等世界城市的地位的确立)、国际性城市(上海等)、区域性城市(沈阳、大连等)等新的城市等级功能体系。第四,各种发展要素、条件(如技术、信息、资金和人力)的跨国流动及跨区域流动规模不断扩大。第五,主宰当今世界的重要机制是基于"地方的空间"之上的"流空间"。第六,全球化背景下关于城市化中制度因素的研究,兴起于20世纪90年代后期发展起来的"新区域地理学",其主要强调社会过程及社会结构对区域经济过程(包括城市化)发展所起的作用。西方学者认为,制度可以被视为塑造不同经济地域发展轨迹的重要中介及产物,认为对制度的研究有助于理解经济地域发展(包括城市化)过程中空间差异产生的机理,同时对制度取向的研究也有助于理解制度变迁对城市化发展的作用机会或限制。

4)社会经济发展对自然资源的依赖程度表现出较大的地区差异

从英国古典政治经济学的创始人威廉·配第开始,以亚当·斯密1776年的代表作《国民财富的性质和原因的研究》(简称《国富论》)为标志,到大卫·李嘉图的比较成本理论和赫克歇尔、俄林的要素禀赋理论,再到马尔萨斯和萨伊,古典经济学的增长理论将土地作为自然资源的典型代表,强调了其在经济增长中的决定性作用。在古典经济学的增长理论中,土地作为朴素的自然资源的典型代表,是生产必不可少的要素,在经济增长的过程中发挥着决定性的作用。尤其是在古典的对外贸易理论中,自然资源都被放在头等重要的地位，认为国家之间不同的资源禀赋是国际分工的基础，是产生国际贸易的必然条件。虽然不同的经济学家对资源禀赋的界定不同，但无论是斯密所说的自然资源还是俄林所说的资源禀赋差异，都强调了资源禀赋对资本生产成本的影响进而对一国国际贸易的影响，论证了资源禀赋差异是国际贸易的条件和基础，说明了自然资源对区域分工、产业布局、国际贸易的作用，认为各国应该根据本国不同的资源禀赋特点，通过国际贸易进出口相对应的产品，从而实现资源在世界范围内的最佳配置。

在以马歇尔（Alfred Marshall）为代表的新古典经济学时期，基于资本主义经济空前繁荣、各发达国家都经历了较高经济增长率的大背景，西方主流经济学对经济长期增长的研究热情表现出明显下降，而开始将关注的重点转向市场交换、收入分配、周期波动等短期问题。同时，由于这一时期工业革命在西欧发达国家的不断深入，工业技术水平的大幅度提高和资本空前规模的积累。所以，此时的一些经济学者认为，资本比劳动要素和自然禀赋对经济增长具有更为重要的作用，资本决定论便应运而生。作为资本决定论的典型，哈罗德-多马模型（Harrod-Domar model）认为，经济增长率取决于储蓄率和资本产出比率（Harrod，1948；Domar，1946）。与此同时，20世纪50年代的发展经济学结构主义分析思路也认为，在经济发展中，生产要素的投入有三种，即自然条件、劳动力和资本。60年代，以美国著名经济学家舒尔茨和贝克尔为代表的人力资本理论也认为，促进经济增长和劳动生产率提高的重要原因已经不再是土地、资本投入和人口数量的增加，而是人的能力和技术水平的提高。可见，传统的经济增长模型不论是哈罗德-多马模型还是索罗的新古典增长模型抑或罗默模型，或者发展经济学的结构主义思路和人力资本理论，都认为经济的增长主要依靠于资本积累、技术进步和生产率的提高，自然资源并不是经济增长的主要影响因素，而技术进步，生产率的提高则可以提高资源利用率、降低生产成本。因此，自然资源不会成为经济增长的阻碍。

发展经济学的先驱普雷维什（Raul Prebisch）和辛格（H.W. Singer）首先发现了发展中国家出口初级产品并不能成为本国经济增长的引擎，他们从国家对外贸易的结构差异出发，发现在发达国家和发展中国家的对外贸易中，发展中国家的贸易条件恶化是一种历史趋势，提出了贸易增长的"贫困化"陷阱理论（Prebisch，1950；Singer，1950）。Chenery（1986）则提出自然资源对经济发展的作用与收入水平相关的观点。他认为，"丰富的初级资源的影响随收入水平而变化。在贫穷国家，丰富的初级资源导致较高的出口水平和较快的增长速度。在更高的收入水平，初级产品出口偏向常常伴随着出口和国民生产总值的缓慢增长以及低贸易水平（石油输出国总是例外）。"保罗·克鲁格曼（2001）从规模经济的角度重新考察了自然资源对经济的作用。他指出，"相当一部分国际贸易，特别是经济特征相似国家之间的贸易，其产生原因主要是报酬递增形成的国际分工，而不是国与国之间在资源禀赋上存在的差别。"由此可见，即使一个国家在某种资源上占据相对优势，但如果该国具有资源优势的行业没有发展起来，没有形成规模的话，它还是会在国际市场竞争中处于劣势。速水佑次郎（2003）在其研究中指出，无论采用何种标准，日本和美国相比自然资源禀赋都极为匮乏，然而日本的人均收入达到了美国的平均水平，资源贫乏的韩国的人均收入也超过了拉丁美洲资源丰富国家的收入水平。这些事实证明，自然资源禀赋并不是经济增长无法逾越的限制，甚至不是支持经济发展的必要条件。

近年来，关于经济增长和自然资源关系的文献更多是着眼于资源对经济的负面影响作用。自 1993 年 Auty 在研究产矿国经济发展问题时首次提出"资源诅咒"（resource curse）这一概念以来，出现了大量的文献和实证研究证实了资源诅咒的存在。其中最著名的是 Sachs 和 Warner（1995）的研究。他们发现，在 1971 年自然资源产品出口占 GDP 较大比例的国家在接下来的 1971～1989 年这 18 年中都经历了低的经济增长率。在排除了其他因素（如初始人均收入水平、对外贸易政策、政府效率和投资利率）的影响之后，自然资源对经济增长的负面作用被证明是客观存在的。Sachs 和 Warner（1995）指出这是一个历史性的固定模式，那些严重依赖资源发展的国家将成为经济发展的失败者。在过去的两个世纪中，拥有丰富自然资源的国家，如俄国、尼日利亚和委内瑞拉都经历了相对缓慢的经济增长。相反的，像日本、韩国、新加坡和瑞士这样只有限自然资源的国家却获得了显著的经济增长率。他们总结说："现代经济增长的一个令人吃惊的特征便是那些拥有丰富自然资源的国家的经济增长速度远远不如资源匮乏的国家"。1997 年和 2001 年，Sachs 和 Warner（1995）用初级产品出口占 GDP 的比例作为资源丰裕度的度量指标，引入了许多特定变量，包括当时的经济类型变量（初始 GDP、商品价格趋势、投资）和结构类型或制度类型变量（经济开放度、法律制度的力度），对 87 个国家的跨部门数据进行了分析，结果表明，资源丰裕度与人均收入增长存在负向的相关关系。

5）社会经济发展的外部性是分析生态环境问题产生的起点

地球表面的人类活动存在这样的情形，个人或群体的活动对他人或群体产生了一些影响，这些影响有正面的也有负面的，但对于正面的影响，受益者没有给予回报，而对于负面的影响，受害者却没有得到补偿，这种情形称作外部性。外部性是产生环境问题的基础原因。例如，在个体上，乘坐小汽车的人，因为汽车的尾气危害了他人而没有付出代价，它会只顾个人的利益而不实施减污措施。当然，其他人会仿效。可是，如果收取合理的污染费，一方面可能会有尾气处理器安装在汽车上；另一方面可能减少汽车数量，或减少行车里程。在区域尺度上，山区的村民在治理水土流失上的劳动如果得不到切实的回报，也许下一步的开荒行动会紧跟其后。在全球尺度上，发达国家在早先的工业化进程中污染了环境，可是并没有付出代价，如果现在反而要求发展中国家为保护环境做出努力，同时对援助承诺不兑现，全球尺度的环境问题也将难以得到全面治理。所以，地球表面人类活动的外部性是分析环境问题产生的基本出发点。人类活动还有很多正的外部性，如在城市里人们的集聚导致了新思想的良好传播，加快了新的生产方法、新技术的生产。

6）社会经济发展与生态环境表现普适的耦合关系

1954 年美国经济协会第 67 届年度会议上，Simon Kuznets 发表了主题为"经济增长与收入的不平等性"的演讲，指出随着人均收入的增长，起初收入差距也将扩大，经历转折点之后，随着人均收入的持续增加，收入差距开始减少。这种反映人均收入与收入的不平等性间的变化关系可以用统计学上倒"U"形的钟形曲线来表示，即库兹涅兹曲线。20 世纪 90 年代初期，库兹涅兹又发现了这种倒"U"形曲线关系的新联系。研究表明环境质量退化与人均收入之间的关系同样呈现出类似人均收入与收入差距之间的倒"U"形曲线关系。库兹涅兹曲线可以用来描述一些表征环境质量水平的指标与人均收入之间的关系。这种反映环境质量与经济增长之间关系的倒"U"形曲线，被环境经济学家称作"环境库兹涅兹曲线"（environmental Kuznets curve，EKC）。曲线假说反映了发达国家所经历的"先污染，后治理"道路，从长期看来，经济的发展可以自动弱化、消解，甚至最终解决环境问题。需要注意的是，这种看似自发的过程，是需要人为干预因素加以控制的，环保政策、技术进步、支付意愿是大部分学者认为 EKC 曲线形成的最为关键的因素。倘若 EKC 曲线不可避免，那么如何缩短不合理性区间的范围，并且降低环境恶化峰值点的污染水平，把握这些关键点可以为实现可持续发展提供新思路。

大部分的实证研究都证实了环境退化与经济发展存在倒"U"形关系，但是随着研究的不断深入和完善，基于不同研究区域的经济社会状况的差别，以及研究者对计量模型不同的选择及相应解释理论的不同，环境库兹涅兹曲线呈现出四种基本形式：倒"U"形关系、"U"形关系、"N"形关系、同步型关系（图2.5）。其中，倒"U"形关系表明环境质量在经济起飞阶段不断退化，超过某一阈值水平后，环境质量将开始逐渐改善。这种倒"U"形形态主要受经济结构、技术进步、环境政策、国际贸易、市场机制等因素的影响。"U"形关系表明环境退化随着收入的增加先是下降到某一水平后再持续上升。这种"U"形形态是受环境指标的选取，以及经济活动与政策而决定的。"N"形关系表明环境退化降低到一定水平后又开始上升。"N"形关系是"重组假说"所描述的情况，认为环境退化与经济增长之间的分离状态不会长期持续，发展到一定水平后又会重新组合。同步关系表明经济的发展最终并不能带来环境质量的改善。

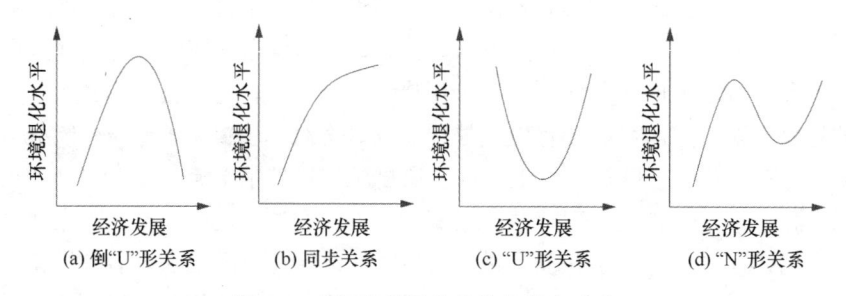

(a) 倒"U"形关系　(b) 同步关系　(c) "U"形关系　(d) "N"形关系

图 2.5　环境库兹涅兹曲线的基本形式

近年来，方创琳和杨玉梅（2006）从系统论的观点指出城市化与生态环境之间存在着客观的动态耦合关系，一方面城市化进程的加快必然会引起生态环境的变化，这种变化在城市化发展初期体现为生态环境的恶化，在城市化发展的中后期则表现为生态环境的良化；另一方面，生态环境的变化必然引起城市化水平的变化，这种变化表现为当生态环境改善时可促进城市化水平的提高和城市化进程的加快，当生态环境恶化时则限制或遏制城市化进程。方创琳和杨玉梅（2006）将其定义为城市化与生态环境交互耦合系统。从理论上分析，这种耦合系统满足耦合裂变律（表2.3）、动态层级律（表2.4）、随机涨落律（图2.6）、非线性协同律（图2.7）、阈值律（图2.8）和预警律（表2.5），这六大定律是城市化与生态环境交互耦合过程必须遵循的基本定律。

表 2.3 城市化过程与生态环境及经济变化交互耦合的 8 种类型（方创琳和杨玉梅，2006）

类型	生态环境质量改善变化率（v_b）	经济增长变化率（v_e）	城市化水平变化率（v_a）	$(v_e/v_b)/v_a$	耦合结果与状态
1	>0	>0	>0	>1	经济型强可持续耦合态
2	>0	>0	>0	<1	生态型强可持续耦合态
3	>0	<0	<0	<1	生态可持续耦合态
4	>0	<0	<0	>1	生态可持续耦合态
5	<0	<0	<0	<1	不持续的非耦合态
6	<0	<0	<0	>1	不持续的非耦合态
7	<0	>0	>0	<1	经济可持续耦合态
8	<0	>0	>0	>1	经济可持续耦合态

表 2.4 城市化与生态环境耦合的层级与强度（方创琳和杨玉梅，2006）

城市化与生态环境耦合的层级	生态环境对城市化需求度的满足程度	演替方向	城市化与生态环境因子的耦合程度	演替方向	城市化与生态环境因子之间耦合态的评估	演替方向	城市化与生态环境发展态势评估	演替方向
第一层级	满足	--→	强耦合态	--→	优态	--→	强可持续	--→
第二层级	较满足	--→	较强耦合态	--→	良态	--→	较强可持续	--→
第三层级	基本满足	--→	中等耦合态	--→	中等态	--→	准可持续	--→
第四层级	弱满足	--→	较弱耦合态	--→	可态	--→	弱可持续	--→
第五层级	不满足	↓	弱耦合态	↓	劣态	↓	不可持续	↓

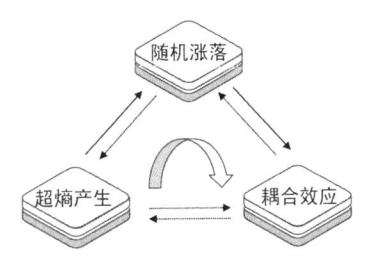

图 2.6 城市化与生态环境交互耦合的超熵过程（方创琳和杨玉梅，2006）

$$\begin{array}{c} & U_1 & U_2 & U_3 & \cdots & U_n \\ W_1 & \begin{bmatrix} \dfrac{w_1 u_1}{a_1} & \dfrac{w_1 u_2}{a_1} & \dfrac{w_1 u_3}{a_1} & \cdots & \dfrac{w_1 u_n}{a_1} \\ \dfrac{w_2 u_1}{a_2} & \dfrac{w_2 u_2}{a_2} & \dfrac{w_2 u_3}{a_2} & \cdots & \dfrac{w_2 u_n}{a_2} \\ \dfrac{w_3 u_1}{a_3} & \dfrac{w_3 u_2}{a_3} & \dfrac{w_3 u_3}{a_3} & \cdots & \dfrac{w_3 u_n}{a_3} \\ \cdots & \cdots & \cdots & & \cdots \\ \dfrac{w_m u_1}{a_m} & \dfrac{w_m u_2}{a_m} & \dfrac{w_m u_3}{a_m} & \cdots & \dfrac{w_m u_n}{a_m} \end{bmatrix} \end{array}$$

图 2.7 城市化与生态环境交互影响耦合矩阵示意图（方创琳和杨玉梅，2006）

U 为影响城市化过程的关键驱动要素；n 为该要素个数；W 为影响生态环境变化过程的关键驱动要素；m 为该要素个数

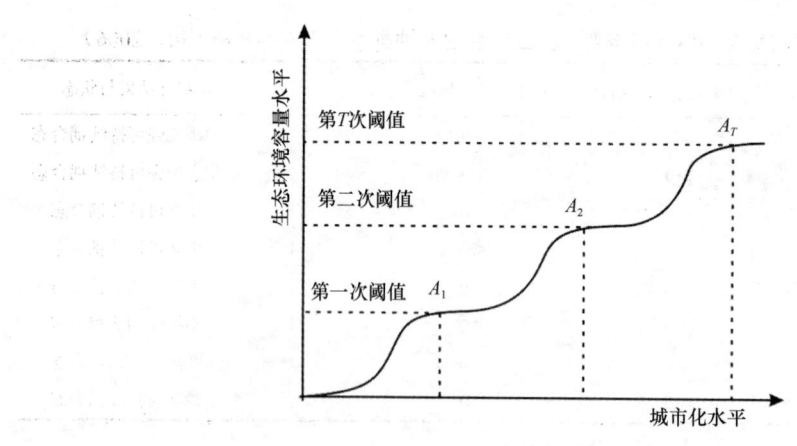

图 2.8 城市化与生态环境交互耦合的 Logistic 过程及阈值分析（方创琳和杨玉梅，2006）

表 2.5 城市化与生态环境耦合预警系统的预警过程（方创琳和杨玉梅，2006）

警级	警灯	预警分值	警示	指标实际值与预测值差率	警度区间	警度预报
5	双红灯	5 分	极重警告	>75%	$2.5 > M(X)$	巨警
4	红灯	3 分	严重警告	50%~75%	$1.5 < M(X) \leq 2.5$	重警
3	浅红灯	2 分	较重警告	25%~50%	$1.0 < M(X) \leq 1.5$	中警
2	黄灯	1 分	较轻警告	10%~25%	$0.5 < M(X) \leq 1.0$	轻警
1	绿灯	0 分	无警告	10%	$0 < M(X) \leq 0.5$	无警

7）观念与制度的差异是人们在资源利用与环境保护方面发生分歧或对立的基本因素

个人观念的差异，以及区域之间、国家之间利益的差异使得人们在对地球资源和环境的利用与保护方面发生一些分歧或对立。为了人类共同的利益，必须在个人之间、群体之间、区域之间、国家之间寻找利益平衡点，使各个区域或国家都得到发展，使人类赖以生存的地球处在良性演变之中。问题的关键点是各个区域所处发展阶段的差别，它是导致区域之间对资源环境开发、利用与保护理念差异的基础性原因。另外，区域间人们收入来源的差异，具体地讲是产业结构的差异产生了利益上的差异。例如，中国发达地区对土地作为第二、三产业的需求要远高于落后地区，从而将保护耕地的责任推给了后者。但落后地区也需要发展，生产粮食在自给以外，对于生产更多商品粮的积极性不高，从而对耕地保护的积极性也不高。一些发达国家将自己的废弃物运往发展中国家进行处理，就是借用了发展阶段有别对环境保护需求不同这个"缺口"。

2.3 技术框架

2.3.1 方法体系

算法模型作为地理国情综合统计分析的核心内容，是形成综合指数的决定因素。综合统计分析的算法模型较多且体系庞大，主要由三部分构成（图 2.9）。

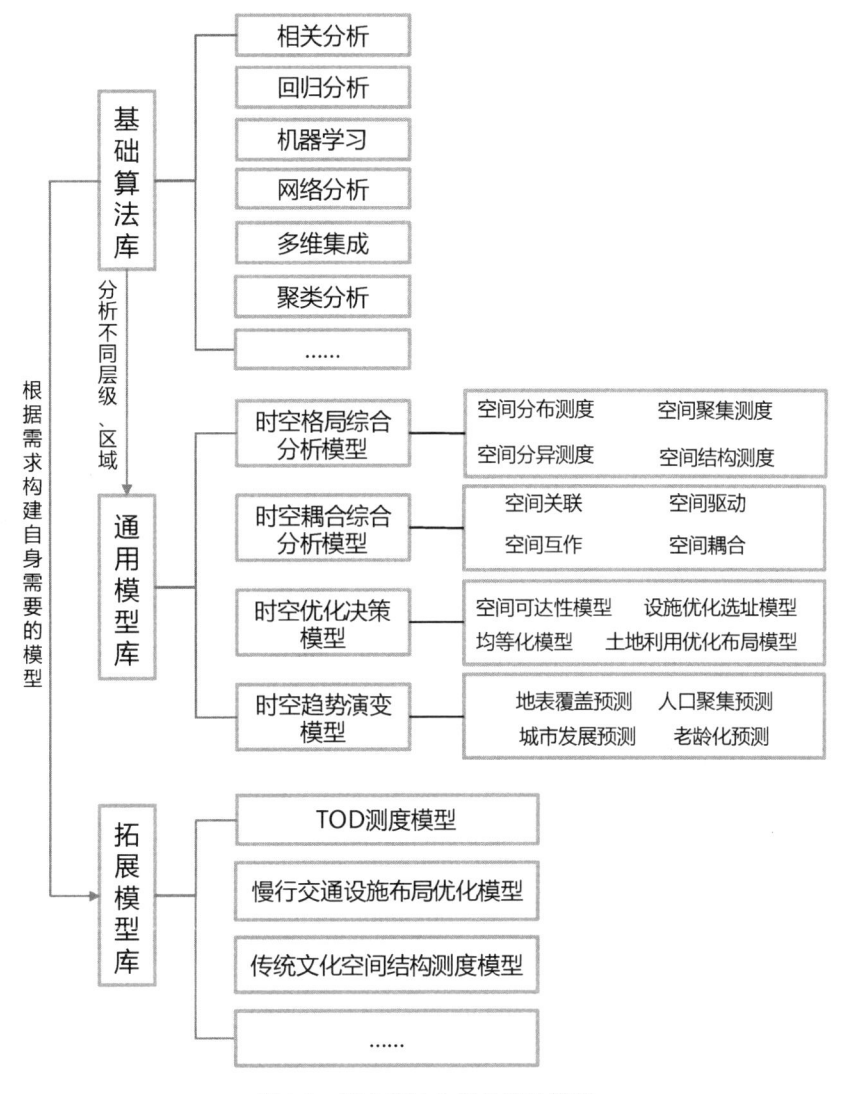

图 2.9　综合统计分析的算法模型

1）基础算法库

由构建各种模型的通用算法组成，如相关分析、回归分析、网络分析、多维集成、聚类分析、机器学习（随机森林、支持向量机、神经网络）等。通过这些基础算法可以对地理国情信息进行基本汇总和统计，构建评价分析指标和基本统计模型。

2）通用模型库

用于分析不同层级、不同区域的主体普遍关注的内容，分为时空格局综合分析模型、时空耦合综合分析模型、时空优化决策模型和时空趋势演变模型四种类型。其中，时空格局综合分析模型用于分析一组、一类或者多个地理国情要素整体空间分布的特点与规律，如空间分布测度模型、空间聚集测度模型、空间分异测度模型、空间结构测度模型、空间区划模型、空间域识别模型、空间体系划分模型等。时空耦合综合分析模型用于分析不同组、类或者多个地理国情要素的关联和互作特征，如空间关联模型、空间驱动模

· 33 ·

型、空间互作模型、空间耦合模型等。空间优化决策模型用于调整地理国情的空间布局。根据均等化、低成本、可持续、多目标优化等约束型准则，对地理国情要素的空间布局合理性评价，并据此提出解决方案，如空间可达性模型、均等化模型、设施优化选址模型、土地利用优化布局模型。时空趋势演变模型主要分析地理国情要素空间格局和相互作用在时间维度上的演变趋势，如地表覆盖预测模型、人口聚集预测模型、城市发展预测模型、老龄化预测模型等。根据解决问题的自身领域不同，通用模型库又可以分为：城乡建设与路网发展、农业资源利用与生产、生态环境保护与安全、宏观经济与社会发展、生活质量与社会公平、监测与时间变化检测、泛在信息分析与可视化。

3）拓展模型库

用户根据自身需求借助基础算法库构建自身需要的模型，如 TOD 测度模型、慢行交通设施布局优化模型、传统文化空间结构测度模型等。借助拓展模型，可以面向不同统计单元、不同区域专题统计分析构建符合地理特征的综合统计分析模型。

2.3.2 构建原则

在算法模型构建时，需要遵循一系列的原则，才能确保综合统计分析的实施。

（1）科学性原则：算法选择和模型设计应具备坚实的理论基础，科学、客观地反映地理国情分布规律、发展趋势和互作机理。

（2）兼容性原则：构建的模型需要与相关经典理论或行业部门公认的模型有较好的兼容性。

（3）分层级原则：地理国情在不同的尺度上表现出不同的特征，且不同行业部门决策过程关注的重点也不尽相同。因此，需要建立一套分层级的模型体系。

（4）自适应原则：算法模型应随着数据结构特征自适应做出调整，以减少不确定性。

（5）无争议原则：算法模型应具有一定的权威性和公认性，无较大的争议。

（6）可拓性原则：用户根据自身的需要和地区特点，可以对算法模型参数做出一定的调整。

第 3 章 地理国情综合统计分析的基础算法

3.1 基本统计分析

3.1.1 描述性统计分析

对于成功的数据预处理而言，把握数据的全貌是至关重要的。在进行数据分析的时候，一般首先要对数据进行描述性统计分析（descriptive analysis），以便于描述测量样本的各种特征及其所代表的总体的特征，以及发现其数据的内在规律，再选择进一步分析的方法。描述性统计分析要对调查总体所有变量的有关数据做统计性描述，可以用来识别数据的性质，凸显哪些数据值应该视为噪声或离群点，主要包括数据的集中趋势分析、数据离散程度分析、数据的分布，以及一些基本的统计图形。

集中趋势（central tendency）是指一组数据向某一中心值靠拢的程度，它反映一组数据中心点的位置所在。常用的指标包括均值、中位数、众数和中列数。数据集"中心"的最常用、最有效的数值度量是（算术）均值。它主要适用于数值型数据，而不适用于分类数据和顺序数据。中位数是一组数据排序后处于中间位置上的变量值。数据集的众数（mode）是集合中出现最频繁的值。一般情况下，只有在数据量较大的情况下，众数才有意义。中列数（midrange）是数据集的最大值和最小值的平均值。中列数也可以用来评估数值数据的中心趋势。

数据离散的最常见度量是数据的极差、分位数，以及数据的方差和标准差。极差是最大值与最小值之差。分位数（quantile）是取自数据分布的每隔一定间隔上的点，把数据划分成基本上大小相等的连贯集合。方差（variance）是各变量值与其平均数离差平方的平均数。观测值的标准差（standard deviation）σ 是方差 σ^2 的平方根。

偏度和峰度就是对分布形状的测度。峰度系数是描述总体中所有取值分布形态陡缓程度的统计量。这个统计量需要与正态分布相比较，峰度系数为 0 表示该总体数据分布与正态分布的陡缓程度相同；峰度系数大于 0 表示该总体数据分布与正态分布相比较为陡峭，为尖顶峰；峰度系数小于 0 表示该总体数据分布与正态分布相比较为平坦，为平顶峰。峰度系数的绝对值数值越大表示其分布形态的陡缓程度与正态分布的差异程度越大。

我们也可以使用基本统计描述的许多图形显示来可视化地审视数据。基本统计描述的图形显示，包括盒图、直方图和散点图。这些图形有助于可视化地审视数据，对于数据预处理是有用的。前两种图形显示一元分布（即一个属性的数据），而散点图显示二元分布（即涉及两个属性）。盒图（boxplot）是一种流行的直观表示分位数的方式。

（1）盒的端点一般在四分位数上，使得盒的长度是四分位数极差 IQR。

（2）中位数用盒内的线标记。

（3）盒外的两条线（称做胡须）延伸到最小（minimun）和最大（maximum）观测值。

当处理数量适中的观测值时，只得个别地绘出可能的离群点。在盒图中这样做：仅当最高和最低观测值超过四分位数不到 1.5×IQR 时，胡须会扩展到它们。否则，胡须会出现在四分位数的 1.5×IQR 之内的最极端的观测值处终止，剩下的情况个别地绘出。盒图可以用来比较若干个可以比较的数据集。图 3.1 为各部门经济数据的盒形图。

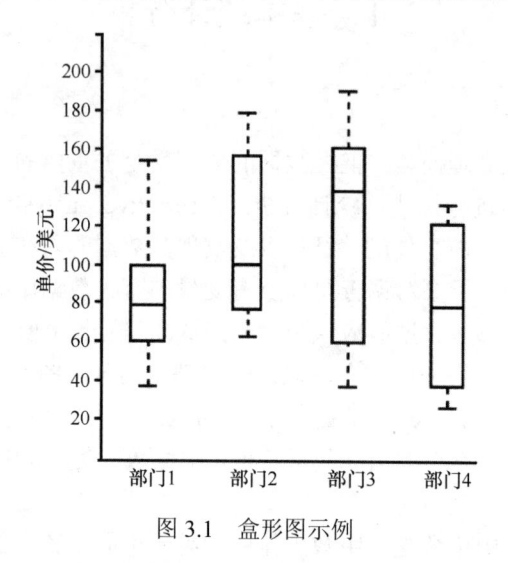

图 3.1　盒形图示例

直方图是一种概括给定属性 X 的分布的图形方法。如果 X 是标称的，如植被种类或土地类型，则对于 X 的每个已知值，画一个柱或竖直条。条的高度表示该 X 值出现的频率（即计数）。结果图更多地称做条形图（bar chart）。

如果 X 是数值的，则更多使用术语直方图。X 的值域被划分成不相交的连续子域。子域称做桶（bucket）或箱（bin），是 X 的数据分布的不相交子集。桶的范围称做宽度。通常诸桶是等宽的。例如，值域为 1～200 元（对最近的元取整）的价格属性可以划分成子域 1～20 元，21～40 元，41～60 元等。对于每个子域，画一个条，其高度表示在该子域观测到的产品的计数。

散点图（scatter plot）是确定两个数值变量之间看上去是否存在联系、模式或趋势的最有效的图形方法之一。为构造散点图，每个值对视为一个代数坐标对，并作为一个点画在平面上。图 3.2 显示了数据的散点图。

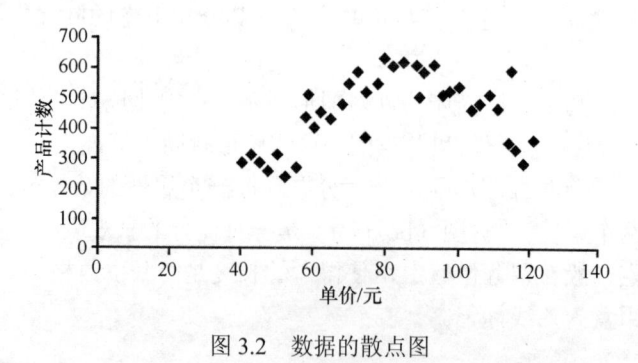

图 3.2　数据的散点图

散点图是一种观察双变量数据有用的方法,用于观察点簇和离群点,或考察相关联系的可能性。两个属性 X 和 Y,如果一个属性蕴含另一个,则它们是相关的。相关可能是正的、负的或零(null)相关(不相关的)。如果标绘点的模式从左下到右上倾斜,则意味着 X 的值随 Y 的值增加而增加,暗示正相关。如果标绘点的模式从左上到右下倾斜,则意味着 X 的值随 Y 的值减小而增加,暗示负相关。可以画一条最佳拟合的线,研究变量之间的相关性。

3.1.2 方位特征分析

测量一组点或区域趋势的一种常用方法便是分别计算 x 和 y 方向上的标准距离。这两个测量值可用于定义一个包含所有要素分布的椭圆的轴线。由于该方法是由平均中心作为起点对 x 坐标和 y 坐标的标准差进行计算,从而定义椭圆的轴,因此该椭圆被称为标准差椭圆。利用该椭圆,可以查看要素的分布是否是狭长形的,并因此具有特定方向。

正如通过在地图上绘制要素可以感受到要素的方向性一样,计算标准差椭圆则可使这种趋向变得更为明确。可以根据要素的位置点或受与要素关联的某个属性值影响的位置点来计算标准差椭圆。后者称为加权标准差椭圆。在标准差椭圆中(图3.3),椭圆的长半轴表示的是数据分布的方向,短半轴表示的是数据分布的范围,长短半轴的值差距越大(扁率越大),表示数据的方向性越明显。反之,如果长短半轴越接近,表示方向性越不明显。如果长短半轴完全相等,就等于是一个圆,这就表示没有任何的方向特征。短半轴表示数据分布的范围,短半轴越短,表示数据呈现的向心力越明显;反之,短半轴越长,表示数据的离散程度越大。同样,如果短半轴与长半轴完全相等,就表示数据没有任何的分布特征。中心点表示了整个数据的中心位置,一般来说,只要数据的变异程度不是很大的话,这个中心点的位置大约与算术平均数的位置基本上是一致的。

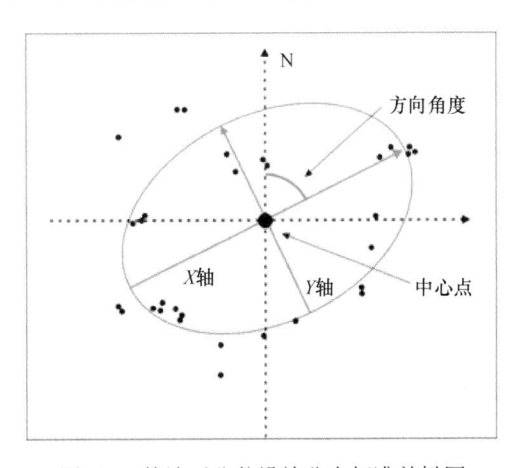

图 3.3 某地区公共设施分布标准差椭圆

标准差椭圆的生成算法比较简单,主要是要确定三个参数:圆心、旋转角度、x 轴与 y 轴的长度。

1)圆心

方向分布工具的圆心,直接利用算术平均中心来计算椭圆的圆心,公式如下:

$$\text{SDE}_x = \sqrt{\frac{\sum_{i=1}^{n}(x_i - \overline{X})^2}{n}} \tag{3.1}$$

$$\text{SDE}_y = \sqrt{\frac{\sum_{i=1}^{n}(y_i - \overline{Y})^2}{n}} \tag{3.2}$$

式中，SDE_x 与 SDE_y 分别为 x，y 的圆心坐标；x_i 和 y_i 为每个要素的空间位置坐标；$\overline{X}$ 和 $\overline{Y}$ 为算术平均中心；n 为要素总数。

2）旋转角度

以 x 轴为准，正北方为 0°，顺时针旋转，计算公式如下：

$$\begin{aligned} \tan\theta &= \frac{A+B}{C} \\ A &= \sum_{i=1}^{n}\tilde{x}_i^2 - \sum_{i=1}^{n}\tilde{y}_i^2 \\ B &= \sqrt{\left(\sum_{i=1}^{n}\tilde{x}_i^2 - \sum_{i=1}^{n}\tilde{y}_i^2\right)^2 + 4\left(\sum_{i=1}^{n}\tilde{x}_i\tilde{y}_i\right)^2} \\ C &= 2\sum_{i=1}^{n}\tilde{x}_i\tilde{y}_i \end{aligned} \tag{3.3}$$

式中，$\tilde{x}_i$ 与 $\tilde{y}_i$ 为 xy 坐标与平均中心的偏差。

3）x 轴与 y 轴的长度

$$\begin{aligned} \sigma^x &= \sqrt{\frac{\sum_{i=1}^{n}(\tilde{x}_i\cos\theta - \tilde{y}_i\sin\theta)^2}{n}} \\ \sigma^y &= \sqrt{\frac{\sum_{i=1}^{n}(\tilde{x}_i\sin\theta - \tilde{y}_i\cos\theta)^2}{n}} \end{aligned} \tag{3.4}$$

3.1.3 垂直特征分析

垂直特征又称三维立体化空间布局，是指对于国情要素在不同空间的利用功能、效益、结构等属性，将不被投影至二维平面上进行分析，而是以三维空间体作为评价单元，其对国情的立体空间布局形态进行表达，将立体化分布信息赋予到评价对象的各空间层面，如图 3.4 所示。典型的垂直特征包括立体建筑、立体交通和立体绿化等方面，如表 3.1 所示。

3.1.4 距离特征分析

距离描述两个实体或事物之间的远近或亲疏程度。从严格的数学意义上讲，距离的定义与度量空间有关。若度量空间被看成是均质的，则可以采用最常用的欧氏距离来度量。对于不同的数据样本，其度量空间特性也不同，如在机器学习等领域中，常涉及相似性度量（similarity measurement）对不同数据进行分类，通常的方法就是计算样本间的"距离"。表 3.2 为对于常用的相似性度量的一个小结。

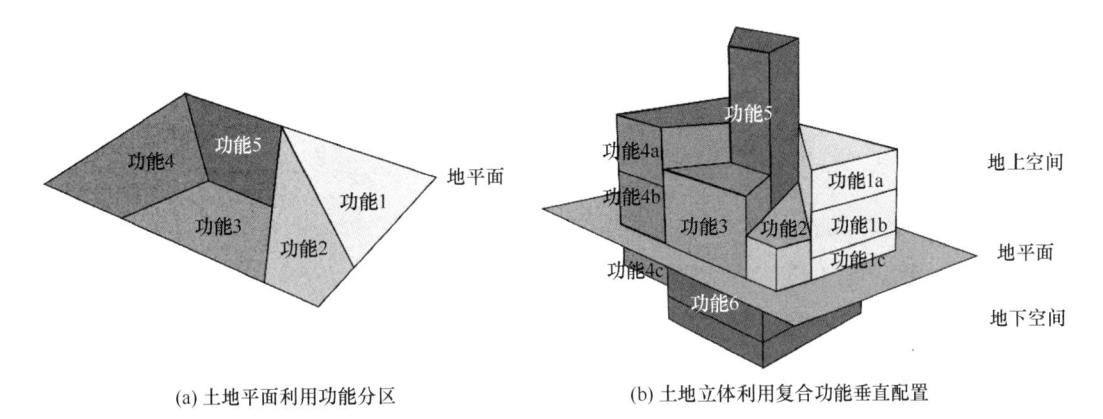

(a) 土地平面利用功能分区　　(b) 土地立体利用复合功能垂直配置

图 3.4　土地利用评价单元的变化

表 3.1　土地立体化评价指标及内涵

指标类型	指标内涵	公式	说明
立体建筑	地均建筑体量	$V = \dfrac{A}{S} = \dfrac{\sum\limits_{i=1}^{N} A_i}{S}$	式中，V 为地均建筑体量；A_i 为住宅、商业娱乐、金融办公等第 i 种功能类型建筑空间的体量；S 为建设用地面积
	空间混合利用度	$H = -\sum\limits_{i=1}^{N} P_i \log P_i,\ P_i = \dfrac{A_i}{A} = \dfrac{A_i}{\sum\limits_{i=1}^{N} A_i}$	式中，H 为空间混合利用度；P_i 为住宅、商业娱乐、金融办公等第 i 种功能类型建筑体量占建筑总体量的比例
	综合效益指数	$\mathrm{PI} = \dfrac{\sum\limits_{i=1}^{N}(w_i \times A_i)}{\sum\limits_{i=1}^{N} A_i},\ w_i = \dfrac{A_i}{A} = \dfrac{Q_i/S_i}{C_i}$	式中，PI 为综合效益指数；w_i 为第 i 种建筑功能类型的单位面积产出效益与对应规划标准的比值；Q_i 为第 i 种建筑功能类型的产出效益；S_i 为第 i 种建筑功能类型的建筑面积；C_i 为对应第 i 种建筑功能类型产出效益的规划标准
立体交通	立体路网密度	$\mathrm{TD} = \dfrac{L_\mathrm{u} + L_\mathrm{s} + L_\mathrm{d}}{S}$	式中，TD 为交通路网密度；L_u、L_s、L_d 分别为地上、地表、地下各个层次路网长度；S 为路网面积值
	立体交通指数	$\mathrm{TI} = \dfrac{L_\mathrm{u} + L_\mathrm{d}}{L_\mathrm{s}}$	式中，TI 为立体路网指数；L_u、L_s、L_d 分别为地上、地表、地下各个层次路网长度
	立体交通通达度	$\mathrm{SA}_i = \dfrac{n-2}{2K_{ij}(\mathrm{MD}_i - 1)}$	式中，SA_i 为立体交通通达度；MD_i 为节点 i 平均深度值；n 为自然连接图的总节点数；$K_{ij} = 1000/V_j$ 为节点 i 在交通系统 j 的权重值
立体绿化	地均三维绿量	$\mathrm{GA} = \dfrac{G_\mathrm{b} + G_\mathrm{u} + G_\mathrm{g}}{S}$	式中，GA 为地均三维绿量；G_b、G_u、G_g 分别为建筑体上、地下、地表的三维绿量
	立体绿化指数	$\mathrm{GI} = \dfrac{G_\mathrm{b} + G_\mathrm{u}}{G_\mathrm{g}}$	式中，GI 为立体绿化指数
	三维绿量指数	$\mathrm{TGBI}_i = \ln \dfrac{\sum\limits_{j}(G_\mathrm{g} + G_\mathrm{b})}{\mathrm{Vol}_i},\ D_{ij} < 100$	式中，TGBI_i 为三维绿量指数；G_g 为地表上的三维绿量；G_b 为建筑物上的三维绿量；D_{ij} 为人所处的位置 i 与周边植被 j 之间的距离；Vol_i 为 i 的建设体积

表 3.2 常用的相似性度量

相似性度量	运算形式
欧氏距离 （Euclidean distance）	二维平面上两点 $a(x_1, y_1)$ 与 $b(x_2, y_2)$ 间的欧氏距离：$d_{12} = \sqrt{(x_1 - x_2)^2 + (y_1 - y_2)^2}$ 两个 n 维向量 $a(x_{11}, x_{12}, \cdots, x_{1n})$ 与 $b(x_{21}, x_{22}, \cdots, x_{2n})$ 间的欧氏距离：$d_{12} = \sqrt{\sum_{k=1}^{n}(x_{1k} - x_{2k})^2}$ 也可以用表示成向量运算的形式：$d_{12} = \sqrt{(a-b)(a-b)^T}$
曼哈顿距离 （Manhattan distance）	$d_{12} = \lvert x_1 - x_2 \rvert + \lvert y_1 - y_2 \rvert$ $d_{12} = \sum_{k=1}^{n}\lvert x_{1k} - x_{2k} \rvert$
切比雪夫距离 （Chebyshev distance）	$d_{12} = \max(\lvert x_1 - x_2 \rvert, \lvert y_1 - y_2 \rvert)$ $d_{12} = \max_i(\lvert x_{1i} - x_{2i} \rvert)$ 这个公式的另一种等价形式是：$d_{12} = \lim_{k \to \infty}\left(\sum_{i=1}^{n}\lvert x_{1i} - x_{2i} \rvert^k\right)^{1/k}$
闵可夫斯基距离 （Minkowski distance）	$d_{12} = \sqrt[p]{\sum_{k=1}^{n}\lvert x_{1k} - x_{2k} \rvert^p}$ 式中，p 为一个变参数；当 $p=1$ 时，就是曼哈顿距离；当 $p=2$ 时，就是欧氏距离；当 $p \to \infty$ 时，就是切比雪夫距离；根据变参数的不同，闵氏距离可以表示一类的距离
标准化欧氏距离 （standardized Euclidean distance）	$X^* = \dfrac{X-m}{s}$，$d_{12} = \sqrt{\sum_{k=1}^{n}\left(\dfrac{x_{1k} - x_{2k}}{s_k}\right)^2}$
马氏距离 （Mahalanobis distance）	有 M 个样本向量 $X_1 \sim X_m$，协方差矩阵记为 S，均值记为向量 μ，则其中样本向量 X 到 μ 的马氏距离表示为 $D(X) = \sqrt{(X-\mu)^T S^{-1}(X-\mu)}$ 而其中向量 X_i 与 X_j 之间的马氏距离定义为 $D(X_i, X_j) = \sqrt{(X_i - X_j)^T S^{-1}(X_i - X_j)}$ 若协方差矩阵是单位矩阵（各个样本向量之间独立同分布），则公式就成了欧氏距离；若协方差矩阵是对角矩阵，公式变就成了标准化欧氏距离
汉明距离 （Hamming distance）	两个等长字符串 S_1 与 S_2 之间的汉明距离定义为将其中一个变为另外一个所需要作的最小替换次数，如字符串 "1111" 与 "1001" 之间的汉明距离为 2 应用：信息编码（为了增强容错性，应使得编码间的最小汉明距离尽可能大）
杰卡德距离 （Jaccard distance）	$J_\delta(A,B) = 1 - J(A,B) = \dfrac{\lvert A \cup B \rvert - \lvert A \cap B \rvert}{\lvert A \cup B \rvert}$
相关距离 （correlation distance）	$\rho_{XY} = \dfrac{\mathrm{Cov}(X,Y)}{\sqrt{D(X)}\sqrt{D(Y)}} = \dfrac{E((X-EX)(Y-EY))}{\sqrt{D(X)}\sqrt{D(Y)}}$ $D_{XY} = 1 - \rho_{XY}$
信息熵 （information entropy）	$\mathrm{entropy}(X) = \sum_{i=1}^{n} -p_i \log_2 p_i$

3.1.5 分形特征分析

不规则的非欧几里得几何形状可通称为分形。组成部分以某种方式与整体相似的形体称为分形。分形维数或分维数是指不规则几何形状的非整数维数。整数表示的维数往往不能充分反映几何物体的某些特性，如一条曲线和一条直线都是一维的，但曲线的形态比直线要复杂得多，其所携带的信息可能也要多得多。因此，整数的维数不能反映它们的形态特征和空间延展特性。图 3.5 为 Koch 曲线及其构造过程，当这个过程无限进行下去时，曲线的长度也趋近于无穷，且曲线上处处连续又处处不可微。

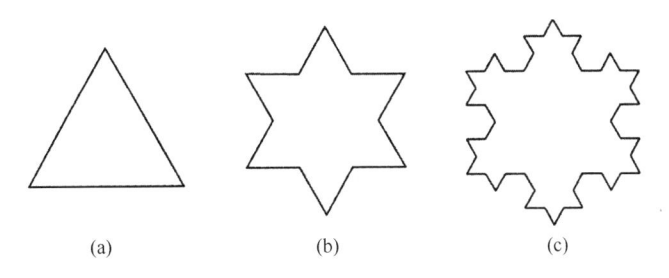

图 3.5　分形示意图

分形维数是描述分形特征的主要工具，它是对自相似性规律的数量化表征。包含了一个研究对象几何性质的许多信息。对斑块结构动态的研究发现，如果限制边界具有一个固定的分形维数，当一个斑块在其中扩散时，只有当二者的边界维数相等时才能达到稳定状态。尺度、自相似性和分形维数三者紧密联系、相辅相成。

下面仅将几种重要并且常用的分形维数作简要介绍。

1）拓扑维数

对于一个二维几何体——边长为一个单位长度的正方形，若用尺度 $r=1/2$ 的小正方形去分割，则覆盖它所需要的小正方形的数目 $N(r)$ 和尺度 r 满足如下关系式：

$$N\left(\frac{1}{2}\right) = 4 = \frac{1}{\left(\frac{1}{2}\right)^2}$$

若 $r = 1/4$，则 $N(1/4) = 16 = \dfrac{1}{\left(\dfrac{1}{4}\right)^2}$

当 $r = 1/k (k=1,2,3,\cdots)$ 时，则 $N(1/k) = k^2 = \dfrac{1}{\left(\dfrac{1}{k}\right)^2}$

可以发现，尺度 r 不同，小正方形数 $N(r)$ 不同，但它们的负二次指数关系保持不变，这个指数 2 正是正方形的维数。

对于一个三维几何体——边长为单位长度的正方体，同样可以验证，尺度 r 和覆盖它所需要的小立方体的数目 $N(r)$ 满足如下关系：

$$N(r) = \frac{1}{r^3} \tag{3.5}$$

一般地，如果用尺度为 r 的小盒子覆盖一个 d 维的几何对象，则覆盖它所需要的小盒子数目 $N(r)$ 和所用尺度 r 的关系为

$$N(r) = \frac{1}{r^d} \tag{3.6}$$

将式（3.6）两边取对数，就可以得到

$$d = \frac{\ln N(r)}{\ln(1/r)} \tag{3.7}$$

式（3.7）就是拓扑维数的定义。

2）Hausdorff 维数

因为分形本身就是一种极限图形，所以对式（3.7）取极限，就可以得出分形维数 D_0 的定义：

$$D_0 = \lim_{r \to 0} \frac{\ln N(r)}{\ln(1/r)} \tag{3.8}$$

式（3.8）就是 Hausdorff 给出的分形维数的定义，故称为 Hausdorff 分形维数，通常也简称分维。拓扑维数是分维的一种特例，分维 D_0 大于拓扑维数而小于分形所位于的空间维数。

3）信息维数

通过上述讨论可以看出，对分维的测算方法是：用边长为 r 的小盒子把分形覆盖起来，并把非空小盒子的总数记作 $N(r)$，则 $N(r)$ 会随尺度 r 的缩小不断增加，在双对数坐标中作出 $\ln N(r)$ 随 $\ln(1/r)$ 的变化曲线，那么，其直线部分的斜率就是分维 D_0。

如果将每一个小盒子编号，并记分形中的部分落入第 i 个小盒子的概率为 P_i，那么用尺度为 r 的小盒子所测算的平均信息量为

$$I = -\sum_{i=1}^{N(r)} P_i \ln P_i \tag{3.9}$$

若用信息量 I 取代式（3.8）中的小盒子数 $N(r)$ 的对数，这样，就可以得到信息维 D_1 的定义：

$$D_1 = \lim_{r \to 0} \frac{-\sum_{i=1}^{N(r)} P_i \ln P_i}{\ln(1/r)} \tag{3.10}$$

如果把信息维看作 Hausdorff 维数的一种推广，那么 Hausdorff 维数应该看作是一种特殊情形而被信息维的定义所包括。对于一种均匀分布的分形，可以假设分形中的部分落入每个小盒子的概率相同，即

$$P_i = \frac{1}{N} \tag{3.11}$$

将式（3.11）代入式（3.10）得到

$$D_1 = \lim_{r \to 0} \frac{-\sum_{i=1}^{N(r)} P_i \ln P_i}{\ln(1/r)} = \lim_{r \to 0} \frac{\ln N}{\ln(1/r)} \tag{3.12}$$

可见，在均匀分布的情况下，信息维数 D_1 和 Hausdorff 维数 D_0 相等。在非均匀情形，$D_1 < D_0$。

4）关联维数

空间的概念早已突破人们实际生活的三维空间的限制，如相空间，系统有多少个状态变量，它的相空间就有多少维，甚至是无穷维。相空间突出的优点是，可以通过它来观察系统演化的全过程及其最后的归宿。对于耗散系统，相空间要发生收缩，也就是说

系统演化的结局最终要归结到一个比相空间的维数低的子空间上。这个子空间的维数即关联维数。

对于一个点集，若我们把距离小于 ε 的点对数 $N_i(\varepsilon)$ 在所有点对数 $N(\varepsilon)$ 中所占的比例记为 $C(\varepsilon)$，即 $C(\varepsilon) = N_i(\varepsilon) / N(\varepsilon)$，则

$$D_c = -\lim_{\varepsilon \to 0} \frac{\log C(r)}{\log \varepsilon} \tag{3.13}$$

式中，D_c 为关联维数，$C(\varepsilon)$ 有如下形式：

$$C(\varepsilon) = \frac{1}{N^2} \sum_{i=1}^{N} \sum_{j=1}^{N} \theta(\varepsilon - r_{ij}) \tag{3.14}$$

式中，r_{ij} 为点对的欧氏距离，$\theta(\varepsilon - r_{ij})$ 为 Heaviside 函数，它满足：

$$\theta(\varepsilon - r_{ij}) = \begin{cases} 1, \varepsilon - r_{ij} \geq 0 \\ 0, \varepsilon - r_{ij} < 0 \end{cases} \tag{3.15}$$

该维数反映出一个集合中点元素间的空间关联特征。

3.1.6 耦合特征分析

耦合是指两个或两个以上系统通过相互作用而彼此影响的现象。耦合度是综合系统内部各子系统协同作用的度量。耦合度分析一般分为两步：其一是对各子系统的评估；其二是耦合度的计算和评价。如经济-环境耦合系统，由经济和环境两个子系统组成。

首先对指标进行标准化。设第 i 子系统有 n 个指标，分别为 x_1，x_2，…，x_n。当 x_{ij} 值越大表明系统功能越好，即数值大小对系统的功效贡献为正时，称为正指标；当 x_{ij} 值越小表明系统功能越好，即数值大小对系统的功效贡献为负时，称为负指标。正负指标标准化的公式如式（3.16）所示，这是普适的指标标准化公式：

$$\begin{cases} d_{ij} = \dfrac{x_{ij} - x_{ij\,\min}}{x_{ij\,\max} - x_{ij\,\min}} & \text{正向指标} \\ d_{ij} = \dfrac{x_{ij\,\max} - x_{ij}}{x_{ij\,\max} - x_{ij\,\min}} & \text{负向指标} \end{cases} \tag{3.16}$$

U_i 为第 i 个子系统的评估得分，可使用如下公式计算：

$$U_i = \sum W_{ij} \times d_i \tag{3.17}$$

其中，各子系统权重 $W_{ij} \geq 0$ 且 $\sum W_{ij} = 1$，$j = 1$，2，…，n。

耦合度 C 一般如下公式计算：

$$C = \left\{ \frac{U_1 \times U_2 \times \cdots \times U_n}{\prod (U_i + U_j)} \right\}^{\frac{1}{n}} \tag{3.18}$$

耦合度 C 可以分为极低耦合度（$C<0.3$）、低耦合度（$0.3 \leq C < 0.5$）、中耦合度（$0.5 \leq C < 0.8$）及高耦合度（$C \geq 0.8$）。

探究经济要素与生态环境要素的耦合关系，也可使用扩展的耦合度计算方法。V_A，

V_B 分别为二子系统在受自身与外界条件影响下的演化速度。V_A，V_B 的任意一个变化也会引起整个系统的变化。系统的演化速度 V 可以看作是 V_A，V_B 的函数，这样就可以以 V_A，V_B 为控制变量，通过分析 V 的变化来研究整个系统，以及两个子系统间的协调耦合关系。

由于整个系统的演化满足组合 S 形发展机制，可以假定城市化过程与生态环境的动态协调耦合关系呈现周期性的变化，这样在每个周期内，由于 V 的变化是 V_A，V_B 引起的，可以把 V_A，V_B 的演化轨迹投影在一个二维平面（V_A，V_B）中来分析 V，这样 V 的变化轨迹为坐标系中的一个椭圆，如图 3.6 可知，V_A，V_B 的夹角 α 满足 $\tan\alpha = V_A/V_B$，即

$$\alpha = \text{arc}\tan\alpha = V_A/V_B \tag{3.19}$$

在这里，我们可以把 α 称作耦合度。根据 α 的取值，就可以确定整个系统的演化状态及耦合程度。

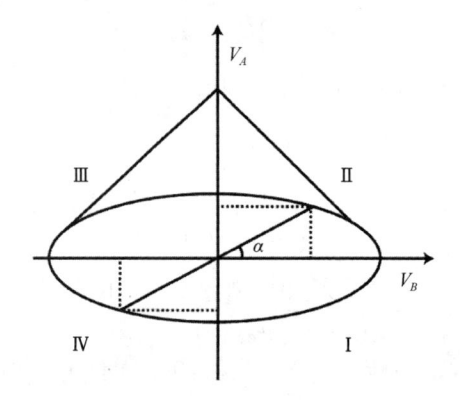

图 3.6 地理国情要素耦合关系

3.1.7 关联特征分析

1. 相关分析

相关关系是普遍存在的，函数关系仅是相关关系的特例。

1）相关关系的类型

当事物之间存在相关关系时，不一定是因果关系，也可能仅是伴随关系；但如果事物之间存在因果关系，则它们必然是相关的。相关关系多种多样，归纳起来大致有如下 6 种类型。

（1）强正相关关系，其特点是一变量 X 增加，导致另一变量 Y 明显增加，说明 X 是影响 Y 的主要因素。

（2）弱正相关关系，其特点是一变量 X 增加，导致另一变量 Y 增加，但增加幅度不明显，说明 X 是影响 Y 的因素，但不是唯一因素。

（3）强负相关关系，其特点是一变量 X 增加，导致另一变量 Y 明显减少，说明 X 是影响 Y 的主要因素。

（4）弱负相关关系，其特点是一变量 X 增加，导致另一变量 Y 减少，但减少幅度不明显，说明 X 是影响 Y 的因素，但不是唯一因素。

（5）非线性关系，其特点是 X、Y 之间没有明显的线性关系，却存在着某种非线性关系，说明 X 仍是影响 Y 的因素。

（6）不相关，其特点是 X、Y 之间不存在相关关系，说明 X 不是影响 Y 的因素。

2）相关分析的度量

根据数据特点的不同，所采用的度量变量间相关程度的统计量也会不同，相应的，相关系数也就有了不同的表现形式。下面介绍最常见的几个相关系数，其中线性相关系数为参数统计方法，而 Spearman 和 Kendall 等级相关系数为非参数统计方法。

A. 线性相关系数

线性相关（linear correlation）又称简单相关（simple correlation），用来度量具有线性关系的两个变量之间相关关系的密切程度及其相关方向，适用于双变量正态分布资料。线性相关系数又称为简单相关系数、Pearson 相关系数或相关系数，有时也称为积差相关系数（coefficient of product-moment correlation）。

常以符号 r 表示样本相关系数，ρ 表示总体相关系数。

总体相关系数的定义公式是

$$\rho_{XY} = \mathrm{Corr}(X,Y) = \frac{\mathrm{Cov}(X,Y)}{\sqrt{\mathrm{Var}(X)}\sqrt{\mathrm{Var}(Y)}} \qquad (3.20)$$

式中，$\mathrm{Cov}(X,Y)$ 为随机变量 X、Y 的协方差；$\mathrm{Var}(X)$ 和 $\mathrm{Var}(Y)$ 分别为 X 和 Y 的方差。总体相关系数是反映两变量之间线性相关程度的一种特征值，表现为一个常数。

样本相关系数的定义公式是 $r_{XY} = \dfrac{\sum\limits_{i=1}^{n}(X_i - \bar{X})(Y_i - \bar{Y})}{\sqrt{\sum\limits_{i=1}^{n}(X_i - \bar{X})^2}\sqrt{\sum\limits_{i=1}^{n}(Y_i - \bar{Y})^2}}$。它是根据样本观测值计算的，抽取的样本不同，其具体的数值也会有所差异。可以证明，样本相关系数是总体相关系数的一致估计量。

B. Spearman 等级相关系数

Spearman 相关系数相当于 Pearson 相关系数的非参数形式，它根据数据的秩而不是数据的实际值计算，适用于有序数据和不满足正态分布假设的等间隔数据。Spearman 相关系数的取值范围也在 –1～1，绝对值越大相关性越强，取值符号也表示相关的方向。

随机变量 X、Y 之间的 Spearman 相关系数记为 r_S，其计算公式为 $r_S = 1 - \dfrac{6\sum d^2}{n(n^2-1)}$，其中 d 为分别对 X、Y 去秩之后每对观察值 (x,y) 的秩之差，n 为所有观察对的个数。

随后介绍对 Spearman 相关系数 r_S 的假设检验，零假设为 r_S 是来自 $\rho_S=0$ 的总体（即 X 与 Y 独立）。以显著性水平 $\alpha = 0.05$ 为例，当 $n \leqslant 30$ 或 50 时，可以查 Spearman's 相关系数表来确定 P 值，此时有：当 $P \leqslant 0.05$ 时，拒绝零假设，说明 X 与 Y 之间存在着较为显著的相关关系；当 $P > 0.05$ 时，接受零假设。

C. Kendall 等级相关系数

Kendall 等级相关系数是对两个有序变量或两个秩变量之间相关程度的度量统计量，

因此也属于非参数统计范畴,它在计算时考虑了结点(秩相同的点)的影响。

Kendall's Tau(nonparametric correlations algorithms)算法原理为:两个随机变量 X、Y 共有 t 组观测对 (x,y),对任意第 (i,j) 个观测数据,若满足 $i<j$,就计算 $d_{ij}=(R(X_j)-R(X_i))(R(Y_j)-R(Y_i))$,令 $S=\sum_{i=1}^{N-1}\sum_{j=i+1}^{N}\text{sign}(d_{ij})$,则 Kendall's Tau($\tau$) 按如下公式计算 $\tau=\dfrac{S}{\sqrt{\dfrac{N^2-N-\tau_x}{2}}\sqrt{\dfrac{N^2-N-\tau_y}{2}}}$。当此式分母为 0 时不能用,需要按另外的公式计算。

Kendall's Tau 相关系数的显著性检验通过统计量 $Z=\dfrac{S}{\sqrt{d}}$ 进行,在零假设(X、Y 不相关)成立的条件下,它近似服从正态分布。

2. 回归分析

非确定性关系称为相关关系,它必须借助于统计手段才能加以研究。例如,人口分布和地形的关系、城市扩展和社会经济发展的关系、某地区街道形态与空气污染的关系等,它们之间是有关联的,但是它们之间的关系又不能用普通函数来表示。这类非确定性关系称为相关关系。具有相关关系的变量虽然不具有确定的函数关系,但是可以借助函数关系来表示它们之间的统计规律,这种近似地表示它们之间的相关关系的函数被称为回归函数。回归分析是研究两个或两个以上变量相关关系的一种重要的统计方法。

在实际中最简单的情形是由两个变量组成的关系。考虑用模型 $Y=f(x)$ 表示。但是,由于两个变量之间不存在确定的函数关系,因此必须把随机波动考虑进去,故引入模型如下:

$$Y=f(x)+\varepsilon \tag{3.21}$$

式中,Y 为随机变量;x 为普通变量;ε 为随机变量(称为随机误差)。

回归分析就是根据已得的试验结果,以及以往的经验来建立统计模型,并研究变量间的相关关系,建立起变量之间关系的近似表达式,即经验公式,并由此对相应的变量进行预测和控制等。

若因变量与多个自变量有关,就需要使用多元线性回归(multiple linear regression,MLR)进行建模,如在研究影响各地房价的因素时,不仅仅需要考虑当地居民的收入条件,还需要考虑诸如房屋建设成本、宏观经济因素、社会及人口因素等多种因素的共同作用。因此,就需要进一步讨论多个自变量对因变量的影响问题,也即多元线性回归问题。类似于一元线性回归模型,下式给出了多元线性回归模型的一般形式:

$$y_i=\beta_0+\beta_1 x_1+\beta_2 x_2+\cdots+\beta_p x_p+\varepsilon_i \tag{3.22}$$

式中,β_0,β_1,β_2,$\cdots$,β_p 为未知参数;y 为因变量;x_1,x_2,$\cdots$,x_p 为 p 个自变量。$p=1$ 时,公式退化为一元线性模型的公式,$p\geqslant 2$ 时,称其为多元线性回归模型;ε 为包含在 y 里面但不能被 p 个自变量的线性关系所解释的变异性,是一个被称为误差项的随机变量。对于随机变量ε，通常假定其均值为0，且服从方差为σ^2的正态分布，即$\varepsilon \sim N(0, \sigma^2)$。

1）回归方程的参数估计

A. 最小二乘估计

与一元线性回归方程的参数估计原理一样，多元线性回归方程的参数$\beta_0, \beta_1, \beta_2, \cdots, \beta_p$，仍然可以使用最小二乘法进行估计，即寻找参数$\beta_0, \beta_1, \beta_2, \cdots, \beta_p$，使离差平方和达到极小，此时参数$\beta_0, \beta_1, \beta_2, \cdots, \beta_p$就称为回归参数$\beta_0, \beta_1, \beta_2, \cdots, \beta_p$的最小二乘估计。

$$Q(\hat{\beta}_0, \hat{\beta}_1, \hat{\beta}_2, \cdots, \hat{\beta}_p) = \sum_{i=1}^{n}(y_i - \hat{\beta}_0 - \hat{\beta}_1 x_{i1} - \hat{\beta}_2 x_{i2} - \cdots - \hat{\beta}_p x_{ip})^2$$

$$= \min_{\beta_0, \beta_1, \beta_2, \cdots, \beta_p} \sum_{i=1}^{n}(y_i - \hat{\beta}_0 - \hat{\beta}_1 x_{i1} - \hat{\beta}_2 x_{i2} - \cdots - \hat{\beta}_p x_{ip})^2 \tag{3.23}$$

根据微积分求极值的原理，推导得，当$(X'X)^{-1}$存在时，即得回归参数的最小二乘估计为

$$\hat{\beta} = (X'X)^{-1} X'y \tag{3.24}$$

B. 最大似然估计

多元线性回归的最大似然估计与一元线性回归的最大似然估计的思想一致。对于多元线性回归模型：

$$y = X\beta + \varepsilon, \quad \varepsilon \sim N(0, \sigma^2 I_n)$$

即ε服从多变量正态分布，则y的概率分布满足：

$$y \sim N(X\beta, \sigma^2 I_n) \tag{3.25}$$

此时，似然函数为

$$L = (2\pi)^{-n/2} \left(\sigma^2\right)^{-n/2} \exp(-\frac{1}{2\sigma^2}(y - X\beta)'(y - X\beta)) \tag{3.26}$$

其中的未知参数是β和σ^2，最大似然估计就是取似然函数L达到最大的$\hat{\beta}$和σ^2。对于等式两边取自然对数，得

$$\ln L = -\frac{n}{2}\ln(2\pi) - \frac{n}{2}\ln(\sigma^2) - \frac{1}{2\sigma^2}(y - X\beta)'(y - X\beta) \tag{3.27}$$

为使上式达到最大，等价于使$(y - X\beta)'(y - X\beta)$达到最小，这又完全与最小二乘估计一样，因此在正态分布的假设下，回归参数β的最大似然估计与最小二乘估计完全相同，即

$$\beta = (X'X)^{-1} X'y \tag{3.28}$$

由此，回归方程的因变量y的拟合值为

$$\hat{y} = X\hat{\beta} = X(X'X)^{-1} X'y \tag{3.29}$$

从形式上看，矩阵$X(X'X)^{-1}X'$的作用是把因变量y变为拟合值向量$\hat{y}$，像是给y

戴上了一项帽子,因此将该矩阵称为"帽子矩阵",记做矩阵 H。则回归残差的计算公式为

$$e = \hat{y} - y \tag{3.30}$$

残差平方和定义为

$$\text{SSE}_H = \sum_{i=1}^{n} e_i^2 = (e'e) = y'(I-H)'(I-H)y \tag{3.31}$$

2)回归方程的显著性检验

在实际的研究中,若不能断定随机变量 y 与 x_1, x_2, …, x_p 之间有线性关系,在进行回归参数的估计前,可以用多元线性方程拟合随机变量 y 与 x_1, x_2, …, x_p 之间的关系,当求出回归方程之后,需要对方程进行显著性检验。本节介绍回归方程显著性的 F 检验和回归系数显著性的 t 检验,以及衡量回归拟合程度的拟合优度检验。

A. F 检验

对于多元回归方程的显著性检验就是看自变量对随机变量 y 是否具有明显的影响,为此,原假设可以设置为

$$H_0: \beta_1 = \beta_2 = \cdots = \beta_p = 0$$

如果 H_0 成立,则随机变量 y 与 x_1, x_2, …, x_p 之间的关系由线性回归模型表示并不合适。为建立对 H_0 进行检验的 F 统计量,仍然会利用总离差平方和的分解式,即

$$\sum_{i=1}^{n}(y_i - \overline{y})^2 = \sum_{i=1}^{n}(\hat{y}_i - \overline{y})^2 + \sum_{i=1}^{n}(y_i - \hat{y}_i)^2 \tag{3.32}$$

可以简写为 SST = SSR + SSE,构建的 F 统计量如下:

$$F = \frac{\text{SSR}/p}{\text{SSE}/(n-p-1)} \tag{3.33}$$

在正态假设下,当原假设 H_0: $\beta_1=\beta_2=\cdots=\beta_p=0$ 成立时,F 服从自由度为(p, $n–p–1$)的 F 分布。于是,可以利用 F 统计量对回归方程的总体显著性进行检验。对于给定的数据,$i=1$, 2, …, n。计算出 SSR 和 SSE,进而得到 F 的值,再由给定的显著性水平 a 查 F 分布表。得临界值 F_a(p, $n–p–1$)。

当 $F>F_a$(p, $n–p–1$)时,拒绝原假设 H_0,认为在显著性水平 a 下,y 与 x_1, x_2, …, x_p 之间有显著的线性关系,即回归方程是显著的。更通俗一些说,就是接受"自变量全体对因变量 y 产生线性影响"这一结论犯错误的概率不超过 a;反之,当 F_a(p, $n–p–1$)时,则认为回归方程不显著。

与一元线性回归一样,也可以根据 P 值作检验。当 $P<a$ 时,拒绝原假设 H_0;当 P 值$\geq a$ 时,接受原假设 H_0。

B. t 检验

在多元线性回归中,回归方程显著并不意味着每个自变量对 y 的影响都显著,我们总想从回归方程中剔除那些次要的、可有可无的变量,重新建立更为简单的回归方程,所以需要对每个自变量进行显著性检验。

如果某个自变量 x_i 对 y 的作用不显著,那么在回归模型中,它的系数 β_i 就取值为零。

因此，检验变量 x_i 是否显著，等价于检验假设：

$$H_0: \beta_j = 0 \quad j=1, 2, \cdots, p \tag{3.34}$$

如果接受原假设 H_0，则 x_i 对 y 的作用不显著，如果拒绝原假设 H_0，则 x_i 的作用是显著的：

$$t_j = \frac{\hat{\beta}_j}{\sqrt{c_{jj}}\,\hat{\sigma}} \tag{3.35}$$

其中，$(X'X)^{-1} = c_{ij}$，且 $\hat{\sigma} = \sqrt{\dfrac{1}{n-p-1}\sum_{i=1}^{n} e_i^2} = \sqrt{\dfrac{1}{n-p-1}\sum_{i=1}^{n}(y_i - \hat{y}_i)^2}$ 是回归标准差。

当原假设成立时，上式 t 统计量服从自由度为 $n–p–1$ 的 t 分布。给定显著性水平 a，查出双侧检验的临界值 $t_{a/2}$，当 $|t_j| \geq t_{a/2}$ 时，拒绝原假设 H_0，认为 β_i 显著不为 0，自变量 x_i 对 y 的线性效果显著；当 $|t_j| < t_{a/2}$ 时，接受原假设 H_0：$\beta_i = 0$，即认为自变量 x_i 对 y 的线性效果不显著。

在一元线性回归中，回归系数显著性的 t 检验与回归方程显著性的 F 检验是等价的，而在多元线性回归中，这两种检验是不等价的。F 检验显著，说明 y 对自变量 $x_1, x_2, \cdots, x_p$ 整体的线性回归效果是显著的。但不等于 y 对每个自变量 x_i 的效果都显著。反之，某个或某几个 x_i 的系数不显著，回归方程显著性的 F 检验仍有可能是显著的。

3）回归方程的拟合优度

拟合优度用于检验回归方程对样本观测值的拟合程度。在一元线性回归中，定义了样本决定系数 r^2=SSR/SST。在多元线性回归中，同样可以定义样本决定系数为

$$R^2 = \frac{\text{SSR}}{\text{SST}} = 1 - \frac{\text{SSE}}{\text{SST}} \tag{3.36}$$

样本决定系数 R^2 的取值在 [0，1] 的区间内，R^2 越接近 1，表明回归拟合的效果越好；R^2 越接近 0，表明回归拟合的效果越差。与 F 检验相比，R^2 可以更清楚直观地反映回归拟合的效果，但是并不能作为严格的显著性检验：

$$R = \sqrt{R^2} = \sqrt{\frac{\text{SSR}}{\text{SST}}} \tag{3.37}$$

R 为 y 与 $x_1, x_2, \cdots, x_p$ 的样本复相关系数。在两个变量的简单相关系数中，相关系数有正负之分，而复相关系数表示的是因变量 y 与全体自变量之间的线性关系，它的符号不能由某个自变量的回归系数的符号来确定，因而都取正号。与一元线性回归方程中曾定义的相关系数 r 一样，在多元线性回归的实际应用中，人们用复相关系数 R 来表示回归方程对原有数据拟合程度的好坏，它衡量作为一个整体的 $x_1, x_2, \cdots, x_p$ 与 y 的线性关系。

在实际应用中，样本决定系数 R^2 到底多大时才算通过了拟合优度检验？这要根据具体情况来定。在此需要指出的是，拟合优度并不是检验模型优劣的唯一标准，有时为了使得模型从结构上有较合理的经济解释，在 n 较大时，R^2 等于 0.7 左右，我们也给回归模型以肯定的态度。在后面的回归变量选择中，还将会看到 R^2 与回归方程中自变量的数目以及样本量 n 有关。当样本量 n 与自变量的个数接近时，R^2 易接近 1，其中隐含

着一些虚假成分。因此，由 R^2 决定模型优劣时还需慎重。

3.1.8 时间特征分析

时间序列（times series）是同一现象在不同时间上的相继观察值排列而成的序列。地理国情经济要素大多是以时间序列的形式给出。根据观察时间的不同，时间序列中的时间可以是年份、季度、月份或其他任何时间形式。时间序列可以分为平稳序列和非平稳序列两大类。

平稳序列（stationary series）是基本上不存在趋势的序列。这类序列中的各观察值基本上在某个固定的水平上波动，虽然在不同的时间段波动的程度不同，但并不存在某种规律，其波动可以看成是随机的，如图 3.7 所示。

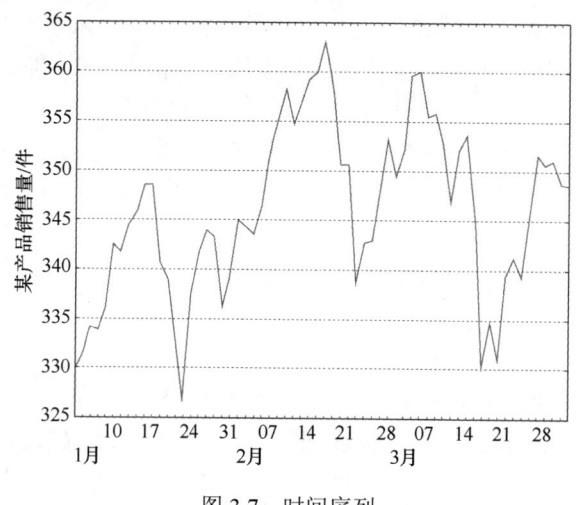

图 3.7 时间序列

非平稳序列（non-stationary series）是包含趋势、季节性或周期性的序列，它可能只含有其中一种成分，也可能是几种成分的组合。因此，非平稳序列又可以分为有趋势的序列、有趋势和季节性的序列、几种成分混合而成的复合型序列。

（1）趋势（trend）是时间序列在长时期内呈现出来的某种持续上升或持续下降的变动，也称长期趋势。时间序列中的趋势可以是线性的，也可以是非线性的。

（2）季节性（seasonality）也称季节变动（seasonal fluctuation），它是时间序列在一年内重复出现的周期性波动。例如，在经济地理中，常常听到"交易旺季"或"交易淡季"这类术语；在交通地理中，也常常使用"出行旺季"或"出行淡季"这类术语，等等。这些术语表明，这些活动因季节的不同而发生变化。当然，季节性中的"季节"一词是广义的，它不仅仅是指一年中的四季，其实是指任何一种周期性的变化。在现实生活中，季节变动是一种极为普遍的现象，是诸如气候条件、生产条件、节假日或人们的风俗习惯等各种因素作用的结果。例如，农业生产、交通运输、建筑业、旅游业、商品销售，以及工业生产中都有明显的季节性。含有季节成分的序列可能含有趋势，也可能不含有趋势。

（3）周期性（cyclicity）也称循环波动（cyclical fluctuation），是时间序列中呈现出来的围绕长期趋势的一种波浪形或振荡式变动。周期性通常是由商业和经济活动引起的，它不同于趋势变动，不是朝着单一方向的持续运动，而是涨落相间的交替波动；它也不同于季节变动，季节变动有比较固定的规律，且变动周期大多为一年，循环波动则无固定规律，变动周期多在一年以上，且周期长短不一。周期性通常是由经济环境的变化引起的。

除此以外，还有些偶然性因素对时间序列产生影响，致使时间序列呈现出某种随机波动。时间序列中除去趋势、周期性和季节性之后的偶然性波动，称为随机性（random），也称不规则波动（irregular variations）。

这样，时间序列的成分可以分为4种，即趋势（T）、季节性或季节变动（S）、周期性或循环波动（C）、随机性或不规则波动（I）。传统时间序列分析的一项主要内容就是把这些成分从时间序列中分离出来，并将它们之间的关系用一定的数学关系式予以表达，而后分别进行分析。按4种成分对时间序列的影响方式不同，时间序列可分解为多种模型，如加法模型（additive model）、乘法模型（multiplicative model）等。其中较常用的是乘法模型，其表现形式为

$$Y_t = T_t \times S_t \times C_t \times I_t \tag{3.38}$$

3.2 综合统计分析

3.2.1 热点分析

从地理学的角度而言，空间具有连续性，从而邻近的事物有更紧密的联系，相邻的地理要素可能存在集聚、随机和规则的分布模式。其中，相似事物或者现象在空间上集中的特性称为空间自相关性。

莫兰指数（Moran's I）是一种用途广泛的空间自相关统计量。全局莫兰指数（global Moran's I）是计算整个研究区的总体空间自相关关系的指标，它的具体形式见

$$I = \frac{n}{S_0} \cdot \frac{\sum_{i=1}^{n}\sum_{j=1}^{n} W_{ij}(x_i - \bar{x})(x_j - \bar{x})}{\sum_{i=1}^{n}(x_i - \bar{x})^2} \tag{3.39}$$

式中，n 为所有研究单元的个数；x_i 为第 i 个研究单元某一属性的观测值；$\bar{x}$ 为该属性上 x_i 的平均值；W_{ij} 为空间权重矩阵；S_0 为空间权重矩阵的所有元素之和。

由于全局空间莫兰指数建立在空间平稳性的假设基础之上，因此它不能解释局部区域可能存在的空间异质性，所以可以使用局部莫兰指数（local Moran's I）指示研究区内部局部范围内的空间自相关性，并通过 Moran 散点图表达局部变量的空间自相关关系。局部 Moran's I 公式见式（3.40）。Moran's I 散点图分为四个象限，右上象限表示观测值大于均值，且空间滞后也大于均值，表明这些散点对应的空间位置上的观测值和邻近空间位置上的观测值呈现"高-高"相似，表明这个地区局部存在高值的空间集聚现象，同理，Moran 散点图右下、左下、左上象限分别表示该象限内散点对应的空间位置分别存在局部的"高-低"，"低-低"和"低-高"集聚现象，如图 3.8 所示：

$$I_i = z_i \sum_{j=1, j \neq i}^{n} W_{ij} z_j \tag{3.40}$$

式中，z_i 和 z_j 分别为观测值的均值标准化；W_{ij} 为空间权重矩阵。

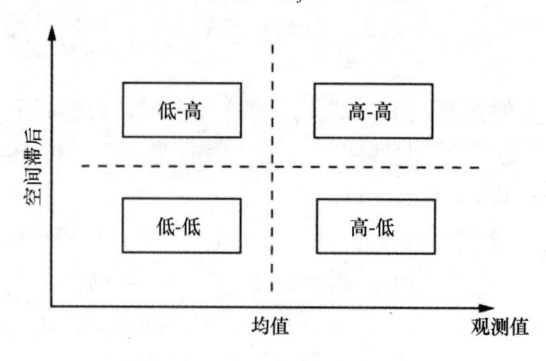

图 3.8 Moran's I 散点图

实际研究中，通常可以使用局部空间关联指标（local indicators of spatial association，LISA）反映观测值与周围相似观测值在空间上的集聚程度，特别是在研究区范围较广的时候，LISA 会在研究区内不同的研究单元上有所变化，从而体现出空间关系的异质性。LISA 的公式见式（3.41）。LISA 空间聚类图分为"高-高"、"高-低"、"低-低"和"低-高"，以及不具有显著集聚现象五种格局，其意义与 Moran 散点图意义类似，但 LISA 聚类图以地图的形式直观地体现了不同种类的空间集聚现象，便于观察和分析：

$$L_i = f(y_i - y_{J_i}) \tag{3.41}$$

式中，L_i 为位置 i 上的统计量；f 为一个可能含有附加参数的函数；y_i 为位置 i 上的观测值；y_{J_i} 为与研究单元 i 邻近的所有空间观测值的集合。

图 3.9 是通过计算人均 GDP 的局部空间自相关指标，并绘制该指标的 LISA 聚类图，发现人均 GDP 存在一定的空间集聚性，其中西部地区的新疆、青海、西藏、四川、广西等地呈现"低-低"聚集，东部地区的上海、江苏、山东等地呈现"高-高"聚集的特点。

3.2.2 空间聚类

由于地理国情数据具有海量、复杂、连续、空间自相关、存在缺损与误差等特点，这就要求空间聚类算法具有高效率、能处理各种复杂形状的簇，聚类结果与数据空间分布顺序无关，并且对离群点是健壮的等性能。结合地理国情数据的特点，有下列七种空间聚类算法可使用。

1. 划分方法

给定一个有 n 个样本的数据集，划分方法（partitioning method）构建数据的 k 个分区（$k \leq n$），其中每个分区表示一个簇。也就是说，它把数据划分为 k 个组，使得每个组至少包含一个对象。换言之，划分方法在数据集上进行一层划分。

划分准则：同一个簇中的样本尽可能接近或相似，不同簇中的样本尽可能远离或不相似。以样本间的距离作为相似性度量。

常用划分方法：K-means 算法、K-medoids 算法。

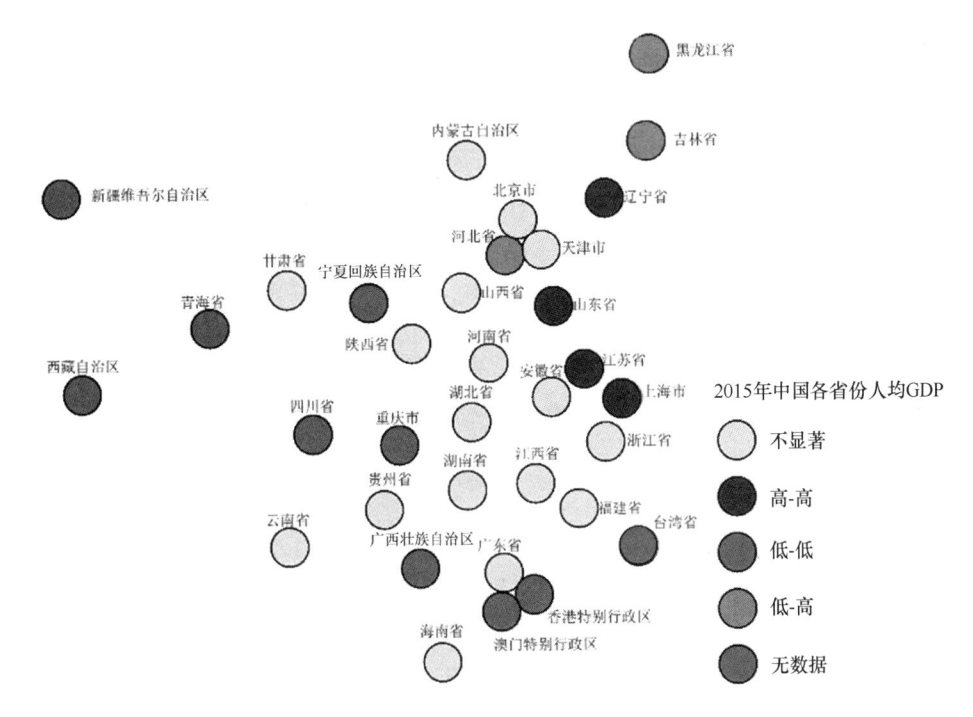

图 3.9　2015 年中国人均国内生产总值热点分析

1）K-means 算法（K-均值算法）

K-means 算法比较简单。首先，选择 x 个初始中心，其中 k 是用户指定的参数，即所期望的簇的个数。每个点指派到最近的中心，而指派到一个中心的点集为一个簇。然后，根据指派到簇的点，更新每个簇的中心。重复指派和更新步骤，直到簇不发生变化，或等价地，直到中心不发生变化。

假设数据集 D 包含 n 个欧氏空间中的对象。划分方法把 D 中的对象分配到 k 个簇 $C_1,\cdots,C_k$ 中，使得对于 $1 \leqslant i,j \leqslant k, C_i \subset D$ 且 $C_i \cap C_j = \varnothing$。一个目标函数用来评估划分的质量，使得簇内对象相互相似，而与其他簇中的对象相异。也就是说，该目标函数以簇内高相似性和簇间低相似性为目标。

基于形心的划分技术使用簇 C_i 的形心代表该簇。从概念上讲，簇的形心是它的中心点。形心可以用多种方法定义，如用分配给该簇的对象（或点）的均值或中心点定义。对象 $P \in C_i$ 与该簇的代表 c_i 之差用 $\mathrm{dist}(p,c_i)$ 度量，其中 $\mathrm{dist}(x,y)$ 是两个点 x 和 y 之间的欧氏距离。簇 C_i 的质量可以用簇内变差度量，它是 C_i 中所有对象和形心 c_i 之间的误差的平方和，定义为

$$E = \sum_{i=1}^{k} \sum_{p \in C_i} \mathrm{dist}(p,c_i)^2 \tag{3.42}$$

式中，E 为数据集中所有对象的平方误差的总和；k 为簇的个数；p 为簇 C_i 中的样本，即给定的数据对象；c_i 为簇 C_i 的形心（p 和 c_i 都是多维的）。换言之，对于每个簇中的每个对象，求对象到其簇中心距离的平方，然后求和。

2）K-medoids 算法（K-中心点算法）

K-medoids 算法基本思想：为了以降低聚类算法对离群点的敏感度，可以不采用簇中对象的均值作为参照点，而是挑选实际对象来代表簇，即选取最靠近中心点（medoid）的那个对象来代表整个簇。每个簇使用一个代表对象。其余的每个对象被分配到与其最为相似的代表性对象所在的簇中。于是，划分方法基于最小化所有对象 P 与其对应的代表对象之间的相异度之和的原则来进行划分。确切地说，使用了一个绝对误差标准。

定义为

$$E = \sum_{i=1}^{k} \sum_{p \in C_i} \text{dist}(p, o_i) \qquad (3.43)$$

式中，E 为数据集中所有对象 p 与 C_i 的代表对象 o_i 的绝对误差之和。

2. 层次方法

层次方法（hierarchical method）：层次方法是通过创建给定数据对象集的层次分解来实现聚类。根据层次分解如何形成，层次方法可以分为凝聚的或分裂的方法。凝聚的方法，也称自底向上的方法，开始将每个对象作为单独的一个组，然后逐次合并相近的对象或组，直到所有的组合并为一个组（层次的最顶层），或者满足某个终止条件。分裂的方法，也称为自顶向下的方法，开始将所有的对象置于一个簇中。在每次相继迭代中，一个簇被划分成更小的簇，直到最终每个对象在单独的一个簇中，或者满足某个终止条件。

层次聚类方法可以是基于距离的或基于密度和连通性的。层次聚类方法的一些扩展也考虑了子空间聚类。层次方法的缺陷在于，一旦一个步骤（合并或分裂）完成，它就不能被撤销。这个严格规定是有用的，因为不用担心不同选择的组合数目，它将产生较小的计算开销。然而，这种技术不能更正错误的决定。常用的层次方法：AGNES 算法、DIANA 算法。

3. 基于图理论的方法

针对数据库中的数据，按照一定的度量建立邻接矩阵，依据邻接矩阵对数据进行聚类。主要有基于最小生成树（MST）的聚类算法，根据邻接矩阵建立最小生成树，然后尝试打断其最"不一致"的边（选择标准一般是当前树中的最长边）依次割取子集，直到达到终止条件。

4. DBSCAN 的一些改进算法

DBSCAN 基于聚类中密度的概念，用来发现带有噪声的空间数据库中任意形状的聚类。该算法效率高，但算法执行前需要输入阈值参数，在处理族的对象边界时不是很严谨，而且算法的处理结果不满足对输入顺序的不敏感性。有一些改进算法，动态处理阈值参数以获得较优的聚类结果，或者是对边界的处理进行改进以满足对输入顺序的不敏感性。

5. 基于随机搜索的聚类方法——CLARANS 扩展

CLARANS 算法可以表示为一个查找图，图中的每个结点都是潜在的解决方案。在替换一个中心点后获得的聚类称为当前聚类的邻居。随意测试的邻居的数目由参数 maxneighbor 限制。如果找到一个更好的邻居，将中心点移至邻居结点，重新开始上述过程，否则在当前的聚类中生成一个局部最优。找到一个局部最优后，再任意选择一个新的结点重新寻找新的局部最优。局部最优的数目被参数 mumlocal 限制。CLARANS 并不搜索所有的求解空间，也不限制在任何具体的采样中。CLARANS 每次选带的计算复杂度与对象的数量基本呈线性关系。基于 CLARANS 的空间数据聚类算法有两种：空间支配算法 SD 和非空间支配算法 NSD。

6. BANG 方法

BANG 方法使用了一种类似 K-D 树的网络结构。这个结构为适应属性的分布面做了一定调整。密集的区域具有大量的小的网格，而不够密集的区域只有少量的更大的网格。按照网格（块）的密度排序，也就是按照区域分割的网格里的项目数量排序。根据期望的聚类数量，那些密度最大的网格被选为聚类的中心。对于每个选定的网格，只要它们的密度小于或者等于当前这个聚类的中心，就把这个邻近的网格加入。

7. 小波聚类

用小波聚类归纳空间聚类的方法是把数据看作像 STING 那样的信号，小波聚类使用的是网格。小波聚类可以找到任意形状的聚类，而且不需要知道期望的聚类个数。聚类的结果体现了数据的分布特征，利用聚类的方法分析未知的数据，能够从中发现有意义的模式。由于聚类是一个非监督的过程，在许多实际应用中要求对聚类的结果进行分析，否则用户无法知道发现的知识是否有意义。对于同一数据集，采用不同的聚类算法得到的聚类结果可能不同；当数据集没有明显的类结构时，聚类算法一般也会得到聚类结果；即使数据集有明显的类结构，算法所得到的结果并不一定就是真正的类结构。因此，算法通常都具有一定的偏置性。那么如何选择合适的聚类结果呢？这就需要评估聚类结果，分析聚类有效性。

在进行聚类有效性分析时，首先要注意的一个问题是数据集是否真的有类结构。一般情况下，聚类是有目的的，所给定的数据集也都具有一定的类结构。如果完全不知道数据集有没有类结构，那么一般就需要采用虚假设的方法来进行判断。

通常的聚类有效性的评判方法主要有三种，即外部标准法（exteralcrteria）、内部标准法（intemalcriteria）和相对标准法（relativecriteria）。外部标准法主要是将聚类结果与一个预先定义好的数据集分类结构进行比较，并给出效果评定。内部标准法则是指将聚类结果与数据集的自身特征相比较。外部标准法和内部标准法中的大部分方法都是基于统计特征的。因而计算量都比较大。相对标准法的思想是对同一个算法在不同假设和参数下的结果进行比较，再选出最好的聚类。

3.2.3 网络分析

网络分析是通过研究网络的状态，以及模拟和分析资源在网络上的流动和分配情况，对网络结构及其资源等的优化问题进行研究的一种空间分析方法。网络分析的理论基础是运筹学和图论，运筹学是近代形成的一门应用科学，主要研究各种有组织系统的管理问题及其经营活动，一般使用定量化的研究方法，尤其是运用数学模型来解决问题；

图论是运筹学中有着广泛应用的一个分支，主要研究事物及其关系，任何一个能用二元关系描述的系统，都可以用图形提供数学模型。

在地理国情中，网络分析功能依据图论和运筹学原理，在计算机系统软硬件的支持下，将与网络有关的实际问题抽象化、模型化、可操作化，根据网络元素的拓扑关系（线性实体之间、线性实体与节点之间、节点与节点之间的联结、连通关系），通过考察网络元素的空间、属性数据，对网络的性能特征进行多方面的分析计算，从而为制订系统的优化途径和方案提供科学决策的依据，最终达到使系统运行最优的目标。网络分析的定义及其应用见表3.3。

表3.3 网络分析及其应用

网络分析的定义及应用	说　明
数学定义	以图论和运筹学为基础，通过研究网络的状态，以及模拟和分析资源在网络上的流动和分配情况，对网络结构及资源等的优化问题进行研究
GIS 定义	GIS 中，网络分析则是依据网络拓扑关系（线性实体之间、线性实体与节点之间、结点与结点之间的连接、连通关系），通过考察网络元素的空间及属性数据，以数学理论模型为基础，对网络的性能特征进行多方面的分析计算
网络分析主要解决的问题	从 A 地到 B 地的最短路径是什么？ 如何设定一个服务中心？ 特定位置服务中心的服务范围是什么？ 从一个位置到另一个位置的通达程度如何？ 从出发地到目的地，有多少条可行路线？ 如何在街道图上定位一个发生的事件？

网络模型是对现实世界网络的抽象。在模型中网络由链、结点、站点、中心和转向点组成，如图3.10所示。

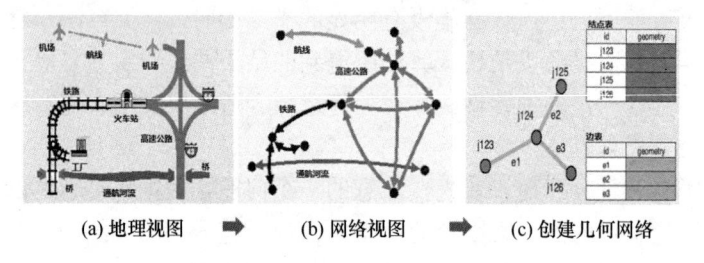

(a) 地理视图　➡　(b) 网络视图　➡　(c) 创建几何网络

图3.10 网络分析模型示例

在机器实现中，邻接矩阵表示法、关联矩阵表示法、邻接表表示法是用来描述图与网络常用的方法，如图3.11所示。

$$D(G) = \begin{matrix} & V_1 & V_2 & V_3 & V_4 & V_5 \\ V_1 & 0 & 1 & 1 & 1 & 1 \\ V_2 & 1 & 0 & 1 & 0 & 0 \\ V_3 & 1 & 1 & 0 & 1 & 0 \\ V_4 & 1 & 0 & 1 & 0 & 1 \\ V_5 & 1 & 0 & 0 & 1 & 0 \end{matrix}$$

$$A(G) = [a_{ij}]_{5 \times 7} = \begin{matrix} & e_1 & e_2 & e_3 & e_4 & e_5 & e_6 & e_7 \\ V_1 & 1 & 0 & 1 & 0 & 1 & 0 & 1 \\ V_2 & 1 & 1 & 0 & 0 & 0 & 0 & 0 \\ V_3 & 0 & 1 & 1 & 1 & 0 & 0 & 0 \\ V_4 & 0 & 0 & 0 & 1 & 1 & 1 & 0 \\ V_5 & 0 & 0 & 0 & 0 & 0 & 1 & 1 \end{matrix}$$

(a) 邻接矩阵　　　　　　　　　　　　(b) 关联矩阵

图3.11 网络分析的基础

图（graph）：V_i 称作顶点，e_k 称作边（无向图）或弧（有向图）；邻接矩阵 $D(G)$：在无向图中，描述顶点间的邻接关系；关联矩阵 $A(G)$：描述顶点与边之间关联关系的矩阵

而在 GIS 要进行网络分析首先需要解决网络的表达和存储问题。
(1) 图或网络的表达：边（弧、链）、点，如图 3.12 所示。
(2) 图或网络的存储：邻接矩阵。

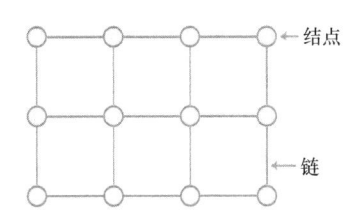

图 3.12 结点和链示意图

结点. 网络中任意两条线段的交点，如港口、车站等。链. 连接两个结点的弧段；
代表地物如公路、河流等，属性如阻碍强度、速度等

值得注意的是，结点中还存在一些特殊类型（表 3.4），如图 3.13 所示。

表 3.4 结点中的特殊类型

结点类型	说 明
障碍（barrier）	禁止网络上流动的点
拐点/转向点（turn）	出现在网络中的分割点上，其状态有属性和阻力，如拐弯的时间和限制
中心（center）	是接受或分配资源的位置，如水库、商业中心、电站等，其状态包括资源容量（如总量）、阻力限额（中心到链的最大距离或时间）
站点（stop）	在路径选择中资源增减的结点，如库房、车站等，其状态属性有资源需求，如产品数量

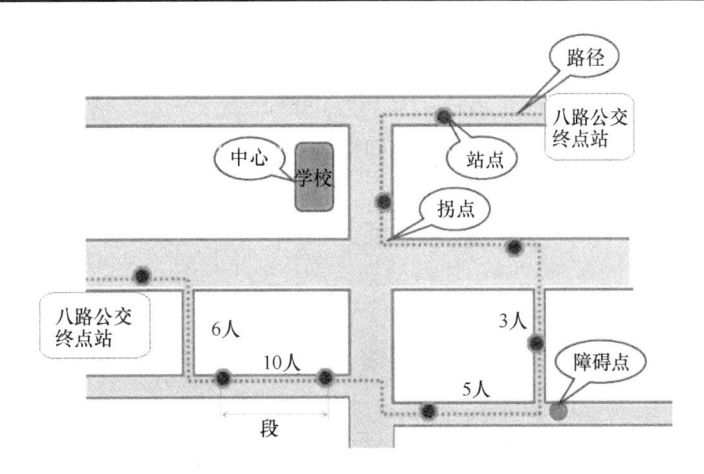

图 3.13 结点中的特殊类型示意图

网络分析的主要内容如表 3.5 所示。

表 3.5 网络分析功能与内容

主要功能	主要内容
路径分析	路径分析是用于模拟两个或两个以上地点之间资源流动的路径寻找过程；当选择了起点、终点和路径必须通过的若干中间点后，就可以通过路径分析功能按照指定条件寻找最优路径
连通分析	主要包括连通分量求解及设计最小费用的连通方案
定位与配置分析	含义：设一定数量的需求点，求一定数量的供给点及供给点的需求分配，用来完成某个规划目的； 定位问题：指已知需求源的分布，确定在哪里布设供应点最合适的问题； 分配问题：确定这些需求源分别受哪个供应点服务的问题

3.2.4 空间插值

在地理国情综合统计分析中,通常需要具有一定规则的数据,而多数可获得的数据都是呈现离散状态并且是不规则分布的,如对土壤、气温、空气质量等变量进行实测时,测量是在较小的实体上进行的,实测值构成了一个连续统一体的样本,不可能对该统一体的每个点进行采样。因此要根据由实测得到的离散数据,从空间的意义上对未知点加以预测,这就需要应用空间插值的方法把离散的不规则数据转换成规则数据。空间插值的对象是一组已知空间数据,可以是离散点的形式,也可以是分区数据的形式,目的是从这些数据中找到一个函数关系式,使该关系式最好地逼近已知的空间数据,并能根据该函数关系式推求出区域范围内其他任意点或任意分区的值(图3.14)。

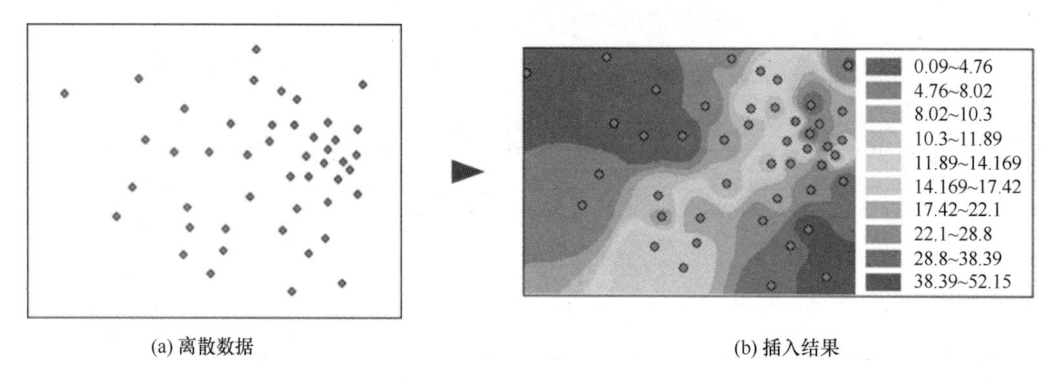

(a) 离散数据　　　　　　　　　　　　(b) 插入结果

图 3.14　空间数据插值

依据不同的标准,空间插值方法有多种不同的分类。各类插值方法主要可以分为两种:确定性插值方法和地统计插值方法,如图 3.15 所示。确定性插值方法基于实测数据的相似性程度或者平滑程度,利用数学函数来进行插值,如反距离加权法就是一种确定性的插值方法。地统计插值方法利用实测数据的统计特性来量化其空间自相关程度,生成插值面并评价预测的不确定性。依据已知点和已知分区数据的不同,可将空间数据插值分为点插值和面插值(区域插值)。点插值是指没有变量值的点由有变量值的点来插值得到。面插值指目标区域的值由指定区域点的变量值来插值取得。或者分为空间内插和外推两种算法。空间内插算法是一种通过已知点的数据推求同一区域其他未知点数据的计算方法;空间外推算法则是通过已知区域的数据,推求其他区域数据的方法。根据是否采用全部实测数据源进行逐点预测,各类插值方法可以分为两类:整体插值和局部插值,整体插值使用全部数据,整个区域的数据都会影响单个插值点;局部插值是在大面积的研究区域上选取较小的空间单元,利用预测点周围的临近样点来进行预测,单个数据点的改变仅仅影响其周围有限的数据点。下面将从整体插值和局部插值两方面介绍空间插值方法。

1. 整体插值法

整体插值法通常不直接用于空间插值,而是用来检测不同于总趋势的最大偏离部分,在去除了宏观地物特征后,可用剩余残差来进行局部插值。主要有趋势面分析法和变换函数法。

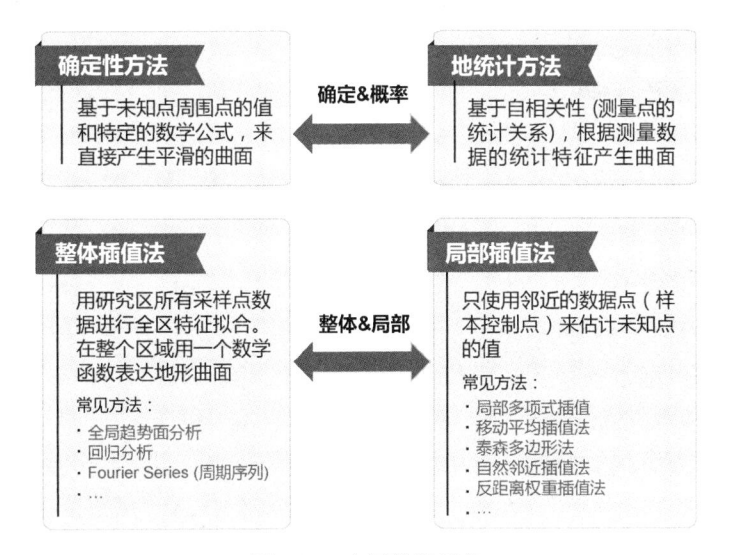

图 3.15 空间数据插值

1）趋势面分析法

趋势面分析法也叫全局多项式插值法，即用数学公式表达感兴趣区域上的一种渐变的趋势。其实质是通过回归分析原理，运用最小二乘法拟合一个二维非线性函数，模拟地理要素在空间上的分布规律，展示地理要素在地域空间上的变化趋势。先用已知采样点数据拟合出一个平滑的数学平面方程，再根据平面方程计算未知点上的数据。从数学理论角度来说，趋势面法实际上就是曲面拟合，首先通过对数据的空间分布特征的认识，然后，对于在空间域上具有周期性变化特征的空间分布现象，用一个多项式函数（一阶或二阶，甚至更高阶）作为数学表达式；再根据空间抽样数据和这个多项函数，拟合一个数学曲面，模拟地理要素在空间上的分布规律，展示地理要素在地域空间上的变化趋势。

2）变换函数法

变换函数法是根据一个或多个空间参量的经验方程进行整体空间插值，这种经验方程称为变换函数，即用与被预测属性相关的其他属性建立回归方程，进行空间预测。这种方法除用到 x 和 y 空间坐标信息外，还经常用到诸如高度、相对距离或其他地形因子等其他相关空间属性参量，然后建立回归模型。但是应该注意的是，必须清楚回归模型的物理意义，如许多气象要素（温度、降水、日照）与经纬度、高程和地形有关，所以可以通过区域内有限的气象观测站（哨）的资料建立回归模型，来进行该区域内的整体插值，获取该区域内连续的空间分布图。

2. 局部插值法

由于整体插值方法将短尺度的、局部的变化看作随机的和非结构的噪声，从而丢失了这一部分信息。局部插值方法恰好能弥补整体插值方法的缺陷，可用于局部异常值，而且不受插值表面上其他点内插值的影响。

局部插值方法只使用邻近的数据点来估计未知点的值，包括几个步骤：①定义一个邻域或搜索范围；②搜索落在此邻域范围的数据点；③选择表达有限个点的空间变化的数学函数；④为落在规则格网单元上的数据点赋值。重复这个步骤直到格网上的所有点赋值完毕。使用局部插值方法需要注意以下几点：所使用的插值函数，邻域的大小、形状和方向，数据点的个数，以及数据点的分布方式是规则的还是不规则的。

1）泰森多边形插值

泰森（Thiessen）多边形又称为 Dirichlet 图或 Voronoi 图，是荷兰气象学家 Thiessen 提出的一种根据离散分布的气象站的降水来计算平均降水的方法，用泰森多边形所包含的唯一气象站的降水来表示这个多边形区域内的降水。泰森多边形采用了一种极端的边界内插方法，只用最近的单个点进行区域插值，它由一组连续多边形组成，多边形的边界是由相邻两点直线的垂直平分线组成。每个多边形内只包含一个数据点，并用其所包含数据点进行赋值。如图 3.16 所示，如果求数据域内任意一点数据属性 $Z(x_i, y_i)$，则需首先判断待求点所落入的多边形，然后再由控制该多边形的已知点 $Z(x, y)$ 推算得到。

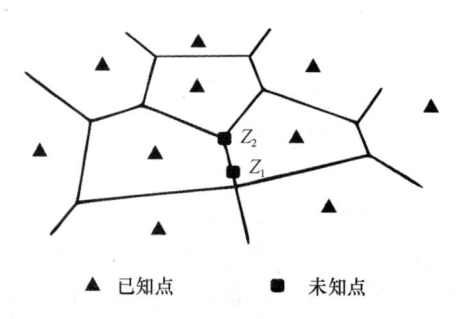

图 3.16　泰森多边形插值法的原理

2）三角剖分插值法

这种内插法是从三角测量（triangulation）派生出的，将采样点用直线与其相邻点连接成三角形，三角形内部不包括任何样点。可以设想将实测值立在一个基平面上，基平面的高与这些实测值呈一定比例，这样整个数据组成了一个包括多个倾斜三角板的多面体（TIN）。目的是利用线性插值法根据三角形的顶点来确定三角板上某一待估点 x_0 处的高度。

在利用三角线性插值方法进行空间数据插值时，是在一个三角的内部，等待差值的空间数据属性值是随着坐标的变化而产生均匀变化的。使用三角形线性插值方法进行空间数据插值时，首先需要形成覆盖整个空间区域的三角形，一般在对地质进行实际空间数据进行插值的过程中使用 Delaunay 三角法。其优点主要集中在以下几点：在划分三角网格中，Delaunay 三角网的最小角度是最大的；三角网每个三角形的外接圆中不再包括其他点；三角网具有唯一性。使用 Delaunay 划分的三角形可以在最大的程度上接近于等边三角形，对于划分的空间三角形区域内的点 $p(x, y)$，可以用下面的公式进行插值计算：

$$p(x, y) = \sum_{i=1}^{3} \lambda_i f(x_i, y_i) \tag{3.44}$$

式中，λ_i 为在三角形当中，第 i 个点的权重；$f(x_i, y_i)$ 为第 i 个观测点的属性。

该方法用权重值的加权平均数表示如下。将三角形的顶点坐标表示为 (x_{11}, x_{12})，(x_{21}, x_{22})，(x_{31}, x_{32})，待估点的坐标表示为 (x_{01}, x_{02})，权重值根据下列公式得到：

$$\lambda_1 = \frac{(x_{01} - x_{31})(x_{22} - x_{32}) - (x_{02} - x_{32})(x_{21} - x_{31})}{(x_{11} - x_{31})(x_{22} - x_{32}) - (x_{12} - x_{32})(x_{21} - x_{31})} \tag{3.45}$$

λ_2 和 λ_3 计算公式以此类推。所有其他的权值为 0。

这种方法简单易行，未测点只可能在三角形内或三角形边线上，利用线性插值即可求得。缺点是每个预测值只是根据三个实测值得到，且没有误差估计。不同于泰森多边形法，这种方法得到的结果是连续的面，但三角形边上斜率有时会产生突变现象。如果研究的主要目标是进行预测而不是用光滑的等值线作图，那么这突变是无关紧要的。另一个就是没有一种明显的三角测量方法比其他的方法更为优越，因此用户选择起来比较困难。

3）反距离加权法

根据地理学第一定律，距离相近的事物比距离远的事物具有更强的相似性。反距离加权法（inverse distance way, IDW）是以插值点与样本点之间的距离为权重的插值方法，插值点越近的样本点赋予的权重越大，其权重贡献与距离呈反比，这就是其名称的由来。这样，反距离权重法假定实测点对预测结果的影响随着离预测点距离的增加而减少，公式表达如下：

$$z^*(x_0) = \sum_{i=1}^{n} \lambda_i z(x_i) \tag{3.46}$$

4）局部多项式插值法

局部多项式插值法（移动内插法）通常取待定点作为平面坐标的原点，以待定点为圆心或中心作一个圆或矩形窗口，对每一个待定点用一个多项式曲面拟合该点附近（窗口内）的地表面，也可以在局部范围内（窗口）计算多个数据点的平均值。它只利用局部"窗口"内的数据及其权重，通过不断移动窗口来拟合多个多项式以表达和解释局部趋势和变异。其中窗口的大小对内插结果有着决定性的影响，小窗口将增强近距离数据的影响，大窗口将增强远距离数据的影响，减小近距离数据的影响。通过加权最小二乘法，使预测值和实测值的方差平方和为最小，从而求多项式的回归系数：

$$\sum_{i=1}^{n} w_i \left(z(x_i, y_i) \quad f(x_i, y_i) \right)^2 \tag{3.47}$$

$$w_i = \exp(-3 d_{i0} / a) \tag{3.48}$$

式中，n 为窗口内的样点数；w_i 为权重；d_{i0} 为窗口中心点 i 与其他点 r 之间的距离；a 为控制权重随距离减小速度的参数；$f(x_i, y_i)$ 为多项式的值，较常用的是一次和二次多项式。

全局多项式插值对生成光滑的面，用来验证数据中的远程趋势是很好的。但在地理国情综合统计分析中，感兴趣的变量通常除了有远程趋势外，还有短程趋势。这时可以用局域多项式插值法来捕获这些短程变异。同全局多项式插值一样，局域多项式插值也是一种不精确的插值方法。

5）简单移动平均法

简单移动平均法是一种简化的逐点内插法，它以待插值点为中心，确定一个取样窗口，然后计算落在窗口内的所有采样点实测值的平均值，作为待插值点的预测值（图3.17）。对取样窗口要求：

（1）取样窗口可以是固定大小的矩形框或是圆，也可以通过设定固定数目的邻近采样点来动态的变化取样窗口；

（2）窗口大小最好覆盖局域的极大或极小值，以使计算效率与计算精度之间达到合理的均衡；

（3）窗口内有4～12个采样点，即所取采样点数应考虑采样点的分布情况。若规则采样分布，采样点可以少些；若不规则采样分布，采样点应多些。

另外，也可以采用多个邻近点的加权平均来计算待插值点的预测值。

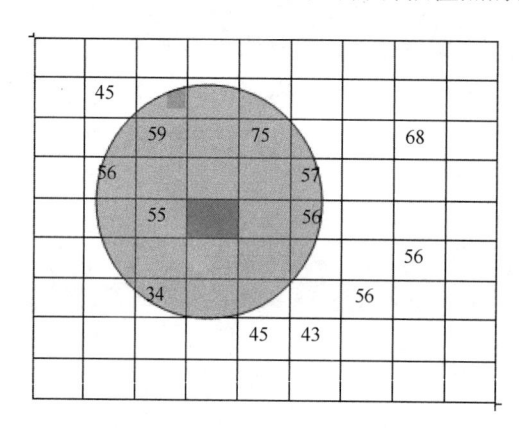

图 3.17 简单移动平均插值法

6）样条插值法

样条函数是数学上与灵活曲线规对等的一个数学等式，是一个分段函数，进行一次拟合只有少数点拟合，同时保证曲线段连接处连续，这就意味着样条函数可以修改少数数据点配准而不必重新计算整条曲线。该方法以最小曲率面来充分逼近各观察点，就像一弯曲的橡胶薄板通过各观察点同时使整个表面的曲率为最小。理论上采用高次多项式进行插值估计可以得到高阶平滑结果，但在实际研究中较多采用二阶多项式估计。该方法适合于变化平缓的表面，如海拔、地下水位高度、污染浓度等。如果一个面在很小的距离内有很大的变化，则不适合使用此方法，因为这将对估计产生较大的误差。有

$$F(p) = \sum_{i=1}^{n} c_i |p - p_i|^3 + a + bx + cy \tag{3.49}$$

式中，p 为待求点；p_i 为已知实测点，其对应的值为 F_i（$i=1, 2, \cdots, n$），各系数 c_i（$i=1, 2, \cdots, n$），a，b，c 由以下公式确定：

$$\begin{bmatrix} & & & 1 & p_1 \\ & |p-p_i|^3 & & 1 & p_2 \\ & & & & \vdots \\ & & & 1 & p_n \\ 1 & 1 & 1 & 0 & 0 \\ p_1^t & p_2^t & p_n^t & 0 & 0 \end{bmatrix} \bullet \begin{bmatrix} c_1 \\ c_2 \\ c_n \\ a \\ b \\ c \end{bmatrix} = \begin{bmatrix} F_1 \\ F_2 \\ F_n \\ 0 \\ 0 \\ 0 \end{bmatrix} \qquad (3.50)$$

式中，t 为一常数。

该算法结果满足输入点的表面曲率最小的要求，因此线性和曲面样条函数都在视觉上得到了令人满意的结果。样条函数的缺点是：样条内插的误差不能直接估算，同时在实践中要解决的问题是样条块的定义，以及如何在三维空间中将这些"块"拼成复杂曲面，又不引入原始曲面中所没有的异常现象等问题。

样条函数的种类很多，最常用的有 B 样条、张力样条和薄盘样条等。

3. 克里格插值

前面介绍的几个插值方法对影响插值效果的一些敏感性问题仍没有得到很好的解决，如趋势面分析的控制参数和距离倒数插值方法的权重对结果影响很大，这些问题包括：①需要计算平均值数据点的数目；②搜索数据点的邻域大小、方向和形状如何确定；③是否有比计算简单距离函数更好的估计权重系数的方法；④与插值有关的误差问题。人们常使用克里格插值的方法来解决上述问题。克里格方法可以分为线性和非线性，线性克里格方法又可以根据平均值不同假定分为几种，如表 3.6 所示。

表 3.6 线性克里格方法的主要类型

插值法	平均值	最小先决条件	模型
简单克里格法	常数，已知	协方差函数	平稳假设
普通克里格法	常数，未知	变异函数	本征假设
泛克里格法	变化，未知	变异函数	UK model

用克里格方法进行插值的主要步骤如图 3.18 所示，各种克里格方法的使用情况如表 3.7 所示。

（1）普通克里格法是单个变量的局部线形最优无偏估计方法，也是最稳健最常用的一种方法。插值过程类似于加权滑动平均，权重值的确定来自于空间数据分析。

（2）简单克里格法很少直接用于估计，因为它假设空间过程的均值依赖于空间位置，并且是已知的，但在实际中均值一般很难得到。它可以用于其他形式的克里格法中，如指示和析取克里格法。在这些方法中数据进行了转换，平均值是已知的。

（3）泛克里格法是把一个确定性趋势模型加入到克里格估值中，将空间过程分解为趋势项和残差项两个部分的和，有其合理的一面。如果能够很容易地预测残差的变异函数，那么该方法将会得到非常广泛的应用。

（4）指示克里格法将连续的变量转换为二进制的形式，是一种非线性、非参数的克里格预测方法。

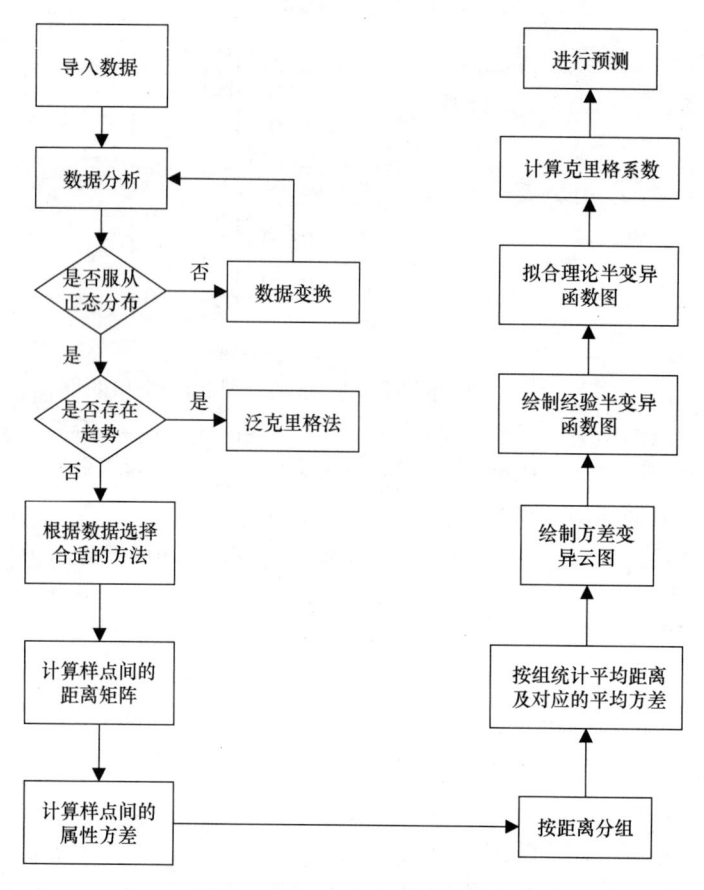

图 3:18　克里格插值法的主要步骤

表 3.7　不同类型克里格法的使用情况

类型	使用情况
普通克里格法	满足内蕴假设，其区域化变量的平均值是未知的常数
简单克里格法	满足二阶平稳假设，其变量的平均值为已知的常数
泛克里格法	区域化变量的数学期望是未知的变化值
指示克里格法	有真实的特异值、数据不服从正态分布时使用
析取克里格法	计算可采储量时使用
协同克里格法	适合于相互关联的多元区域化变量

（5）析取克里格法也是一种非线性的克里格方法，但它是有严格的参数的。这种方法对决策是非常有用的，因为它不但可以进行预测，还提供了超过或不超过某一阈值的概率。

（6）普通协同克里格法是将单个变量的普通克里格法扩展到两个或多个变量，且这些变量间要存在一定的协同区域化关系。如果那些测试成本低、样本较多的变量与那些测试成本较高的、样本较少的变量在空间上具有一定的相关性，那么该方法就尤其有用。可以利用较密采样得到的数据来提高样本较少数据的预测精度。

3.2.5　点格局

点状地物分布模式可能会随着空间尺度的变化而改变。在小尺度下可能呈现集群分布，在大尺度下可能为随机分布或均匀分布，最邻近距离法不能很好地分析空间尺度对点状地物的影响，而 Ripley's K 函数可分析在任意尺度的点状地物空间分布格局。它是分析个体坐标（位置）的工具，简单来说，Ripley's K 函数就是考量样方（点图）内以某点为圆心，以一定长度 r 为半径的圆内的个体数目的函数。由数学原理可知，平均数（m）和方差（v）是一维数集的一次和二次特性。同理，密度（λ）和协方差（k）是二维数集的一次和二次特征结构。点格局分析方法考虑了区域中每个个体与其他个体之间的距离，而不仅仅是最近邻体。函数 $K(r)$ 定义为从区域中随机抽取的个体落在以定点为圆心，r 为半径的圆内的期望值，其中 ρ 为区域密度。如果区域内的要素是随机分布，则 $K(r)=\pi^2 r$ 对于实际区域考虑样地外个体效应后得

$$K(r) = \frac{A}{n^2} \sum_{i=1}^{n} \sum_{j=1}^{n} \frac{1}{w} I_r(u_{ij})(i \neq j) \tag{3.51}$$

式中，当个体 i 和 j 的距离 $u \leqslant r$ 时，$I_r(u)$ 为 1，否则为 0，w_{ij} 是以 i 为圆心，u_{ij} 为半径的圆（即 u_{ij} 为其周长落在样地内的长度与该周长的比例）；A 为样地面积；n 为样地中个体总数。

另外，为了使 Ripley's K 函数判断实际观测点空间格局是空间集聚、空间发散，还是空间随机分布，可构造指标 $L(r)$ 和 $\Delta(r)$：

$$L(r) = \sqrt{\frac{K(r)}{\pi}} - r \tag{3.52}$$

$$\Delta(r) = K(r) - \pi r^2 \tag{3.53}$$

当 $L(r)=0$ 时，表示随机分布，当 $L(r)>0$ 或 $\Delta(r)>0$ 时，说明点要素为聚集分布；$L(r)<0$ 或 $\Delta(r)<0$，则呈扩散分布。

$L(r)$ 的置信区间采用不同置信水平的 Monte-Carlo 方法求得。用兴趣点实际分布数据（点图）计算得到的不同尺度下的 $L(r)$ 值若在包迹线以内，则符合随机分布；若在包迹线以外，则显著偏离随机分布。当兴趣点呈现聚集分布时，把偏离随机置信区间最大值作为最大聚集强度指标，而聚集规模为以聚集强度为半径的圆。

该函数可以反映要素质心的空间集聚或空间扩散在邻域大小发生变化时是如何变化的，可用于分析多尺度空间的点格局集聚特征。图 3.19 是解释未加权 K 函数结果。如果特定距离的 K 观测值大于 K 预期值，则与该距离（分析尺度）的随机分布相比，该分布的聚类程度更高。如果 K 观测值小于 K 预期值，则与该距离的随机分布相比，该分布的离散程度更高。如果 K 观测值大于较高的置信区间值，则该距离的空间聚类具有统计显著性。如果 K 观测值小于较低的置信区间值，则该距离的空间离散具有统计显著性。

Ripley's K 函数在植物种群、群落、疾病发病点、森林火点、地震发生点等研究之中得到了广泛的应用，其最大优势在于多尺度的空间格局分析。但是它也存在了一些不足：Ripley's K 函数包括了以某一距离（尺度）为半径的圆中的所有信息，随着距离（尺度）的增大，大距离（尺度）上的分析结果就包括了小距离（尺度）的信息，这种累积性的计算混淆了大尺度与小尺度的效应。

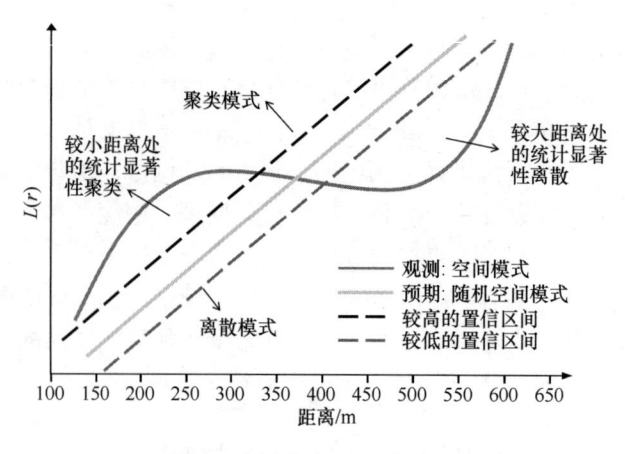

图 3.19　未加权 K 函数结果

3.2.6　景观格局

景观格局（landscape pattern）的概念来源于景观生态学（landscape ecology）。景观是在气候、地貌、土壤、植被、水文、生物等自然要素及人为干扰作用下形成的有机整体。景观空间格局是景观形成因素与景观生态过程长期共同作用的结果，反映景观形成过程和景观生态功能的外在属性。

景观格局分析的目的是从看似无序的斑块镶嵌中，发现潜在的、有意义的规律，从而确定决定景观空间格局形成的因子和机制，然后比较不同景观的空间格局及其生态学意义。针对空间格局强调的空间异质性、生态学过程和尺度的关系，在对其进行分析时需要把空间格局、过程和尺度结合到一起。因此，景观格局分析可以用于分析地理国情要素（尤其是地表要素）的空间分布格局。

以"斑块-廊道-基质"的基本理论范式为基础发展起来的景观指数（landscape metrics）成为景观格局分析的主要工具。景观格局指数可以用于景观组分特征分析，是一组能够高度浓缩景观格局信息，反映其结构组成和空间配置某些方面特征的简单定量指标。景观格局指数包括景观单元特征指数（landscape characteristic index）、景观异质性指数（landscape heterogeneity index）和景观要素空间关系指数（landscape spatial relation index）。景观单元特征指数是指用于描述斑块面积、周长和斑块数等特征的指标；景观异质性指数包括多样性指数（diversity index）、镶嵌度指数（patchiness index）、距离指数（distance index）及景观破碎化指数（habitat fragmentation index）等。景观要素空间关系指数包括同类景观要素的空间关系和异质景观要素之间的空间关系指数，如最近邻体距离面积加权指数、空间关联分析系数等。应用这些指数定量地描述景观格局，可以对不同景观进行比较，研究它们的结构、功能和过程的异同。

景观格局可以从三个层次来描述：斑块层次（patch level）、类别层次（class level）、整体景观层次（landscape level）。最小的单元为一个斑块，所有相同类型的斑块组成一个类别，所有的斑块构成一个景观，景观中可以含有多种斑块类别。具体来说，斑块层次反映单个斑块的结果特征，如每个斑块的周长；类别层次反映属于相同类型的所有斑块的特征，如斑块密度（某类型斑块数量除以该类型所有斑块面积之和）；整体景观层次反映整体的空间结构、相互关系等特征。三种级别逐步扩大尺度，高度相关。

1. 景观单元特征指数

景观单元特征包括景观斑块的类型、形状、大小、数量，是景观格局分析的基础，也是发现景观要素各干扰因子的相互作用，研究区域景观生态格局变化和过程的关键。有三种指数：①斑块面积（patch area），包括整个景观和单一类型的斑块面积，以及最大最小斑块面积；②斑块数（number of patches），包括整个景观的斑块数量和单一类型的斑块数量，揭示景观被分割的程度，具体的有斑块密度和类型单位周长斑块数；③斑块周长（patch perimeter），它是景观斑块的重要参数之一，反映各种扩散过程的可能性。具体指数参见表3.8。

表3.8 景观要素斑块特征指数

指数类型	具体指数		内容
斑块面积	斑块平均面积（average patch area）	$\mathrm{AREA\_arg} = \dfrac{A}{N}$ 式中，A为斑块总面积；N为斑块总数	斑块总面积/斑块总数，这个指标在一定意义上揭示景观破碎化的程度
	斑块面积的方差（variance of patch area）	$\mathrm{AREA\_CV} = \dfrac{\mathrm{SD}(A)}{\mathrm{MN}(A)}$ 式中，$\mathrm{SD}(A)$为面积的标准差；$\mathrm{MN}(A)$为面积的平均数	通过方差分析，揭示斑块面积分布的均匀性程度
	景观相似性指数（landscape similarity index）	$\mathrm{SIMI} = \sum_{i=1}^{n} \dfrac{a_{ijs} \cdot d_{ik}}{h_{ijs}^2}$ 式中，a_{ijs}为斑块ij邻域内的斑块ijs的面积；d_{ik}为斑块i与k的相似程度；h_{ijs}为斑块ij与ijs的距离	度量单一类型与景观整体的相似性程度
	最大斑块指数（largest patch index）	$\mathrm{LPI} = \dfrac{\max(a_{ij})}{A}(100)$ 式中，a_{ij}为斑块ij的面积；A为景观总面积	最大斑块面积/景观总面积（类型最大斑块指数=类型的最大斑块面积/类型总面积），反映最大斑块对整个景观或者类型的影响程度
斑块数	斑块密度（patch density）	$\mathrm{PD} = \dfrac{n_i}{A}(10000)(100)$ 式中，n_i为第i类景观要素的总面积；A为所有景观的总面积。斑块密度是景观格局分析的基本的指数，其单位为斑块数/100hm^2，它表达的是单位面积上的斑块数，有利于不同大小景观间的比较	整个景观的斑块密度=景观斑块总数/景观总面积；类型的斑块密度=类型斑块数/景观总面积。这个指标虽与斑块平均面积互为倒数，但是生态意义明显不同
	单位周长的斑块数（number of patches on unit perimeter）	$\mathrm{PN} = \dfrac{N}{S}$ 式中，N为斑块的数量；S为斑块的周长	整个景观的单位周长的斑块数=景观斑块总数/景观总周长；类型的单位周长的斑块数=类型斑块数/类型周长。揭示景观破碎化程度
斑块周长	边界密度（edge density）	$\mathrm{ED} = \dfrac{\sum_{k=1}^{m} e_{ik}}{A}$ 式中，e_{ik}为i类型斑块的总边长；A为景观总面积	景观边界密度=景观总周长/景观总面积；类型边界密度=类型周长/类型面积。揭示了景观或类型被边界分割的程度，是景观破碎化程度的直接反映
	形状指标（landscape shape index）	$\mathrm{LSI} = \dfrac{0.25 E^*}{\sqrt{A}}$ 式中，E^*为景观边界长度；A为景观总面积	周长与等面积的圆周长比

2. 景观异质性指数

景观异质性是景观格局的重要特征，指景观或其属性的变异程度。景观异质性指数分析是指景观斑块密度、边缘密度、镶嵌度、多样性指数和聚集度等指数的度量。主要有景观多样性指数（landscape diversity index）、景观优势度（landscape dominance）、均匀度（evenness）、相对丰富度（relative abundance）、景观破碎度（landscape fragmentation）、景观分离度（landscape isolation）、邻近度指数（mean proximity index）、聚集度（contagion index）等。其中，因为多样性、均匀度、优势度和聚集度指数都是以信息论为基础而发展起来的，有时统称为信息论指数（information theoretic index）。具体指标参见表3.9。

表 3.9 常见的景观异质性指数

指数	公式	意义
景观多样性指数	①Shannon-Wiener 指数：$SHDI = -\sum_{i=1}^{m}(p_i \ln p_i)$ ②Simpson 多样性指数：$SIDI = 1-\sum_{i=1}^{m} p_i^2$ 其中，p_i 为景观斑块类型 i 所占据的比率（通常以该类型占有的栅格细胞数或像元数占景观栅格细胞总数的比例来估计）；m 为景观中斑块类型的总数	反映一个区域内不同景观类型分布的均匀化和复杂化程度。如在一个景观系统中，土地利用越丰富，破碎化程度越高，其信息含量也越大，计算出的多样性指数值也就越高
景观优势度	$D = H_{\max} + \sum_{i=1}^{m} p_i \cdot \ln p_i$	它与多样性指数呈反比，是多样性指数最大值与实际值之差。对于景观类型数目相同的不同景观，多样性指数越大，其优势度越小。通常较大的 D 值对应于一个或少数几个斑块类型占主导地位的景观
均匀度	$E = \dfrac{H}{H_{\max}} \times 100\%$	H 是 Shannon 多样性指数，当 E 趋于 1 时，景观斑块分布的均匀程度亦趋于最大。均匀度和优势度一样，也是描述景观由少数几个主要景观类型控制的程度。这两个指数可以彼此验证
相对丰富度	$R = \dfrac{M}{M_{\max}} \times 100\%$ M 为景观中现有的景观类型数；$M_{\max}$ 为最大可能的景观类型数	景观中所有景观类型的总数。相对丰富度指数以景观中景观类型数与景观中最大可能的类型数比值百分比表示，其值越大，相对丰富度越大
景观破碎度	$C_i = \dfrac{N_i}{A_i}$ N_i 为景观 i 的斑块数；A_i 为景观 i 的总面积	破碎度表征景观被分割的破碎程度，反映景观空间结构的复杂性，在一定程度上反映了人类对景观的干扰程度。当景观内斑块数目增多，单个或某些斑块的面积相对减少，则斑块形状更趋于复杂化、不规则化
景观分离度	$SPLIT = \dfrac{A^2}{\sum_{i=1}^{m}\sum_{j=1}^{n} a_{ij}^2}$ a_{ij} 为景观类型 i 的斑块 j 的面积；A 为景观总面积	指某一景观类型中不同斑块数个体分布的分离程度。景观分离度加剧，导致作为流通渠道的廊道被切断，景观中的斑块彼此隔离，景观整体性削弱
邻近度指数	$MPI_i = \dfrac{1}{n_i}\sum_{j=1}^{n}\dfrac{a_{ij}}{h_{ij}^2}$ n_i 为景观组分的斑块数量；a_{ij} 为 i 景观类型的斑块面积；h_{ij} 为从某斑块到同类型斑块的最近距离	用以度量同种景观类型各斑块间的邻近程度，反映景观格局的破碎度。其值越大，表明连接度越高，破碎化程度低

3. 景观要素空间关系指数

景观要素的空间关系包括同类景观要素的空间关系和异质景观要素之间的空间关系。同类景观要素斑块的联系程度是用连接度指数（最近邻体距离的面积加权平均数）

来描述，而不同类型景观要素的空间关系则通过空间关联分析来研究。

1）最近邻体距离

最近邻体距离（euclidean nearest neighborhood distance，ENND）是一个直观的表征邻近程度的指数，单位是 m，表示某种类型斑块间的平均距离。两个斑块间的距离计算方法是，通过它们的质心的连线计算斑块边缘到边缘的长度。因此该指数可以更好地描述均匀分布的、形状不复杂的斑块类型。它是景观中每一个斑块与其最近邻体距离的总和（m）除以具有邻体的斑块总数，表达式为

$$\text{ENND} = \frac{1}{N}\sum_{i=1}^{m}\sum_{j=1}^{n} h_{ij} \tag{3.54}$$

式中，i（$=1,\cdots,m$）为斑块类型；j（$=1,\cdots,n$）为斑块数目；h_{ij} 位斑块 ij 与其最近邻体的距离（m）；N 为景观中斑块总数。

ENND 的值越大，说明同类型斑块间相隔距离越远，分布较离散；反之，则说明同类型斑块间距离较近，呈团聚分布。距离越近斑块间容易发生干扰。

2）斑块聚合度

斑块聚合度（aggregation index，AI）基于同类型斑块像元间公共边界长度来计算。当某类型中所有像元间不存在公共边界时，该类型的聚合程度最低；而当类型中所有像元间存在的公共边界达到最大值时，具有最大的聚合指数。其表达式为

$$\text{AI} = \left[\frac{g_{ii}}{\max \to g_{ii}}\right](100) \tag{3.55}$$

式中，g_{ii} 为相应景观类型的相似邻接斑块数量。

3）蔓延度

蔓延度（CONTAG）可描述景观里斑块类型的团聚程度或延展趋势，包含了空间信息。蔓延度较大，表明景观中的优势斑块类型形成了良好的连接；反之，则表明景观是具有多种要素的散布格局，景观的破碎化程度较高。蔓延度与边缘密度呈负相关，与优势度和多样性指数高度相关。其表达式为

$$\text{CONTAG} = \left[1 + \frac{\sum_{i=1}^{m}\sum_{k=1}^{m}\left[P_i\left(\frac{g_{ik}}{\sum_{k=1}^{m} g_{ik}}\right)\right]\left[\ln(P_i)\left(\frac{g_{ik}}{\sum_{k=1}^{m} g_{ik}}\right)\right]}{2\ln(m)}\right](100) \tag{3.56}$$

式中，P_i 为 i 类型斑块所占的面积百分比；g_{ik} 为 i 类型斑块和 k 类型斑块毗邻的数目；m 为景观中的斑块类型总数目。

理论基础的表观性，使得景观指数在应用过程中表现出了很大的局限性，主要表现

在：①对景观格局变化的响应，以及格局指数与某些生态过程的变量之间的相关关系不具有一致性；②景观指数对数据源（遥感图像或土地利用图）的分类方案或指标，以及观测或取样尺度敏感，而对景观的功能特征不敏感；③很多景观指数的结果难以进行生态学解释。因此，需要新的理论范式来完善景观格局的研究。以生态过程和景观生态功能为导向的格局分析，可能会成为深化景观格局研究的非常有潜力的方向。

4）城市化假说理论

Dietzel等（2005）假设"城市增长可以表征为具有两个不同的过程：扩散和聚合，每个过程都遵循一个协调的模式"。换句话说，城市化在时间和空间上呈现出由两个交替过程驱动的循环模式：扩散——城市从现有中心的扩展到新的发展领域，传播——以现有城市地区的向外扩张和缺口填补为特征。研究者进一步将他们的假设转化为可度量的景观指数的时间变化（图 3.20），图（a）反映了城市化初期扩散的主导性，在扩散过程开始和聚合过程结束时，传播率最高，在这之间达到最低值。图 3.20（b）为更具体的城市化空间模式，在城市化的一个完整扩散-聚合周期中，城市土地面积单调增加；城市斑块密度、边缘密度、最近邻体距离均先增加，然后在不同时间出现峰值，最后减小，呈现单峰形态；且高城市斑块密度反映了扩散过程的主导地位，一旦聚合过程开始其值就减少。在这段时间内，城市总面积与中心城区用地面积的差异最大。

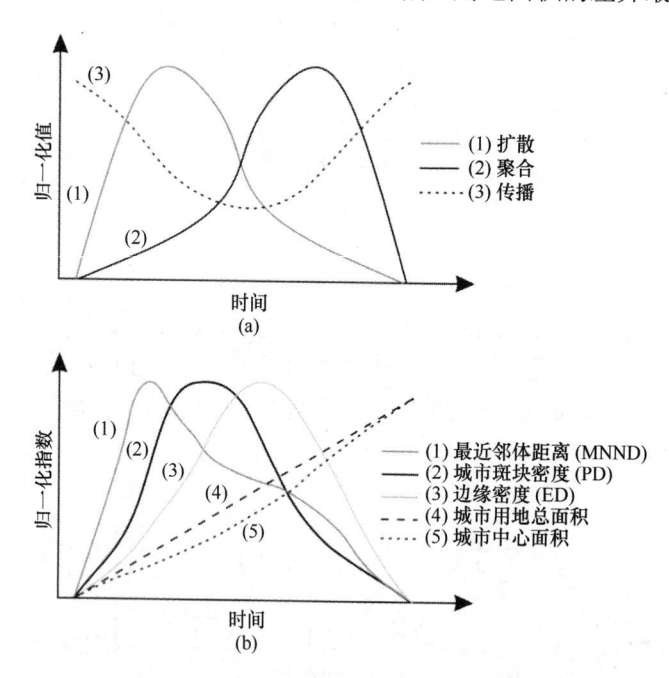

图 3.20 基于景观指数的城市化假说理论

3.2.7 可达性分析

对可达性内涵的不同理解会导致不同模型及计算方法的选择。根据研究的兴趣、研究对象和空间层次，或根据阐述问题的方便程度、所获取的数据类型等，采取不同的可达性测算模型。综合来看主要的可达性模型方法包括三大类：基于空间阻隔（距离法）、基于机会累积（累积机会法）和基于空间的相互作用（势能模型法）（表 3.10）。

表 3.10 可达性模型评价

主要模型		主要内容	优点	缺点
距离法		以两点间的距离、出行时间、出行费用来表示端点间的空间阻隔程度	方法较为简单，直观易懂	忽略了目的地的吸引力与人的活动等因素的影响
累积机会法	等值线法	根据出行成本进行分级，分别统计不同成本分级下可到达的目标点的数量	适用于分析一个城市的公共、医疗、教育、娱乐等设施的分布情况，从而评价城市土利用规划是否合理，不同群体或区域对于某种服务设施的可达性或接近度是否公平	忽略了目的地的吸引力与距离衰减作用，并且在阈值的选择上具有很大的主观性
	移动搜寻法	以普查单元为圆心，设定的极限距离为半径的搜索区，以区内相应设施的总数与总人口数的比值度量空间可达性		
	两步移动搜寻法	在移动搜寻法基础上的改善，鉴于移动搜寻法忽略了实际可达性的时效性		
势能模型法		两区间出行数与出发区的出行发生量和到达区的出次吸引量各呈正比，与两区间的行程时间（或费用、距离等）呈反比的关系建立的未来交通分布预测模型	能考虑路网的变化和土地利用对人们的出行产生的影响	交通小区之间的行驶时间因交通方式和时间段的不同而异，而重力模型使用了同一时间

3.2.8 公平性分析

利用传统经济学理论，以洛伦兹曲线（Lorenz curve）、基尼系数（Gini coefficient）作为评价工具，同时可利用关联特征进行公平性分析。

1. 洛伦兹曲线

为了研究国民收入在国民之间的分配问题，统计学家 Lorenz 提出了著名的洛伦兹曲线。它先将一国人口按收入由低到高排列，然后考虑收入最低的任意百分比人口所得到的收入百分比。将这样的人口累计百分比和收入累计百分比的对应关系描绘在图形上，即得到洛伦兹曲线。洛伦兹曲线用以比较和分析一个国家在不同时代或者不同国家在同一时代的财富不平等，该曲线作为一个总结收入和财富分配信息的便利的图形方法得到广泛应用。

图 3.21 中横轴 *OH* 表示人口（按收入由低到高分组）的累积百分比，纵轴 *OM* 表示收入的累积百分比，弧线 *OL* 为洛伦兹曲线。洛伦兹曲线的弯曲程度有重要意义。一般来讲，它反映了收入分配的不平等程度。弯曲程度越大，收入分配越不平等，反之亦然。特别是，如果所有收入都集中在一人手中，而其余人口均一无所获时，收入分配达到完全不平等，洛伦兹曲线成为折线 *OHL*。另一方面，若任一人口百分比均等于其收入百分比，从而人口累计百分比等于收入累计百分比，则收入分配是完全平等的，洛伦兹曲线成为通过原点的 45°线 *OL*。

一般来说，一个国家的收入分配，既不是完全不平等，也不是完全平等的，而是介于两者之间。相应的洛伦兹曲线，既不是折线 *OHL*，也不是 45°线 *OL*，而是像图 3.21 中这样向横轴突出的弧线 *OL*，尽管突出的程度有所不同。将洛伦兹曲线与 45°线之间的部分 *A* 叫做"不平等面积"，当收入分配达到完全不平等时，洛伦兹曲线成为折线 *OHL*，*OHL* 与 45°线之间的面积 *A+B* 叫做"完全不平等面积"。

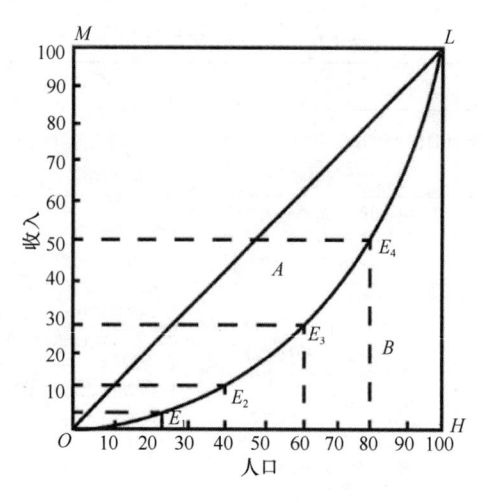

图 3.21 洛伦兹曲线

2. 基尼系数

由于洛伦兹曲线不能对资源配置差异的总体水平进行量化，因此还需同时计算资源配置的基尼系数。基尼系数是意大利经济学家基尼（Corrado Gini）于 1912 年提出的，定量测定收入分配差异程度，国际上用来综合考察居民内部收入分配差异状况的一个重要分析指标。其经济含义是：在全部居民收入中，用于进行不平均分配的那部分收入占总收入的百分比。基尼系数最大为"1"，最小等于"0"。前者表示居民之间的收入分配绝对不平均，即100%的收入被一个单位的人全部占有了；而后者则表示居民之间的收入分配绝对平均，即人与人之间收入完全平等，没有任何差异。但这两种情况只是在理论上的绝对化形式，在实际生活中一般不会出现。因此，基尼系数的实际数值只能为0~1。基尼系数由洛伦兹曲线推导而来，用以测定洛伦兹曲线背离绝对公平线的程度。不平等面积与完全不平等面积之比，成为基尼系数，是衡量一国贫富差距的标准。基尼系数 $G=A/(A+B)$。显然，基尼系数不会大于1，也不会小于0。基尼系数计算公式为

$$G = 1 - \sum_{i=1}^{n}(x_{i+1} - x_i)(y_{i+1} + y_i) \tag{3.57}$$

目前，国际上用来分析和反映居民收入分配差距的方法和指标很多。基尼系数由于给出了反映居民之间贫富差异程度的数量界线，可以较客观、直观地反映和监测居民之间的贫富差距，预报、预警和防止居民之间出现贫富两极分化，因此得到世界各国的广泛认同和普遍采用。

基尼根据洛伦兹曲线提出的判断分配平等程度的指标。设实际收入分配曲线和收入分配绝对平等曲线之间的面积为 A，实际收入分配曲线右下方的面积为 B。并以 A 除以 $(A+B)$ 的商表示不平等程度。这个数值被称为基尼系数或称洛伦兹系数。如果 A 为0，基尼系数为0，表示收入分配完全平等；如果 B 为0则系数为1，收入分配绝对不平等。收入分配越是趋向平等，洛伦兹曲线的弧度越小，基尼系数也越小，反之，收入分配越是趋向不平等，洛伦兹曲线的弧度越大，那么基尼系数也越大。

3. 关联分析

利用关联分析可以探究地理国情要素分配的公平性,如果弱势群体聚集的地方,公共设施配备质量也较低,则说明不公平性的存在,具体分析思路可见 3.1.7 节。

3.2.9 综合评价指标构建

将多个变量整合为一个指数的关键是给每个指标赋予合适的权重,虽然确定赋权重的方法很多,但是它们都有一定的局限性。常见的主观性方法包括典型的层次分析法和模糊层次分析法,客观性方法包括变异系数法、熵权法、突变级数法。

1. 层次分析法

层次分析法(analytic hierarchy process,AHP)是一种结合了定性与定量分析方法的综合性评价方法。它是由美国运筹学家萨德于 20 世纪 70 年代提出的,如图 3.22 所示,其核心思想是把复杂评价问题进行分解,形成多层次和多因素的结构,然后比较判断每一层次两两指标之间的重要程度,实现途径是构造判断矩阵,计算判断矩阵的最大特征值及对应特征向量,然后通过单层一致性检验计算单层的权重子集,最终得出不同指标的权重。

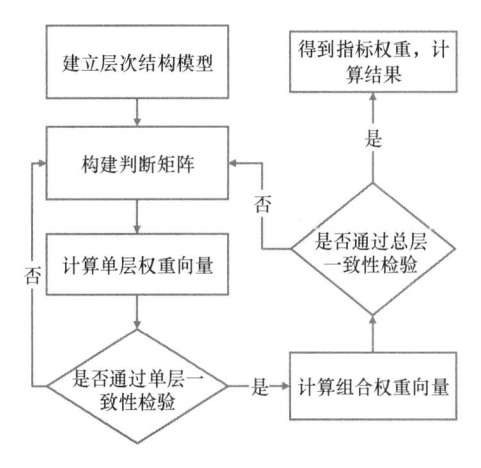

图 3.22 层次分析法原理及过程

2. 模糊层次分析法

模糊层次分析法(fuzzy analytic hierarchy process,FAHP)是在层次分析法的基础上结合了模糊综合评价,它仍使用层次分析法来确定各指标的权重,然后用模糊综合评价的方法对模糊指标进行评定。它能够解决当评价体系指标较多时评价思维的不一致性。具体步骤如下。

1)建立层次结构

将复杂问题分解意味着要建立一个层级之间相互联系的多层次结构。可以将评价体系分为三层,最上层为需要解决的目标,中间层为用以评价目标的指标分类,最底层为每个分类下的具体指标变量。

2）建立两两比较模糊判断矩阵

判断每一层次中各因素的相对重要性，与 AHP 不同的是建立模糊一致判断矩阵，矩阵元素确定条件为式（3.58）：

$$a_{ij} = \begin{cases} 1 & b(i)>b(j) \\ 0.5 & b(i)<b(j) \\ 0 & b(i)=b(j) \end{cases} \quad (3.58)$$

式中，$b(i)$，$b(j)$ 为两指标因素 i，j 的标度，通常用 1，2，…，9 表示，标度数值越大重要性越高；a_{ij} 为两个因素之间相对重要程度。

接着由优先关系矩阵 $A=(a_{ij})_{m×n}$ 通过式（3.59）和式（3.60）转换成模糊一致矩阵 $B=(b_{ij})_{m×n}$。由于该矩阵满足一致性条件，因此不用进行如层次分析模型中的一致性检验：

$$b = \sum_{j=1}^{m} a_{ij} \quad i=1,2,\cdots,m \quad (3.59)$$

$$b_{ij} = \frac{b_i - b_j}{2^m} + 0.5 \quad (3.60)$$

3）计算模糊互补判断矩阵的权重

计算模糊互补判断矩阵权重如式（3.61）所示：

$$W_i = \frac{\sum_{j=1}^{m} b_{ij} + \frac{m}{2} - 1}{m(m-1)} \quad (3.61)$$

4）对指标数据进行标准化处理，消除量纲

5）计算综合评价指数

根据确定的权重和标准化后的指标计算最终的评价指数 I，如式（3.62）所示：

$$I = \sum_{k=1}^{n}(b_k \sum_{i=1}^{n} a_{ki} X_{ki}) \quad (3.62)$$

式中，a_{ki} 为判断矩阵中第 k 项指标大类中的第 i 个次级指标的权重；b_k 为判断矩阵中第 k 项指标（指标大类）的权重，均由式（3.61）计算；X_{ki} 为各标准化后的指标数值。

3. 变异系数法

变异系数是对数据分布频率和可能性的一个标准化度量，它可以被看作是标准差和平均值的比率，如式（3.63）所示。与标准差比较，它能够更好地提供指标所包含的信息，特别是当资料中的单位和平均值不同时，可以消除这种差异对其资料变异程度比较的影响。因此，由变异系数法得到的各评价指标的权重 W_j 可用式（3.64）表示。有

$$CV = \frac{\delta}{\mu} \quad (3.63)$$

式中，CV 为变异系数；δ 为标准差；μ 为变量的平均值。另

$$W_j = \frac{\mathrm{CV}_j}{\sum_{j=1}^{m} \mathrm{CV}_j} \tag{3.64}$$

式中，W_j 为第 j 项指标的权重；CV_j 为第 j 项指标的变异系数；m 为指标的个数。

4. 熵权法

"熵"在信息论中用来度量系统的无序程度，其值越小代表指标所含的信息量越大。同样的，若将其应用到综合评价中，一个指标的熵值越小则说明它所表达的信息越大，在指标评价体系中重要程度较高，因此赋予的权重应该越大。这里，我们利用"熵"来确定权重，即根据各个指标的差异程度来确定其权重值，主要步骤如下。

1）标准化原始数据矩阵

设原始数据为 m 个指标，n 个对象，组成的数据矩阵为：$X=\{x_{ij}, i=1,2,\cdots,m; j=1,2,\cdots,n\}$，通过最大最小标准化得到其标准化矩阵：$Y=\{y_{ij}, i=1,2,\cdots,m; j=1,2,\cdots,n\}$，其中 y_{ij} 由式（3.65）计算得到

$$y_{ij} = \frac{x_{ij} - \min(x_i)}{\max(x_i) - \min(x_i)} \tag{3.65}$$

2）计算熵值

第 i 个指标的熵 H_i 的计算式如（3.66）所示：

$$H_i = -k \sum_{j=1}^{n} p_{ij} \ln(p_{ij}), \quad i=1,2,\cdots,m \tag{3.66}$$

式中，$p_{ij} = \dfrac{y_{ij}}{\sum\limits_{j=1}^{n} y_{ij}}$；$k$ 为常数，$k = 1/\ln(n)$。

3）确定权重

计算了第 i 个指标的熵 H_i 之后，可以根据式（3.67）来确定其熵权 W_i：

$$W_i = \frac{1 - H_i}{m - \sum H_i} \quad (i=1, 2, \cdots, m) \tag{3.67}$$

5. 突变级数法

突变级数法是一种对评价目标进行多层次矛盾分解，然后利用突变理论与模糊数学相结合产生突变模糊隶属函数，再由归一公式进行综合量化运算，最后归一为一个参数，即求出总的隶属函数，从而对评价目标进行排序分析的一种综合评价方法。该方法的特点是没有对指标采用权重，但它考虑了各评价指标的相对重要性，从而减少了主观性又不失科学性、合理性，而且计算简易准确，其应用范围广泛。

1）突变理论简介

1972年，法国著名数学家雷尼·托姆（Rene Thom）出版《结构稳定性和形态形成学》标志着突变理论（catastrophe theory）的诞生。该理论以结构稳定性理论为基础，从量的角度研究系统中各种事物在满足一定条件下发生的不连续变化，并试图用统一的数学模型来描述它们，从而说明稳定态与非稳定态、渐变与突变的特征及其相互关系，揭示系统发生突变的规律和特点。在对事物的变化进行分析并建模时，托姆将引起事物变化的因素视为控制变量，将事物本身视为状态变量，而用来表示二者之间关系的函数称为该系统的势函数。经过严格的数学推导，托姆证明了一个重要的数学定理：当状态变量不大于2，控制变量不大于4时，自然界形形色色的突变过程都可以用其中最基本的数学模型来描述。

2）多目标突变决策模型

A. 决策模型

在多目标方案比选中，尖点形、燕尾形和蝴蝶形三种突变模型（表3.11）具有比较广泛的实用性，下面将以这三种模型为例对多目标突变决策模型进行论述。

表3.11　三种突变模型

突变类型	状态变量个数	控制变量个数	势函数
尖点形	1	2	$F(x) = x^4 + ux^2 + vx$
燕尾形	1	3	$F(x) = x^5 + ux^3 + vx^2 + wx$
蝴蝶形	1	4	$F(x) = x^6 + wx^4 + tx^3 + ux^2 + vx$

注：x为状态变量；u，v，w，t为控制变量。

现假设X_u，X_v，X_w，X_t分别为控制变量u，v，w，t（代表决策中的目标）所对应的状态变量X的值，则：

对应尖点突变模型的决策模型为：$X_u = \sqrt{u}$，$X_v = \sqrt[3]{v}$。

对应燕尾突变模型的决策模型为：$X_u = \sqrt{u}$，$X_v = \sqrt[3]{v}$，$X_w = \sqrt[4]{w}$。

对应蝴蝶突变模型的决策模型为：$X_u = \sqrt{u}$，$X_v = \sqrt[3]{v}$，$X_w = \sqrt[4]{w}$，$X_t = \sqrt[5]{t}$。

B. 基本原理

（1）当X值越大，说明同一质态下量的程度越高，方案越可取。

（2）根据突变理论，在尖点突变模型中u代表决策的主要影响因素，v代表决策的次要影响因素；同理，燕尾突变模型的三个控制变量的主次排序为u，v，w，蝴蝶突变模型的四个控制变量的主次排序为u，v，w，t。

C. 利用原则

（1）非互补决策。当一个系统的各控制变量之间不可相互替代时，要从各控制变量（如u，v，w，t）对应的X值（如X_u，X_v，X_w，X_t）中选取最小的一个作为整个系统的X值。

（2）互补决策。当一个系统的各控制变量之间可以相互替代时，取 X_u，X_v，X_w，X_t 的平均值作为整个系统的 X 值。

（3）阈值互补决策。只有在系统的各控制变量达到一定的阈值后方可互补。若各控制变量具有替代性，则阈值的大小反映了决策者在控制变量相互替代时对其功能相似程度要求的高低。

D. 决策技术路线

步骤一：列举出所有备选项作为决策评选的方案。

步骤二：将影响决策的所有因素归类、细分。

在对每个方案进行评价时，要综合考虑影响决策的各种因素。这些因素应按相互间的逻辑关系归为几个大类，再由上往下逐层细分直到可以具体量化为止。每层因素应分别进行主次排序，其依据是该层因素在上一层因素中体现的地位和作用。具体可以运用专家意见法、总体结构等级分析法和层次分析法排出其主次关系。

步骤三：对目标层的各控制变量进行量化分析，确定其效用函数值。

效用函数值是多目标决策中用来进行量化分析的一个相对指标值，取值范围为 0～1，0 表示影响因素对决策最不利，1 表示影响因素对决策最有利。计算时应先采用专家打分法或模糊决策综合评价法确定各因素在四个方案中的原始数值。由于各评价指标涉及多方面因素，原始数值度量单位不一致，为把各因素纳入统一的评价体系，就必须对原始数值进行无量纲化处理，将绝对的有量纲指标转化为相对的无量纲指标。若将指标分为发展型指标、制约型指标和适度型指标，则效用函数值 Y 计算公式如下。

对于发展型指标，有

$$Y(D_i) = \frac{D_i - D_{\min}}{D_{\max} - D_{\min}} \quad (3.68)$$

对于制约型指标，有

$$Y(D_i) = \frac{D_{\max} - D_i}{D_{\max} - D_{\min}} \quad (3.69)$$

对于适度型指标，有

$$\begin{cases} Y(D_i) = \dfrac{D_i - D_{\min}}{D_o - D_{\min}} & \text{当} D_i \leqslant D_o \\ Y(D_i) = \dfrac{D_{\max} - D_i}{D_{\max} - D_o} & \text{当} D_i \geqslant D_o \end{cases} \quad (3.70)$$

式中，$D_{\max}$、$D_{\min}$、D_o 分别为指标可观测的最大值、最小值和适中值。

步骤四：利用突变决策模型由下往上逐层计算突变决策级数。

步骤五：比较各方案总目标突变决策级数，选择突变决策级数值最大的方案作为最优决策方案。

3.3　尺度和结构效应分析

3.3.1　粒度分析

尺度：指在研究某一物体或现象时所采用的空间或时间单位，同时又可指某一现象或过程在空间和时间上所涉及的范围和发生的频率。在景观格局中，尺度往往以粒度（grain）和幅度（extent）来表达。

空间粒度，景观中最小可辨识单元所代表的特征长度、面积或体积（如样方、像元）。图 3.23 可以对比不同粒度下对景观描述的差异。时间粒度是指某一现象或事件发生的（或取样的）频率或时间间隔。

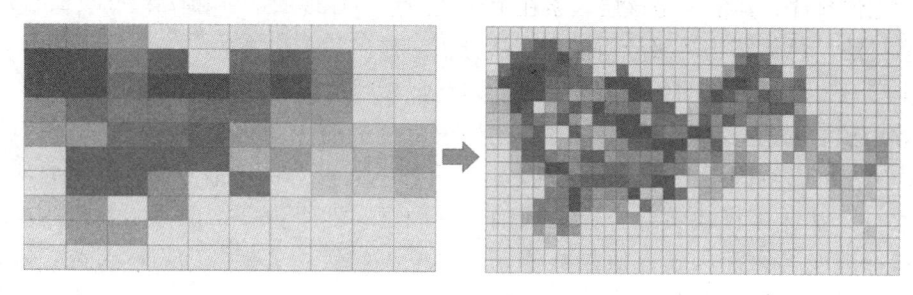

图 3.23　不同粒度下深圳市建筑用地密度分析

相应地，幅度是指研究对象在空间或时间上的持续范围或长度。具体而言，所研究区域的总面积决定该研究的空间幅度；而研究项目持续多久，则确定其时间幅度。大尺度（或粗尺度，coarse scale）是指大空间范围或时间幅度，往往对应于小比例尺、低分辨率；而小尺度（或细尺度，fine scale）则常指小空间范围或短时间，往往对应于大比例尺、高分辨率。

3.3.2　梯度分析

梯度，指沿某一方向景观特征有规律地逐渐变化的空间特征。

梯度分析法，通过选取穿过市中心的样带，利用网格的空间采样探讨城市景观格局分析在样带上的梯度变化特征，将景观指数图示化后研究城市整体梯度特征的变化规律（图 3.24）。

3.3.3　尺度推译

尺度推译是指把某一尺度上所获得的信息和知识扩展到其他尺度上，或者通过在尺度上的研究而讨论生态学结构和功能跨尺度特征的过程。简而言之，尺度推译即跨尺度信息转换。尺度上推是将小尺度上的信息推译到大尺度上。反之，则为尺度下推。尺度推译往往需要数学模型和计算机模拟作为其重要工具。

图 3.25 所示为"云梯尺度推绎途径"，即沿着一个尺度云梯将信息外推。尺度上推和尺度下推要通过改变模型的粒度、幅度或同时改变两者来完成。

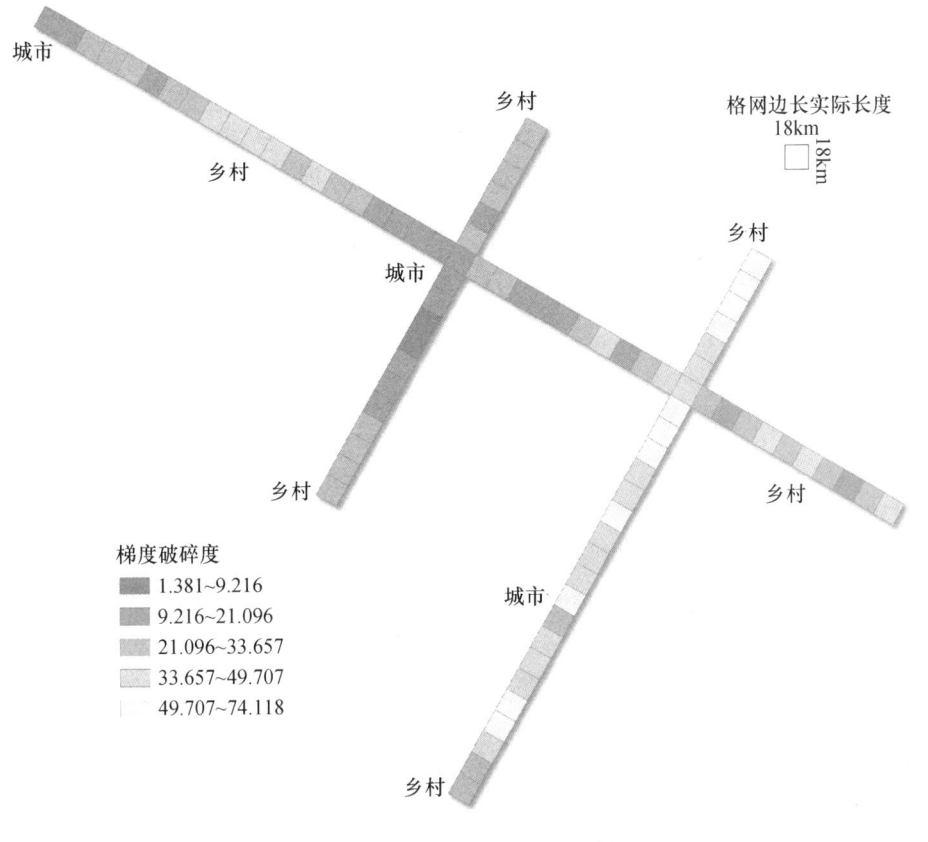

图 3.24 景观破碎度梯度分析

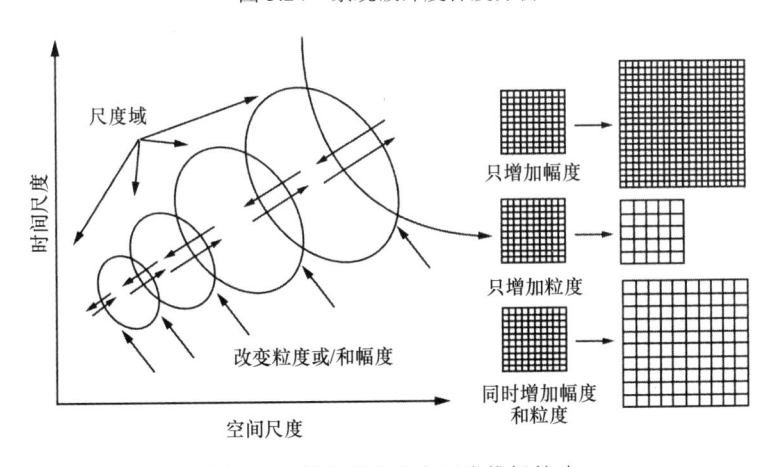

图 3.25 等级斑块动态尺度推绎策略

3.3.4 分布结构

在普通线性回归中,最小二乘法(OLS)是线性回归估计回归系数的最基本的方法,如果模型中的随机误差项来自均值为零而且同方差的分布,那么回归系数的估计为最佳线性无偏估计(best linear unbiased estimator,BLUE);如果近一步随机误差服从正态分布,那么回归系数的普通最小二乘法或极大似然估计为最小方差无偏估计(minimumvariance unbiased estimator，MVUE）。如数据出现尖峰或厚尾的分布、存在显著的异方差等情况，若用传统的最小二乘法估计模型，得到的参数估计量不是有效估计量，也无法对模型参数进行相关的显著性检验。

分位数回归（quantile regression）利用解释变量的多个分位数（如四分位、十分位、百分位等）来得到因变量的条件分布相对应的分位数方程，是估计一组回归变量 X 与被解释变量 Y 的分位数之间线性关系的建模方法。分位数回归能够捕捉分布的尾部特征，当自变量对不同部分的因变量的分布产生不同的影响时，它能更加全面的刻画分布的特征，从而得到全面的分析。从形式上看，传统的线性回归只能提供一条回归曲线，描述因变量的条件均值与自变量 X 的关系，而分位数回归可以按照需求设定不同的分位点，从而得到设定个数的分位数函数，可得到在这些分位点拟合的一簇曲线，相较于普通线性回归所能挖掘的信息更加丰富。分位数回归对误差项并不要求很强的假设条件，能够更加全面的描述因变量条件分布的全貌，而不是仅仅分析被解释变量的均值，也可以分析解释变量如何影响因变量的中位数、分位数等。不同分位数下的回归系数估计量常常不同，即解释变量对不同水平被解释变量的影响不同，且分位数回归对估计结果对离群值则表现得更加稳健，误差项并不要求很强的假设条件，因此对于非正态分布而言，分位数回归系数估计量则更加稳健。

下面使用关于食品支出和个人消费支出关系的实例研究来说明分布结构。数据集包含收入（income）和食品支出（foodexp）两个维度共 235 个观测数据。

对原始样本数据进行在 0.05，0.10，0.25，0.5，0.75，0.9 和 0.95 共七个分位上进行分位数回归，得到的系数如图 3.26 所示。

```
Coefficients:
             tau= 0.05   tau= 0.10   tau= 0.25   tau= 0.50   tau= 0.75
(Intercept) 124.8800408 110.1415742  95.4835396  81.4822474  62.3965855
income        0.3433611   0.4017658   0.4741032   0.5601806   0.6440141
             tau= 0.90   tau= 0.95
(Intercept)  67.3508721  64.1039632
income        0.6862995   0.7090685
```

图 3.26　分位数回归

结合普通线性回归的相关结果，将回归曲线绘制出来，如图 3.27 所示，可以发现，在不同分位下的分位数回归曲线不一致，即收入不同的家庭在食品支出上较为不同，具体的可以使用偏差进行斜率相等性检验。经过检验，发现不同分位点下收入对食品支出的影响机制是不相同的。

3.3.5　层次结构

在地理国情综合统计分析中，取样往往来自不同层级和单元，这一问题引发了分层研究的必要性。传统的线性模型，如方差分析（ANOVA）和回归分析，只能对涉及一层数据的问题进行分析，而不能对多层数据进行综合分析。分层回归是一种用于多层嵌套结构数据的线性统计方法，如图 3.28 所示。多层回归不仅可以减少传统最小二元回归方法（ordinary least squares estimation，OLS）分析的统计误差，而且可以避免由人为选择分析单元可能造成的错误。在多层分析中，各层样本均可作为分析单元，并且还可以研究他们之间的交互作用，从而拓宽了地理国情综合分析的研究范围，深化了地理国情综合分析的研究思路。

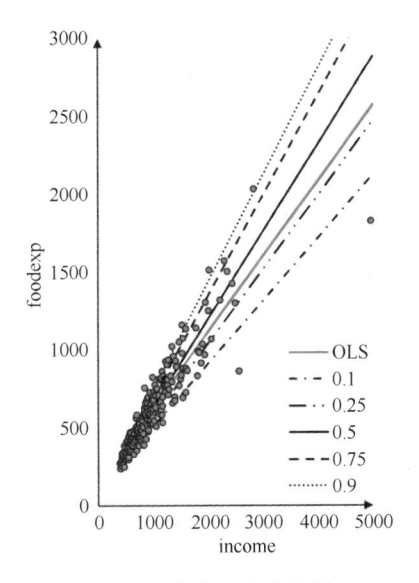

图 3.27　5 个分位上的分位数回归
foodexp. 食品支出；income. 收入

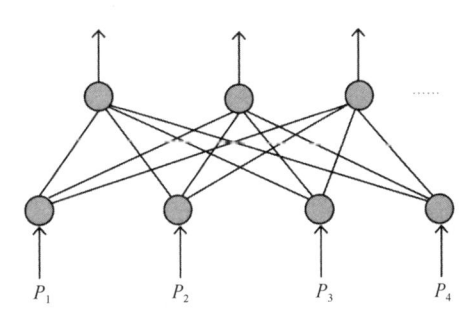

图 3.28　层次分析

3.3.6　拓扑结构

将空间系统的 GPS 坐标信息抹去，只考虑其拓扑学关系，可以把拓扑结构图重绘成许多种状态，称为"空间关系重映射"（relationship remapping），习惯上把最下方的这个空间称为"中心"。空间重映射后，拓扑关系变得较为简单直观。

将空间结构转译成拓扑结构以后，空间之间的关系就是可以计算的了。空间句法是一种通过对包括建筑、聚落、城市甚至景观在内的人居空间结构的量化描述，来研究空间组织与人类社会之间关系的理论和方法。空间句法的基本思路是：把空间中的每个元素都分别拿出来作为中心，进行空间重映射，运用某种算法进行计算，并将计算结果反馈回来作为中心空间的分析变量值。空间句法的计算，采用的是"总和特征"的方式，在空间重映射后，把需要考察的某一种空间关系，进行全系统加总，将反馈的数值记在中心空间属性上。依据这些关系图解（图 3.29），可以进一步计算系统中每个空间元素的句法形态指标，包括深度值（depth）、连接度（connectivity）、控制值（control value）和整合度（integration）等。

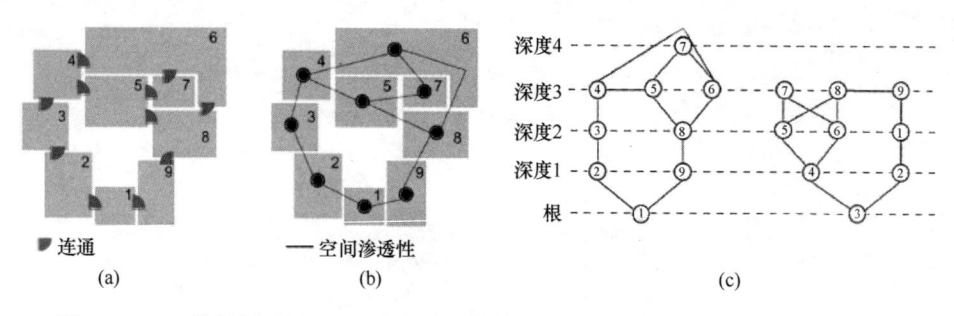

图 3.29 （a）结构图示例、（b）空间渗透性图解和（c）空间 1 与空间 3 的关系图解

深度值是基于 J 图的最基本的一个形态分析变量，它代表的是两空间/结点之间连接的最短距离/步数。

连接度是和研究空间直接相连接的空间数目。

控制值是连接度的优化，是基于空间连接度通过数学均权后得到的，表征一个空间对与之相交空间的控制程度，反映一个空间对周围空间影响程度。控制值是理想状态下空间可选择性的评价方式。高控制值表征既定空间对其领域空间的连接重要性程度越高。相关研究成果表明，控制值的大小与休闲步行道路数目呈显著正相关关系。

整合度反映了一个空间单元到系统中其他空间的便捷程度，是空间句法可达性的一种测度。整合度的值越高，表征句法可达性越高，系统中到达该空间所必须穿过的空间数目越少。对于某一特定空间来说，整合度分为全局整合度（global integration）与局部整合度（local integration）。全局整合度考虑系统中的所有空间到该空间的句法可达性，而局部整合度只考虑该空间到某一既定空间半径内的其他空间的可达性。整合度由相对不确定值（relative asymmetry，RA）和实际相对不确定值（real relative asymmetry，RRA）来表达。需要注意的是，整合度是个相对值，在不同的轴线图中整合度值的大小比较没有意义，只能在同一轴线图中表示形态和网络的优劣情况。

空间智能度（spatial intelligence）表述了空间局部与整体连接特征的相互关系。如果局部范围内连接度较高的空间，在整体上其整合度也较高，那么这个空间系统就被认为是清晰的、容易理解的。较低的空间智能度表明行人不容易通过街区的局部特征来感知整个街区系统的空间特征。智能度的实质反映了观察者通过对局部范围内空间连通性的观察进一步获得整体空间可达性信息多少的程度。空间智能度高的城市系统，则通过任一局部空间可以直接获得城市系统空间的可达性信息量较高，反之，智能度值低的城市系统，则通过局部空间获得的整个系统的信息量较少。

3.4 时空依赖效应

3.4.1 滞后依赖

地理国情要素分布空间自相关性表现出的空间效应可以用不同的模型来刻画：当被解释变量之间的空间依赖性对模型显得非常关键而导致了空间自相关时，即为空间滞后模型。在空间滞后模型（spatial lag model，SLM）中，空间自相关在回归模型右边加以考虑，即在模型中引入空间滞后因子 WY 作为解释变量，认为相邻研究区域间的因变量存在空间自相关性。因其与时间序列分析中的自回归类似，所以又称为空间自回归模型（spatial autoregressive regression，SAR）。有

$$Y = \rho WY + X\beta + \varepsilon, \quad \varepsilon \sim N[0, \sigma^2 I] \tag{3.71}$$

式中，Y 为 $n \times 1$ 维因变量 $Y = (Y_1, \cdots, Y_N)'$；X 为包含 k 个解释变量的 $N \times k$ 维向量 $X = (X_1, \cdots, X_K)$；ρ 为空间自相关系数，代表空间相关的程度；WY 为空间滞后因子；$\beta = (\beta_1, \cdots, \beta_K)'$ 为参数向量；ε 为服从正态分布的 N 维随机误差向量；W 为 $N \times N$ 维空间权重矩阵，是空间回归模型的核心，具体表达式为

$$W = \begin{bmatrix} 0 & w_{12} & \cdots & w_{1n} \\ w_{21} & 0 & \cdots & w_{2n} \\ \vdots & \vdots & & \vdots \\ w_{n1} & w_{n2} & \cdots & 0 \end{bmatrix} \tag{3.72}$$

式中，w_{ij} 描述了第 j 个个体与第 i 个个体在空间上的邻近程度，可以是二进制邻接矩阵，也可以是基于距离关系定义的空间权重矩阵。

假定误差服从均值为零，方差为 σ^2 的独立同分布（independent identically distributed，i.i.d），且与解释变量不相关。在空间滞后模型中，模型参数值反映了自变量对因变量的影响，然而，空间滞后因子 WY 在模型中成为内生变量，同解释变量一起解释 Y 的观测值的特征，反映了周围邻近区域的地理空间单元对于所研究的地理空间单元的影响。

虽然空间滞后模型以空间自相关性为前提，利用研究区域的空间信息，但实际上还是一种全局空间回归模型，模型中常数和解释变量的系数在不同研究区域间仍然是相同的（即是平均值），研究区域间的空间差异性体现不足。

3.4.2 误差依赖

空间自相关性表现出的空间效应可以用不同的模型来刻画：当模型的误差项在空间上自相关时，即为空间误差模型（spatial error model，SEM）。在空间误差模型中，空间自相关性的存在不直接影响回归模型的结构，但此时误差项则存在着类似于空间滞后模型的结构，模型表达式如下：

$$Y = X\beta + \varepsilon, \quad \varepsilon = \lambda W\varepsilon + u, \quad u \sim N[0, \sigma^2 I] \tag{3.73}$$

式中，λ 为空间误差相关系数，度量邻近地理空间单元关于因变量的误差对目标地理空间单元属性的影响程度；空间矩阵 W 的元素 w_{ij} 描述了第 j 个截面个体与第 i 个截面个体误差项之间的相关性；u 为回归误差模型的误差项，假设其服从均值为零，方差为 σ^2 的独立同分布。

由于 SEM 模型与时间序列中的序列相关问题类似，也被称为空间自相关模型（spatial autocorrelation model，SAC）或者空间残差自回归模型（spatial residual autoregressive model，SRAR）。这个模型中，所研究地理空间单元的因变量与相邻区域的因变量取值相互独立，因变量不存在空间自相关性。但是相邻研究区域间的同一种解释变量存在空间自相关性，表明模型中的残差项不满足独立性。SEM 与 SLM 一样，也

是一种全局空间回归模型，模型中常数和解释变量的系数在不同研究区域间是相同的。

3.4.3 杜宾依赖

空间杜宾模型是一种比较新颖的空间经济学模型，它的研究领域主要涉及经济增长、环境、知识创新等方面。当解释变量的空间滞后项影响被解释变量时，就应该考虑建立空间杜宾模型（spatial Dubin model，SDM）。空间杜宾模型是一个通过加入空间滞后变量而增强了的 SAR 模型。有

$$y = \rho Wy + X\beta + W\overline{X}\gamma + \varepsilon \tag{3.74}$$

式中，$n \times (Q-1)$ 矩阵 $\overline{X}$ 是一个可变的解释变量矩阵。

使用 SDM 模型的原因在于，当对样本区域数据进行空间回归建模时，同时存在：①普通最小二乘回归模型的误差项中有空间相关性；②当处理区域样本数据的时候会有一些与模型中的解释变量的协方差不为 0 的解释变量被忽略。

此外，空间杜宾模型之所以在空间回归分析领域占据重要的位置，是因为它囊括了众多应用广泛的模型。

（1）当 $\gamma = 0$ 时，它包含了因变量的空间滞后因素，而排除了空间滞后解释变量的因素，称为空间滞后回归模型。

（2）当 $\rho = 0$ 时，假设因变量之间的观测值不相关，但是因变量与相邻区域的特性有关，此时模型成为解释变量的空间滞后模型。

（3）当 $\rho = 0$ 且 $\gamma = 0$，该模型成为标准最小二乘模型。

模型中，不仅相邻研究区域间的因变量存在空间自相关性，相邻区域间的同一种解释变量也存在空间自相关性，表明模型中的因变量和自变量都不满足独立性。然而，SDM 也是一种全局空间回归模型，模型中的常数和各影响因素的系数在不同研究区域间仍然是相同的。

3.4.4 时间依赖

社会经济现象之间的相关联系和作用并不总是同时发生的。常常会看到两者的相互作用存在一个时间 L 的间隔。这就是时间滞后依赖现象。下面介绍的是常用的分析时间滞后现象的经济计量方法模型。

1）分布滞后模型

如果模型中没有滞后的被解释变量，即

$$Y_t = \alpha + \beta_0 X_t + \beta_1 X_{t-1} + \beta_2 X_{t-2} + \cdots + \beta_s X_{t-s} + u_t \tag{3.75}$$

则模型为分布滞后模型。由于 s 可以是有限数，也可以是无限数，则分布滞后模型可分为有限分布滞后模型和无限分布滞后模型。

在分布滞后模型中，有关系数的解释如下。

（1）乘数（又称倍数）的解释。该概念首先由英国的卡恩提出。所谓乘数是指在一个模型体系里，外生变量变化一个单位，对内生变量产生的影响程度。据此进行的经济分析称为乘数分析或乘数效应分析，如投资乘数，是指在边际消费倾向一定的情况下，

投资变动对收入带来的影响，亦即增加一笔投资，可以引起收入倍数的增加。

（2）短期乘数 β_0。

（3）延迟乘数或动态乘数 $\beta_i (i=1,2,\cdots,s)$。

（4）长期乘数 $\beta = \sum_{i=0}^{s} \beta_i$。

2）自回归模型

如果模型中无滞后解释变量，即

$$Y_t = \alpha + \beta_0 X_t + \beta_1 X_{t-1} + \beta_2 X_{t-2} + \cdots + \beta_q X_{t-q} + u_t \tag{3.76}$$

则模型为自回归模型。如果模型无解释变量 X，则模型就是一个纯粹的关于被解释变量的自回归模型，即

$$Y_t = \alpha + \gamma_1 Y_{t-1} + \cdots + \gamma_q Y_{t-q} + u_t \tag{3.77}$$

它的特点是，不考虑总经济理论为依据的解释变量的作用，而是依据变量本身的变化规律，利用外推机制描述时间序列变量的变化

3）一般形式的滞后变量模型

设滞后变量模型的一般形式为

$$Y_t = \alpha + \beta_0 X_t + \beta_1 X_{t-1} + \cdots + \beta_s X_{t-s} + \gamma_1 Y_{t-1} + \cdots + \gamma_q Y_{t-q} + u_t \tag{3.78}$$

记为 ADL(s, q)（autoregression and distributed lag model），其中，s 与 q 分别为解释变量 X 和被解释变量 Y 的滞后期数。在上述模型中，只有一个 $X_t (t=1,2,\cdots,n)$。

更一般的形式是模型中有多个 $X_{jt} (j=1,2,\cdots,p; t=1,2,\cdots,n)$，即

$$y_t = \alpha + \sum_{i=1}^{q} \gamma_i Y_{t-i} + \sum_{j=1}^{p} \sum_{i=0}^{s} \beta_{ji} X_{jt-i} + u_t \tag{3.79}$$

这时，记为 ADL(s, q, p)，p 为 X_{jt} 的个数。

3.5 时空异质效应

3.5.1 地理异质性

在地理国情综合统计分析中，n 组观测数据通常是在 n 个不同地理位置上获取的样本数据，全局空间回归模型就是假定回归参数与样本数据的地理位置无关，或者说在整个空间研究区域内保持稳定一致，那么在 n 个不同地理位置上获取的样本数据，就等同于在同一地理位置上获取的 n 个样本数据，采用最小二乘估计得到的回归参数既是该点的最优无偏估计，也是研究区域内所有点上的最优无偏估计。而在实际问题研究中我们发现回归参数在不同地理位置上往往表现不同，也就是说回归参数随地理位置变化。这时如果仍然采用全局空间回归模型，得到的回归参数估计将是回归参数在整个研究区域内的平均值，不能反映回归参数的真实空间特征。

1）地理加权回归

Fortheringham 等（1996）基于局部光滑的思想，提出了地理加权回归模型，将数据的空间位置嵌入到回归参数中，利用局部加权最小二乘方法进行逐点参数估计，其中权是回归点所在的地理空间位置到其他各观测点的地理空间位置之间的距离函数。可以将地理加权回归模型看作是对普通线性回归模型（ordinary linear regression，OLR）的扩展。将样点数据的地理位置嵌入到回归参数之中，即

$$y_i = \beta_0(u_i,v_i) + \sum_{k=1}^{p} \beta_k(u_i,v_i)x_{ik} + \varepsilon_i \tag{3.80}$$

式中，(u_i, v_i) 为第 i 个采样点的坐标；$\beta_k(u_i, v_i)$ 为第 i 个采样点上第 k 个回归参数，是地理位置的函数；ε_i 为第 i 个区域的随机误差，满足零均值、同方差、相互独立等基本假定。

回归方程可以简记为

$$y_i = \beta_{i0} + \sum_{k=1}^{p} \beta_{ik} x_{ik} + \varepsilon_i \tag{3.81}$$

若 $\beta_{1k} = \beta_{2k} = \cdots = \beta_{pk}$，则地理加权回归退变为普通线性回归模型。

2）地理探测器

地理探测器也是一种常用的探测和利用空间分异性的工具（王劲峰和徐东成，2017）。地理探测器包括 4 个探测器。

（1）分异及因子探测，探测 Y 的空间分异性，以及探测某因子 X 多大程度上解释了属性 Y 的空间分异（图 3.30）。用 q 值度量，表达式为

$$q = 1 - \frac{\sum_{h=1}^{L} N_h \sigma_h^2}{N\sigma^2} = 1 - \frac{\text{SSW}}{\text{SST}} \tag{3.82}$$

$$\text{SSW} = \sum_{h=1}^{L} N_h \sigma_h^2, \quad \text{SST} = N\sigma^2 \tag{3.83}$$

式中，$h = 1, \cdots, L$ 为变量 Y 或因子 X 的分层（strata），即分类或分区；N_h 和 N 分别为层 h 和全区的单元数；σ_h^2 和 σ^2 分别为层 h 和全区的 Y 值的方差；SSW 和 SST 分别为层内方差之和（within sum of squares）和全区总方差（total sum of squares）；q 的值域为[0, 1]。值越大说明 Y 的空间分异性越明显；如果分层是由自变量 X 生成的，则 q 值越大

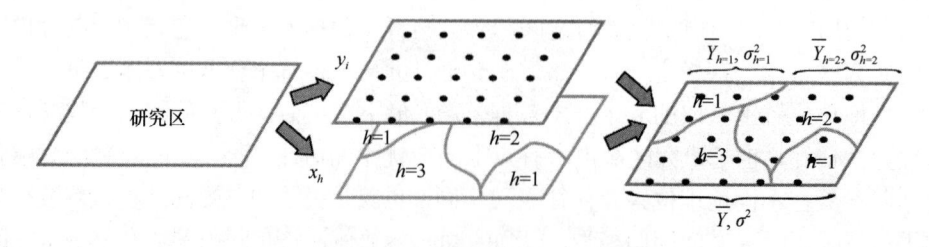

图 3.30　地理探测器原理

表示自变量 X 对属性 Y 的解释力越强，反之则越弱。极端情况下，q 值为 1 表明因子 X 完全控制了 Y 的空间分布，q 值为 0 则表明因子 X 与 Y 没有任何关系，q 值表示 X 解释了 100×q%的 Y。

q 值的一个简单变换满足非中心 F 分布：

$$F = \frac{N-L}{L-1} \frac{q}{1-q} \sim F(L-1, N-L, \lambda) \tag{3.84}$$

$$\lambda = \frac{1}{\sigma^2} \left[\sum_{h=1}^{L} \overline{Y}_h^2 - \frac{1}{N} \left(\sum_{h=1}^{L} \sqrt{N_h} \overline{Y}_h \right)^2 \right] \tag{3.85}$$

式中，λ 为非中心参数；$\overline{Y}_h$ 为层 h 的均值。根据式（3.85），可以查表或者使用地理探测器软件来检验 q 值是否显著。

（2）交互作用探测，识别不同风险因子 X_S 之间的交互作用，即评估因子 X_1 和 X_2 共同作用时是否会增加或减弱对因变量 Y 的解释力，或这些因子对 Y 的影响是相互独立的。评估的方法是首先分别计算两种因子 X_1 和 X_2 对 Y 的 q 值：$q(X_1)$ 和 $q(X_2)$，并且计算它们交互（叠加变量 X_1 和 X_2 两个图层相切所形成的新的多边形分布）时的 q 值：$q(X_1 \cap X_2)$，并对 $q(X_1)$、$q(X_2)$ 与 $q(X_1 \cap X_2)$ 进行比较。两个自变量对因变量交互作用的类型，两个因子之间的关系可如图 3.31 所示的几类。

图示	判据	交互作用
	$q(X_1 \cap X_2) < \min(q(X_1), q(X_2))$	非线性减弱
	$\min(q(X_1), q(X_2)) < q(X_1 \cap X_2) < \max(q(X_1), q(X_2))$	单因子非线性减弱
	$q(X_1 \cap X_2) > \max(q(X_1), q(X_2))$	双因子增强
	$q(X_1 \cap X_2) < \min(q(X_1), q(X_2))$	独立
	$q(X_1 \cap X_2) > q(X_1) + q(X_2)$	非线性增强

● $\min(q(X_1), q(X_2))$：$q(X_1), q(X_2)$ 两者取最小值　　● $q(X_1) + q(X_2)$：$q(X_1), q(X_2)$ 两者求和
● $\max(q(X_1), q(X_2))$：$q(X_1), q(X_2)$ 两者取最大值　　▼ $q(X_1 \cap X_2)$：$q(X_1), q(X_2)$ 两者交互

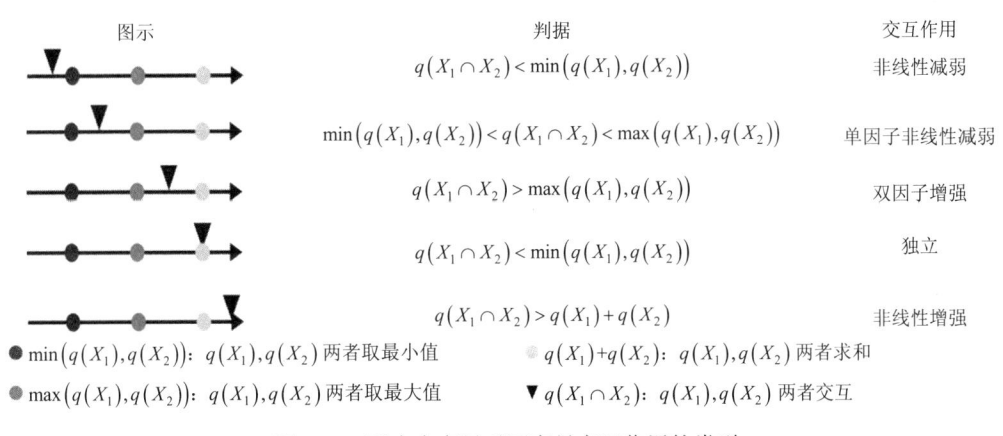

图 3.31　两个自变量对因变量交互作用的类型

（3）风险区探测，用于判断两个子区域间的属性均值是否有显著的差别，用 t 统计量来检验：

$$t_{\overline{y}_{h=1} - \overline{y}_{h=2}} = \frac{\overline{Y}_{h=1} - \overline{Y}_{h=2}}{\left[\frac{\text{Var}(\overline{Y}_{h=1})}{n_{h=1}} + \frac{\text{Var}(\overline{Y}_{h=2})}{n_{h=2}} \right]^{\frac{1}{2}}} \tag{3.86}$$

式中，$\overline{Y}_h$ 为子区域 h 内的属性均值，如发病率或流行率；n_h 为子区域 h 内样本数量；Var 为方差。统计量 t 近似地服从 Student's t 分布，其中自由度的计算方法为

$$\mathrm{d}f = \frac{\dfrac{\mathrm{Var}\left(\overline{Y}_{h=1}\right)}{n_{z=1}} + \dfrac{\mathrm{Var}\left(\overline{Y}_{h=2}\right)}{n_{h=2}}}{\dfrac{1}{n_{h=1}-1}\left[\dfrac{\mathrm{Var}\left(\overline{Y}_{h=1}\right)}{n_{h=1}}\right]^2 + \dfrac{1}{n_{h=2}-1}\left[\dfrac{\mathrm{Var}\left(\overline{Y}_{h=2}\right)}{n_{h=2}}\right]^2} \quad (3.87)$$

零假设 H_0：$\overline{Y}_{h=1} = \overline{Y}_{h=2}$ 如果在置信水平 α 下拒绝 H_0，则认为两个子区域间的属性均值存在着明显的差异。

（4）生态探测，用于比较两因子 X_1 和 X_2 对属性 Y 的空间分布的影响是否有显著的差异，以 F 统计量来衡量：

$$F = \frac{N_{X_1}(N_{X_2}-1)\mathrm{SSW}_{X_1}}{N_{X_2}(N_{X_1}-1)\mathrm{SSW}_{X_2}} \quad (3.88)$$

$$\mathrm{SSW}_{X_1} = \sum_{h=1}^{L_1} N_h \sigma_h^2, \quad \mathrm{SSW}_{X_2} = \sum_{h=1}^{L_2} N_h \sigma_h^2$$

式中，N_{X_1} 及 N_{X_2} 分别为两个因子 X_1 和 X_2 的样本量；SSW_{X_1} 和 SSW_{X_2} 分别为由 X_1 和 X_2 形成的分层的层内方差之和；L_1 和 L_2 分别为变量 X_1 和 X_2 分层数目。其中零假设 H_0：$\mathrm{SSW}_{X_1} = \mathrm{SSW}_{X_2}$。如果在 α 的显著性水平上拒绝 H_0，这表明两因子 X_1 和 X_2 对属性 Y 的空间分布的影响存在着显著的差异。

3.5.2 时空异质性

时空地理加权回归模型是在传统的地理加权回归模型（GWR）基础上扩展的，通过在传统的地理加权回归模型中引入时间维度的概念，使得回归系数是地理位置和观测时刻的函数，从而可以将数据的时空特征纳入到回归模型中，为分析回归关系的时空特性创造了条件，并为解决回归模型的时空非平稳性提供了可行性：

$$y_i = \beta_0(u_i, v_i, t_i) + \sum_{k=1}^{p} \beta_k(u_i, v_i, t_i) x_{ik} + \varepsilon_i \quad (3.89)$$

式中，(u_i, v_i, t_i) 为第 i 个采样点的时空坐标；$\beta_k(u_i, v_i, t_i)$ 为第 i 个采样点上第 k 个时空回归参数，是地理位置和时间的函数；ε_i 为第 i 个时空区域的随机误差，满足零均值、同方差、相互独立等基本假设。

如图 3.32 所示，为了利用观测点 (u_i, v_i, t_i) 处的观测值 $(y_i, x_{i1}, x_{i2}, \cdots, x_{ik})$，$i=1, 2, \cdots, n$ 来估计时空空间中任一点处的参数 $\beta_k(u_i, v_i, t_i)$，应注意到样本点 (u_i, v_i, t_i) 处的观测值 $(y_i, x_{i1}, x_{i2}, \cdots, x_{id})$，$i=1, 2, \cdots, n$ 相对于待估点处的参数值来说的"重要程度"并不一样，类似于一般的地理加权回归，距离待估点越近的样本点的观测值对于待估点处参数估计的重要性越强，这种性质可以看作是地理学第一定律在时空维度上的拓展，这时可以使用时空权重 $w_i(u_i, v_i, t_i)$ 来量化这种重要性，距离待估点越近的样本点赋予较大的权重，而距离待估点越远的观测点赋予较小的权重，值得注意的是，这里依然可以利用加权最小二乘法来估计参数，得到的参数估计式如下：

$$\hat{\beta}(u_i, v_i, t_i) = (X^\mathrm{T} W(u_i, v_i, t_i) X)^{-1} X^\mathrm{T} W(u_i, v_i, t_i) y \quad (3.90)$$

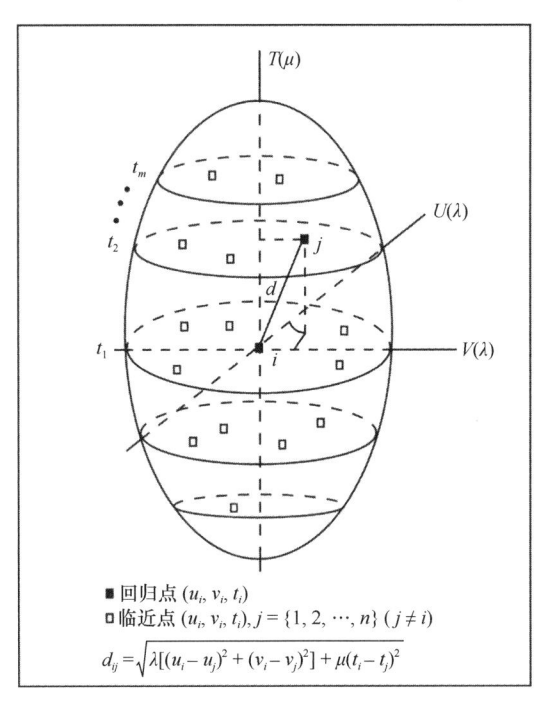

图 3.32 时空异质性原理

3.6 非线性特征分析

地理国情是各组成要素通过相互作用耦合后的综合反映，这个过程是复杂、非线性的，因此用传统的统计学方法有时无法有效处理这种非线性特征。机器学习算法在这一方面具有先天的优势，这种算法可以分为多维集成和多维关联两种类型，分别对应传统的综合指标构建和回归。

3.6.1 多维集成

在生物神经细胞中存在一种特征敏感细胞，这种细胞只对外界信号刺激的某一特征敏感，并且这种特征是通过自学习形成的。在人脑的脑皮层中，对于外界信号刺激的感知和处理是分区进行的，有学者认为，脑皮层通过邻近神经细胞的相互竞争学习，自适应的发展称为对不同性质的信号敏感的区域。根据这一特征现象，芬兰学者 Kohonen 提出了自组织特征映射神经网络模型。他认为一个神经网络在接受外界输入模式时，会自适应的对输入信号的特征进行学习，进而自组织成不同的区域，并且在各个区域对输入模式具有不同的响应特征。在输出空间中，这些神经元将形成一张映射图，映射图中功能相同的神经元靠的比较近，功能不同的神经元分得比较开，自组织神经网络也是因此得名。

自组织映射过程是通过竞争学习完成的，如图 3.33 所示。所谓竞争学习是指同一层神经元之间相互竞争，竞争胜利的神经元修改与其连接的连接权值的过程。竞争学习是一种无监督学习方法，在学习过程中，只需要向网络提供一些学习样本，而无需提供理想的目标输出，网络根据输入样本的特性进行自组织映射，从而对样本进行自动排序和分类。

自组织神经网络包括自组织竞争网络、自组织特征映射网络、学习向量量化等网络结构形式。自组织特征映射网络的最大优点是网络输出层引入了拓扑结构，从而实现了对生物神经网络竞争过程的模拟。学习向量量化网络则在竞争学习的基础上引入了有监督的学习算法，被认为是自组织特征映射网络算法的扩展形式。

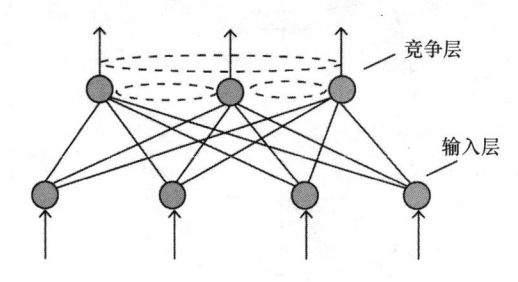

图 3.33　自组织神经网络

3.6.2　多维关联

1）支持向量机回归

支持向量机回归（SVR）通过引进适当的损失函数推广而来。SVR 也具有逼近任意连续、有界非线性函数的能力。而函数的逼近问题就是寻找一个函数 $f(x)$，使之通过样本训练后，对于训练样本集以外的输入样本 x，通过函数 $f(x)$ 找出对应的样本输出 y。也就相当于一个函数映射：

$$y = f(x)$$

非线性支持向量机回归的基本思想是通过一个非线性映射 $\Phi(\cdot)$ 将训练数据集 x 非线性映射到一个高维特征空间，并在此特征空间进行线性回归。从而使输入空间中的非线性函数估计问题转化为高维特征空间中的线性函数估计问题。实现方法是引入核函数 $k(x_i, x_j) = \Phi(x_i) \cdot \Phi(x_j)$，从而避免了在高维空间进行复杂的点积运算。尽管通过非线性函数将样本数据映射到具有高维甚至无穷维特征空间，但在计算回归估计函数时，并不需要显式计算该非线性函数，而只需计算核函数，从而避免高维特征空间引起的维数灾难问题。核函数的选择只需满足 Mercer 条件即可。

2）神经网络回归

前馈神经网络在理论上只需要三层节点就能够以任意精度逼近任意的连续函数，鉴于人工神经网络在非线性领域应用的成功实践，对于非线性回归，神经网络模型也许有用武之地。基于神经网络的回归分析，希望寻找的不是具体的映射数学表达，而是通过网络对样本的进行学习训练，当网络训练完成后，其网络结构 F 就代表了映射 $X \rightarrow Y$。虽然这个过程不能得出简明的数学公式表达，但它却代表了更复杂的映射关系。通过这个网络结构（网络层数、各层单元数、各连接权及阈值等均确定下来），当有一自变量 x 输入时，就会产生一因变量输出 y，这就是网络的回想过程，这个参数被确定下来的网络就成为解决该特殊问题的"专家"，上述问题可以得到较好的解决。在计算机编程过程中，所使用的网络模型及确定的参数，可以通过类、对象等软件技术实现。需要指出的是，学习过程必须是有教师示教的学习方式，实验数据样本组 (X_1, Y_1)、(X_2, Y_2)、

(X_3, Y_3)、…、(X_k, Y_k) 就是学习样本,从理论上说,学习样本越多,学习效果越好。

3)随机森林——回归树

如何逐步生成回归树(regression tree)?给定(输入、响应)组成的 N 个观测,如何自动确定分裂变量、分裂点,以及树的结构。

第一步,搜索分裂变量和分裂点。假设将空间划分为 M 个区域 $R_1, R_2, …, R_M$,每个区域用 C_M 对响应建模。在二叉划分中,假设搜索分裂变量 j 和分裂点 s,定义一对半平面:

$$R_1(j,s) = \{X | X_j \leqslant s\} \quad \text{and} \quad R_2(j,s) = \{X | X_j > s\} \tag{3.91}$$

搜索分裂变量 j 和分裂点 s 的目标函数为

$$\min_{j,s} \left[\min_{c_1} \sum_{x_i \in R_1(j,s)} (y_i - c_1)^2 + \min_{c_2} \sum_{x_i \in R_2(j,s)} (y_i - c_2)^2 \right] \tag{3.92}$$

内部极小化可以用下式求解:

$$\hat{c}_1 = \text{ave}(y_i | x_i \in R_1(j,s)) \quad \text{and} \quad \hat{c}_2 = \text{ave}(y_i | x_i \in R_2(j,s)) \tag{3.93}$$

第二步,树结构的控制。涉及两个方面:一个是何时停止分裂;另一个是对树进行剪枝。

何时停止分裂有两种方法:一种是仅当分裂是平方和的降低超过某个阈值时,才分裂;另一种是仅当达到最小节点大小时停止分裂。

对树进行剪枝:思路是定义树的一些子树,从它们中找到在"对数据拟合程度+树模型的复杂度"准则下最优的一个,如

$$C_\alpha(T) = \sum_{m=1}^{|T|} N_m Q_m(T) + \alpha |T| \tag{3.94}$$

其中

$$Q_m(T) = \frac{1}{N_m} \sum_{x_i \in R_m} (y_i - \hat{c}_m)^2$$
$$N_m = \#\{x_i \in R_m\} \tag{3.95}$$
$$\hat{c}_m = \frac{1}{N_m} \sum_{x_i \in R_m} y_i$$

参数 α 来控制树的大小和对数据拟合程度之间的折中,对它的估计用 5 或 10 折交叉验证实现。

3.7 复杂地理计算

3.7.1 社会网络分析

社会网络分析方法是由社会学家根据数学方法、图论等发展起来的定量分析方法。社会网络指的是社会行动者(social actor)及其间的关系(tie)的集合。也可以说,

一个社会网络是由多个点（社会行动者）和各点之间的连线（行动者之间的关系）组成的集合。用点和线来表达网络，这是社会网络的形式化界定。复杂网络以复杂系统的实体及实体间的相互作用或关联构建网络，并利用统计物理学分析网络结构及其动力学特征。因此，可以有效分析地理国情要素形成的网络结构，如城市互作、经济互作网络等。

基本分析指标包括3个：度分布（degree distribution）、平均路径长度（average path length）和簇系数（clustering coefficient），其中度分布是衡量网络"无标度"（scale-free，SF）特征的指标，而平均路径长度和簇系数是衡量网络是否具有"小世界"（small-world，SW）特征的指标。

1）度分布

度（degree）为节点衔接的边数目，网络中节点度的分布用概率分布函数 $p(k)$ 来描述。随机网络的 $p(k)$ 具有近似的二项分布或泊松分布，而 $p(k)$ 的幂律分布称为"无标度"分布，具有幂率分布的网络称为"无标度"网络。幂律分布即 $P(k) \sim k^{-\alpha}$，研究表明，实际网络中具有无标度特征的大多符合 $2 \leq \alpha \leq 3$。为避免网络规模较小引起的误差，常用 $p(k)$ 的累积分布函数 $P(k)$ 表示度分布，即

$$P(k) = \sum_{k'=k}^{\infty} p(k') \tag{3.96}$$

幂律分布在累积分布中也存在，所不同的是幂为 $\alpha-1$，而不是 α：

$$P(k) \sim \sum_{k'=k}^{\infty} k'^{-\alpha} \sim k^{-(\alpha-1)} \tag{3.97}$$

有些网络度分布服从指数分布，即 $P(k) \sim k^{-\alpha}$，其累积分布也存在相同的指数形式：

$$P(k) \sim \sum_{k'=k}^{\infty} e^{-k'/\kappa} \sim e^{-\frac{k}{\kappa}} \tag{3.98}$$

现实世界中，铁路线路设施网络表现为随机网络，大部分车站衔接的路段较少，且几乎所有车站衔接的路段数目大体相等。城市航空网络中，城市衔接航线数平均较小，但有若干枢纽连接了大量的航线，网络呈现明显的"无标度"特征，图3.34为这两种网络示意图。

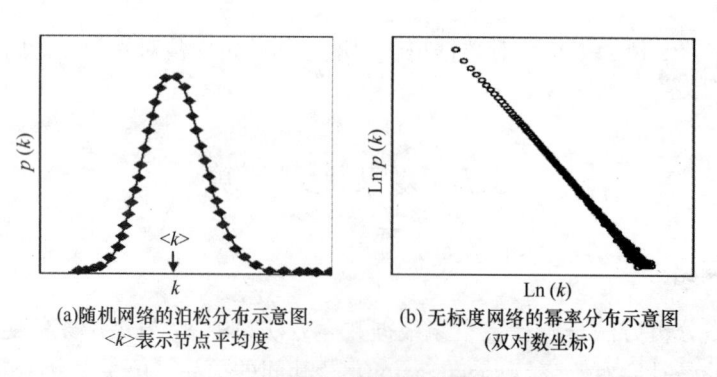

(a)随机网络的泊松分布示意图，<k>表示节点平均度

(b)无标度网络的幂率分布示意图（双对数坐标）

图3.34　网络示意图

2）平均路径长度

平均路径长度也称为特征路径长度。网络中两点之间的距离 d_{ij} 为连接这两个点的最短路径的边数，网络的平均路径长度 L 为任意两个节点之间距离的平均值，即

$$L = \frac{\sum_{i>j} d_{ij}}{n(n-1)/2} \qquad (3.99)$$

网络中任意两个点之间距离的最大值称为网络的直径 D，平均路径长度和直径用来衡量整个网络的传输性能与效率，L 值越小，表示网络中任意节点之间的拓扑距离越小，网络的整体可达性较好。

3）簇系数

簇系数也称为集聚系数，用于衡量网络节点集聚情况。一个节点 i 的簇系数是指其 k_i 个邻节点之间连边的数目 E_i 占可能的最大连边数目的比值，即

$$C_i = \frac{E_i}{k_i(k_i-1)/2} \qquad (3.100)$$

C_i 值越大，表示该节点的邻节点之间相互联系越紧密。在完备图中，所有节点的簇系数都等于 1。定义度为 0 和 1 的节点其簇系数为 0，图的簇系数定义为所有节点簇系数的平均值，即

$$C = \frac{\sum_i C_i}{n} \qquad (3.101)$$

C 值越大，表示整个网络中各节点之间形成短距离联系的概率越大。

如图 3.35 所示，在小世界网络演化图中，规则网络（regular network）中节点的边随机选择与其非相连的节点进行重连的概率 p 自 0 变化至 1，网络拓扑结构从规则网络→"小世界"网络→随机网络进行演变。在此演变过程中，网络具有初始的集聚系数 C 变化较少，而网络平均路径长度 L 显著变小，这就是"小世界"网络演化模型。

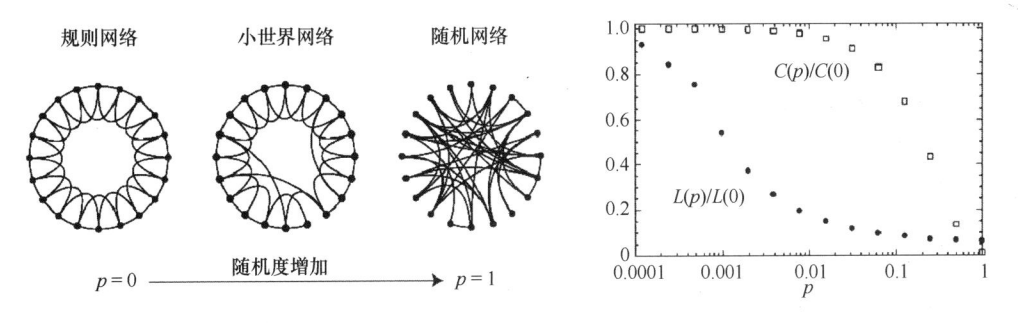

图 3.35 网络示意图

网络模型三大特征比较如表 3.12 所示。

表 3.12　网络模型三大特征对比

网络模型	度分布	平均路径长度	簇系数
规则网路	单点分布	大	大
随即网络	二项分布或泊松分布	小	小
小世界网络	指数、幂律等分布	小	大
无标度网络	幂律分布	小	—
大量现实网络	近似幂律分布	小	大

3.7.2　元胞自动机

元胞自动机模型具有强大的空间复杂系统的模拟能力和灵活的扩展能力，允许建模者在模型的框架下，对模型的各个组成部分进行灵活的扩展，如用各领域的专业知识和规律来构建转换规则，集成已有的各种专业模型等，从而建立相应的专题元胞自动机扩展模型。元胞自动机在地理模拟中最常见的应用就是城市模拟，元胞自动机还可以用来设计结构更优化的城市格局，为城市规划提供服务。在元胞自动机的转换规则中，嵌入规划目标，可以模拟出相应的城市发展格局。另外，元胞自动机在交通领域、森林火灾模拟、景观模拟、地表流模拟、传染病传播等方面均得到了相关应用。

元胞自动机在地理国情综合统计分析中应用的核心是通过构建系列空间概念体系，表达地理实体信息，从而得以模拟和预测复杂的地理过程（如城市扩展、土地利用变化）。主要基于几何特性的标准元胞自动机很难真实有效地表达地理空间的主要信息，因此对元胞概念进行扩展，提出元胞实体的概念，定义如下：元胞空间 L 代表一真实地理空间 G，G 空间是关于地理变量 Z_i 的离散空间，元胞 C 是该空间 G 的一个独立单元，那么元胞 C 及其在 C 上的地理变量 Z_i 值 $p(C, Z_i)$ 称为元胞实体。类似于元胞的定义，元胞实体是代表地理空间的最小逻辑单元，具有以下三个特征：①元胞实体标识唯一的地理空间单元；②元胞实体具有一组属性，元胞依靠属性唯一对应于元胞实体；③元胞实体的完整描述包括元胞、属性域及值域、状态和局部的邻域关系。其中属性域是描述该元胞所代表的地理空间的主要地理变量的集合，值域是每一属性可能取值范围。

一个典型元胞实体的概念模式为：

{

标识符　　整型

元胞状态　字符型

属性 1　　字符型

……

属性项 n　字符型

邻域关系　字符型

转换规则　字符型

}

地理元胞自动机的主要特征是 CA 与 GIS 的耦合，尤其在模拟城市系统方面取得了许多有意义的研究成果。GIS 在城市模拟中发挥着相当重要的作用，它为城市模拟提供了丰富的空间信息和强有力的空间数据处理平台。CA 和 GIS 的耦合使二者在时空建模方面相互补充，主要表现在以下三点：①CA能增强GIS空间动态建模的功能，可作为GIS空间分析的引擎；尽管，在空间分析和空间决策方面GIS得到了很好的应用，但GIS在动态空间建模和操作方面有很大的局限性；②CA由于具有强大的时间建模能力，从而能够丰富GIS现有的时空分析功能，当前GIS软件则较难实现时空动态建模功能；③城市系统的模拟需要嵌入不确定的因素或者用户期望的因素，从而模拟出不确定性的城市系统或者用户所预期的城市形态。传统GIS在处理地理现象的时间过程上存在一定的局限性，而许多研究表明，CA能更容易地模拟各种现象随时空变化的动态性，这是因为CA非常适合于复杂系统的模拟。因此，为了更好地模拟真实城市的发展，提高CA的模拟精度，许多学者把CA跟GIS结合起来用于城市模拟。

基于地理特征的元胞自动机模型应用流程如图3.36所示，主要包括元胞初始化、数据预处理、邻域关系确立、局部转换规则和元胞状态并行计算五个基本步骤，具体内容如下。

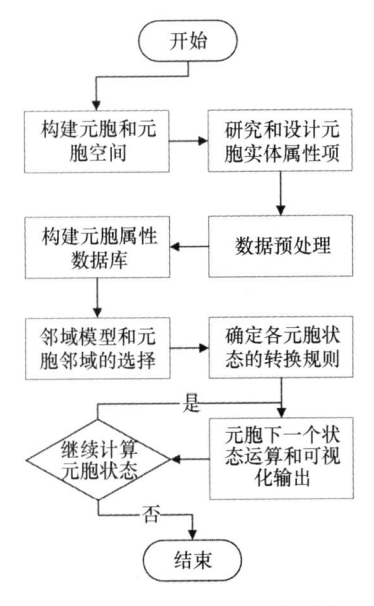

图3.36 地理元胞自动机应用流程

（1）构建元胞和元胞空间。根据研究目的、对象和研究的地理空间范围，确定元胞大小、形状和元胞空间，以及建立元胞状态的描述指标。

（2）研究和设计元胞实体属性项。研究地理空间演化的机制，确定邻域状态演化的控制因素层，并将因素用相关指标进行量化，作为元胞实体属性表的状态转换信息类属性项。在地理空间转换机制研究的基础上，探讨地理空间单元作用的方式，设计出合理的体现元胞邻域关系的属性项，作为元胞实体属性表的邻域间接信息类属性项。

（3）数据预处理。将表达各属性信息的地图转化成栅格地图，以颜色来表达属性值，并使之与元胞空间对应，一个栅格对应一个元胞。

（4）构建元胞属性数据库。根据基本元胞信息、邻域直接信息、邻域间接信息和状态转换信息四类属性项，设计元胞属性数据表结构，并自动将栅格地图的颜色信息读入元胞属性数据库。

（5）邻域模型和元胞邻域的选择。首先确立基于几何方式的邻域模型，然后定义属性方式的邻域模型，最后在综合的基础上自动搜索出每个元胞的邻域，并进行标识，自动给元胞属性表的邻域直接信息类属性项赋值。

（6）确定各元胞状态的转换规则。在研究地理空间演化机制的基础上，将状态演化信息类属性项的值引入元胞自动机的局部转换规则，确定各元胞状态的转换规则。

（7）元胞下一个状态运算和可视化输出。根据各元胞的状态转换规则，并行计算各元胞的下一个状态，计算结果输入元胞实体属性数据库，并根据数据库中各元胞的状态值进行可视化输出。

3.7.3 多智能体

多智能体（multi-agent）理论和技术是在复杂适应系统理论及分布式人工智能（DAI）技术的基础之上发展起来的，自20世纪70年代末出现以来发展迅速，目前已经成为一种进行复杂系统分析与模拟的思想方法与工具。可计算的agents组成的集合就构成了一个多智能体系统（MAS），指用简单对象的复杂交互来解决问题。一个简明的定义是"多智能体系统是坐落在一个环境中的智能体的集合"。

智能体对应的英文名称为"agent"，其他类似的中文定义还有"主体"、"个体"等，因此对"agent"并没有一个统一明确的定义。由于agent没有受制于固定的框架，所以可根据各个学科领域的特点建立灵活多变的模型。agent可以模拟人类的行为，具备一定的属性特征，对此研究中，最经典和广为接受的是Wooldridge等有关agent"弱定义"和"强定义"的讨论。表3.13列出了多智能体的属性，其中自治性、反应性、社会性、主动性是agent最基本的属性，只拥有这四种属性的agent称为"弱agent"。根据应用的实际情况还会拥有其他属性，这样的agent为"强agent"。

智能体在系统环境中协作时，各个智能体不仅要考虑自己的行为规则/策略，还必须对其他智能体联合行为规则/策略做出最优反应。对于智能体的认知可以更好地促进智能体系统的发展。由上述智能体组成的智能体系统，在协作运行时趋于一种平衡状态，整个系统达到动态的稳定和优化。

表3.13 多智能体属性

智能体的属性	属性的涵义
自治性	agent具有独立的意识和判断能力，可根据内部状态和环境信息对自身下一步的行动做出判断
反应性	agent作为具有目标和偏好的个体，其行动会受到外界环境的影响，当外界环境不符合自身要求时，会作出积极响应以改变自身所处的环境
社会性	众多不同类型的agent和周围的环境形成一个系统。不同agent个体之间、agent个体与环境之间可进行信息交流
主动性	agent能根据承诺采取主动行为，表现出目标驱动的特性。agent是有目的地而不是简单地对外部做出反应
适应性	agent具有学习能力，外在条件的不确定因素促使agent根据经验调整自身行为，从而使自身利益最大化
移动性	agent能够将自己从一个环境移动到另一个环境，并在新环境下正常运行
理性	agent动作和行为总是基于其内部的目标，而且有助于目标的实现
不可预测性	agent的行为具有不确定性和不可预测性
持续性	agent是一个持续运行的实体，可以持续地产生新的目标
智能性	agent的状态由信念、目标、规划和意图等心智状态构成
协调性	agent可以与其他agent共享工作环境，其行为可以通过规划、工作流和其他管理机制进行协调

一般认为智能体是通过对外部环境状态和系统反馈信息的认识，与其他智能体共同合作达到某个特定目标的个体单位。在多智能体中，智能体之间可共享资源并进行协商，联合求解新的不确定性问题。利用智能体理论建模的一般流程：获取系统目标；将结构化目标转换成系统中角色；定义不同系统、同一系统内不同角色交互的逻辑路径；建立智能体类；定义通信协议；创建智能体类的内部功能；系统实施，将智能体类实例化为智能体。基于智能体模型的建模流程见图3.37。

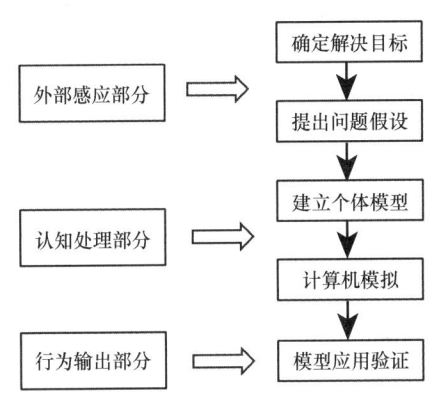

图3.37 基于智能体模型的建模流程

1. 多智能体与 CA 及 GIS 的集成

1）多智能体与 CA 集成的必要性

多智能体系统都是基于非空间的，而地理学中的空间概念是必不可少的，任何具有地理特性的现象或事物必然与空间有关。因此，多智能体无法单独进行地理模拟，必须在多智能体系统中引入空间概念。元胞自动机具有天然的空间自组织性，能与遥感及GIS 数据无缝的耦合，这正是多智能体系统所缺乏的。所以，将多智能体系统和 CA 结合起来，使其既具有元胞自动机空间自组织性又考虑了多智能体系统各主体的复杂空间决策行为，可以为地理复杂空间系统的模拟提供一个全新的思路和方法，也解决了多智能体系统缺乏空间概念的问题。

在基于多智能体系统和元胞自动机结合的模型中，多智能体代表各空间决策实体，元胞自动机模型代表影响地理变化的各种空间过程。多智能体模型提供了各种灵活的不同空间决策者，它们之间的决策行为相互影响，同时对所处的环境带来强烈的反馈作用。因此，基于多智能体系统和元胞自动机结合的模型非常适合各种空间过程、空间交互作用和多尺度现象的分析。

2）多智能体与 CA 及 GIS 集成的必要性

地理信息系统自 20 世纪 60 年代产生以来，已经成为空间相关研究最重要的工具。尤其是其空间分析功能，极大地推进了地理学的空间分析研究。但在现阶段，地理信息系统的空间分析功能还远远不能满足地理学分析的要求。大多数地理信息系统只能描述和处理静态的空间信息，对动态的空间信息显得无能为力，尤其是时空动态信息。并且，许多地理现象的时空动态发展过程往往比其最终形成的空间格局更为重要，这就强烈要求 GIS 增强其时空分析能力。

在地理信息系统中融合时空动态模型是增强其时空分析能力的一个重要途径。而多智能体系统和元胞自动机是典型的时空动态分析模型，因此将多智能体、CA 及 GIS 进行有机的集成，可以大大提高 GIS 的时空分析能力，从而为地理学的进一步研究和发展提供良好的技术支撑。

与此同时，多智能体、CA 及 GIS 的有机集成也是多智能体系统本身在地理空间系统应用的必然要求。GIS 能够为多智能体系统提供大量的空间信息和优秀的空间数据处理平台，借助 GIS 强大的可视化功能，可以及时显示和反馈多智能体系统在各种情景下的模拟情形和计算结果。更为重要的是，GIS 还能对多智能体系统产生的模拟结果进行空间分析。因此，多智能体、CA 及 GIS 的集成既可以提高 GIS 的空间分析能力，也能够完善多智能体系统在地理空间系统中的表达能力，它们相互补充相得益彰。

3）多智能体与 CA 及 GIS 集成的可行性

多智能体系统与 CA 的集成是通过 agent 和 CA 的元胞共同占据相同的规则网格实现的。在集成系统里，agent 和元胞同时分布在规则的网格中。元胞布满整个规则网格，而 agent 则可能是比较稀疏地分布在规则网格空间中，因为它只是面向分布在网格空间上的 agent 实体。

agent 和 CA 的元胞共同占据相同的规则网格与栅格 GIS 之间有非常显著的相似性，这揭示着它们具有强大的集成潜力。它们都用离散的二维区域单元进行空间的组织和表达，以及通过层来进行属性或状态的组织，并通过一定的算法来操作空间和属性。因此，这种规则网格与栅格数据在空间结构数据上可以很容易的转换和统一。

同时，agent 与 agent 或 agent 与环境之间的连接或联系可以很方便地通过矢量 GIS 来表达，如城市与城市之间的联系是通过路网或飞行路线进行沟通；一个人与亲戚朋友的联系也是通过他家到亲戚朋友家的路径进行联系。此外，agent 在二维空间网格上的移动规则也能通过矢量 GIS 来设定。例如，紧急事件疏散时，人群沿着事故地点到出口之间的路线进行疏散；一个人日常的出行也是在家庭、工作地点、超市、学校、图书馆、体育馆等之间的路径转换。

2. 基于多智能体的地理模拟应用

地理国情系统是一个典型的复杂系统，它的动态发展是基于微观空间个体相互作用的结果。传统的方法难以解释和描述地理空间系统的复杂性，如果我们从系统内部微观的层次出发，以一种进化的、涌现的角度来理解地理复杂系统的演化过程，也许能够为地理学的研究提供一个全新的视角。多智能体系统思想的核心就是微观个体的相互作用能够产生宏观全局的格局。可以断言，多智能体系统是研究地理空间系统的天然工具，但美中不足的是，一般的多智能体系统缺乏空间的概念。而大多数地理 agent 的行为和结果都是空间性的，因此，如何在多智能体系统中有效地表达地理空间是一个值得深究的问题。

目前，基于空间的多智能体一般都是借助于元胞自动机的思想，agent 分布在规则的二维网格上，二维网格相当于元胞自动机的元胞空间。利用 agent 的局部连接规则、函数及局部细节模型,建立地理空间复杂系统的整体模型。尽管多智能体模型与传统CA均采用"自下而上"的建模思路,但多智能体模型在微观作用机制表达方面更有优势。它的核心思想是通过反映个体结构功能的局部细节模型与全局表现之间的循环反馈和校正,来研究局部的细节变化如何凸显出复杂的全局行为。与元胞自动机不同之处主要有三方面:①空间 agent 可以根据一定的移动规则在二维网格中自由移动。而元胞自动机的元胞本身不能移动,只能通过一定的转换规则改变自己的状态;②多个 agent 可以占据同一个网格点,不同的网格点上可以拥有不同数量的 agent,而在元胞自动机的网格点上,只能拥有一个特定状态的元胞;③空间 agent 表现一定的智能性,具有空间决策能力和学习能力。能够对环境的变化做出适应性的反应。元胞自动机只能通过一定的转换规则改变自己的状态,并不具有决策和学习能力。具体差异总结如表 3.14 所示。

表 3.14 多智能体模型与元胞自动机模型的差异

内容	多智能体模型	元胞自动机模型
建模主体	智能体(agent)	元胞(cell)
能否移动	agent 可在环境中自由移动	cell 不能移动
地理单元与主体对应关系	多个 agent 可占据相同的地理单元	一个地理单元对应一个元胞
核心部分	agent 的个体决策行为与交互	转换规则
空间连续性	空间可以连续,也可以是离散状态	离散空间
转换规则	微观个体的空间互相作用	邻域 cell 的状态影响中心元胞的下一个时刻的状态
可扩展性	强	较弱
其他	能够表象出经济、空间决策行为的学习和适应性	不能表达微观个体的学习能力和适应性

由于多智能体系统所具有的天然优势,基于空间的地理多智能体在地理模拟研究特别在城市模拟方面,取得了丰富的成果。元胞自动机在模拟复杂空间系统时有很多优势,在一些领域正慢慢补充或取代一些从上至下的分析模型。但 CA 主要是基于城市增长的模式模拟,而对于城市增长的过程、成因缺乏解释。此外,CA 只考虑周围的自然环境,这些元胞是不能移动的。CA 几乎没有考虑到对城市土地利用变化起决定作用的动态社会环境及它们的相互作用,而后者则包括能移动的居民、房地产商、政府等。下面将以城市土地利用动态变化模拟为例介绍多智能体的应用。

为了研究城市中的各种微观智能体之间及其与周围环境的相互作用,模型除了包含局部个体相互作用的多智能体层外,还包含了从 GIS 获取的环境因素层。不同类型的多智能体之间存在相互影响、信息交流、合作的关系,以达到共同理解和采取一定的行动影响其所处环境。而环境层的变化也反馈于多智能体层,多智能体层根据环境层的变化采取相应的措施和行动,以谋求双方关系达到平衡。这种模型将比单纯的 CA 更能反映复杂的人文因素及其与环境的相互作用。

1)环境因素层

将土地利用、交通、地价、公共设施、环境质量、教育和医疗卫生七项选择为城市环境构成因素,具体内容见表 3.15。

表 3.15　环境因素层

数据层	内容
土地利用/覆盖层	其动态变化是各类智能体之间及其与环境相互作用的产物，对多智能体的空间决策行为有着重要的影响
交通通达层	交通通达性体现了交通方便的程度，可以通过某位置到道路及市中心的距离等来反映
土地价格层	地价往往决定住房价格，不同收入的居民受本身支付能力的制约，对住房价格的关注程度表现不一
公共设施效用层	公共设施效用评价因素包括到医院、娱乐设施、公园、商业中心的距离，均采用指数距离衰减函数表达其空间吸引力
环境质量层	研究区域内的空气质量、水质等环境评价因子
教育资源层	教育资源主要是指学校和图书馆，教育资源本来应该归于公共设施效用层，但是，它对居民 agent 在选择居住位置时有着非常大的影响
医疗卫生层	医疗卫生关系人们日常生活，其便利性会影响人对居住位置的选择

2）多智能体及决策行为

城市中的多智能体是环境中可进行自主行动和决策的实体，可以对应多个居民或多个家庭，以及多个房地产开发商。将参与城市土地利用变化的多智能体分为四类：居民 agent（根据经济能力细分为高、中、低 3 类）、工业 agent、开发商 agent 和政府 agent。居民 agent 和工业 agent 是选择型 agent，开发商 agent 和政府 agent 是调度型 agent，选择型 agent 根据个体偏好做出区位选择决策，调度型 agent 对选择型 agent 进行区位引导，并对区位选择结果做出区位转化决策。

A. 居民 agent 及其决策行为

居民的决策行为主要有两种：居住位置决策和再选择。居住位置决策是指新增居民购房的决策行为，再选择是指城市居民的迁居行为。城市居民居住位置决策与再选择行为直接影响着居住空间结构的形成和变化，同时也影响着城市社会分异、空间组织结构和城市发展方向等的演化过程。

本模型在居民个人追求效用最大化假设的前提下，结合动态随机效用模型和离散选择模型研究居民 agent 的位置选择决策行为的内在机理。某一候选位置 L_{ij} 对第 t 个居民 agent 的位置效用（utility）可用下面式子来表示：

$$U(t, ij) = a \cdot E_{\text{environment}} + b \cdot E_{\text{education}} + c \cdot E_{\text{traffic}} + d \cdot E_{\text{price}} + e \cdot E_{\text{convenience}} + \varepsilon_{ij} \quad (3.102)$$

式中，$E_{\text{environment}}$、$E_{\text{education}}$、E_{traffic}、E_{price}、$E_{\text{convenience}}$ 分别为候选位置 L_{ij} 的环境质量、教育资源、交通通达程度、住房价格和公共设施便利性；a、b、c、d、e 分别为第 t 个居民 agent 对各个影响因子的偏好系数（权重），$a+b+c+d+e=1$；ε_{ij} 为随机扰动项。

在居民 agent 完成区位选择的基础上，开发商 agent 和政府 agent 对选择结果进行评判，最终完成土地利用类型转化。

B. 房地产商 agent 及其决策行为

房地产商在开发新的居住用地前，首先要考虑居民的位置选择特点来调整投资策略，从而选择合适的投资地域。如果新开发的居住用地位置与居民的意愿相左，很显然，开发的房产将难以销售出去。不同类型的居民对住房有着相异的偏好，他们在选择住房时会根据房子所处的环境（社会环境及自然环境）、本身的属性及偏好做出决策，因此房地产商必须根据居民的位置选择偏好选择正确的投资地域。其次，房地产商需要考虑

其本身的利益,分析投资之后所获取的利润是否达到某一期望值,可用下列式子表达:

$$D_{\text{profit}} = H_{\text{price}} - L_{\text{price}} - D_{\text{cost}} \qquad (3.103)$$

$$D_{\text{profit}} = \begin{cases} > D_{\text{threshold}}, \text{yes} \\ < D_{\text{threshold}}, \text{no} \end{cases} \qquad (3.104)$$

式中,D_{profit} 为投资所获取的利润;H_{price} 为住房销售价格;L_{price} 为土地价格;D_{cost} 为住房建造成本;$D_{\text{threshold}}$ 为房地产商的利润期望界限值。

最后,房地产商拟开发的用地需征得政府的批准。政府根据所申请的用地是否与政府规划相符而作出判断。

C. 政府 agent 及其决策行为

从政府角度来看,符合土地集约利用的原则,方便城市发展战略的制定。因此,当某土地利用单元适宜于城市开发,并且周边的土地不断被开发为建设用地,那么该单元将很可能变为建设用地。政府的宏观城市规划及调控对城市的土地利用变化起着决定作用。

当房地产商向政府申请开发用地时,政府会根据该地点目前土地利用状况和未来规划的土地利用情况进行对比,给出不同的接受概率。当一个区域被申请的次数越多,它被接受的概率就会增加;一个区域的申请被政府接受之后,该区域附近地区被接受的概率也会增加。这充分体现了政府在宏观规划的同时也全面考虑公众的意愿及房地产商的要求,调控政府规划与真实世界发展细节的差距,实现了宏观和微观的统一。其公式表达如下:

$$P^*_{\text{Accept}_{ij}} = P_{\text{Accept}_{ij}} + g \cdot \Delta P_1 + h \cdot \Delta P_2 \qquad (i \in [1,n], j \in [1,m]) \qquad (3.105)$$

式中,$P^*_{\text{Accept}_{ij}}$ 为地理位置 L_{ij} 被政府接受的概率;$P_{\text{Accept}_{ij}}$ 为政府原始接受概率;g 为该地被申请的次数;P_1 为每申请一次,政府所增加的接受概率;h 为以 L_{ij} 为中心 3×3 邻域窗口内已经被政府接受的网格数;P_2 为 3×3 邻域窗口内每增加一个被政府接受的网格,政府所增加的接受概率。

3.8 泛在地理数据分析

3.8.1 泛在地理数据类型

1) 城市公共管理部门通过大量公共基础设施收集的数据

为了便于团队管理和提升服务质量,不少公共交通部门都会在所属的公交车、出租车上安装 GPS 记录仪器,以记录相应工具的 GPS 轨迹(称为浮动车数据,指的是安装了车载 GPS 定位装置并行驶在城市主干道上的公交汽车和出租车提供的轨迹数据)。公交公司也会记录公交或者地铁的 IC 卡刷卡数据,数据主要包含刷卡的时间和地点、所乘公共交通工具编号和线路编号。电信公司记录手机用户与发射基站之间的通信数据,称为手机信令,手机信令可以提供手机用户使用手机进行活动的信息,如时间、基站位置编号、事件类型(接打电话、接发短信、位置更新)等。浮动车数据、公交卡刷卡数据和手机信令数据这类由公共基础设施收集的数据，覆盖面广、更新频繁，对于动态了解城市交通流变化，城市居民移动规律和城市热点具有重要的研究价值。

2）公众在日常生活中使用商业服务有意或无意产生的数据

在 Web2.0 的框架下，公众在日常生活中使用各类软件或服务而被服务商记录下来的数据，这些数据对反映公众的生活消费习惯有重要的意义。这些数据主要是大量含有位置信息的文本、图像、视频等。表 3.16 列举了一些常见的公众产生的地理数据。

表 3.16 公众产生的数据

类别	服务类型	服务商	数据内容
生活消费	衣	淘宝、京东等电子商务平台	消费额、物流信息、商品评价
	食	大众点评、美团、各类外卖等	消费额、物流信息、商品评价
	住	搜房网、链家网等	房源地点、租房、购房价格
	行	滴滴打车、摩拜单车等	出行轨迹
		百度地图、高德地图等	商家标注
社交娱乐	社交网络	微博、微信、QQ 等	签到时间地点、分享内容
	运动健身	悦跑圈、咕咚等	运动轨迹、签到时间地点、分享内容
	图像	Geotag 照片、Flickr	带有地理标记的照片
	视频	美拍、大疆	带有地理标记的视频

3.8.2 数据获取

1）免费获取

目前我国数据的拥有者主要为政府及相关企事业单位和其他市场主体，直接或间接由政府持有的数据资源占比超过 80%，而并未形成统一的多门类互联互通的数据共享平台。国务院《关于促进大数据发展的行动纲要》明确提出要在 2017 年年底形成跨部门数据资源共享共用格局，在 2018 年年底建成国家政府数据统一开放平台，这对构建和完善我国公共数据的整合和开放体系具有积极的意义。对于政府职能开放的数据，如国家统计局的数据，可以访问其官网获取，对于地理信息数据，我国建成了国家地理信息公共服务平台（http://www.tianditu.cn），以面向公众提供权威的地理信息服务。对于一些由公司或组织免费公开的数据，如 OpenStreetMap 的数据，直接访问其官方网站，根据说明即可免费下载。

2）商业授权

大数据也可以采用商业授权的方式进行购买，通过联系数据平台的运营商或者第三方的数据收集与发布平台，以商业合作的方式合法地获取到所需要的数据。

3）调用开放平台 API

互联网企业在为用户提供服务的同时也收集了大量的数据，如用户在发送微博时所分享的文本内容、签到标签都会被服务商存储下来。

4）网络数据挖掘

互联网已成为人类历史上最为庞大的图书馆与知识库，是公众获取与分享信息的重要渠道，同时也是全社会、多领域、广纵深、近实时的动态映像。大量的互联网文本直接或间接表达了地理信息，使得互联网文本成为获取地理信息或地理空间知识的重要来源。互联网蕴含地理空间数据采集的目标是从网络文本，如网页、论坛、百科、微博与社交网络消息描述中获取地理对象或事件的空间位置、范围、语义和时空演化特征，以支持与地理对象或用户群体的属性、状态、规模等的关联分析。使用网络数据挖掘的办法，结合自然语言处理的技术，可以对互联网上纷繁复杂的网络信息进行采集和挖掘，从而提取出所需的地理大数据。

网络数据挖掘主要包括内容挖掘、结构挖掘和使用挖掘3种类型。其中，内容挖掘是对网页文本和媒体数据的获取，用于研究用户活动状态和特征；结构挖掘是对网页链接结构进行分析，用于评估网页的资源量；使用挖掘则是通过挖掘网页访问的日志记录，以便提供个性化的产品和服务。目前，网络数据的挖掘主要是通过设计"网络爬虫"（检索和获取数据的计算机程序）软件实现的，且不同的网站或数据获取目标需要设计不同的爬虫程序。

3.8.3 泛在地理数据分析方法

1. 数据挖掘与空间数据挖掘

数据挖掘起源于从数据库中发现知识（knowledge discovery in database，KDD）。KDD一词于1989年8月首次出现在美国底特律市举行的第11届国际联合人工智能学术会议上。KDD被定义为"从数据中发现隐含的、先前不知道的、潜在有用的信息的非平凡过程"。1994年在渥太华举行的GIS国际会议上，李德仁院士第一次提出了从GIS数据库中发现知识（knowledge discovery from GIS，KDG）的概念，并系统分析了空间知识发现的特点和方法，认为它能够把GIS有限的数据变成无限的知识，精炼和更新GIS数据，促使GIS成为智能化的信息系统。从此，空间数据挖掘就成为数据库和信息决策领域的一个重要研究方向。空间数据挖掘，也称基于空间数据库的数据挖掘和知识发现，作为数据挖掘的一个分支，是指从空间数据库中提取用户感兴趣的空间模式与特征、空间与非空间数据的普遍关系及其他一些隐含在数据库中的普遍的数据特征。简单地讲，空间数据挖掘是指从空间数据库中提取隐含的、用户感兴趣的空间和非空间的模式、普遍特征、规则和知识的过程。发现空间知识是一个由空间数据到空间信息、再到空间知识的循序渐进、逐渐升华的过程，通过整合空间数据，深入数据抽取空间知识，再利用这些新知识认识和利用数据，实现数据的实时处理、智能判断和快速决策。如果空间知识被各行各业充分利用，就能帮助人类以更加精细和动态的方式学习、工作和生活，达到智慧状态，极大提高资源利用率和生产力水平，积极应对经济危机、能源危机、环境恶化等全球问题。

由于空间数据的复杂性，空间数据挖掘不同于一般的数据挖掘，它有如下一些特点：

（1）数据来源十分丰富，数据量通常非常庞大，数据类型多，存取方法复杂；

（2）应用领域较为广泛，挖掘的目标可以是任何具有空间属性的数据；

（3）挖掘方法和算法很多，且大多数算法较为复杂；

（4）知识的表达方式多样，对知识的理解和评价依赖于人对客观世界的认知程度。

2. 泛在数据挖掘算法

当前，多数地理大数据挖掘算法都是由一般的空间分析方法和数据挖掘算法移植而来，从大类上分，地理大数据挖掘算法可以分成如下六类。

1）传统空间分析与地学统计方法

利用 GIS 的各种空间分析模型和空间操作对地理大数据进行深加工，从而产生新的信息和知识。目前常用的空间分析方法有综合属性数据分析、拓扑分析、缓冲区分析、密度分析、距离分析、叠置分析、网络分析、地形分析、趋势面分析、预测分析等，可发现目标在空间上的相连、相邻和共生等关联规则，或发现目标之间的最短路径、最优路径等辅助决策的知识。以变差函数（variogram）和克里金（Kriging）方法为代表的地学统计（geostatistics）方法是地学领域特有的统计分析方法，由于考虑了空间数据的相关性，地学统计在空间数据统计和预测方面比传统统计学方法更加合理有效，因而在地理大数据挖掘中也可以充分发挥作用。

2）聚类和分类算法

聚类是按一定的距离或相似性系数将数据分成一系列相互区分的组，聚为一类的数据项应当具有相似的属性。常用的空间聚类方法有 K-means 算法、DBSCAN 算法等。分类就是假定地理大数据中的每个对象属于一个预先给定的类，从而将数据库中的数据分配到给定的类中。研究者根据统计学和机器学习提出了很多分类算法，其中常见的分类算法有决策树算法、随机森林算法等。分类和聚类都是对目标进行空间划分，划分的标准是类内差别最小而类间差别最大。分类和聚类的区别在于分类事先知道类别数和各类的典型特征，而聚类则事先不知道。

3）预测和回归算法

预测和回归算法的主要目的是预测数据的走势和趋向，以线性回归算法为代表，相应地也有考虑空间自相关性的空间回归算法。预测和回归算法的主要思想是，通过训练集获取预测模型，根据预测模型，可以将数据进行泛化。

4）基于机器学习的算法

机器学习是通过学习和训练获得或重现知识，侧重于设计新的方法从数据库中提取知识的技术行为，所使用的数据是专门为机器学习而准备的，这些数据在现实世界中也许毫无意义。基于机器学习的方法主要可以分为归纳学习方法、空间关联规则方法等。归纳学习方法是从大量的经验数据中归纳抽取出一般的规则和模式，其大部分算法来源于机器学习领域，其中最著名的是目前最有影响的是 ID3 和 C4.5，C4.5 是一种决策树算法，由 ID3 算法发展而来，采用信息增益比来选择属性，分类速度快，适合于大数据的学习。关联规则分析首先由 Agrawal 等（1998）提出，主要是从超级市场销售事务数据库中发现顾客购买多种商品时的搭配规律，最著名的关联规则挖掘算法是 Agrawal 提出的 Apriori 算法。关联分析算法的目的是找出频繁项集,如著名的啤酒和尿布的例子。通过超市的购物数据发现,男人们通常购买啤酒的同时也会购买尿布,因此缩小这两种商品的摆放距离可以进一步提高销量。地理大数据同普通数据一样,也可进行空间关联规则的挖掘。Koperski(1996)提出了一种逐步求精的空间关联规则挖掘算法。

5)基于集合论的方法

基于集合论的方法包括粗集理论和模糊集理论。粗集理论是一种智能数据决策分析工具,被广泛研究并应用于不精确、不确定、不完全的信息的分类分析和知识获取。粗集理论为空间数据的属性分析和知识发现开辟了一条新途径,可用于空间数据库属性表的一致性分析、属性的重要性、属性依赖、属性表简化、最小决策和分类算法生成等。粗集理论与其他知识发现算法结合可以在空间数据库中数据不确定的情况下获取多种知识。模糊集理论是经典集合理论的扩展,专门处理自然界和人类社会中的模糊现象和问题。利用模糊集合理论,对实际问题进行模糊判断、模糊决策、模糊模式识别、模糊簇聚分析。系统的复杂性越高,精确能力就越低,模糊性就越强。模糊集理论在遥感图像的模糊分类、GIS 模糊查询、空间数据不确定性表达和处理等方面得到了广泛应用。

6)基于仿生物学的方法

基于仿生物学的方法包括模拟退火算法、遗传算法、人工鱼群算法、神经网络算法等。模拟退火算法是一种启发式随机搜索算法,将组合优化问题和统计热力学中的热平衡问题类比,开辟了一条求解组合优化问题的新途径。遗传算法是模拟生物进化过程的算法,其本质是一种求解问题的高效并行全局搜索方法,它能在搜索过程中自动获取和积累有关搜索空间的知识,并自适应地控制搜索过程以求得最优解。遗传算法已在优化计算、分类、机器学习等方面发挥了显著作用。数据挖掘中的许多问题,如分类、聚类、预测等知识的获取,可以表达或转换成最优化问题,进而可以用遗传算法来求解。人工鱼群算法是一种基于动物行为的群体智能优化算法,是行为主义人工智能的一个典型应用。神经网络是由大量神经元通过极其丰富和完善的连接而构成的自适应非线性动态系统,并具有分布存储、联想记忆、大规模并行处理、自学习、自组织、自适应等功能。神经网络通过大量神经元集体通过训练来学习待分析数据中的模式,形成描述复杂非线性系统的非线性函数,适于从环境信息复杂、背景知识模糊、推理规则不明确的非线性空间系统中挖掘分类知识。神经网络对计算机科学、人工智能、认知科学,以及信息技术等都产生了重要而深远的影响,在空间数据挖掘中可用来进行分类、聚类、特征挖掘等操作。

3. 泛在数据分析流程

泛在数据分析的流程与大多数数据挖掘和知识发现的过程相同,如图 3.38 所示,一般可分为:数据筛选、数据处理与分析、数据可视化以及数据融合与知识评估。数据选取即定义感兴趣的对象及其属性数据;数据预处理一般是滤除噪声、处理缺值或丢失数据等;数据处理分析是通过数学变换或降维技术进行特征提取,形成分类或群集数据；空间数据挖掘是整个过程的关键步骤，它从数据中发现模式和普遍特征；数据可视化及数据融合与知识评估采用人机交互方式进行，通过演绎推理可以对规则进行验证，但这些模式和规则是否有价值，最终还需由人判断，若结果不满意则返回到前面的步骤。可以发现地理大数据挖掘是一个人引导机器、机器帮助人的交互理解数据的过程。

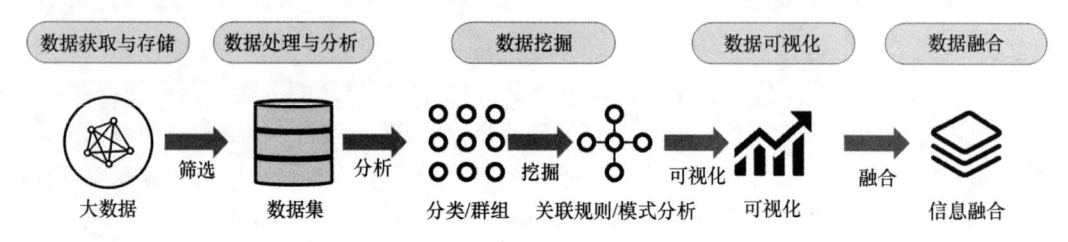

图 3.38　地理大数据的数据挖掘流程

第4章　面向规划决策的地理国情综合统计分析

4.1　规划决策与地理国情

规划作为对未来经济社会发展的空间安排，涉及城市社会、经济、环境、政治等多方面的问题，具有显著的不确定性和复杂性。规划决策是决策主体针对规划过程中已经发生、正在发生和将要发生的问题，收集信息、判断性质、选择方案、制定并实施政策的活动过程。例如，我国的《城乡规划法》明确指出，"制定和实施城乡规划，应当遵循城乡统筹、合理布局、节约土地、集约发展和先规划后建设的原则，改善生态环境，促进资源、能源节约和综合利用，保护耕地等自然资源和历史文化遗产，保持地方特色、民族特色和传统风貌，防止污染和其他公害，并符合区域人口发展、国防建设、防灾减灾和公共卫生、公共安全的需要"。这说明科学合理的规划决策方案应符合多维度的要求和多主体的需求，同时说明规划决策的基础数据和依据是来源于诸多部门的，需要将这些数据和依据通过综合分析及预测进行规划决策，通过高质量的基础数据保障规划决策的科学性。随着我国城镇化的快速发展，各种不确定性因素在规划决策中的影响日益增大，规划决策失效问题也日趋严重。随着地理国情普查和监测的推进，信息量激增，综合统计分析方法和社会化应用工具不断进步，在解决规划决策中的资源分配率低、不确定性高等问题时提供了得天独厚的优势（图4.1）。

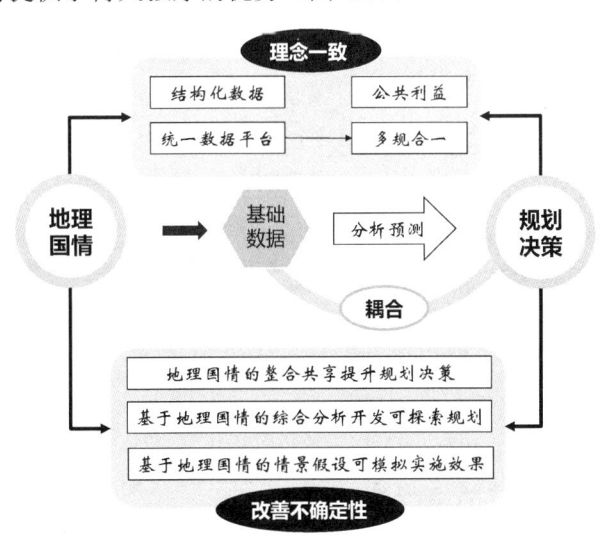

图 4.1　地理国情与规划决策

4.1.1　地理国情符合规划决策的理念

1）地理国情符合城乡规划的"公共利益"价值观

基于地理国情的信息整合是实现公众参与、民主决策的重要基础。规划决策中"公共领域"的资源分配必须符合"公共利益"的价值取向，决策导向应从"精英"转向"大众"。当前我国规划决策的实施效果不理想，本质上是"公平"问题，包括资源配置层次上偏向城市（镇）的空间分配不公平，治理结构层次上偏向精英、权力主体和利益集团的权力结构不公平，制度环境层次上偏向于政府权力主体的产权性质不公平，以及社会基础层次上的文化认同不公平，即偏向"独享式增长"。因此，未来规划决策的核心理念应更加关注"公共利益"，从"效率增长"转向"包容性增长"和"共享式增长"。

国情数据实现了获取巨量规模个体属性及其需求特征的可能，为实现"公共利益"导向的城乡规划提供了基础。任何一种城乡空间演化现象，如多中心城市结构的演化，都可以从两个视角对其空间演化趋势及过程进行理解：宏观视角体现为城市空间结构维度的形态组织结构变化，微观视角则体现为微观个体社会选择的离散过程。由此，可将城乡空间发展理解成无数个企业和居民等微观个体对时间成本及空间成本约束下的空间效用进行权衡，并做出离散型的区位决策，而这些巨量的离散型决策最终又形成了城乡结构的宏观现象。服务于公共利益是政府存在的宗旨，而规划是政府引导资源配置的主要工具，规划的首要宗旨是符合最广泛大众的利益诉求，应倡导基于微观主体需求的"自下而上"的规划决策模式，而地理国情中的各类结构化数据为理解和尊重大规模微观主体的需求提供了重要依据。

2）地理国情有利于构建规划决策的利益协调机制

地理国情为规划决策中的跨部门利益协调机制的构建提供了基础的数据平台。区域竞争存在各个空间尺度上，包括纵向竞争、横向竞争与内部竞争三种主要模式，其中，数据分离和信息不对称、不透明是造成部门利益分割的重要根源之一。当前，对城乡空间资源配置的治理所表现出来的各种非规范性行为，其内在原因是各行政区域内外部和上下级部门之间的激烈竞争，部门架构条块分割及其利益冲突。未来的区域合作、城市群建设等都要求以区域整体发展为目标，加强对核心发展资源的利用引导，严格划定空间界线战略性用地，并制定相应的管制措施，这就需要基于地理国情的框架，将各部门的结构性数据通过统一的平台进行整合，促进空间利益的协调和"多规合一"。

4.1.2 城乡规划决策与地理国情大数据耦合

1）地理国情框架下的规划决策数据源特征

地理国情数据区别于传统数据的最大特点主要有四个方面，即海量与准确性、多样性、时效性、高价值。这些特性完全符合规划决策的需要，具体表现如下。

海量与准确性：规划的数据源涉及GDP、人口、收入和产业结构等宏观的国民经济统计数据，也涉及地形图、遥感图、土地覆盖类型图和交通系统图等大量图形数据，还涉及房价、出行OD和消费记录等各类专业行业化数据。此外，规划需要对未来发展进行预测，因此往往需要准确的时间序列监测数据做分析支撑。

多样性：地理国情数据的多样性表现在数据的种类多样和一定的组织结构上，也可称作"异构化数据"。规划决策使用到的数据源，按其部门分类，每一类都是结构数据，如国土部门的土地现状数据库，包含了空间图形的土地边界"四至"数据、地理类数据和土地权属数据等；规划部门的控规数据库，包含了城乡用地规划的图形边界数据、土地功能类型数据、开发强度和绿地率等控制性指标数据等。每一类数据都具有特定的整理和管理形式，是异构化的数据。

时效性：在规划决策中，人口变化、经济发展、土地开发、道路建设和城市更新等各种变化数据都是动态的，随着地理国情常态化监测的进行，各部门数据库的不断完善，这些数据已基本实现实时更新。

高价值：地理国情的核心主题并非储存数据，而是通过综合统计分析，发现数据中的规律和预测未来，为政府和企业的行政管理、战略决策、计划制订提供有力的支撑。规划通常是对于未来发展的决策，在规划中往往会用到各种预测模型，其基本思路就是从对历史数据的变化规律和趋势的分析中，预测未来的发展情景。而地理国情的价值就在于发现更为细致和准确的规律，以降低规划决策的不确定性，提升预测的准确性。

2）城乡规划决策的本质属性

城乡发展的复杂性使得规划在实施过程中会出现许多不确定因素，进而影响最终的实施效果。Hopkins 总结了规划决策的四个属性，分别为相关性（interdependence）、不可分割性（indivisibility）、不可逆性（irreversibility）和不完全预见性（imperfect foresight），且每一个属性都是动态变化的。

相关性：主要体现在城乡土地开发涉及多个利益主体的格局，并且各个利益主体之间的决策会相互影响，最终实施的方案可能超出规划的控制范围，其中又以城市边缘区的土地产权冲突问题最为常见。

不可分割性：指规划确定的规模影响着规划将取得的价值，如规模与目标不匹配，则规划就可能出现控制失效的现象。

不可逆性：指城乡土地一旦开发完成，或者一旦规划失效，要想纠正就必须付出很大的代价。

不完全预见性：指在大多数情况下，规划师难以准确预测未来的发展，同时受相关的社会经济环境的影响，不能详细地描述城乡未来发展可能形成的情景。规划与现实总会存在差距，该差距体现了城乡规划决策的不确定性程度。城乡规划虽然具有一定的历史延续性，但同时也是动态变化的，主要体现在其根据发展环境不断进行着的适应性变化，如经常为了适应快速的城市人口增长而修改城乡规划方案。

3）规划决策的不确定性和地理国情的作用

规划决策中的不完全预见性也可以理解成不确定性，一般可以分为决策对象的不确定性和决策主体的不确定性两种类型。

决策对象的不确定性：由于各种规划要素的关系十分复杂，而传统规划数据源的结构化程度较低，且分散化，各种数据之间也缺乏相应的接口，在处理过程中工作量和难度极大。同时，较多的数据来源于政府的宏观数据，微观数据层面涉及很少，导致在决策时信息严重不对称，在规划实施过程中面临各种微观冲突。

决策主体的不确定性：由于缺乏完整的数据和适用的预测分析工具，决策主体难以全面把握决策对象的情况和发展趋势，许多决策仍属于经验决策。此外，决策主体的价值观也存在差异，基于自上而下的行政命令与基于自下而上的公众意愿的决策结果有可能完全不同。根据地理国情特征与规划决策的基本特点进行对应关系的分析，从表 4.1 中可以看出，规划决策的属性和地理国情的特征具有很好的耦合性，相比传统的规划数据，大数据具有改善规划决策不确定性的作用。

表 4.1 地理国情特征与城乡规划决策的对应关系

不确定性分类	城乡规划决策属性	地理国情数据特征	城乡规划不确定性优化途径
对象不确定性	相关性	巨量规模、多样性	尽量纳入更多的城乡规划相关部门的结构化数据和不同类型影响因素的非结构化数据，使相关信息包含更为完整
对象不确定性	不可分割性	巨量规模、多样性	
对象不确定性	不可逆性	动态性、丰富的价值	基于城地理国情数据的规模和多样性，发现其潜在的演化规律，做好事前分析
主体不确定性	不完全预见性	巨量规模、多样性、丰富的价值	通过地理国情数据整合平台，纳入尽量多的结构性和非结构性数据，解决信息不对称问题；并依靠适用的预测工具与模型，提升决策的准确性
对象不确定性、主体不确定性	动态变化	动态性	根据动态变化，同步对城乡规划进行动态调整和修编

4.1.3 地理国情改善规划决策不确定性的应用途径

1）地理国情的整合共享提升规划决策

决策信息的对称程度数据的规模大小和完整程度决定了规划决策信息的对称程度，这也是改善规划决策的相关性和不可分割性的关键。目前，规划各相关部门和规划要素的数据格式转换、整理，一直是规划编制中工作量最为繁重的步骤，其原因就是各部门的结构型数据格式各异，相互之间的转换十分繁琐。近年来，国内许多部门都开始关注规划数据的价值，为了提升管理效率和精度，致力于数据的整合和共享平台的构建。以国土资源"一张图"工程为例，其将遥感、土地利用现状、基本农田、遥感监测、土地变更调查及基础地理等多源信息集合起来，并与国土资源的计划、审批、供应、补充、开发和执法等行政监管系统叠加，共同构建统一的综合监管平台，实现资源开发利用的"天上看、网上管、地上查"，从而实现资源动态监管的目标。

地理国情异构化数据的整合程度决定着地理国情的使用价值，从目前国内规划所处的整体环境看，地理国情数据的整合需从横向和纵向两个角度同时展开。

第一，各部门之间的横向共享整合，包含了同一级政府各主管部门，也包括各商业公司和社会组织的常规业务数据，如消费者购买数据、网络通信数据和快递物流数据等，实现规划编制区域内的信息获取最大化。

第二，不同空间尺度和行政层级之间的纵向共享整合，提升区域之间和上下级管理部门之间的信息对称性；在此基础上，利用 GIS 和数据库管理软件构建统一、标准、结构化的数据存储、查询、调用和分析平台，并利用该平台开展规划的编制工作。

2）基于地理国情的综合统计分析开发可探索规划

通过各种计量模型和空间分析模型得到的潜在规律，是真正帮助决策者进行决策的关键。综合分析资源、环境、生态、人口、社会、经济、文化等国情要素的内在空间特性及其在地理空间上的关联和相互作用，不仅可以通过各类结构性数据的综合来探讨复杂的空间发展问题（如分析城市中心体系的发展状态及影响其发展的关键因素），也可以通过不同类型空间变量之间的关系来判断影响某一类空间要素分布的关键因素，如利用历年全国地级市地均产出数值，以及资源情况、劳动力数量、产业多样性、专业化水平、交通条件、土地市场化程度和对外开放程度等相关影响因素的数据，进行多变量的回归模型分析，可以提取影响城市土地产出效率的关键性因素。

3）基于地理国情的情景假设可事前模拟规划决策的实施效果

由于规划带有高成本的不可逆性，因此有必要在规划决策前进行事前模拟。然而，人和计算机的信息处理能力是有限的，再复杂的模型与真实世界相比都会简单得多；而决策者是有限理性的，其个体背景、在组织中的地位会左右其决策过程，难以达到完全理性。近年来，随着各类模拟方法和工具的进步（如系统动力学模型、元胞自动机、多智能体），规划者可以借助地理国情监测数据，事前模拟和评估不同情景下的规划决策效果。

4.2 主题选取与方法设计的概念流程

主题选取与方法设计是地理国情综合统计分析与规划决策之间的桥梁，是分析目标针对化、分析指标细致化、分析模型具体化，以及分析表达专业化的综合知识发现过程。目前，我国规划类型大致可划分为时间序列规划与空间布局规划两大类别，前者主要包含国民经济和社会发展规划，后者则包括主体功能区规划、国土规划、区域规划、都市圈规划、土地利用规划、城乡规划等。两类规划按国家、省、市、县、镇逐层展开，并依照行政隶属关系实施自上而下的集中式管理，下层次规划要按上层次规划开展、服从上层次规划（图4.2）。不同层次、不同部门的规划决策所关注的重点不尽相同。因此，主题的选取及其相应的方法设计应随所服务规划部门的层次和类别而调整。虽然面向规划决策的地理国情综合统计分析主题选择和方法设计因部门而异，但其概念流程是完全一致的：首先，通过质性分析定量解析特定地区不同层次和不同部门规划的关注重点；其次，了解该地区急需解决的热点问题，以及规划决策者的实际需求；再次，针对各主题设计合理的分析模型；然后，对结果进行解读，为决策者提供有效的建议；最终形成地理国情综合分析指数，为规划部门提供反馈信息（图4.3）。在这一概念流程指导下，笔者从地理国情数据自身特点入手，设计出一套具有普适性的主题和方法体系（表4.2~表4.6），为地理国情服务规划决策奠定基础。

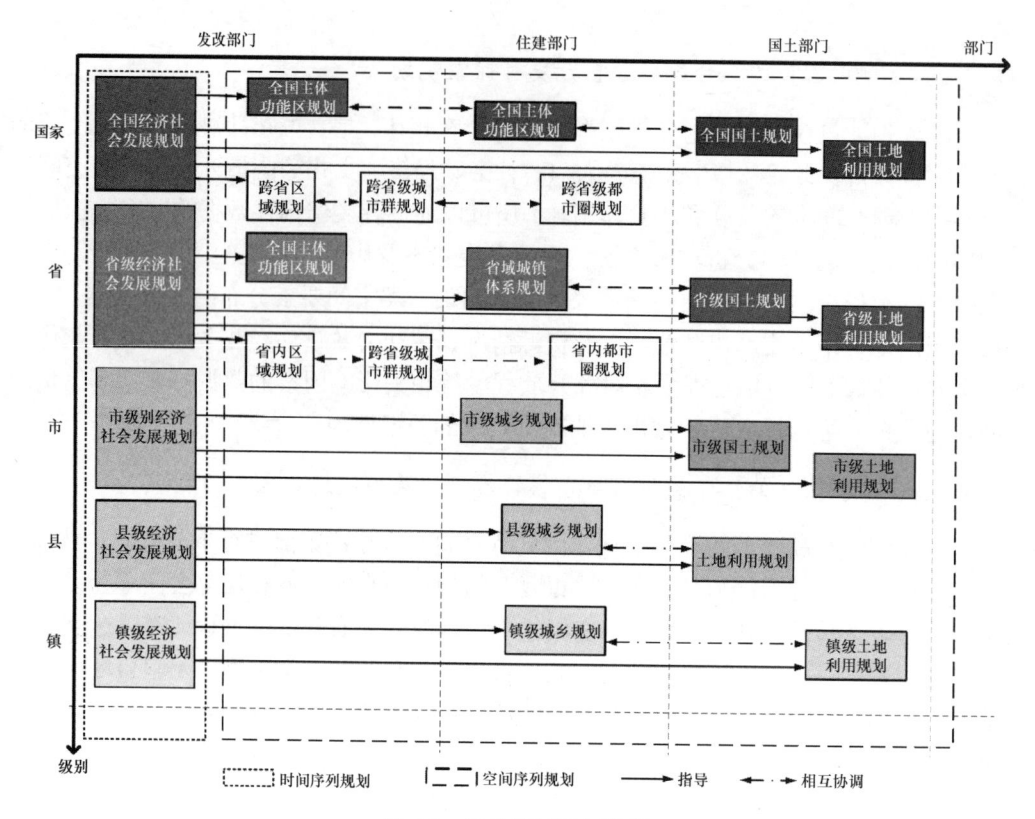

图 4.2 目前我国规划类型

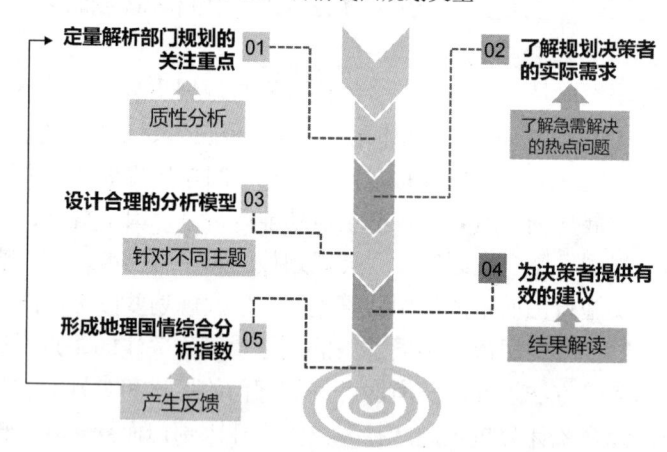

图 4.3 面向规划决策的地理国情综合统计分析主题选择和方法设计的概念流程

表 4.2 面向规划决策的地理国情综合统计分析主题和方法设计（综合数据）

主题选取	思路概要
人口分布	从总量、密度、结构等维度综合分析人口分布的时空格局与过程，定量解析人口迁移、聚集的驱动力及其相对重要性，对未来人口分布格局做出预测与模拟
城镇化	从人口、社会、经济、土地等维度综合分析城镇化的时空格局与过程，定量解析城镇化驱动力及其相对重要性，对未来城镇化格局做出预测与模拟
经济转型	从市场化、全球化、去行政化等维度综合分析经济转型的时空格局与过程，定量解析经济增长和结构调整的驱动力及其相对重要性，对未来经济发展趋势做出预测和模拟
产业布局	从区位、类型、规模、结构等维度综合分析产业布局时空特征，定量解析产业布局合理性、优势度、聚集性、循环效率与生态环境友好性，建立模拟模型对产业布局优化进行指导

续表

主题选取	思路概要
景观格局	分析县域、市域、省域、生态区、流域、城市群、经济带等尺度的景观格局，从自然、人口、经济、社会、政策等多维度定量解析景观格局变化驱动力及其相对重要性，辨识景观格局与生态服务的耦合关系，对未来景观格局做出预测和模拟
土地利用与生态环境	分析不同尺度上空气污染、水质、噪声、气候与土地利用形态及格局的空间关系，建立基于土地利用指标的生态环境质量模拟模型，定量解析空气污染、水质、噪声等生态环境问题的时空格局与过程
多中心性	制作高精度人口规则格网数据、人口不规则格网数据、GDP 规则格网数据、GDP 不规则格网数据、建设用地规则格网数据、建设用地不规则格网数据，分别进行人口、GDP、建设用地多中心性评价，并分析三者空间分布的一致性或差异性
绿色基础设施	从区位、数量、质量、可获性、可达性、网络结构等维度综合分析绿色基础设施供给时空格局与过程，定量解析绿色基础设施供给驱动因子及其相对重要性，辨识绿色基础设施供给社会均等性，建立模拟模型对绿色基础设施供给优化进行指导
公共服务资源均等化	从区位、数量、质量、可达性等维度综合分析公共服务资源供给时空格局与过程，定量解析公共服务资源供给驱动因子及其相对重要性，辨识公共服务资源供给社会均等性，建立模拟模型对公共服务资源供给优化进行指导
城市可持续性	从环境、资源、经济、社会、人口等维度综合分析城市可持续性，定量评估环境、资源、经济、社会、人口的协调性与耦合性，对未来可持续性做出预测和模拟
生态服务	计算县域、市域、省域、生态区、流域、城市群、经济带等尺度生态服务价值的空间格局与过程，分析其与人口、经济、社会、政策的关系，定量评估生态服务供给和需求的耦合性或不协调性，分析不同生态服务间的流动规律
资源环境承载力	从人地系统耦合的视角，定量分析自然资源对人口、城镇、社会、经济的承载力，建立不同边界条件下资源有效转移和优化配置的模拟模型，揭示资源环境承载力的时空格局与过程
生态安全	从驱动力、压力、状态、影响、响应系统的视角，定量分析生态安全时空格局与过程，识别生态安全阈值及其弹性，对未来生态安全格局做出预测和模拟
绿色发展	从资源集约节约利用、循环经济发展、生态产品供给、绿色环保产业发展、环境治理等多维多综合分析绿色发展水平，定量解析绿色发展的时空格局、类型与驱动因子，对未来绿色发展格局做出预测和模拟

表 4.3 面向规划决策的地理国情综合分析主题和方法设计（建设用地专题数据）

研究内容	思路概要
城市形态	从方向性、连续性、中心性、聚集性、核密性、混合性、邻接性等维度综合分析城市形态时空格局与过程，定量解析城市形态驱动力及其相对重要性，测算城市形态与城市规模的耦合性特征，对未来城市形态格局做出预测与模拟
城市扩展	从面积、形态、效益、效率等维度综合分析城市扩展的时空格局与过程，定量解析城市扩展驱动力及其相对重要性，识别城市扩展对社会经济和生态环境的影响及权衡机制，对未来城市扩展格局做出预测与模拟
城市群、都市圈区域识别	从物理和功能两个维度分析城市（聚集体）连接性和通达性，划分城市群、都市圈的空间范围，识别城市体系等级中心，对未来城市群、都市圈空间范围做出预测与模拟
土地立体化利用	从立体建筑、立体交通、立体绿化等维度分析土地立体化利用格局与过程，定量解析土地立体化利用驱动力及其相对重要性，识别土地立体化对社会经济和生态环境的影响及其权衡机制，对未来土地立体化利用格局做出预测与模拟
城市肌理与环境污染	从城市密度、土地混合、街区形态、交通布局等维度分析城市肌理格局与过程，定量解析空间形态与空气污染、碳排放、热岛等环境问题的关联性，建立模拟模型优化空间形态，以降低居民环境污染暴露风险
城市肌理与居民健康	定量解析城市肌理与居民健康行为和状态的关联性，识别城市肌理与居民健康关联的中介变量，建立模拟模型优化城市肌理，以促进居民健康
城市职能与用地类型	探讨城市内部建设用地类型的组成类型，分析组合特征与城市职能的关系
道网建设	定量分析路网建设与社会经济发展的匹配程度，识别路网建设与经济增长的耦合性；从通达性、便利性、连接性等维度综合分析路网结构特征，建立模拟模型优化路网结构
典型地区城市扩张监测	以普查数据为验证基础，研究基于中、低分辨率遥感影像提取建设用地的算法，提取我国典型都市圈、城市群、经济带的长时间序列建设用地的信息（类型、功能、不透水地表），分析巨型城市化、城市群的形成机制

· 113 ·

表 4.4 面向规划决策的地理国情综合分析主题和方法设计（林地专题数据）

研究内容	思路概要
林地覆盖与结构	分析不同尺度上林地覆盖率和结构特征（生态林、经济林等）的时空格局与过程，定量解析林地覆盖与结构的驱动因子及其相对重要性，对未来林地覆盖与结构格局做出预测与模拟
林地破碎化	从所有权和景观结构等维度综合分析林地破碎化时空格局与过程，定量解析林地破碎化的驱动力及其相对重要性，对未来林地破碎化格局做出预测与模拟
林地生态系统服务	结合遥感、生态模型等定量评估不同尺度上林地生态系统服务，解析林地生态系统服务的时空过程及其驱动力，分析林地生态服务供给与需求，识别林地覆盖率、结构、破碎化与生态服务的耦合特征，对未来林地生态系统服务格局做出预测与模拟
经济林	分析不同尺度上经济林的空间格局与过程，解析经济林变化的驱动力及其相对影响大小，识别经济林与生态林的空间竞争、共生关系，定量分析经济林种植的社会经济与生态环境效应及其权衡机制，建立模拟模型优化经济林分布
典型植被监测	以国情普查为验证数据，研究基于中、低分辨率遥感影像提取红树林、竹林、防护林等典型植被的算法，提取典型地区的长时间序列植被信息，分析典型地区典型植被时空格局、过程与驱动力
生态保护区林地变化监测	以普查数据为验证基础，研究基于中、低分辨率遥感影像提取林地的算法，提取我国生态保护区的长时间序列林地信息，分析林地景观的变化过程与驱动机制，对未来生态保护区林地格局做出预测与模拟

表 4.5 面向规划决策的地理国情综合统计分析主题和方法设计（农地专题数据）

研究内容	思路概要
农业种植结构	从面积、区位、景观、功能等维度综合分析农业种植结构的时空格局与过程，定量解析农业种植结构的驱动力及其相对重要性，识别农业种植结构调整带来的社会经济与生态环境效应及其权衡机制，建立模拟模型优化未来农业种植结构
耕地破碎化	从所有权和景观结构等维度综合分析耕地破碎化时空格局与过程，定量解析耕地破碎化的驱动力及其相对重要性，对未来耕地破碎化格局做出预测与模拟
水稻田甲烷排放	结合遥感、生态模型等定量反演不同尺度上水稻田甲烷排放强度时空变化，解析水稻田甲烷排放驱动力及其相对贡献大小，对未来水稻田甲烷排放格局做出预测与模拟
农地生态系统服务	结合遥感、生态模型等定量评估不同尺度上农地生态系统服务，解析农地生态系统服务的时空过程及其驱动力，分析农地生态服务供给与需求，识别农地种植结构、破碎化与生态服务的耦合特征，对未来农地生态系统服务格局做出预测与模拟
农业生态系统健康	从结构、组织、活力、生态服务等维度综合评价农业生态系统健康，解析农业生态系统健康的时空过程及其驱动力，对未来农业生态系统健康格局做出预测与模拟
粮食安全与耕地红线	结合人口需求、粮食供给、耕地地力因素，从数量、质量、功能等维度综合分析耕地占卜平衡，建立耕地红线测算模型，对未来粮食安全做出预测和模拟
粮食主产区生产力监测	以普查数据为验证基础，研究基于中、低分辨率遥感影像的粮食估产算法，提取我国粮食主产区的长时间序列粮食生产力信息，分析粮食生产力的时空变化及其驱动力，对未来粮食生产力做出预测和模拟
园地替代	分析不同尺度上园地空间格局，识别园地与耕地、林地等土地利用类型的空间关系，定量分析园地替代的社会经济与生态环境效益及其权衡机制，对未来园地格局做出预测和模拟

表 4.6 面向规划决策的地理国情综合分析主题和方法设计（水体数据）

研究内容	思路概要
水体形态	从长度、曲率、结构、分形等维度综合分析水体形态学特征，解析河流、湖泊等水体形态时空格局与过程，定量甄别水体形态变化驱动因子及其相对重要性，对未来水体形态做出模拟与预测
水体侵占	从面积、形态、连接性、生态服务等维度综合分析水体侵占（人工填湖、填河、填海）时空格局与过程，定量解析水体侵占驱动力及其相对影响大小，对未来水体侵占格局做出模拟和预测
蓝地景观	从区位、数量、质量、可获性、可达性、网络结构等维度综合分析蓝地景观时空格局与过程，定量解析蓝地景观变化驱动因子及其相对重要性，辨识蓝地景观布局的社会均等性，建立模拟模型对蓝地景观布局优化进行指导
湿地保护	从面积、形态、景观、功能等维度综合分析湿地时空格局与过程，定量解析湿地时空变化驱动力及其相对影响大小，对未来湿地格局做出模拟和预测

续表

研究内容	思路概要
湿地生态系统服务	结合遥感、生态模型等定量评估不同尺度上湿地生态系统服务，解析湿地生态系统服务的时空过程及其驱动力，分析湿地生态服务供给与需求，识别湿地景观结构与生态服务的耦合特征，对未来湿地生态系统服务格局做出预测与模拟
海岸线	从长度、尺度、分形、类型、等维度综合分析海岸线时空格局与过程，定量解析海岸线变化驱动力及其相对影响大小，对未来海岸线做出模拟和预测
海岸带社会脆弱性	从暴露、敏感性、恢复力等维度综合分析海岸带社会脆弱性，定量解析海岸带社会脆弱性类型、时空格局与过程，建立模拟模型对海岸带地区进行优化管理
水环境监测	从水质、水量、水生态等维度综合分析水环境时空格局与过程，定量解析水环境变化驱动力及其相对影响大小，对未来水环境做出模拟和预测

4.3 面向国家层面规划决策的地理国情综合统计分析

4.3.1 国家整体层面

1. 主题选取与方法设计

《"十三五"规划纲要》指出，当前我国面临着发展方式粗放，不平衡、不协调、不可持续问题仍然突出，经济增速换挡、结构调整阵痛、动能转换困难相互交织，面临稳增长、调结构、防风险、惠民生等多重挑战。针对这些问题，国家将创新、协调、绿色、开放、共享作为五大发展理念。这五大发展理念体现了"十三五"乃至更长一段时期中国的社会经济发展思路、发展方向、发展着力点。相应的，国家层面规划决策关注的重点是：实施创新驱动发展战略，进行产业结构优化升级，推进新型工业化、城镇化、信息化、和农业现代化，薄弱环节是农业现代化；同时加强生态文明建设、推动区域协调性发展，并且改善和保障民生。除了《"十三五"规划纲要》，面向国家层面规划决策的地理国情综合统计分析主题选取还应该参考国家主体功能区规划、土地利用规划、国土空间规划，以及国家针对重点问题发布的更加细致与健全的专项文件。例如，促进"精准扶贫"的党中央国务院《"十三五"脱贫攻坚规划》及审计署办公厅《关于进一步加强扶贫审计促进精准扶贫精准脱贫政策落实的意见》等文件、国土资源部关于土地规划调整的《全国土地利用总体规划纲要（2006～2020年）调整方案》、指导"三农"工作的中央一号文件等。由于农业现代化是"十三五"阶段发展改革的薄弱环节，但实现农业现代化是全面建成小康社会与实现现代化的根基。笔者对比了2015～2017年中央一号文件（以"三农"为主题，对农村改革和农业发展作出具体部署）的主要内容，发现近几年我国在农业领域调整结构、转变方式、促进改革等方面进行积极探索，为农业现代化的转型升级打下一定基础，但是农产品供需失衡、要素配置不合理、资源环境压力大、农民收入持续增长乏力、产品质量不协调等问题仍旧突出，因此最新一号文件指出加快培育农业农村发展新动能，深入推进农业供给侧结构性改革，开创农业现代化建设新局面，即在确保国家粮食安全的基础上，把体制改革和机制创新作为根本途径，优化产品产业结构，提高农业供给质量，加强资源保护和生态修复，追求绿色农业可持续发展。通过质性研究、定量分析等方法，在全局视角下从国家规划提取出创新驱动、新型城镇化、农业现代化、制造强国、网络经济空间、现代基础设施网络构筑、区域协调发展、生态安全、蓝色经济空间、脱贫攻坚、教育和健康、民生保障、开放新格局等热点词汇，研究其余相关资料和政策，结合国情普查数据及其研究内容、方法，综合我国国情，选取最具现实意义的、对政府决策管理有支撑作用的主题。根据需求差别，遵循系统性、科学性、导向性、逻辑性、兼容性和实用性相结合的原则，进行不同层面的主题选取。最终确定了 8 个一级主题，34 个二级主题，并据此设计相应的模型和指标（表4.7）。

表 4.7　国家整体层面地理国情辅助决策综合统计分析的主题选取

一级主题	二级主题	模型	指标
胡焕庸线	人口要素地理分异	人口总量地理分异测度模型；人口结构地理分异测度模型	人口总量地理分异指数；人口结构地理分异指数；弱势群体地理分异指数
	经济要素地理分异	经济总量地理分异测度模型；经济结构地理分异测度模型	经济总量地理分异指数；经济结构地理分异指数
	公共资源地理分异	公共资源数量供给地理分异测度模型；公共资源质量供给地理分异测度模型	公共资源数量供给地理分异指数；公共资源质量供给地理分异指数；社会弱势指数
	环境质量地理分异	生态环境质量地理分异测度模型；环境污染暴露地理分异测度模型	生态环境质量地理分异指数；环境污染暴露地理分异指数；环境空间公平指数
生态资源库兹涅茨曲线	资源环境承载力	资源环境承载力综合评价模型；资源环境与社会经济耦合模型	资源环境承载力指数；资源环境与社会经济耦合度
	生态安全	生态安全综合评价模型；生态安全阈值划分与预警模型	生态安全综合指数；生态安全阈值
	生态服务	生态服务测度模型；生态服务与城市化耦合模型	生态服务价值指数；生态服务与城市化耦合度
	景观健康（生态弹性）	景观健康（生态弹性）综合评价模型；景观健康与人类活动耦合模型	景观健康（生态弹性）综合指数；景观健康与人类活动耦合度
	能源消耗	能源消耗与城市化耦合模型；能源消耗结构测度模型	能源消耗与城市化耦合度；能源消耗结构测度指数
	绿色发展	绿色发展综合评价模型；绿色发展类型划分模型	绿色发展综合指数；绿色发展类型指数
土地利用效率	土地利用结构特征	土地利用结构特征测度模型；土地利用结构合理性评价模型；土地利用结构优化模型	土地利用结构特征指数；土地利用结构合理性指数
	土地利用形态特征	土地利用形态特征测度模型；土地利用形态稳定性模型；土地利用形态特征优化模型	土地利用形态特征指数；土地利用形态稳定性指数
	土地利用方向性特征	土地利用方向性特征测度模型；土地利用方向有序性评价模型；土地利用方向特征优化模型	土地利用方向性特征指数；土地利用方向有序性指数
	土地利用效率	土地利用社会经济投入-产出效率测度模型；土地利用生态环境投入-产出效率测度模型；土地利用社会经济-生态环境效率权衡测度模型	土地利用社会经济投入-产出效率指数；土地利用生态环境投入-产出效率指数；土地利用社会经济-生态环境效率权衡指数
	土地集约节约利用	土地集约节约利用综合评价模型	土地集约节约利用指数
	土地利用转型	土地利用转型显性特征测度模型；土地利用转型隐性特征测度模型；土地利用转型效率综合评价模型	土地利用转型显性特征指数；土地利用转型隐性特征指数；土地利用转型效率指数
农业现代化	农业景观结构	农业景观破碎化测度模型；农业景观格局与生态服务耦合模型	农业景观破碎化指数；农业景观格局与生态服务耦合度指数
	农业现代化	农业机械化综合评价模型；绿色农业综合评价模型；农业灾害韧性综合评价模型；农业现代化综合评价模型	农业机械化综合指数；绿色农业综合指数；农业灾害韧性综合指数；农业现代化综合指数
	农业生产效率	农业投入-产出效率测度模型	农业投入-产出效率指数
	农业效益	农业社会经济效益评价模型；农业生态环境效益评价模型；农业社会经济-生态环境效益权衡测度模型	农业社会经济效益指数；农业生态环境效益指数；农业社会经济-生态环境效益权衡指数

续表

一级主题	二级主题	模型	指标
城市绿色基础设施建设	绿色基础设施数量特征	绿色基础设施数量特征测度模型；绿色基础设施数量供给均等化模型；绿色基础设施数量供给优化模型	绿色基础设施数量特征指数；绿色基础设施数量供给均等化指数
	绿色基础设施质量特征	绿色基础设施质量特征测度模型；绿色基础设施质量供给均等化模型；绿色基础设施质量供给优化模型	绿色基础设施质量特征指数；绿色基础设施质量供给均等化指数
	绿色基础设施空间结构特征	绿色基础设施区位特征测度模型；绿色基础设施网络特征测度模型；绿色基础设施空间均等化测度模型；绿色基础设施空间布局优化模型	绿色基础设施区位特征指数；绿色基础设施网络特征指数；绿色基础设施空间均等化指数
	绿色基础设施视觉特征	绿色基础设施视觉特征测度模型；绿色基础设施视觉差异均等化测度模型；绿色基础设施立体化布局优化模型	绿色基础设施视觉特征指数；绿色基础设施视觉差异均等化指数
	绿色基础设施建设绩效	绿色基础设施建设驱动因素分析模型；绿色基础设施建设绩效综合评价模型	绿色基础设施建设驱动因素相对重要性指数；绿色基础设施建设绩效综合指数
	绿色基础设施服务价值	绿色基础设施生态服务功能测度模型；绿色基础设施社会服务功能测度模型；绿色基础设施健康效应测度模型	绿色基础设施生态服务功能指数；绿色基础设施社会服务功能指数；绿色基础设施健康效应指数
基础设施网络	交通网络	路网便捷度综合评价模型；路网优势度综合评价模型；路网通达性综合评价模型	路网便捷度综合评价指数；路网优势度综合评价指数；路网通达性综合评价指数
	路网发育	路网发育与社会经济匹配程度测度模型；路网发育滞后测度模型；路网发育影响因素识别模型；路网建设对社会经济发展贡献测度模型	路网发育与社会经济匹配指数；路网发育滞后指数；路网发育影响因素相对重要性指数；路网建设对社会经济发展贡献指数
精准扶贫	交通贫困	基础设施建设空间均等化测度模型；交通贫困综合评价模型	基础设施建设空间均等化指数；交通贫困综合评价指数
	地区贫困	区域贫困多维度综合评价模型；贫困区域可持续生计综合评价模型；连绵贫困区域识别模型；致贫因素定量测度模型；区域贫困脆弱性测度模型	区域贫困多维度综合评价指数；贫困区域可持续生计综合评价指数；连绵贫困区域边界指数；致贫因素相对重要性指数；区域贫困脆弱性综合指数
	贫困人口	贫困人口空间聚集测度模型；贫困人口可持续生计综合评价模型；致贫因素定量解析模型；贫困脆弱性测度模型	贫困人口空间聚集指数；贫困人口可持续生计综合评价指数；致贫因素相对重要性指数；贫困脆弱性综合指数
新型城镇化	城乡统筹	城乡统筹多维度测度模型；城乡差异性多维度测度模型	城乡统筹综合指数；城乡差异性综合指数
	生态集约与低碳循环	生态消费综合评价模型；生态生产综合评价模型；单体建筑低耗能建设绩效综合评价模型；低碳生活综合评价模型；循环经济综合评价模型；生态交通建设绩效综合评价模型	生态消费综合评价指数；生态生产综合评价指数；单体建筑低耗能建设绩效综合评价指数；低碳生活综合评价指数；循环经济综合评价指数；生态交通建设绩效综合评价指数
	宜居城市建设	可步性测度模型；建设用地生态化开发综合评价模型；城市可持续性综合评价模型；海绵城市建设绩效综合评价模型	可步性指数；建设用地生态化开发综合评价指数；城市可持续性综合评价指数；海绵城市建设绩效综合评价指数

2. 相关分析结果

1）胡焕庸线、精准扶贫主题

A. 背景

社会弱势是指个人、家庭或群体自身或所在地域因具备的资源不足难以获取充足食物、良好住房条件、平等教育机会、充分就业机会、适量社会服务及消费型娱乐活动，从而影响其拥有正常水平的日常生活、消费和娱乐的社会不均等现象。社会弱势性指数是衡量社会不均等程度的重要指标，可以有效衡量各个地区在公共资源、环境质量等方面的均等化或差异化程度。通过建立一个全国范围下的社会不均等指标体系，结合区域分析的方法，对存在的社会问题进行检测和定位，可以为制定行之有效的国家或地方政策提供支持。

B. 数据

社会经济统计数据（2010年）、PM$_{2.5}$浓度遥感反演数据（2010年）、全国公共绿地监测数据（2010年）。

C. 方法

对于原始的统计数据指标，逐一对数据的质量进行检查，排除了一部分数据缺失严重的指标后选取了 15 个指标；然后对指标进行皮尔逊相关性分析，排除一部分具有显著相关性的指标；进而使用主成分分析的方法对指标进行降维处理，选取方差贡献较大的成分，成为度量某一维度社会弱势情况的综合指数；继续提取特征根大于 1 的成分作为主成分，提取各主成分中因子载荷大于 0.65 的指标作为该主成分的贡献指标；以因子载荷为权重，对每个主成分进行多维集成，构建分指数，每一主成分得分用对应特征值加权求和，最后得到综合社会弱势性指数。借助莫兰（Moran's I）指数、局部莫兰指数，以及聚类算法分析社会弱势的时空格局；使用分位数回归分析社会弱势与空气污染暴露，以及绿色基础设施建设水平的关系。

D. 结果与分析

图 4.4 显示了 2010 年的社会弱势时空格局。总体来看，几乎所有省会及以上城市社会弱势水平较低，而中国中部的湖南、贵州、广西、广东部分地区和西部的四川、西藏以及青海的部分地区处在较高的社会弱势水平下，表明了发展的空间不均衡性。随着我国经济建设和社会发展，社会弱势情况整体向好的方向发展，但部分地区由于起点低、发展速度相对较慢，需要更多地加以重视。

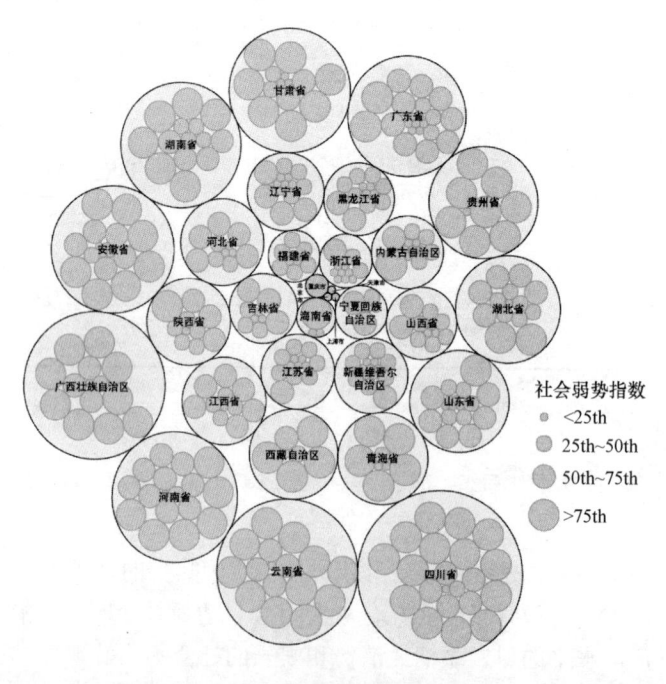

图 4.4 社会弱势性指数空间分布

25th 表示第 25 个百分位；50th 表示第 50 个百分位；75th 表示第 75 个百分位

2010年的社会弱势性指数的莫兰指数是0.087，表明中国社会弱势现象具有一定程度的空间聚集性。局部莫兰指数时空分布显示（图4.5），自身和周围地市社会弱势性都较高的"高-高"集聚区域主要分布在西部和西南部地区，"低-低"集聚的优势区域主要分布在东北、西北和部分东部沿海省份，"低-高"集聚区域突出表现为省会城市和珠三角，"高-低"集聚区域分布在东北、华北，以及山东、安徽的部分地市，而中部的一些地区集聚不显著。这些结果提示，中国社会弱势现象存在一定的空间集聚性，显示出连片的高社会弱势性区域和低社会弱势性区域。

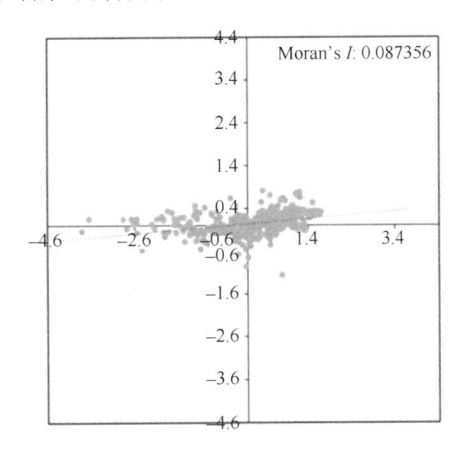

图4.5 中国社会弱势性指数莫兰指数散点图

2010年的聚类结果如图4.6所示，各维度社会弱势性主成分因子（$F1 \sim F5$，参见表4.8）聚类后的综合表现有所不同。2010年处在前4类的城市总个数较多，西部地区大部分城市属于第5、6类，呈现出社会弱势性水平差距较大的空间格局。

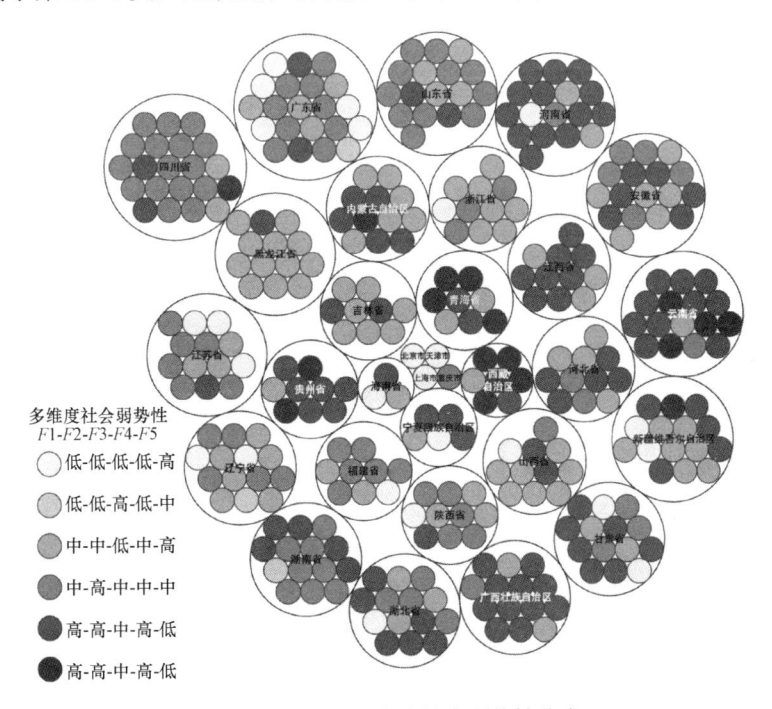

图4.6 2010年多维度社会弱势性分布

表 4.8 中国社会弱势性指标主成分体系

主成分	内容	指标
F1	社会经济地位	职工年均收入（元）
		白领比例（%）
		中学及以下学历人口比例（%）
		本科及以上学历人口比例（%）
		平均受教育年限
		住宅无自来水户比例（%）
		14 岁以下人口比例（%）
F2	老龄人口	65 岁以上人口比例（%）
		至少有一位 65 岁以上老人户数比例（%）
		丧失工作能力人口比例（%）
F3	教育状况	文盲率（%）
		未受教育人口比例（%）
F4	住房条件	住宅无厕所户比例（%）
F5	就业水平	无业率（%）
		有工作能力但未工作人口比例（%）

回归分析结果显示（图 4.7）：图（a）表示社会弱势水平越高的地区其绿色基础设施总量越少，说明欠发达地区居民享有的公共绿地服务较少；图（b）说明在 95% 的显著性水平下，前 10% 分位下社会弱势与空气污染呈显著负相关，其他分位结果不显著。表明处在这些分位下的区域社会经济弱势水平低且空气污染高，说明我国社会经济发展特别良好的部分城市都处在较高的空气污染中。部分高分位下社会弱势与空气污染呈正相关，说明欠发达地区空气污染暴露水平越高，从定量的角度揭示了环境不公平现象。

2）农业景观结构主题

A. 背景

随着城市扩张和土地流转，人类从生态系统中获取资源已面临巨大的挑战。农业用地是人类赖以生存的基本资源，在经济快速发展的背景下，农业结构产生了巨大的调整和转变，目前我国农业正由传统农业向现代农业转变。农业景观结构与生态系统服务有天然的耦合联系，农业景观格局的演变与土壤成分、热环境等特征存在关联，从而影响其生态服务。其中，生产服务是最基本的生态服务功能，因此，定量解析农业破碎化及对生产服务的影响可以为农业土地合理利用提供科学的参考依据。

B. 数据

土地利用数据、社会经济统计数据。

C. 方法

首先选取了 37 种景观格局指数，然后利用主成分分析法构建地级市尺度下的农业景观破碎化指数。选取粮食总产量、单位面积粮食产量两项指标来评价各地区的农业生产服务。最后利用分位数回归分析农业破碎化与生产服务之间的关系。

D. 结果与分析

主成分分析的结果得到六个主成分因子，如表 4.9 所示。

(a) 社会弱势性与绿色基础设施总量

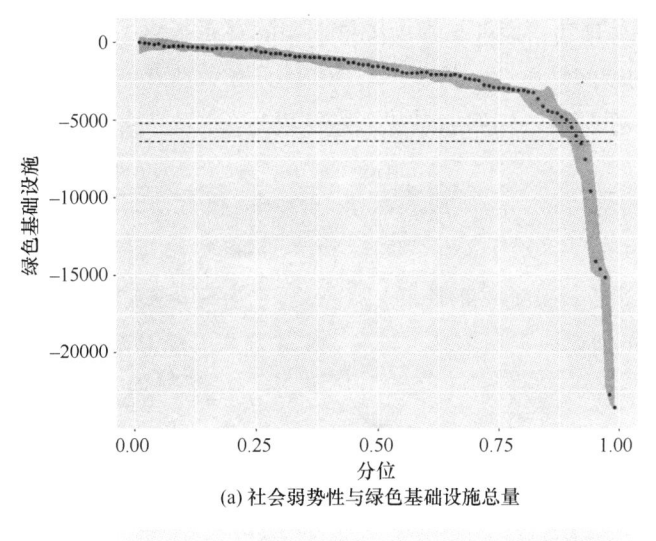

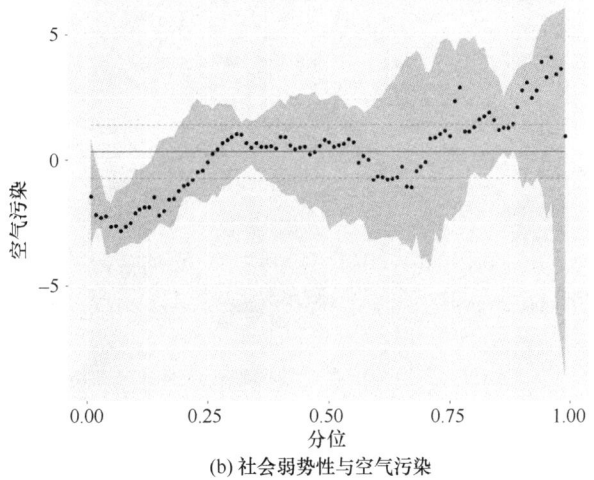

(b) 社会弱势性与空气污染

图 4.7 分位数回归的各分位系数

表 4.9 农业景观指数的主成分分析

主成分	指数	英文	主成分	指数	英文
主成分 1	斑块平均面积	patch area_mean	主成分 3	总面积	total area
	斑块加权平均面积	patch area_area weighted mean		边缘密度	edge density
	平均回旋半径	radius of gyration_mean		连接度	connectance index
	面积加权平均回旋半径	radius of gyration_area weighted mean		景观形状指数	landscape shape index
	面积加权平均形状指数	shape index_AM	主成分 4	平均回旋半径	radius of gyration_mean
	邻近指数	proximity index		周长面积比	perimeter area ratio_MN
	景观分裂指数	landscape division index		平均形状指数	shape index_MN
	有效粒度面积	effective mesh size		平均分维数	fractal dimension index_MN
主成分 2	边缘密度	edge density	主成分 5	斑块总数	number of patches
	周长面积分维数	perimeter area fractal dimension		散布与并列指数	interspersion juxtaposition index
	面积加权平均分维数	fractal dimension index_AM	主成分 6	分离度	splitting index
	加权平均欧氏距离	euclidean nearest neighbor index_AM		聚合度	aggregation index
	斑块丰富度	patch density		整体性	patch cohesion index

· 121 ·

图 4.8 显示了各地级市农业景观破碎度的空间分布格局,可以看出各地区的农业景观格局存在明显的空间异质性。总体而言,我国西部、西北、西南等地的农业景观破碎度较低,而中部、东部地区的农业景观破碎度较高,且主要集中在沿海城市。

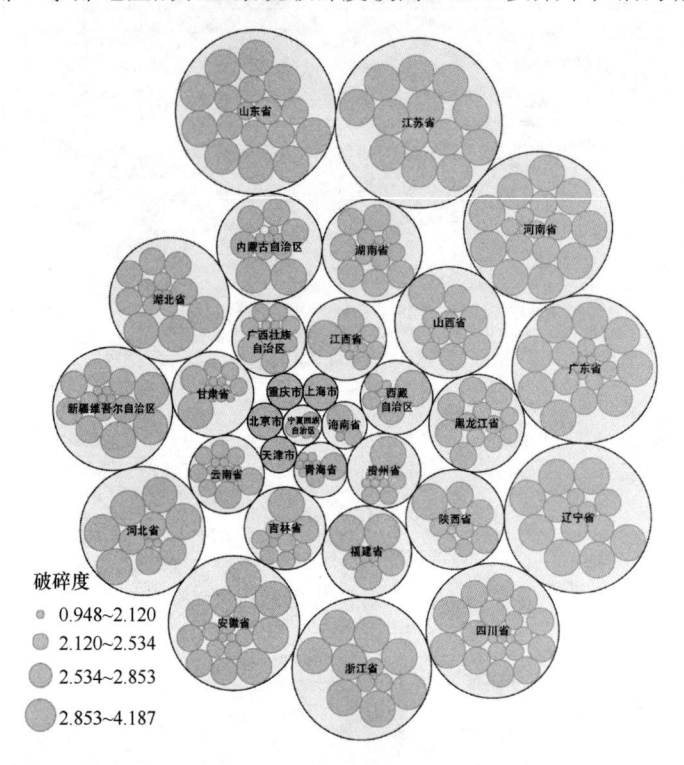

图 4.8　各地级市农业景观破碎度空间分布格局

表 4.10 为农业景观格局破碎度与生产服务指标(粮食总产量、单位面积粮食产量)分位数回归分析的结果。可以看出,景观破碎度与粮食总产量和单位面积粮食产量均存在负相关关系,其中在 0.25 分位上两个生产服务指标都与破碎度的负相关关系显著,另外在 0.5 分位、0.75 分位和 0.9 分位上单位面积粮食产量与景观破碎度负相关关系极显著。结果说明农业景观破碎度与生产服务存在负向关联关系。提示有关部门应重视农业景观格局的优化调整。

表 4.10　生产服务指标与农业景观破碎度分位数回归分析

	0.1	0.25	0.5	0.75	0.9
粮食总产量	—	—(***)	—(*)	—	—
单位面积粮食产量	—	—(***)	—(**)	—(***)	—(*)

注:"—"表示负相关关系;*表示 $p<0.1$;**表示 $p<0.05$;***表示 $p<0.01$。

4.3.2　跨国家层面:以"一带一路"为例

1. 主题选取

"一带一路"是"丝绸之路经济带"和"21 世纪海上丝绸之路"的简称。当前,中国经济和世界经济高度关联。推进"一带一路"建设既是中国扩大和深化对外开放的需要,也是加强和亚欧非及世界各国互利合作的需要。通过研究《推动共建丝绸之路经济带和 21 世纪海上丝绸之路的愿景与行动》、《标准联通"一带一路"行动计划（2015～2017 年）》、《"一带一路"生态环境保护合作规划》、《共同推进"一带一路"建设农业合作的愿景与行动》、《关于推进绿色"一带一路"建设的指导意见》、《文化部"一带一路"文化发展行动计划（2016～2020 年）》、《丝绸之路经济带核心区交通枢纽中心建设规划（2016～2030 年）等规划和政策，踊跃响应"多元、自主、平衡、可持续发展"的战略布局，贯彻落实和遵守"合作、包容、运作、共赢"等原则，侧重关注"政策沟通"、"设施联通"、"贸易畅通"、"民心相通"等宏观政策与规划建设目标，以地理国情监测数据、人文地理国情统计数据、环境监测数据、泛在地理信息大数据为基础，最终确定 4 个一级主题、15 个二级主题，并据此设计相应的模型和指标（表 4.11）。以期能够为政府制订"一带一路"的空间规划提供决策支持。

表 4.11 跨国家层面地理国情辅助决策综合统计分析的主题选取

一级主题	二级主题	模型	指标
政策沟通	政府交流	外事互访空间网络结构测度模型；外事互访空间联系强度测度模型；友好城市空间互联强度测度模型；友好城市空间互联网络结构测度模型	外事互访空间网络结构指数；外事互访空间联系强度指数；友好城市空间互联强度指数；友好城市空间互联网络结构指数
	大型项目实施	大型项目互投强度测度模型；大型项目互投空间网络结构测度模型；跨区域大型项目实施绩效评价模型	大型项目互投强度指数；大型项目互投空间网络结构指数；跨区域大型项目实施绩效评价指数
设施联通	铁路网络	铁路网络空间结构测度模型；铁路网络联系强度测度模型；铁路网络通达性测度模型；铁路网络轴辐结构测度模型；铁路网络优化模型	铁路网络空间结构指数；铁路网络联系强度指数；铁路网络通达性指数；铁路网络轴辐结构指数
	公路网络	公路网络空间结构测度模型；公路网络联系强度测度模型；公路网络通达性测度模型；公路网络轴辐结构测度模型；公路网络优化模型	公路网络空间结构指数；公路网络联系强度指数；公路网络通达性指数；公路网络轴辐结构指数
	航空网络	航空网络空间结构测度模型；航空网络联系强度测度模型；航空网络通达性测度模型；航空网络轴辐结构测度模型；航空网络优化模型	航空网络空间结构指数；航空网络联系强度指数；航空网络通达性指数；航空网络轴辐结构指数
	航运网络	航运网络空间结构测度模型；航运网络联系强度测度模型；航运网络通达性测度模型；航运网络轴辐结构测度模型；航运网络优化模型	航运网络空间结构指数；航运网络联系强度指数；航运网络通达性指数；航运网络轴辐结构指数
	光缆网络	光缆网络空间结构测度模型；光缆网络联系强度测度模型；光缆网络通达性测度模型；光缆网络轴辐结构测度模型；光缆网络优化模型	光缆网络空间结构指数；光缆网络联系强度指数；光缆网络通达性指数；光缆网络轴辐结构指数
	能源基础设施	输油、输气、输电网络空间结构测度模型；输油、输气、输电网络联系强度测度模型；输油、输气、输电网络通达性测度模型；输油、输气、输电网络轴辐结构测度模型；输油、输气、输电网络优化模型	输油、输气、输电网络空间结构指数；输油、输气、输电网络联系强度指数；输油、输气、输电网络通达性指数；输油、输气、输电网络轴辐结构指数
贸易畅通	经济联系	经济空间联系强度测度模型；经济联系空间网络结构测度模型；经济联系与空间体系耦合模型；经济联系网络驱动因子及其相对重要性测度模型；经济联系空间网络稳定性测度模型	经济空间联系强度指数；经济联系空间网络结构指数；经济联系与空间体系耦合模；经济联系网络驱动因子相对重要性指数；经济联系空间网络稳定性指数
	相互投资	相互投资空间强度测度模型；相互投资空间网络结构测度模型；相互投资绩效测度模型	相互投资空间强度指数；相互投资空间网络结构指数；相互投资绩效指数
	新兴产业合作	新兴产业空间布局测度模型；新兴产业聚集影响因子及其相对重要性测度模型；新兴产业空间布局优化模型；新兴产业合作强度测度模型；新兴产业合作网络结构测度模型	新兴产业空间布局指数；新兴产业聚集影响因子及其相对重要性指数；新兴产业空间布局优化模型；新兴产业合作强度指数；新兴产业合作网络结构指数

续表

一级主题	二级主题	模型	指标
民心相通	留学生互访	留学生互访空间强度测度模型；留学生互访空间网络结构测度模型；留学生互访空间强度影响因子及其相对重要性测度模型	留学生互访空间强度指数；留学生互访空间网络结构指数；留学生互访空间强度影响因子相对重要性指数
	旅游合作	旅游互访空间强度测度模型；旅游互访空间网络结构测度模型；旅游互访强度影响因子及其相对重要性测度模型；目的地吸引力测度模型；目的地吸引力影响因子及其相对重要性测度模型	旅游互访空间强度指数；旅游互访空间网络结构指数；旅游互访强度影响因子及其相对重要性指数；目的地吸引力指数；目的地吸引力影响因子相对重要性指数
	民间组织的交流合作	民间组织互访交流空间强度测度模型；民间组织互访交流空间网络结构测度模型；民间组织互访交流强度影响因子及其相对重要性测度模型	民间组织互访交流空间强度指数；民间组织互访交流空间网络结构指数；民间组织互访交流强度影响因子相对重要性指数
	科技合作	科技合作空间强度测度模型；科技合作空间网络结构测度模型；科技合作强度影响因子及其相对重要性测度模型	科技合作空间强度指数；科技合作空间网络结构指数；科技合作强度影响因子相对重要性指数

2. 相关分析结果

1)"一带一路"路网建设

A. 背景

道路建设是一个城市乃至国家发展中的重要因素。探究"一带一路"国家的路网建设与经济匹配指数的关系，可以更好地了解该国家路网建设与社会经济发展水平的匹配程度，从而更加准确的制订国家未来建设发展的规划。

B. 数据

"一带一路"各国国家路网密度、社会经济统计数据。

C. 方法

利用 Cobb-Douglas 生产函数估测出与各国家人口密度、经济发展水平相匹配的路网密度的理论值。本书中涉及的路网建设与经济匹配指数，就是实际路网密度与其理论路网密度的比值。

D. 结果与分析

对于 64 个"一带一路"国家而言，当路网建设与经济匹配指数远小于 1 时，表明该国家的路网建设落后于其社会经济发展水平，制约了该国的经济发展；当路网建设与经济匹配指数在适度范围内趋近 1 时，表明该国家的路网建设水平与其社会经济发展水平相协调，推动了该国的经济发展；当路网建设与经济匹配指数大于 1 且超出适当范围时，表明该国家的路网建设水平超越其社会经济发展水平，该国可能存在道路利用率低或道路基础设施现代化水平低下等现象。

分析图 4.9 中结果显示，印度和匈牙利路网建设水平超越其社会经济发展水平。越南、土耳其和东欧大部分国家路网建设水平和其社会经济发展水平呈协调发展态势。中国、泰国、马来西亚及东欧部分国家路网建设水平略低于社会经济发展水平，俄罗斯、伊朗、沙特阿拉伯等国路网建设水平明显低于其社会经济发展水平，说明这些国家路网建设水平相对落后，制约了国家的经济发展。

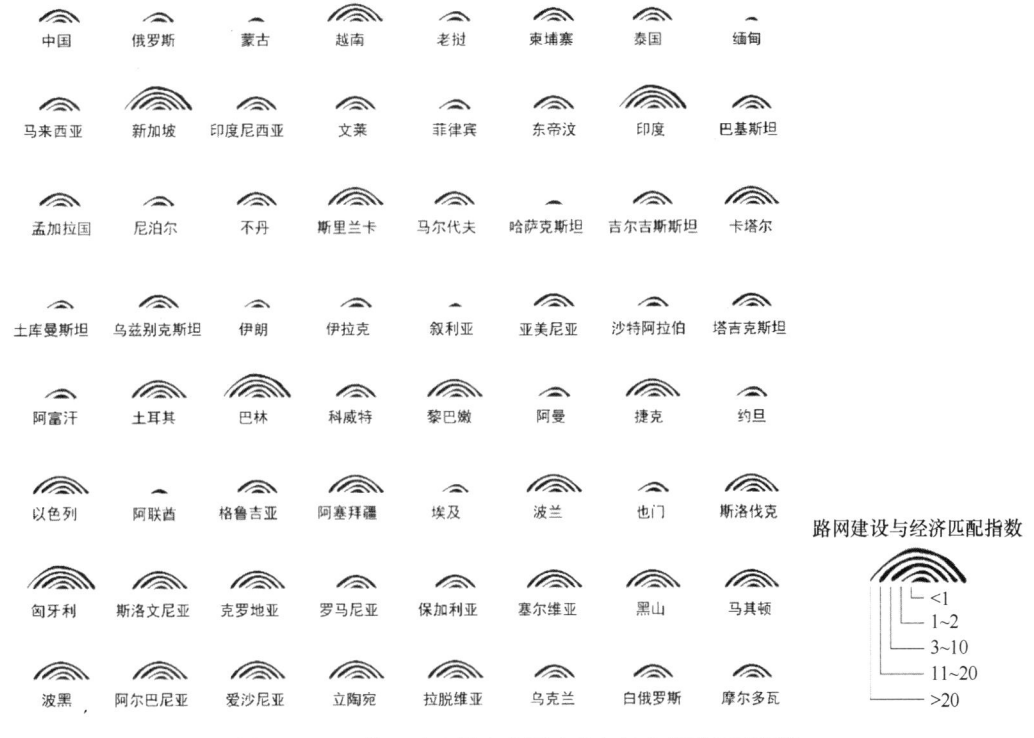

图 4.9 "一带一路"国家路网建设与社会经济匹配指数

从图 4.10 中分析得出，新加坡、捷克、匈牙利、罗马尼亚等国公路网和铁路网建设都比较完善，人均 GDP 也较高，说明这些国家经济水平与路网建设水平协调度都较好。中国人均 GDP 和路网建设都处于中等行列。阿富汗、菲律宾、尼泊尔等国人均 GDP 和路网建设水平都稍显落后。因此，通过对国家路网建设和经济水平的研究可以更好地启示国家未来的规划发展重点。

2）"一带一路"能源结构专题

A. 背景

能源结构是一个城市乃至国家发展中的重要因素。探究"一带一路"国家的能源结构与消耗总量的关系，可以更好地了解该国家低碳建设水平，从而更加准确的制订国家未来能源结构调整的规划。

B. 数据

"一带一路"各国国家能源排放数据。

C. 方法

计算各国可替代能源和核能量（占能源使用总量的百分比）。其中，可替代能源是指在生成过程中不会产生二氧化碳的非碳水化合物能源，主要包括水能、核能、地热能和太阳能等。能源使用量是指初级能源在转化为其他最终用途的燃料之前的使用量，等于国内产量加上进口量和存量变化，减去出口量和供给从事国际运输的船舶和飞机的燃料用量所得的值。

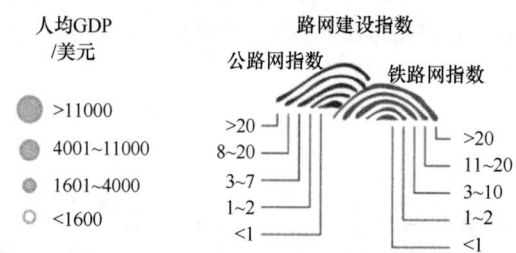

图 4.10 "一带一路"国家路网建设与社会经济发展水平

D. 结果与分析

结果表明（图 4.11），中国拥有较多可替代能源和核能量，且能源使用量处于中等偏低的状态。由此证明了中国是能源大国且在未来可替代能源和核能量的使用上仍有较大发展空间。"一带一路"中部分西亚北非区域和东南亚区域的国家拥有可替代能源和核能量极少（几乎没有），如沙特阿拉伯、卡塔尔、文莱、新加坡等。乌克兰、斯洛伐克等东欧国家拥有较多可替代能源和核能量。从能源使用量上看。东南亚部分国家和西亚北非部分国家能源使用量大，如阿联酋、沙特阿拉伯、新加坡等国。启示各国要积极应对能源问题，尽可能减少现有能耗且努力发展新能源。

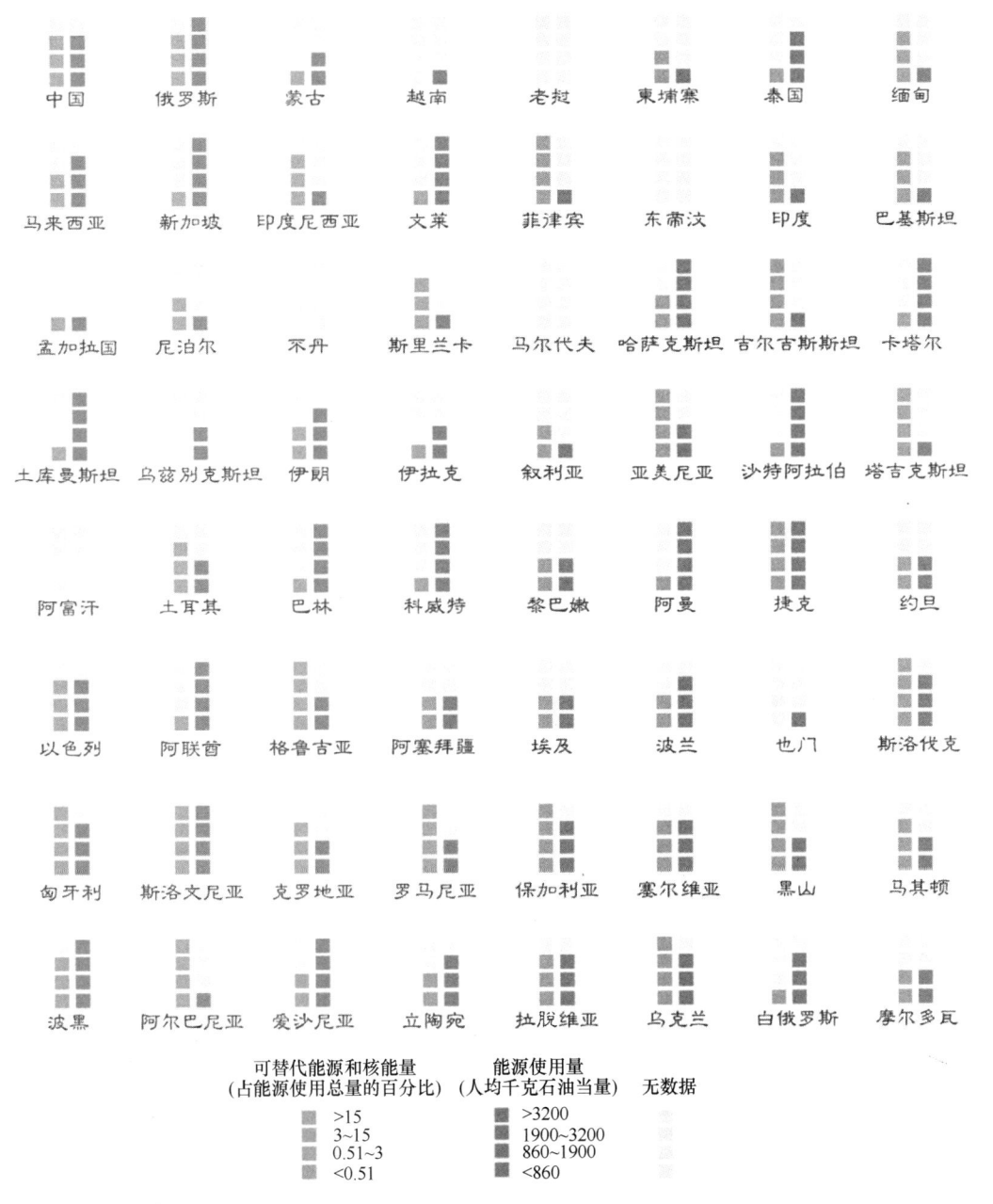

图 4.11 "一带一路"各国家能源使用量和使用结构

3)"一带一路"生态资产专题

A. 背景

生态资产是一个城市乃至国家经济发展中的重要制约因素。对"一带一路"国家的生态资产进行测度,可以更好地了解该国家经济可持续发展水平,从而更加准确的制订国家未来社会经济总体规划。

B. 数据

全球地表土地覆盖数据(30m 分辨率)。

C. 方法

借助土地价值当量的方法定量分析各国家生态资产。

D. 结果与分析

结果表明（图 4.12），生态资产的分布大体上呈现按纬度分布，在低纬度和高纬度地区生态资产较高，在中纬度地区生态资产较低，如印度尼西亚、马来西亚、老挝等国家的生态资产最高；俄罗斯等国次之；接下来是哈萨克斯坦、中国、土耳其、伊朗，以及大部分东欧国家；而埃及、阿拉伯和巴基斯坦等国家的生态资产最低。

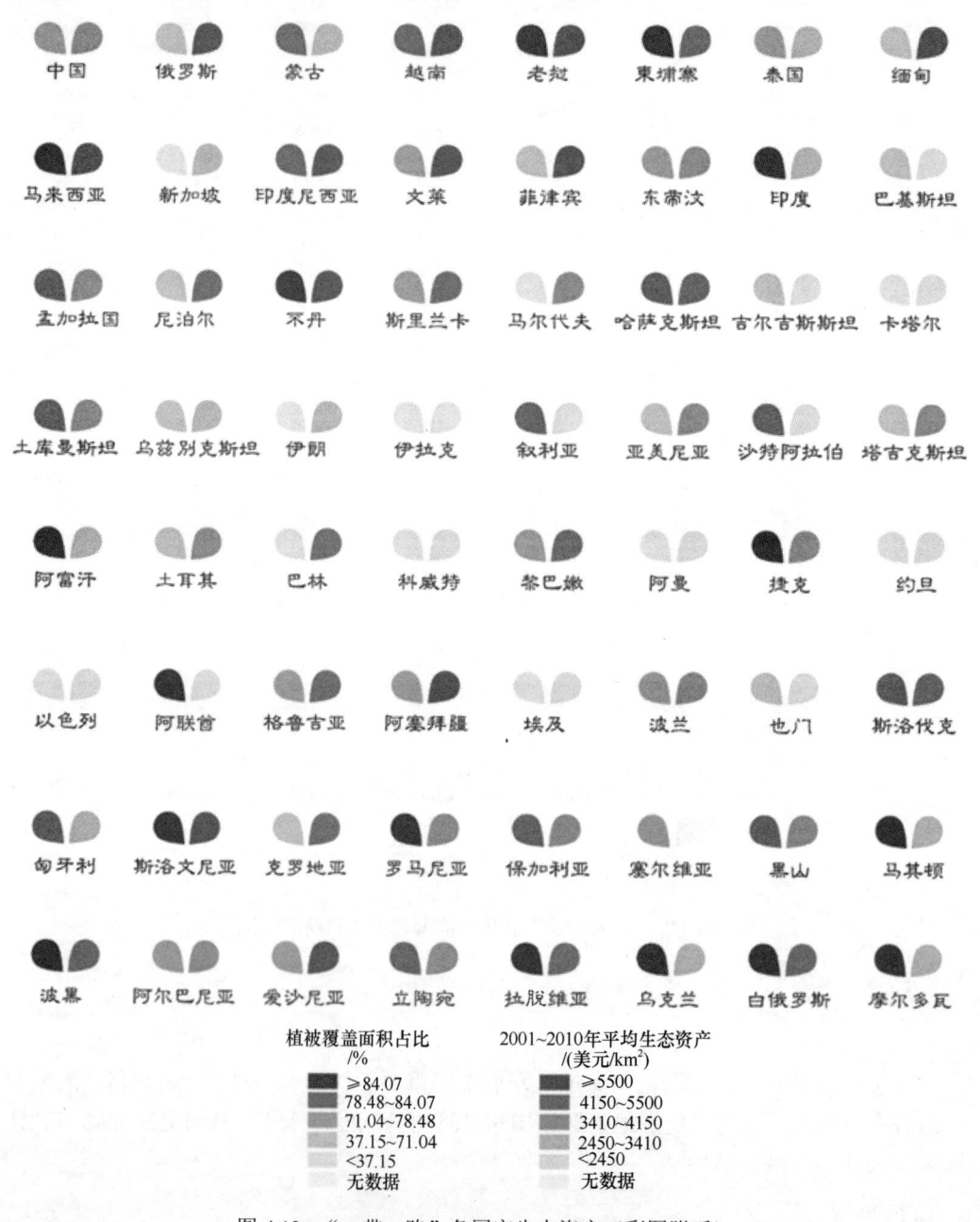

植被覆盖面积占比 /%
- ≥84.07
- 78.48~84.07
- 71.04~78.48
- 37.15~71.04
- <37.15
- 无数据

2001~2010年平均生态资产 /(美元/km²)
- ≥5500
- 4150~5500
- 3410~4150
- 2450~3410
- <2450
- 无数据

图 4.12 "一带一路"各国家生态资产（彩图附后）

4.4 面向区域层面规划决策的地理国情综合统计分析

在国家级规划的总体方向指引下,区域层面的规划内容是以经济发展为轴心,社会、经济、生态协调发展为重点;安排区域整体空间结构,正确配置自然资源,共同维护生态环境;因地制宜,发挥各地区优势,调整分工与协作,使得区域整体发展效果大于各部分发展之和。区域尺度包含省、城市群、都市圈、经济带等尺度,规划类型繁复多样,主要包括省级国民经济和社会发展五年规划、省级主体功能区规划、跨省区域规划、跨省级城市群规划、跨省级都市圈规划、省级国土规划、省级土地利用规划等。

4.4.1 城市群层面:以长三角为例

1. 主题选取与方法设计

长三角城市群位于长江入海之前的冲积平原,区位优势突出,自然资源丰厚,城镇体系完备,综合经济实力强,是我国人口最密集、社会经济发展最快、城市化水平最高的城市群,同时也是世界六大城市群之一。在新型城镇化不断推进的背景下,长三角城市群在转型提升、创新发展过程中遇到了空间体系松散、土地效益低下、生态环境质量降低等一系列突出代表性问题。通过研究《长江三角洲城市群发展规划》、《全国主体功能区规划》等规划和政策,踊跃响应国家"五位一体"总体布局、"四个全面"战略布局,贯彻落实和牢固树立绿色、开放、创新、协调、共享的新发展理念,侧重关注长三角城市群"一核五圈四带"、"区域环境污染联防联治"、"同城化发展"、"新型城镇化"、"绿色发展"、"全方位开放"、"建设智慧城市群"、"打造创新城市"等宏观政策与规划建设目标,以地理国情监测数据、人文地理国情统计数据、环境监测数据、泛在地理信息大数据为基础,以构建全球卓越的城市群为总主题,最终确定8个一级主题、26个二级主题,并据此设计相应的模型和指标(表 4.12)。以期能够跨维度、多层次、多角度地深入分析长三角城市群社会、经济、人口、自然等国情要素的时空变化及其互作机制,为政府制订城市群空间规划提供决策支持。

表 4.12 长三角城市群地理国情辅助决策综合统计分析的主题选取

一级主题	二级主题	分析模型	形成指标
城市群空间格局与体系	空间体系与多中心性	多中心性模型;城市网络模型	中心度指数;连接度指数
	城市扩展时空格局	城市扩展时空格局测度模型;城市扩展驱动力测度模型;城市扩展预测模型	城市扩展强度、幅度、速度指数;驱动因子相对重要性、交互作用重要性指数
土地利用格局与效益	生态土地空间格局	土地生态服务价值测度模型;生态土地景观格局模型;生态土地景观功能模型	土地生态服务价值指数;土地景观生态完整性指数;土地景观功能指数
	耕地侵占与粮食安全	耕地质量评价模型;耕地侵占测度模型;耕地破碎化测度模型	耕地质量综合指数;耕地流失指数;耕地破碎化指数
	土地利用效益	土地利用效益评价模型;土地利用效益耦合模型	土地综合效益指数;土地效益耦合度指数
城市交通网络与等时圈建设	交通出行等时圈	旅行等时圈模型	出行通达性指数
	路网连接性	路网连通模型	路网连通性指数

续表

一级主题	二级主题	分析模型	形成指标
新型城镇化主题城市建设	健康城市建设	健康城市综合评价模型	城市健康综合指数
	创新城市建设	创新城市综合评价模型	城市创新能力综合指数
	智慧城市建设	智慧城市综合评价模型	城市智慧发展综合指数
	低碳城市建设	低碳城市综合评价模型	城市低碳效能综合指数
	知识型服务城市	知识型服务城市综合评价模型	城市知识服务能力综合指数
职能分工与城乡建设	城市职能分工与经济转型	城市职能测度模型；经济转型测度模型	城市职能分异指数；市场化指数；去行政化指数；全球化指数
	城乡一体化建设	城乡一体化测度模型；城乡发展差异性测度指数	城乡发展差异化综合指数；城乡一体化发展综合指数
	乡村转型与绅士化	乡村转型测度模型；乡村绅士化测度模型	乡村转型综合指数；乡村绅士化综合指数
生态资产与环境质量	生态资产审计	生态资产测度模型	生态资产价值指数
	高温暴露及其社会脆弱性	高温暴露测度模型；高温暴露社会脆弱性测度模型；高温暴露社会脆弱性类型划分模型	高温暴露社会脆弱性综合指数；高温暴露社会脆弱性类型指数
	环境污染及其影响因素	污染排放负荷测度模型；污染排放与城市化耦合模型	污染排放负荷综合指数；污染排放阈值
	地表水质与水资源承载力	地表水质综合评价模型；水资源承载力测度模型；河网形态测度模型；水量消耗可持续性评价模型；河口健康综合评价模型	地表水质综合指数；水资源承载力综合指数；河网形态综合指数；水量消耗可持续综合指数；河口健康综合指数
	空气污染暴露及其社会脆弱性	空气污染暴露测度模型；空气污染暴露社会脆弱性测度模型；空气污染暴露社会脆弱性类型划分模型	空气污染暴露社会脆弱性综合指数；空气污染社会脆弱性类型指数
公共服务均等化建设	职居平衡与住房质量	职居平衡模型；住房质量综合评价模型	职居平衡指数；职居分异指数；住房质量综合指数
	基本公共服务均等化建设	基本公共服务均等化综合评价模型	基本公共服务均等化综合指数
	开放空间网络与一体化建设	蓝绿网连接度模型；蓝绿网供给效率模型	蓝绿网连接度指数；蓝绿网均等化供给指数
舆情信息与休闲一体化	国际旅游业发展与热点地标	旅游目的地测度模型；热点地标测度模型	旅游目的地吸引力指数；旅游目的地热度指数
	餐饮业发展与口碑	餐饮口碑综合评价模型	餐饮口碑综合指数
	居民活动空间联系	城市联系强度测度模型；居民活动空间强度测度模型	城市联系强度指数；居民活动空间强度指数

2. 相关分析结果

1）长三角多中心性分析

A. 背景

单中心城市群是以一个大城市为核心，与若干中小城市组成紧密联系的空间组织；多中心城市群是以多个城市共同担当核心城市的职能，其他城市环绕在这几个核心城市周围形成复杂网络联系。多中心结构可以有效加快地区的经济发展，同时降低快速城市化带来的问题。

B. 数据

土地覆盖数据、社会经济统计数据。

C. 方法

基于半变异函数、最小生成树、聚类分析等分析方法，分别以人口规模分布、GDP分布、建设用地分布为度量路径，探索长三角城市群的多中心性分布特征。

D. 结果与分析

结果显示（图4.13），以长三角城市群2010年建设用地栅格为对象探索城市群结构时，有8个一级结点城市，分别为上海、杭州、常州、南京、合肥、盐城、安庆和台州。揭示了长三角城市群的多中心程度较高，城市等级体系合理。但也需要注意，城市群多中心性过高、过低都不利于城市群的健康发展。适度的多中心和紧凑度可以实现城市群综合效益最大化，但多中心性并非越高越好。此外，发现中心度较高的地区大多数位于平原地区，揭示了地形对城市建设的影响：在平原地区，建设用地开发的速度更快、范围更广。

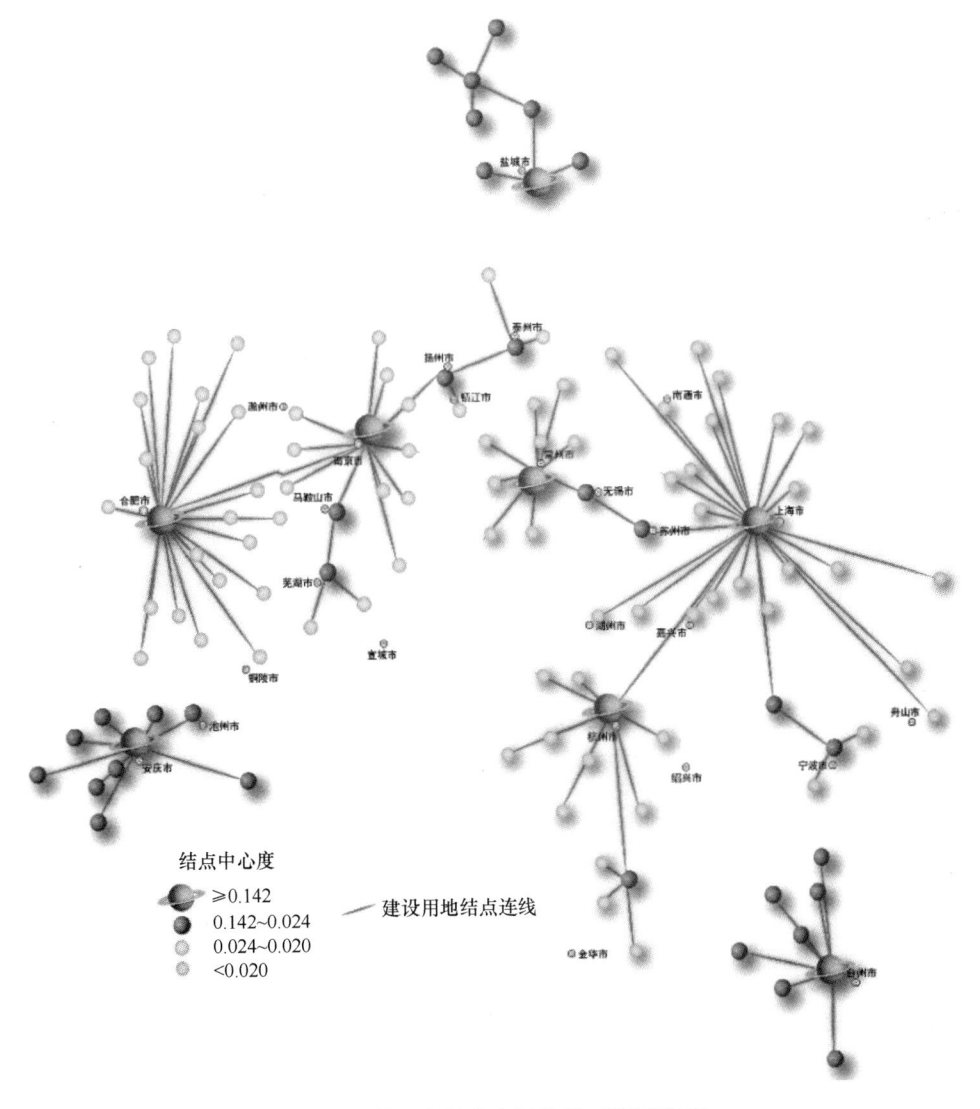

图4.13 长三角城市空间体系（彩图附后）

如图 4.14 所示，以 2000 年建设用地栅格为对象探索城市群结构时，有 8 个一级结点城市，分别为上海、杭州、常州、南京、合肥、盐城、安庆和池州。以 2000 年人口数据为对象探索城市群结构时，仅有上海、南京为一级结点城市；而以 2000 年 GDP 数据为对象时，仅上海为一级结点城市。呈现出人口、GDP、建设用地多中心性的空间分布差异性、人口与 GDP 的单中心性。图 4.15 为长三角城市群网络中心度对比，上海中心度最高，整个城市群功能的多中心仍未形成，而真正高水平的多中心结构模式是基于功能的多中心均衡发展，注重城市群内各城市功能协调和规模匹配。提示有关规划者应制定促进人口、经济与城市建设统一协调发展的政策，建设基于高端产业发展的功能多中心与促进区域协调合作发展治理的多中心，实现合理、适度、高质量的多中心化发展。

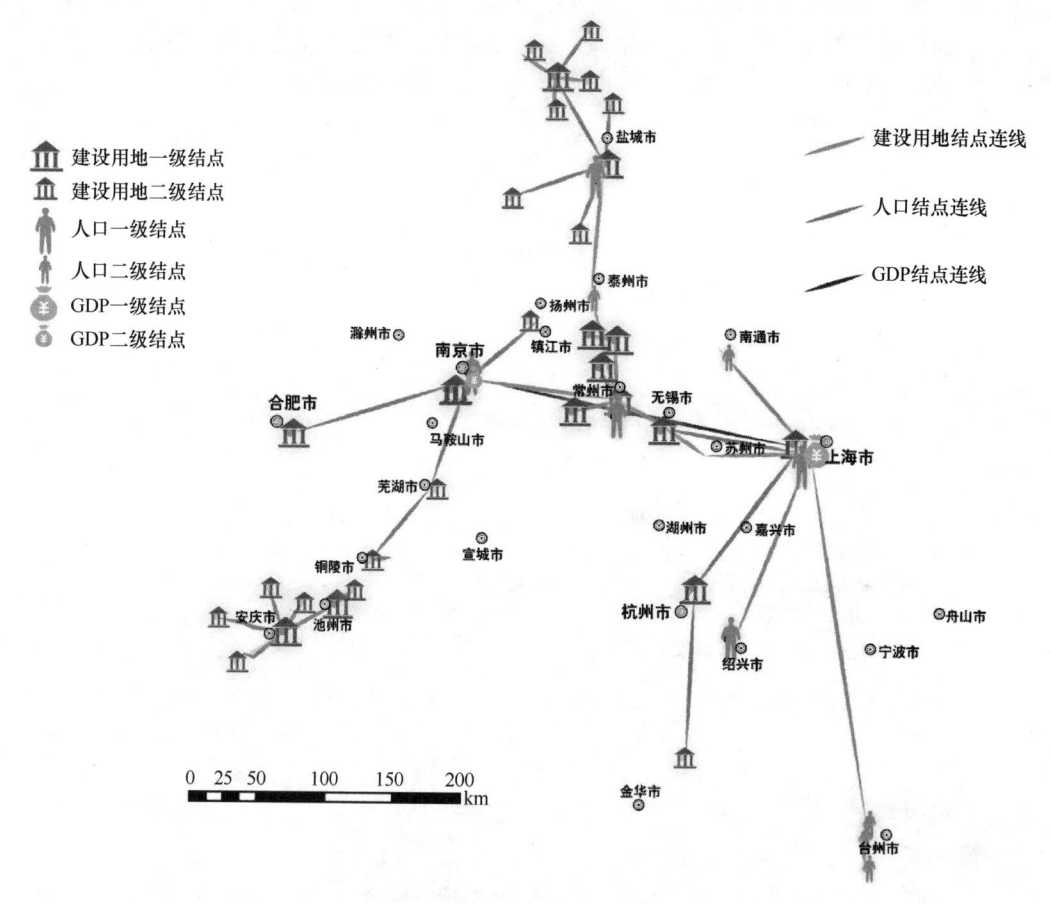

图 4.14 长三角城市人口、GDP、建设用地多中心性

2）长三角耕地侵占分析

A. 背景

耕地是一种稀缺的自然资源，是农业之本，是人类生存和发展的重要物质基础。耕地在数量与质量上的变化必将影响到粮食生产的波动，从而影响到粮食有效供给及粮食安全水平。随着经济的发展和城乡一体化的推进，耕地资源日益受到工业和城市用地的

经济竞争，部分耕地非农化利用的趋势不可逆转，耕地数量锐减严重影响到粮食安全，过度施肥、不合理的灌溉方式导致耕地质量下降，也将制约粮食生产的发展。

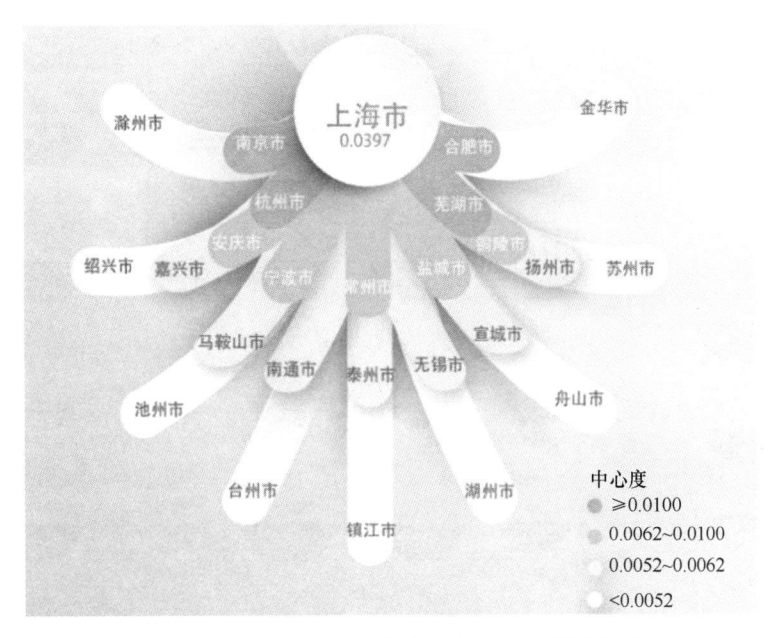

图 4.15　长三角各城市网络中心度对比（彩图附后）

B. 数据

土地利用数据、社会经济统计数据、土壤质量数据。

C. 方法

对长三角地区 2015 年耕地和土壤质量进行叠加分析，其中，土壤质量通过土壤质量指标综合评价。

D. 结果与分析

图 4.16 显示长三角地区 2015 年土壤质量整体处于中等偏上水平，除北部和西部地区土壤质量较一般，中东部地区自然条件好，土壤质量较好，尤其是东部地区土壤有机质含量最高。结合各市的粮食单产来看，位于中部及东部地区的城市，如上海、常州、苏州，粮食产量都较高。总体来说，各市粮食单产与土壤质量分布较为一致，在一定程度上反映出土壤质量对于粮食生产的重要性。

如图 4.17 所示，耕地土壤质量一级表示最好，可以看到，长三角大部分地区耕地质量优良，处于三级及三级以上。一级质量耕地主要分布在东部沿海地区，三级质量耕地分布最为广泛，位于长三角地区的中部、西部及北部，四级质量耕地主要分布在北部及东南部的小片区域。通过各市 2005~2015 年的耕地减少率来反映耕地的数量变化，结果显示，常州、宣城、上海及嘉兴等中东部城市耕地减少率高，而滁州、安庆及南通等西南和西北部城市耕地减少率相对低。结合各市的农田水利情况来看，宁波、舟山和台州等沿海城市有效灌溉面积占比最大，西部地区较低。综合得出，中东部地区农田水保措施成效显著，耕地质量优良，但耕地流失的问题也较为突出。

· 133 ·

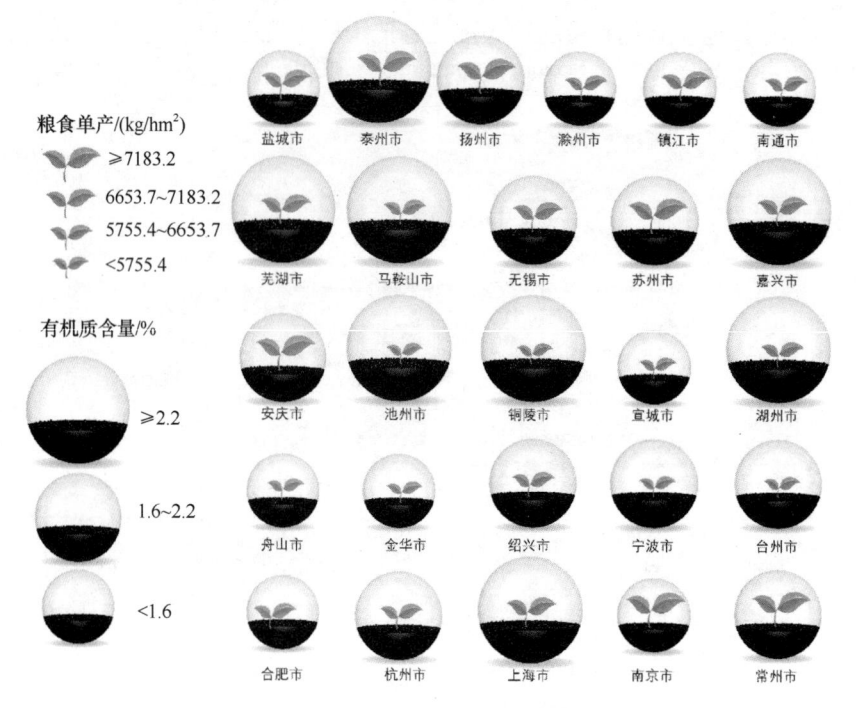

图 4.16　长三角土壤质量及土地生产力空间分布

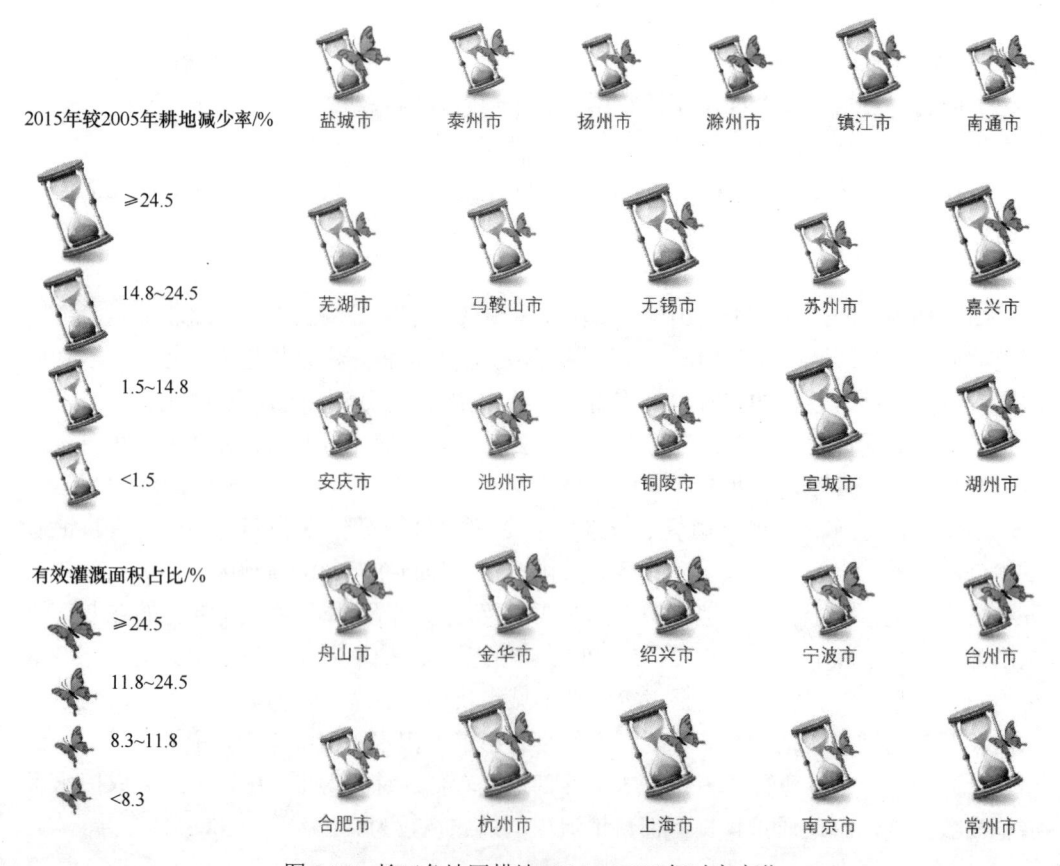

图 4.17　长三角地区耕地 2005~2015 年时空变化

· 134 ·

耕地数量和质量是粮食安全最基本的约束因子，相关政府部门应积极采取多方面措施，如对土地资源进行动态监控管理，进一步做好耕地资源保护工作，有效控制耕地非农转用的综合措施，高效集约利用城市土地资产，按照人口资源环境相均衡、经济社会生态效益相统一的原则，控制开发强度，调整空间结构。同时还应加大投入物质和技术，提高粮食综合生产能力。

分析 26 个市 2005~2015 年的耕地减少面积可以看出（图 4.18），安徽省的安庆、铜陵、滁州等内陆城市耕地减少量较少。而江浙一带城市耕地流失现象严重，特别是上海、嘉兴和杭州，提示相关部门应引起重视。

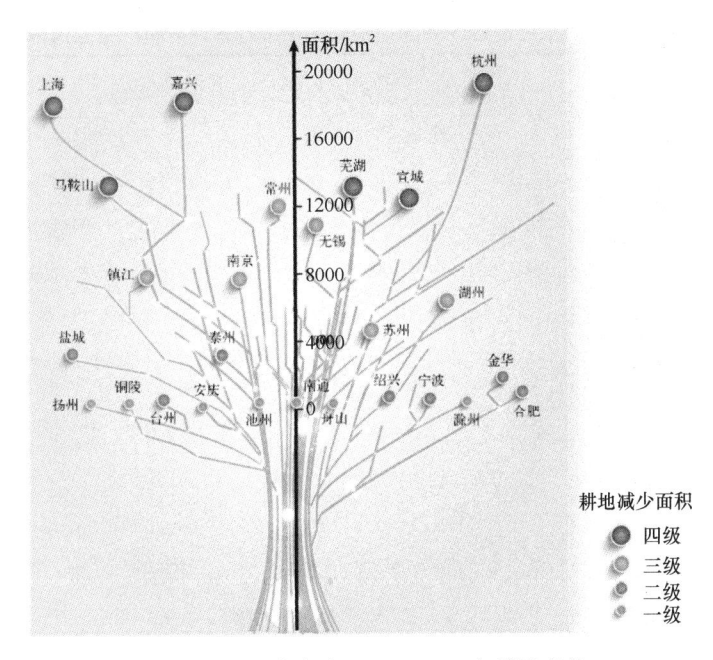

图 4.18　长三角各市 2005~2015 年耕地变化

4.4.2　经济带层面：以长江经济带为例

1. 主题选取与方法设计

长江经济带覆盖上海、江苏、浙江、安徽、江西、湖北、湖南、重庆、四川、云南、贵州 11 省（市），面积约 205 万 km^2，人口和生产总值均超过全国的 40%。长江经济带横跨我国东中西三大区域，具有独特优势和巨大发展潜力。改革开放以来，长江经济带已发展成为我国综合实力最强、战略支撑作用最大的区域之一。在国际环境发生深刻变化、国内发展面临诸多矛盾的背景下，依托黄金水道推动长江经济带发展，有利于挖掘中上游广阔腹地蕴含的巨大内需潜力，促进经济增长空间从沿海向沿江内陆拓展；有利于优化沿江产业结构和城镇化布局，推动我国经济提质增效升级；有利于形成上中下游优势互补、协作互动格局，缩小东中西部地区发展差距；有利于建设陆海双向对外开放新走廊，培育国际经济合作竞争新优势；有利于保护长江生态环境，引领全国生态文明建设，对于全面建成小康社会，实现中华民族伟大复兴的中国梦具有重要现实意义和深远战略意义。通过研究《长江经济带发展规划纲要》、《国务院关于依托黄金水道推动长江经济带发展的指导意见》、《长江经济带综合立体交通走廊规划》等规划和政策，踊跃响应国家"一轴、两翼、三极、多点"总体空间布局、"四个全面"战略布局，贯彻落实和遵守"改革引领、创新驱动"、"通道支撑、融合发展"、"通道支撑、融合发展"、"江湖和谐、生态文明"等原则，侧重关注"具有全球影响力的内河经济带"、"东中西互动合作的协调发展带"、"沿海沿江沿边全面推进的对内对外开放带"、"生态文明建设的先行示范带"等宏观政策与规划建设目标，以地理国情监测数据、人文地理国情统计数据、环境监测数据、泛在地理信息大数据为基础，最终确定 7 个一级主题、41 个二级主题，并据此设计相应的模型和指标（表 4.13）。以期能够为政府制订长江经济带的空间规划提供决策支持。

表 4.13　长江经济带地理国情辅助决策综合统计分析的主题选取

一级主题	二级主题	分析模型	形成指标
绿色发展	生态文明建设	生态文明建设空间绩效综合评价模型	生态文明建设空间绩效综合评价指数
	生态廊道建设	生态廊道建设空间绩效综合评价模型	生态廊道建设空间绩效综合评价指数
	绿色开放空间建设	绿色开放空间建设绩效综合评价模型	绿色开放空间建设绩效综合评价指数
	绿色发展	绿色发展综合评价模型	绿色发展综合评价指数
现代化综合交通运输体系	岸线资源集约利用水平	岸线资源集约利用综合评价模型	岸线资源集约利用综合评价指数
	黄金水道运输效率	黄金水道空间优势度综合评价模型；黄金水道运输效率综合评价模型	黄金水道空间优势度指数；黄金水道运输效率综合评价指数
	江海中转运输效率	港口功能综合评价模型；江海中转运输效率综合评价模型	港口功能综合评价指数；江海中转运输效率综合评价指数
	渡口渡线运输效率	渡口渡线运输效率综合评价模型	渡口渡线运输效率综合评价指数
	智能航运系统建设	航运系统智能度综合评价模型	航运系统智能度综合评价指数
	安全航运系统建设	航运系统安全性综合评价模型	航运系统安全性综合评价指数
	铁路网络系统效率	铁路系统网络通达性测度模型；铁路系统运输效率综合评价模型	铁路系统网络通达性指数；铁路系统运输效率综合评价指数
	公路网络系统效率	公路系统网络通达性测度模型；公路系统运输效率综合评价模型	公路系统网络通达性指数；公路系统运输效率综合评价指数
	航空网络系统效率	航空系统网络空间连接性测度模型；航空系统运输效率综合评价模型	航空系统网络空间连接性指数；航空系统运输效率综合评价指数
	油气管道系统效率	油气管道系统网络空间连接性测度模型；油气管道系统运输效率综合评价模型	油气管道系统网络空间连接性指数；油气管道系统运输效率综合评价指数
	综合交通枢纽建设	综合交通枢纽测度模型；综合交通枢纽建设空间绩效综合评价模型	综合交通枢纽指数；综合交通枢纽建设空间绩效综合评价指数
	综合立体交通走廊建设	多式联运综合测度模型；综合交通走廊测度模型	多式联运综合指数；综合交通走廊指数
东中西互动合作与协调发展	科技创新合作网络	科技创新合作强度测度模型；科技创新合作网测度模型；科技创新合作网络体系划分模型	科技创新合作强度指数；科技创新合作网络系数
	基础设施联通网络	基础设施联通网络空间连通度测度模型；基础设施联通网络完整性测度模型；基础设施联通网络稳定性测度模型	基础设施联通网络空间连通度指数；基础设施联通网络完整性指数；基础设施联通网络稳定性指数
	空间聚集与组团	城市空间聚集体识别模型；城市空间组团识别模型；多中心区域识别模型	城市空间聚集体指数；城市空间组团指数；多中心指数
	空间一体化发展	空间一体化发展综合评价模型	空间一体化发展综合评价指数

续表

一级主题	二级主题	分析模型	形成指标
东中西互动合作与协调发展	水电气输入-输出网络	水资源输入-输出效率模型；电力输入-输出效率模型；天然气输入-输出效率模型	水资源输入-输出效率指数；电力输入-输出效率指数；天然气输入-输出效率指数
	生态环境协同保护治理	生态环境协同体空间识别模型；生态环境协同保护绩效综合评价模型；生态环境协同治理绩效综合评价模型	生态环境协同体指数；生态环境协同保护绩效综合评价指数；生态环境协同治理绩效综合评价指数
	内陆海关与沿海沿边口岸海关协作配合	内陆海关与沿海沿边口岸海关协作配合绩效综合评价模型	内陆海关与沿海沿边口岸海关协作配合绩效综合评价指数
产业集群与结构调整	产业竞争力	产业结构测度模型；产业要素配置效率测度模型；产业创新力测度模型；产业竞争力综合评价模型	产业结构指数；产业要素配置效率指数；产业创新力指数；产业竞争力综合评价指数
	产业集群	产业集群测度模型；产业集群空间域识别模型	产业集群指数；产业集群空间域指数
	产业融合与转移	产业融合测度模型；产业转移优化模型；产业分工协作模型	产业融合指数；产业转移优化潜力指数；产业职能指数
	清洁生产	清洁能源生产效率测度模型；绿色产业布局优化模型	清洁能源生产效率指数；绿色产业空间优势度指数
农业现代化	特色生态农业建设	农业生产生态环境友好度评价模型	农业生产生态环境友好度指数
	农业现代化建设	农业现代化综合评价模型	农业现代化综合评价指数
	农产品优势区	农产品供给保障能力综合评价模型；农产品地理优势度综合评价模型；地理标志综合评价模型	农产品供给保障能力综合评价指数；农产品地理优势度综合评价指数；地理标志综合评价指数
	都市休闲农业建设	都市休闲农业开发潜力评价模型；都市休闲农业开发绩效测度模型	都市休闲农业开发潜力指数；都市休闲农业开发绩效指数
	郊区农业用地保护	郊区农业用地保护效率综合评价模型	郊区农业用地保护效率指数
新型城镇化质量	中心城市边界	中心城市边界识别模型	中心城市边界
	精明增长	精明增长综合评价模型	精明增长综合评价指数
	城市群效益	城市群效益综合评价模型	城市群效益综合评价指数
	宜居城市建设	宜居城市综合评价模型；宜居城市建设绩效综合评价模型	宜居城市综合评价指数；宜居城市建设绩效综合评价指数
	城镇承载能力	城镇承载能力综合评价模型	城镇承载能力综合评价指数
	城镇发展潜力	城镇发展潜力综合评价模型	城镇发展潜力综合评价指数
经济开放	自由贸易试验区建设	自由贸易试验区建设潜力综合评价模型；自由贸易试验区建设绩效综合评价模型	自由贸易试验区建设潜力综合评价指数；自由贸易试验区建设绩效综合评价指数
	国际竞争力	城市国际竞争力综合评价模型；城市群国际竞争力综合评价模型；经济带国际竞争力综合评价模型	城市国际竞争力综合评价指数；城市群国际竞争力综合评价指数；经济带国际竞争力综合评价指数
	开放平台建设	城市开放平台建设综合评价模型；城市群开放平台建设综合评价模型；经济带开放平台建设综合评价模型	城市开放平台建设综合评价指数；城市群开放平台建设综合评价指数；经济带开放平台建设综合评价指数

2. 相关分析结果

1）绿色发展主题

A. 背景

构建绿色发展综合评价指数对绿色发展进行综合评价，揭示绿色发展的问题及原因，提出促进绿色发展的实现路径。

B. 数据

绿色发展指数、社会经济统计数据。

C. 方法

利用层次分析法（AHP）和熵权法构建长江经济带范围内的各省（市）的绿色发展综合评价指数，包括三个指标：经济增长绿化度、资源环境承载潜力和政府政策支持度。这三个指标分别反映了经济增长中生产效率和资源使用效率，资源与生态保护及污染排放情况，以及政府在绿色发展方面的投资、管理和治理情况等。

D. 结果与分析

图 4.19 显示了长江经济带 2016 年的绿色发展综合评价结果。总体来看，江苏、上海和浙江等沿海地带的绿色发展水平最高，贵州、湖南、江西和安徽等地的绿色发展水平最低，这一分布情况与同期各地生产总值的分布情况基本一致，只在云南、湖南和重庆三地有一定出入。图 4.20 显示了不同地区的建成区绿化覆盖率，可以看出：江苏、浙江两省 GDP 水平最高，同时建成区绿化覆盖率也最高；安徽、江西两省 GDP 发展水平较低，但建成区绿化覆盖率也比较高；湖南、四川两省的 GDP 和绿化覆盖率都是中等水平；云南、贵州的 GDP 和绿化覆盖率都处于较低水平；而湖北省 GDP 属中等水平，但绿化覆盖率较低。

除此之外，根据图 4.19 的三个绿色发展一级指标的分布情况来看，经济增长绿化度和政府政策支持度两者的分布趋势基本一致，反映了政府决策对城市绿化的重要性，城市内的绿化建设主要依靠政府决策者的支持。并且这两个指标的分布情况与绿色发展水平的分布情况基本一致。而资源环境承载潜力的分布趋势与绿色发展的分布恰好相反，资源环境承载力高的地方绿色发展水平低，反映出长江经济带的经济发展对环境的影响仍然依赖于其自身的承载调节能力，资源环境承载力较高的地区对绿色发展的关注较弱。

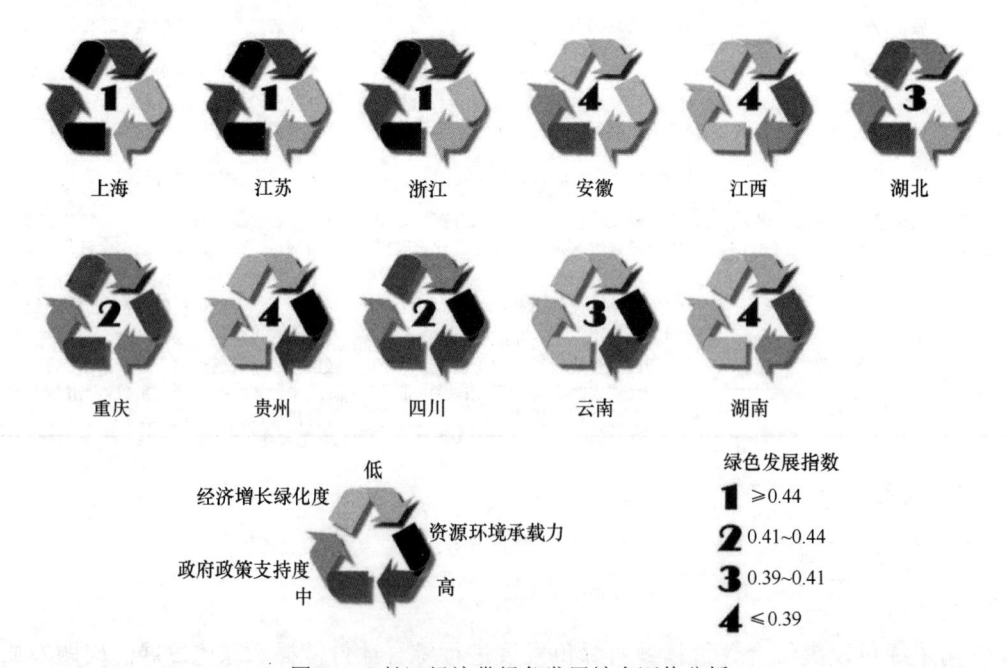

图 4.19 长江经济带绿色发展综合评价分析

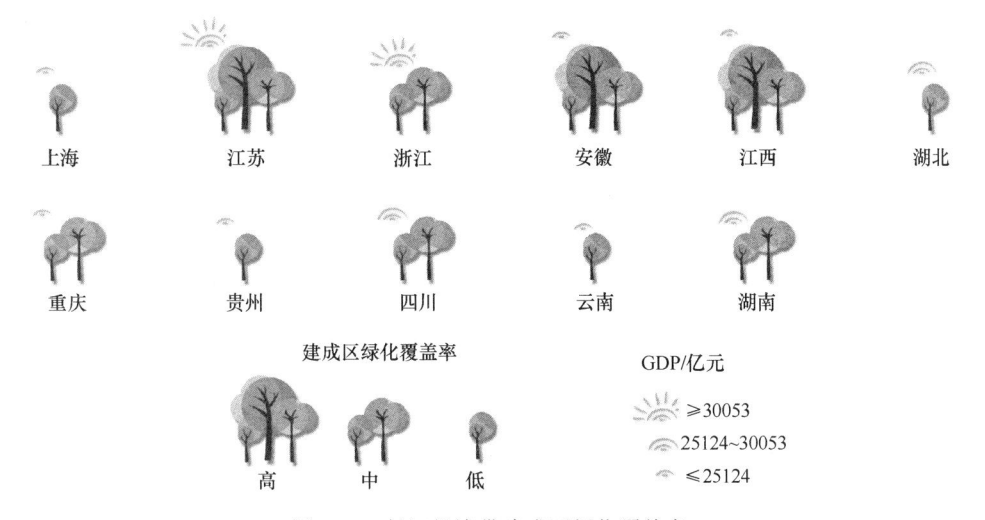

图 4.20 长江经济带建成区绿化覆盖率

2）能源消费

A. 背景

能源消费是指生产和生活所消耗的能源，揭示经济发展过程中能源消费情况，为当前推动能源生产和消费的战略提供参考依据。

B. 数据

能源统计数据、社会经济统计数据。

C. 方法

提取长江经济带范围内各省（市）11 种主要能源的消费量数据，通过计算占比时将不同能源的消费量单位化为标准煤用量。将能源分为清洁型能源和污染型能源，通过分别表示两类能源消费量来反映各省市在经济发展过程中的能源消费情况。

D. 结果与分析

图 4.21 与图 4.22 显示了 2016 年长江经济带各省（市）不同类型能源消费的占比，以及人均能源消费总量的增长率。总体来看，江苏、上海和浙江等沿海地带的清洁型能源消费占比较高，贵州、湖南、湖北和江西等地的清洁型能源占比较低，这一分布情况与同期各地人均生产总值的分布情况基本一致。

除此之外，根据三类指标的分布情况来看，经济发展相对发达的地区清洁型能源消费占比较高同时人均能源消费总量的增长率较低，侧面反映出经济建设程度高的地方都有较好的绿色发展环保意识和相关的政策实施力度。

4.4.3 流域层面：以太湖苕溪流域为例

1. 主题选取与方法设计

苕溪为我国东南沿海和太湖流域唯一一条没有独立出海口的南北向天然河流，地跨杭州、湖州两市和临安、余杭、德清、安吉、湖州菱湖、城区、长兴等 7 个县级市（区）。水系有东、西苕溪两大支流，主流长度 157.4 km，流域总面积 4576.4 km²。苕溪作为太湖的主要供水和营养物质输入源头之一，对太湖水体富营养化甚至整个长三角地区的水

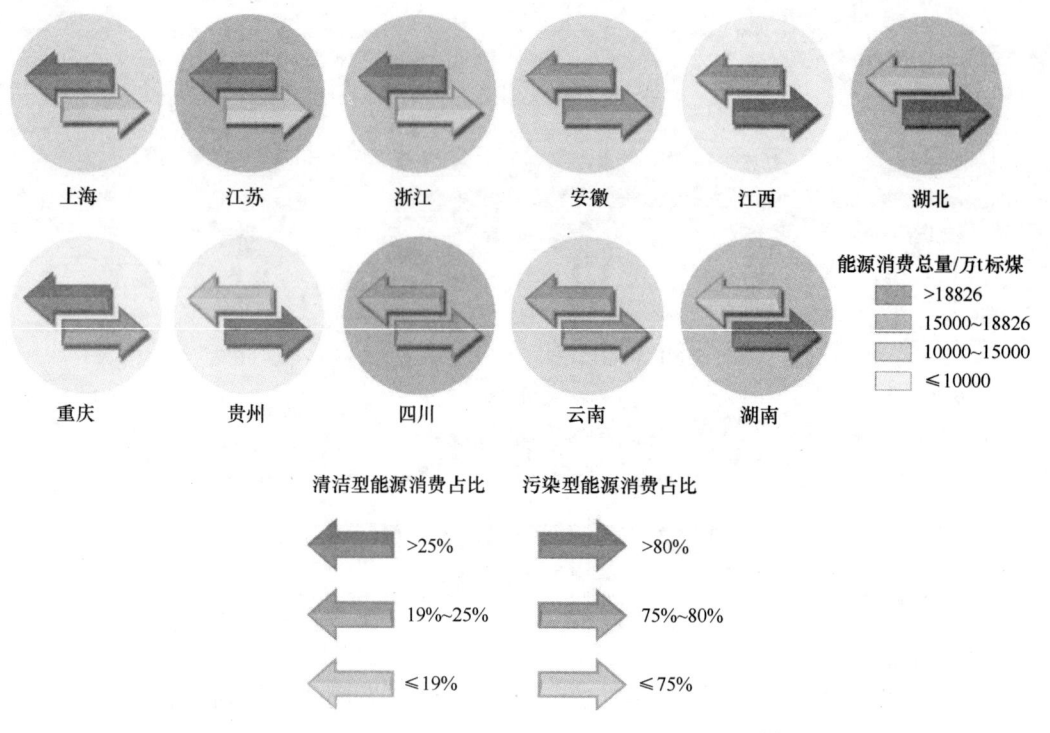

图 4.21　长江经济带能源消费及能源结构（彩图附后）

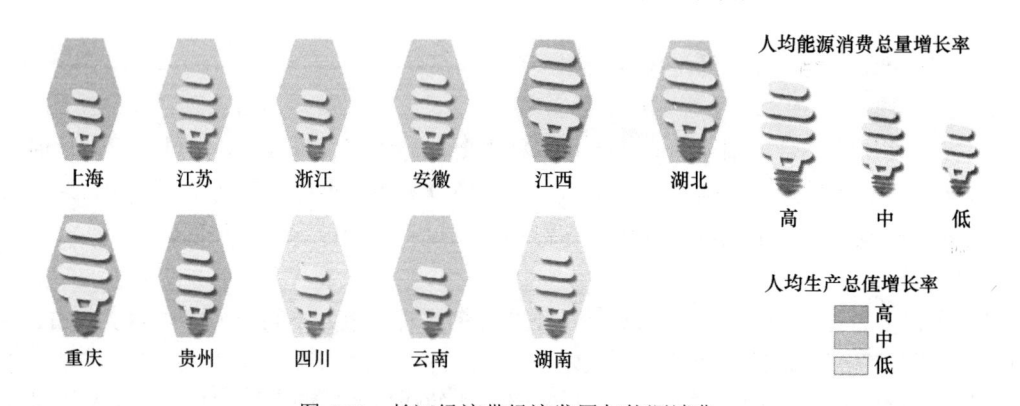

图 4.22　长江经济带经济发展与能源消费

环境安全有着重要影响。苕溪流域上游以森林等自然景观为主，中下游地区以农田和城镇居民点为主。自 20 世纪 80 年代以来，该流域因人口增长、现代农业发展及城市化导致流域内大量营养盐进入河湖水体，加之水环境容量小，导致太湖部分水域水环境恶化，并对太湖流域地区的社会-经济-环境综合生态系统的健康发展产生重要影响。该区域受到自然与人类活动的双重影响，其所遭遇的问题在中国东部地区的诸多河流中具有典型的代表性。通过研究《太湖流域综合规划》、《浙江省水功能区、水环境功能区划分方案技术纲要》、《太湖流域水环境综合治理总体方案（2013 年修编）》等规划和政策，踊跃响应流域水环境综合治理"以总量控制、重点突破为主线，以保障饮用水安全为基点"战略布局，贯彻落实和遵守"突出重点，统筹兼顾"、"总量控制，分项管理"、"远近结合，标本兼治"、"完善体制，创新机制"等原则，侧重关注"推进产业结构和工业布局调整"、"加强面源污染治理"、"改善环湖生态环境"、"健全管理体制和责任机制"、"流域经济社会和环境协调发展"等宏观政策与规划建设目标,以地理国情监测数据、人文地理国情统计数据、环境监测数据为基础,最终确定 4 个一级主题、11 个二级主题,并据此设计相应的模型和指标(表 4.14)。以期能够为政府制订长江经济带的空间规划提供决策支持。

表 4.14 流域层面地理国情辅助决策综合统计分析的主题选取

一级主题	二级主题	分析模型	形成指标
水质时空格局	污染物时空格局	水质综合评价模型;污染物空间聚集测度模型;污染负荷测度模型	水质综合评价指数;污染物空间聚集指数;污染负荷指数
	污染物影响因子	水质与自然因素关联模型;水质与土地利用关联模型;水质与景观格局关联模型;水质与社会经济关联模型;水质影响因素相对重要性测度模型	水质与自然因素关联指数;水质与土地利用关联指数;水质与景观格局关联指数;水质与社会经济关联指数;水质影响因素相对重要性指数
污染物源解析	污染物来源解析	污染物来源解析受体模型;污染物源解析模型	污染物源强指数
	工业点源污染	工业点源污染排放强度测度模型;工业点源污染排放效率测度模型;工业点源污染综合评价模型;工业点源污染空间聚集测度模型;工业点源污染空间转移测度模型;工业点源污染与经济增长关联模型;工业点源污染与城市规模关联模型;工业点源污染排放强度影响因素测度模型	工业点源污染排放强度指数;工业点源污染排放效率指数;工业点源污染综合评价指数;工业点源污染空间聚集指数;工业点源污染空间转移指数;工业点源污染与经济增长关联指数;工业点源污染与城市规模关联指数;工业点源污染排放强度影响因素相对重要性指数
	农业面源污染	农业面源污染排放强度测度模型;农业面源污染排放效率测度模型;农业面源污染与经济增长关联模型;农业面源污染与平衡施肥关联模型;农业面源污染与粮食安全关联模型;农业面源污染与农业保险关联模型;农业面源污染与农地流转关联模型;农业污染投入强度测度模型;农业污染投入强度影响因素测度模型	农业面源污染排放强度指数;农业面源污染排放效率指数;农业面源污染与经济增长关联指数;农业面源污染与平衡施肥关联指数;农业面源污染与粮食安全关联指数;农业面源污染与农业保险关联指数;农业面源污染与农地流转关联指数;农业污染投入强度测度指数;农业污染投入强度影响因素测度指数
引用水源地	水源地安全	水源地"水质、水量、水环境、环境"安全综合评价模型	水源地"水质、水量、水环境、环境"安全综合评价指数
	健康风险	水源地健康风险评价模型	水源地健康风险评价指数
	水源地保护	水源地保护效率综合评价模型	水源地保护效率综合评价指数
流域综合管理	污染物削减	营养物输入输出潜力测度模型;水环境容量测度模型;最大日负荷量测度模型;污染物削减量测度模型;工业点源污染治理效率测度模型;农业面源污染治理效率测度模型	营养物输入输出潜力指数;水环境容量指数;最大日负荷量指数;污染物削减量指数;工业点源污染治理效率指数;农业面源污染治理效率指数
	流域生态系统	流域生态系统健康综合评价模型;流域生态-经济系统耦合模型;水污染防治能力综合评价模型;流域生态补偿模型	流域生态系统健康综合评价指数;流域生态-经济系统耦合指数;水污染防治能力综合评价指数;流域生态补偿指数
	优化调整	面向流域水环境治理的土地利用优化模型;面向流域水环境治理的种植业结构优化模型;面向流域水环境治理的产业布局优化模型	面向流域水环境治理的土地利用优化指数;面向流域水环境治理的种植业结构优化指数;面向流域水环境治理的产业布局优化指数

2. 相关分析结果

1)水质时空格局专题

A. 背景

识别氮(N)、磷(P)等营养物质时空格局及其影响因素,可为制订苕溪流域水体污染治理方案、实现流域综合管理提供重要参考。

B. 数据

土地利用数据、高程数据、水质监测数据。

C. 方法

分析土地利用、地形、土壤类型与 N、P 空间格局的关系，利用贝叶斯回归系统比较不同季节、不同尺度（100～2000m 等间隔缓冲区、小流域）上各影响因素的相对重要性。

D. 结果与分析

结果显示（图 4.23），各影响因素的相对重要性在不同季节、不同尺度上不尽相同。对于总氮（TN）来说，水田比例、坑塘比例、建设用地比例、坡度标准差、平均坡度等因素的影响因素较大。这一结果提示总氮主要来源于农业面源和城市面源污染。对于总磷（TP）来说，坡度及建设用地比例表现出较大的影响，说明城市面源污染是首要贡献者。

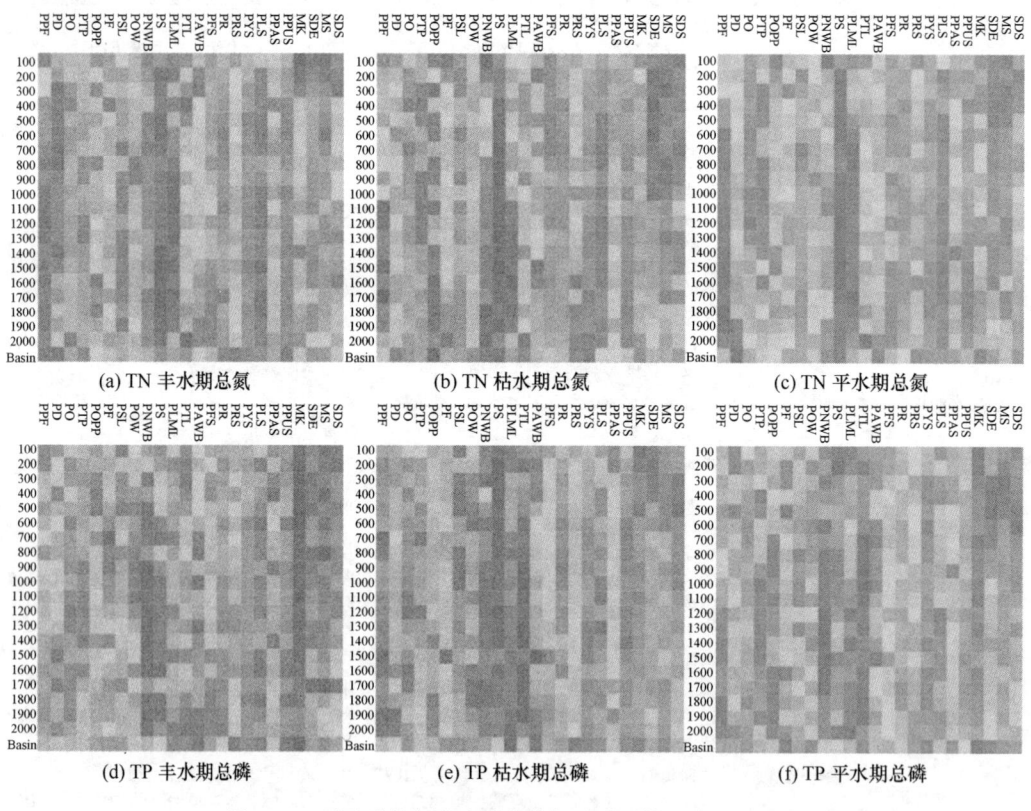

(a) TN 丰水期总氮　　(b) TN 枯水期总氮　　(c) TN 平水期总氮

(d) TP 丰水期总磷　　(e) TP 枯水期总磷　　(f) TP 平水期总磷

图 4.23　不同季节各影响因素的相对重要性（彩图附后）

2）污染物源解析专题

A. 背景

识别河流水体污染来源并解析其源强，可为制订苕溪流域水体污染治理方案、实现流域综合管理提供重要参考。

B. 数据

水质监测数据。

C. 方法

经典的污染物源解析受体模型主要包括化学质量平衡法及主成分分析。化学质量平衡法要求各污染源排放化学组成相对稳定，且无相互影响。因此，这种方法应用于水环境解析中具有较大的局限性。本书利用最大正交旋转的提取特征向量，最后保留特征值大于等于的主成分。主成分-绝对分值多元线性回归是最经典的水体污染源解析受体模型之一。它可以判别因变量水污染和多个自变量污染源的关系，根据回归决定系数，判别各自变量对因变量的贡献大小，即各污染源的源贡献。

D. 结果与分析

图 4.24 显示，苔溪污染主要由 3 个污染源构成，分别为农业面源污染（VF1）、镇面源污染（VF2）和工业点源污染（VF3）。源强定量解析结果（图 4.25）也验证了这一结果，提示相关管理人员应加强农业面源污染和工业点源污染的治理。

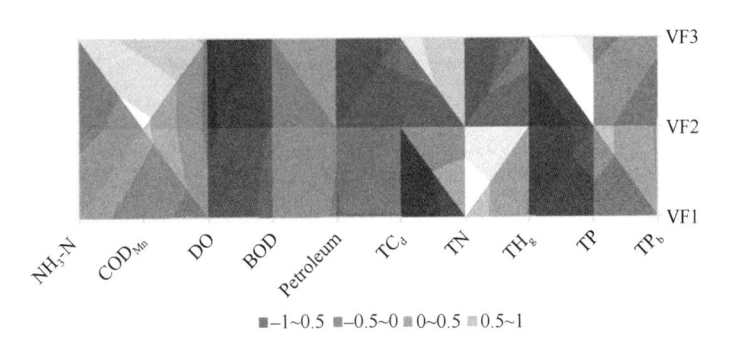

图 4.24 污染源来源辨识可视化

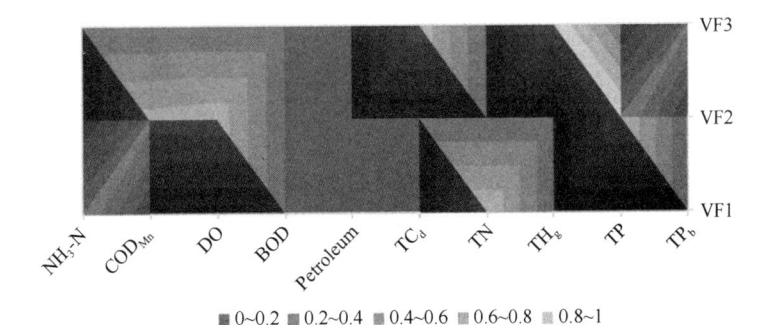

图 4.25 污染源源强可视化

3）流域生态-经济系统耦合专题

A. 背景

植被是人类赖以生存和生活的基础，植被景观生态质量的高低在一定程度上影响着人们的生活质量和生产力的发展。人类活动反过来又会影响植被景观结构和质量。因此摸清苔溪流域植被景观结构与社会经济发展的关系，对维护全流域生态系统的良性循环和区域性的经济可持续发展具有重要意义。

B. 数据

土地利用数据、社会经济统计数据。

C. 方法

选择 5 个景观破碎化指数分析植被景观结构特征，进而借助回归分析定量识别植被景观结构变化与社会经济发展的关系。

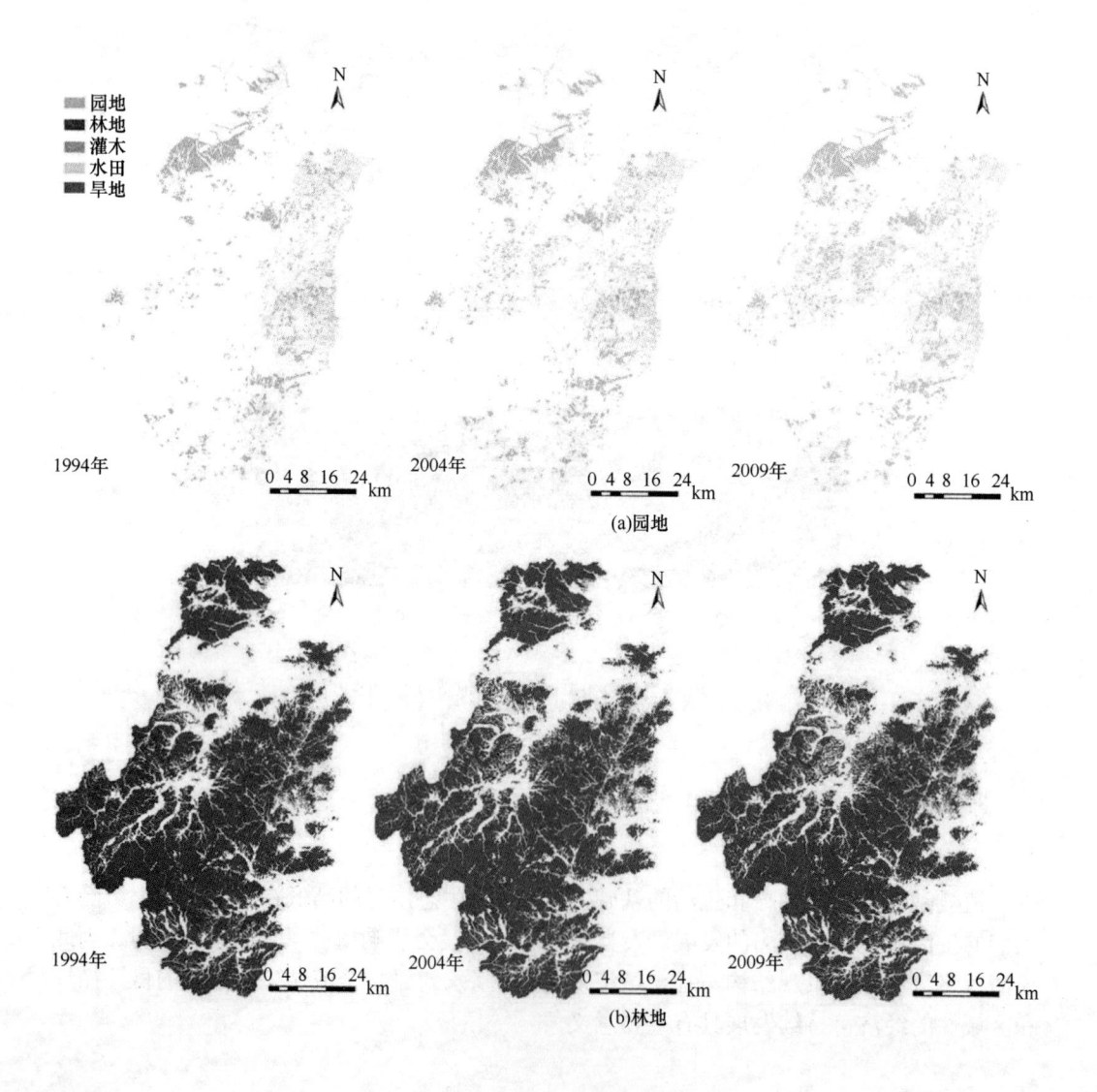

D. 结果与分析

1985~2009 年苕溪流域植被分布和格局分别如图 4.26 和图 4.27 所示。可以看出，斑块密度（patch density，PD）、景观形状指数（landscape shape index，LSI）、连接度指数（connectance index，CONNECT）和香农多样性指数（Shannon's diversity index，SHDI）等景观破碎化指数均表现出线性增长的趋势，总面积（total area，TA）则表现出线性下降的变化趋势。这一结果表明，苕溪流域植被破碎化程度随着时间不断加剧。表 4.15 显示，植被景观破碎化指数与社会经济因子表现出线性相关的关系。提示社会经济发展和人类活动强度的增加，会引起植被景观结构越发破碎的趋势。

1994年　2004年　2009年
(c)灌木

1994年　2004年　2009年
(d)水田

1994年　2004年　2009年
(e)旱地

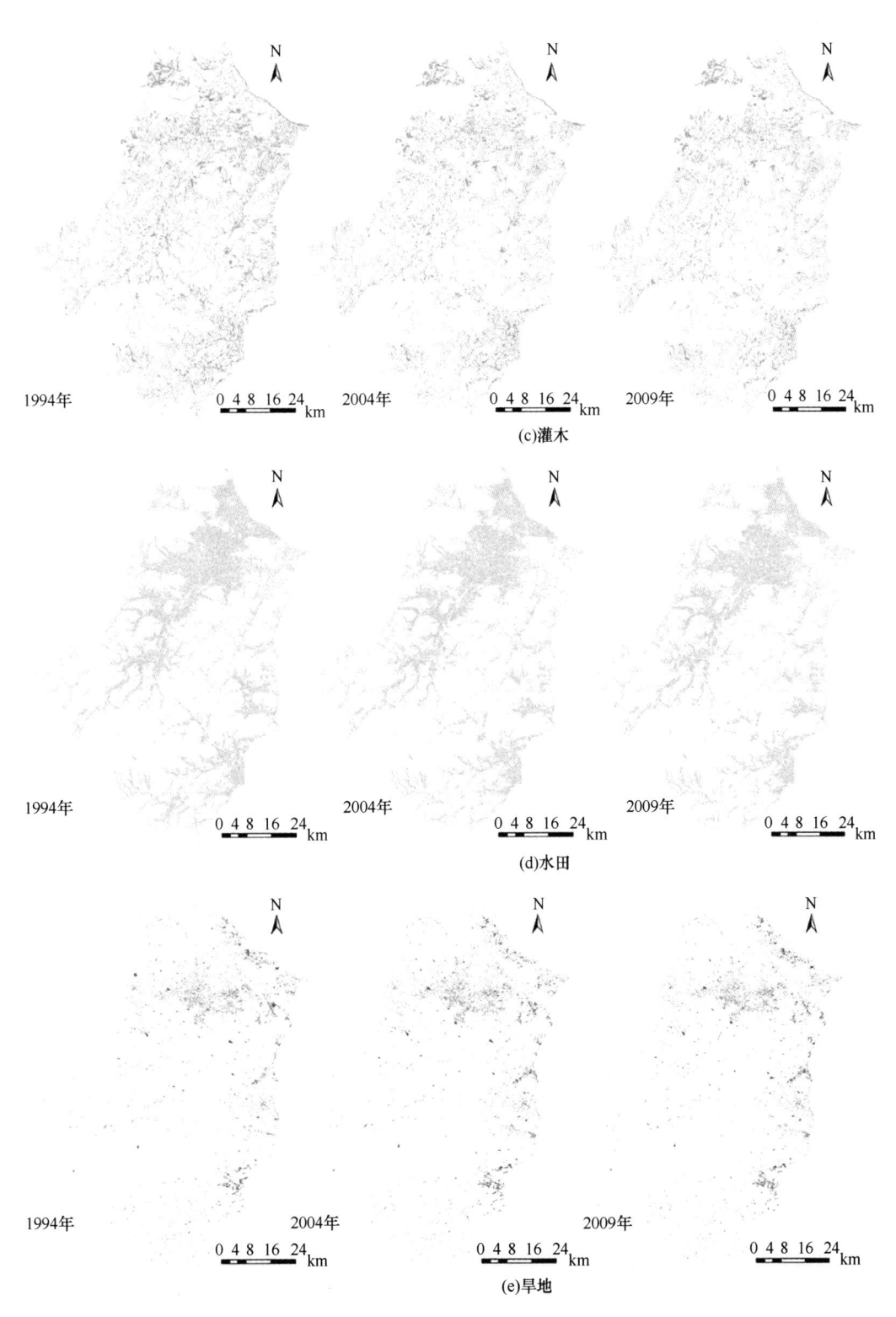

图 4.26　1985~2009 年苕溪流域植被分布（彩图附后）

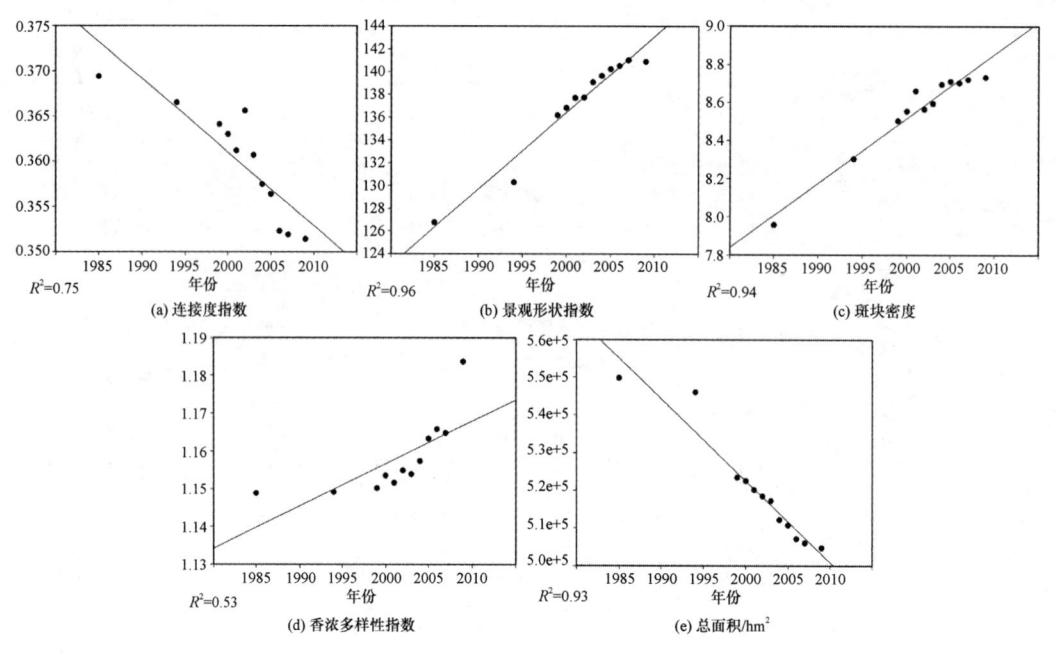

图 4.27　1985~2009 年莒溪流域植被景观破碎化变化趋势

表 4.15　莒溪流域社会经济发展与植被景观破碎化的关系

Y	X	回归公式	R^2
TA	TP，PCNIRH	$Y=-0.62\times TP -0.49\times PCNIRH +1.07$	0.71**
PD	TP，PTI	$Y=0.21\times TP+0.57\times PTI+7.95$	0.65**
LSI	PTI，PCNIRH	$Y=11.49\times PTI+3.55\times PCNIRH+126.5$	0.62**
CONNECT	RM	$Y=-0.02\times RM+0.37$	0.52**
SHDI	RM	$Y=0.31\times RM +1.15$	0.50**

注：**$p<0.01$；因变量缩写解释：总人口（TP）、第三产业比例（PTI）、公路里程（RM）、农民人均净收入（PCNIRH）。

4.5　面向省域（直辖市）层面规划决策的地理国情综合统计分析

4.5.1　案例 1：吉林省

1. 主题选取与方法设计

吉林省地处我国东北中部，东北亚地理中心。省辖长春、吉林市、四平、松原、白城、辽源、通化、白山和延边朝鲜族自治州，直管梅河口、公主岭 2 个县级市。吉林省是新中国工业的摇篮和重要的农业基地，是东北地区重要的经济增长极，肩负着振兴东北排头兵的重要使命。通过研究《吉林省国民经济和社会发展第十三个五年规划纲要》、《吉林省国民经济和社会信息化"十三五"规划》、《吉林省新型城镇化规划（2014~2020年）》、《吉林省城镇体系规划（2006~2020 年）》、《东北振兴"十三五"规划》、《吉林省住房和城乡建设事业"十三五"规划》、《吉林省主体功能区规划》等规划和政策，踊跃响应"如期全面建成小康社会"战略布局，贯彻落实和遵守"质量更高、效益更好、结构更优、优势充分释放的发展新路"等理念，侧重关注"经济保持中高速增长"、"区域发展更加协调"、"结构调整取得实质进展"、"民生改善持续加强"、"改革开放全面深化"、"生态文明建设取得新进展"等宏观政策与规划建设目标，以地理国情监测数据、人文地理国情统计数据、环境监测数据、泛在地理信息大数据为基础，最终确定5个一级主题、21个二级主题，并据此设计相应的模型和指标（表4.16）。以期能够为政府制订吉林省的空间规划提供决策支持。

表 4.16 吉林省地理国情辅助决策综合统计分析的主题选取

一级主题	二级主题	分析模型	形成指标
协调发展	城镇化质量	城镇化质量测度模型；城镇化质量时空格局测度模型；城镇化质量影响因子及其相对重要性测度模型；城镇化质量类型划分模型；城镇化水平与城镇化质量耦合模型	城镇化质量指数；城镇化质量时空格局指数；城镇化质量影响因子相对重要性指数；城镇化质量类型划分指数；城镇化水平与城镇化质量耦合指数
	新区建设	产城融合度测度模型；产城融合度影响因子及其相对重要性测度模型；产城融合效益测度模型；产城融合效率测度模型；新区产业集群空间结构测度模型；新区产业功能空间结构测度模型；新区土地集约节约利用综合绩效评价模型；新区空间优化模型	产城融合度指数；产城融合度影响因子相对重要性指数；产城融合效益指数；产城融合效率指数；新区产业集群空间结构指数；新区产业功能空间结构指数；新区土地集约节约利用综合绩效指数
	民族地区建设	民族地区基础设施建设绩效综合评价模型；民族地区特色产业开发绩效综合评价模型；民族地区特色村镇建设绩效综合评价模型；民族地区基本公共服务建设绩效综合评价模型	民族地区基础设施建设绩效综合评价指数；民族地区特色产业开发绩效综合评价指数；民族地区特色村镇建设绩效综合评价指数；民族地区基本公共服务建设绩效综合评价指数
农业现代化	粮食生产能力	粮食生产能力测度模型；粮食生产能力影响因素及其相对重要性测度模型；粮食生产效率测度模型；粮食生产能力预测模型；粮食生产效率影响因素及其相对重要性测度模型；耕地质量与粮食生产能力耦合模型；粮食生产能力与劳动力转移关联模型	粮食生产能力指数；粮食生产能力影响因素相对重要性指数；粮食生产效率指数；粮食生产效率影响因素相对重要性测度指数；耕地质量与粮食生产能力耦合指数；粮食生产能力与劳动力转移关联指数
	藏粮与地	"数量-质量-结构-生态"视域下的耕地保护绩效综合评价模型；农村土地整治成效评价研究；"数量-质量-景观"耦合视域下的耕地占卜平衡测度模型；耕地服务价值测度模型；耕地保护补偿价值测度模型；休耕规模测度模型；休耕空间布局模型；基本农田空间域识别模型	"数量-质量-结构-生态"视域下的耕地保护绩效综合评价指数；农村土地整治成效评价研究；"数量-质量-景观"耦合视域下的耕地占卜平衡指数；耕地服务价值指数；耕地保护补偿价值指数；休耕规模指数；休耕空间布局指数；基本农田空间域识别指数
	农业产业结构	农业产业物理结构测度模型；农业产业空间结构测度模型；农业产业景观结构测度模型；农业产业功能结构测度模型；农业产业结构合理性综合评价模型；农业产业结构与农业总产值耦合模型；农业产业结构与科技创新耦合模型；农业产业结构与农民收入耦合模型；农业产业结构与农地流转耦合模型；农业产业结构优化模型	农业产业物理结构指数；农业产业空间结构指数；农业产业景观结构指数；农业产业功能结构指数；农业产业结构合理性综合评价指数；农业产业结构与农业总产值耦合指数；农业产业结构与科技创新耦合指数；农业产业结构与农民收入耦合指数；农业产业结构与农地流转耦合指数
	智慧农业	农业机械化水平综合评价模型；农村信息化水平综合评价模型；农业物联网服务水平综合评价模型；农产品安全溯源信息化能力综合评价模型；农业灾害智能预警能力综合评价水平；农村物流体系建设水平综合评价模型	农业机械化水平综合评价指数；农村信息化水平综合评价指数；农业物联网服务水平综合评价指数；农产品安全溯源信息化能力综合评价指数；农业灾害智能预警能力综合评价水平；农村物流体系建设水平综合评价指数
基本公共服务清单	公共教育	"可达性-承载力-质量-覆盖度"视域下的学前教育均等化测度模型；学前教育资源优化布局模型；"可达性-承载力-质量-覆盖度"视域下的义务教育均等化测度模型；义务教育资源优化布局模型	"可达性-承载力-质量-覆盖度"视域下的学前教育均等化指数；学前教育资源优化布局指数；"可达性-承载力-质量-覆盖度"视域下的义务教育均等化指数

续表

一级主题	二级主题	分析模型	形成指标
基本公共服务清单	就业创业	公共就业创业保障服务平台建设空间绩效评价模型；人力资源市场城乡一体化水平评价模型；创业社会环境友好度综合评价模型；失业援助能力综合评价模型	公共就业创业保障服务平台建设空间绩效指数；人力资源市场城乡一体化水平评价指数；创业社会环境友好度综合评价指数；失业援助能力综合评价指数
	公共文化体育	"可达性-承载力-质量-覆盖度"视域下的公共文化设施均等化测度模型；公共文化设施优化布局模型；"可达性-承载力-质量-覆盖度"视域下的公共体育设施均等化测度模型；公共体育设施优化布局模型	"可达性-承载力-质量-覆盖度"视域下的公共文化设施均等化指数；公共文化设施优化布局指数；"可达性-承载力-质量-覆盖度"视域下的公共体育设施均等化指数；公共体育设施优化布局指数
	住房保障	住房质量测度模型；城镇棚户区改造空间绩效综合评价模型；农村危房改造空间绩效综合评价模型；公共租赁房供给规模测度模型；公共租赁房选址模型	住房质量指数；城镇棚户区改造空间绩效综合评价指数；农村危房改造绩效综合评价指数；公共租赁房供给规模指数
	医疗卫生	"可达性-承载力-质量-覆盖度"视域下的等级医院均等化测度模型；等级医院优化布局模型；"可达性-承载力-质量-覆盖度"视域下的社区医院均等化测度模型；社区医院优化布局模型	"可达性-承载力-质量-覆盖度"视域下的等级医院均等化指数；等级医院优化布局指数；"可达性-承载力-质量-覆盖度"视域下的社区医院均等化指数；社区医院优化布局指数
	社会保险	社会保险空间覆盖度测度模型；社会保障服务平台建设绩效评价模型；医疗、生育保险城乡一体化水平评价模型	社会保险空间覆盖度指数；社会保障服务平台建设绩效评价指数；医疗、生育保险城乡一体化水平评价指数
	养老服务	"可达性-承载力-质量-覆盖度"视域下的养老设施均等化测度模型；养老设施优化布局模型；社会养老能力综合评价模型	"可达性-承载力-质量-覆盖度"视域下的养老设施均等化指数；养老设施优化布局指数；社会养老能力综合评价指数
	残疾人服务	无障碍建设水平综合评价模型；无障碍建设盲区识别模型；无障碍设施优化布局模型；残疾人服务保障能力综合评价模型	无障碍建设水平综合评价指数；无障碍建设盲区识别指数；无障碍设施优化布局指数；残疾人服务保障能力综合评价指数
	社会救助	社会救助对象划分模型；社会救助工程空间绩效测度模型；人口、地区贫困影响因素及其相对重要性测度模型；扶贫信息化建设综合评价模型；特困人员、家庭社会供养能力综合评价模型	社会救助对象划分指数；社会救助工程空间绩效指数；人口、地区贫困影响因素相对重要性测度指数；扶贫信息化建设综合评价指数；特困人员、家庭社会供养能力综合评价指数
经济转型	经济结构调整	经济转型成效综合评价模型；经济转型能力综合评价模型；经济转型效益测度模型；经济转型与FDI技术溢出耦合模型；经济转型与科技创新耦合模型；经济转型与能源消耗耦合模型；经济转型与生态环境耦合模型	经济转型成效综合评价指数；经济转型能力综合评价指数；经济转型效益测度指数；经济转型与FDI技术溢出指数；经济转型与科技创新耦合指数；经济转型与能源消耗耦合指数；经济转型与生态环境耦合指数
	科技创新	科技创新能力综合评价模型；科技创新能力空间效应测度模型；科技创新能力影响因素及其相对重要性测度模型；科技创新效益测度模型；科技创新效率测度模型；科技创新与绿色发展耦合模型	科技创新能力综合评价指数；科技创新能力空间效应指数；科技创新能力影响因素相对重要性指数；科技创新效益指数；科技创新效率指数；科技创新与绿色发展耦合指数
生态短板	清洁空气	空气质量测度模型；空气污染源解析模型；空气污染源强测度模型；空气污染暴露公平性评价模型；空气污染健康风险评价模型；空气污染治理绩效综合评价模型	空气质量指数；空气污染源强测度指数；空气污染暴露公平性评价指数；空气污染健康风险评价指数；空气污染治理绩效综合评价指数
	清洁水体	水体质量测度模型；水体污染源解析模型；水体污染源强测度模型；水体污染暴露公平性评价模型；水体污染健康风险评价模型；水体污染治理绩效综合评价模型	水体质量指数；水体污染源强测度指数；水体污染暴露公平性评价指数；水体污染健康风险评价指数；水体污染治理绩效综合评价指数
	清洁土壤	土壤质量测度模型；土壤污染源解析模型；土壤污染源强测度模型；土壤污染暴露公平性评价模型；土壤污染健康风险评价模型；土壤污染治理绩效综合评价模型	土壤质量指数；土壤污染源强测度指数；土壤污染暴露公平性评价指数；土壤污染健康风险评价指数；土壤污染治理绩效综合评价指数

2. 相关分析与结果

1）经济结构调整专题

A. 背景

经济转型指从高度集中的计划再分配经济体制向市场经济体制转型。经济转型的目的是在一段时间内完成制度创新，实现经济增长方式的转变，从而在转型过程中改变一个地区在世界和区域经济体系中的地位。对地区的经济转型进行综合评价，可以揭示当前经济转型面临的问题，对市场经济的培育和发育具有一定的促进作用。

B. 数据

社会经济统计数据。

C. 方法

从去行政化、全球化、市场化三个维度选取指标体系，借助熵权法构建综合评价指标体系来分析吉林省经济转型状况。其中去行政化综合指标包括人均财政支出、财政预算外收入、国家高新技术开发区等指标，全球化综合指标包括实际利用外资额、国际贸易总额、旅游人数、国际旅游外汇收入等指标，市场化综合指标包括个体经营户数、民营经济比例、房地产投资占全社会固定投资比等指标，最终得到经济转型综合指标。然后借助最小二乘回归，分析经济转型与人均可支配收入的关系。

D. 结果与分析

如图 4.28 所示，长春及延边的经济转型综合得分最大，说明长春转型速度相对较快，表明该地区市场经济发育程度最好。相反地，辽源、四平、白城的经济转型综合指标值较小，表明这些地区市场经济发育相对迟缓。就去行政化综合指标而言，长春、吉林、通化、延边的综合指标值较大，四平、辽源、松原的综合指标值相对较小；就全球化综合指标而言，长春及延边综合指标值较大，其他地区均偏小；就市场化综合指标而言，长春、吉林的综合指标值较大，白城、辽源、白山综合指标值较小。

图 4.29 表示了经济转型与人均可支配收入的关系，两者表现出显著的线性关系（R^2=0.53），提示经济转型可促进经济的发展。以去行政化综合指标、全球化综合指标、市场化综合指标，借助系统聚类将吉林省各市分为 3 个群组（图 4.30）。第一群组包括白城、松原、辽源、四平及白山，这些地区的去行政化、全球化、市场化均表现出较低的水平。第二群组包括吉林、通化及延边，这些地区去行政化和市场化水平较高，但全球化水平较低。第三群组为长春，去行政化、全球化、市场化均表现出较高的水平。

2）清洁土壤专题

A. 背景

随着农业集约化水平的不断提高，施用化肥农药等成为提高土地产出水平的重要途径，同时也对土壤环境造成了严重的威胁。吉林省土壤环境质量总体良好，但局部存在污染，中部黑土区土壤功能下降，西部生态脆弱区土壤"三化"严重。《吉林省清洁土壤行动计划》指出要加强土壤污染防治和综合保护，提升中部黑土地核心区土壤功能、改善西部土壤生态环境，优化东部土壤环境系统，促进土地资源的可持续利用。因此，研究农业生产中污染物投入强度及其对土壤环境的威胁可以发现目前存在的问题，加强对农户施肥行为的监督和引导，维护土壤清洁，实现农业的可持续发展。

B. 数据

农业统计数据。

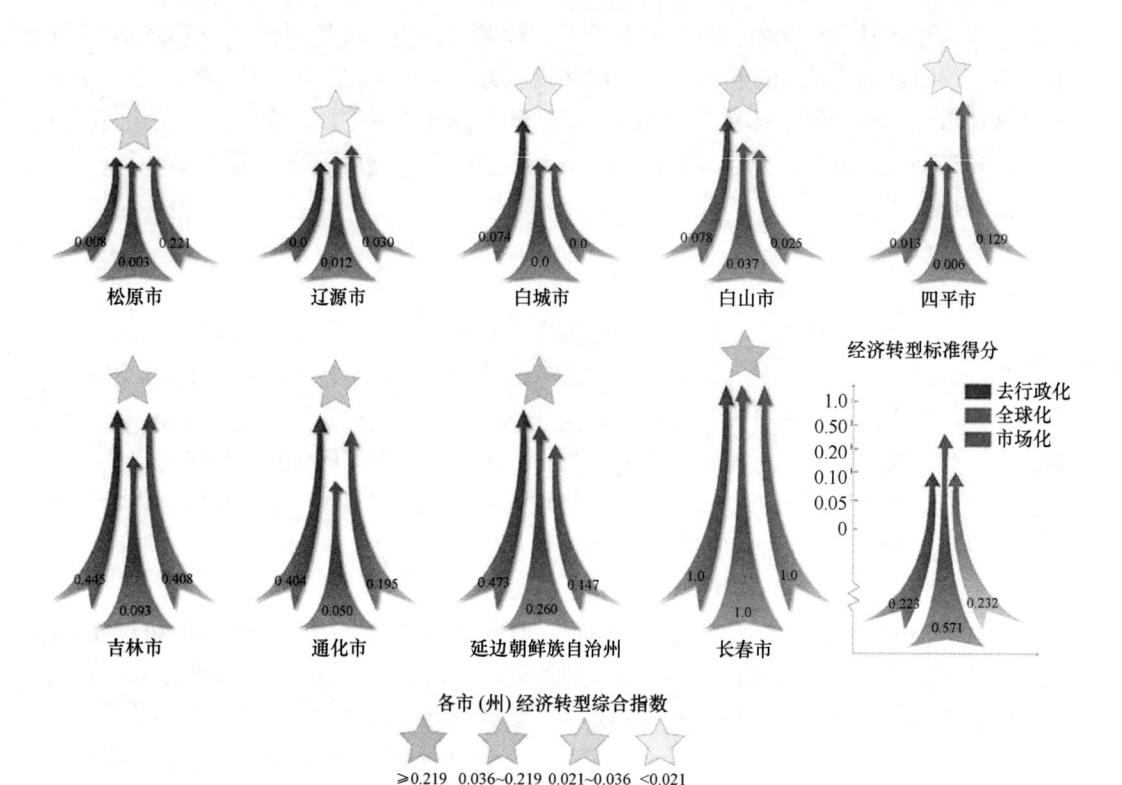

图 4.28　吉林省经济转型分析（彩图附后）

其中数值为相对值，0 并不代表无，而是指经济转型综合指数相对最低

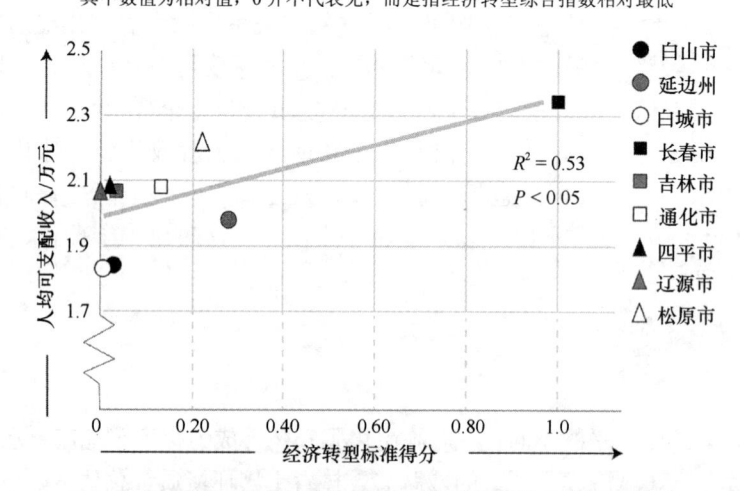

图 4.29　市域尺度下经济转型与人均可支配收入的相关关系

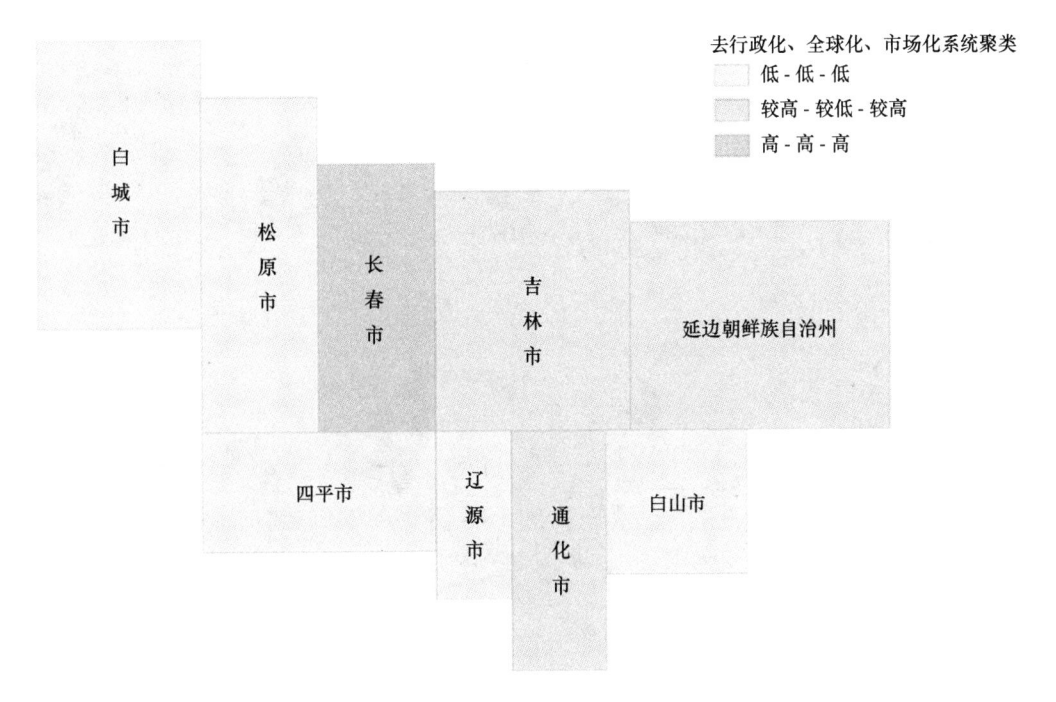

图 4.30　经济转型聚类分析

C. 方法

选取农药、化肥、地膜三个农业污染物投入指标，利用熵权法构建农业污染指数，定量表征农业生产中污染物投入强度及其对土壤环境的威胁。同时，借助地理加权回归分析农业污染指数与农业生产总值的关系。

D. 结果与分析

如图 4.31 所示，长春、松原、四平、白城等地区的农业污染强度较高，而白山、通化、延边朝鲜族自治区等地区的农业污染强度则较低。这一结果表明，农业污染物的过量投入集中出现在吉林省的传统优势农区。农业污染指数与农业生产总值的地理加权回归分析的拟合优度在各个城市均超过 0.78，说明农业污染指数与农业生产总值之间存在较强的线性关系。其中，辽源市和通化市的拟合优度较高。

各市农药、化肥、地膜施用量（图 4.32）反映了各市农业化学投入品的具体数量，其中化肥的施用量量级远超过农药和地膜。吉林省耕地化肥施用量约为每公顷 712kg，远超过发达国家规定的每公顷化肥施用量 225 kg 的上限，其中每公顷化肥施用量最高的为通化、吉林、辽源三市。

农业污染投入与农业总产值回归分析结果（图 4.33）反映了各市化肥、农药、地膜使用量与农业总产值的关系。其中农业化学品的使用与农业总产值均呈现显著的正向线性关系，表明化肥、农药、地膜的使用量越高，农业总产值也越高。说明吉林省还未形成绿色农业生产，应有针对性地加强耕地安全建设。

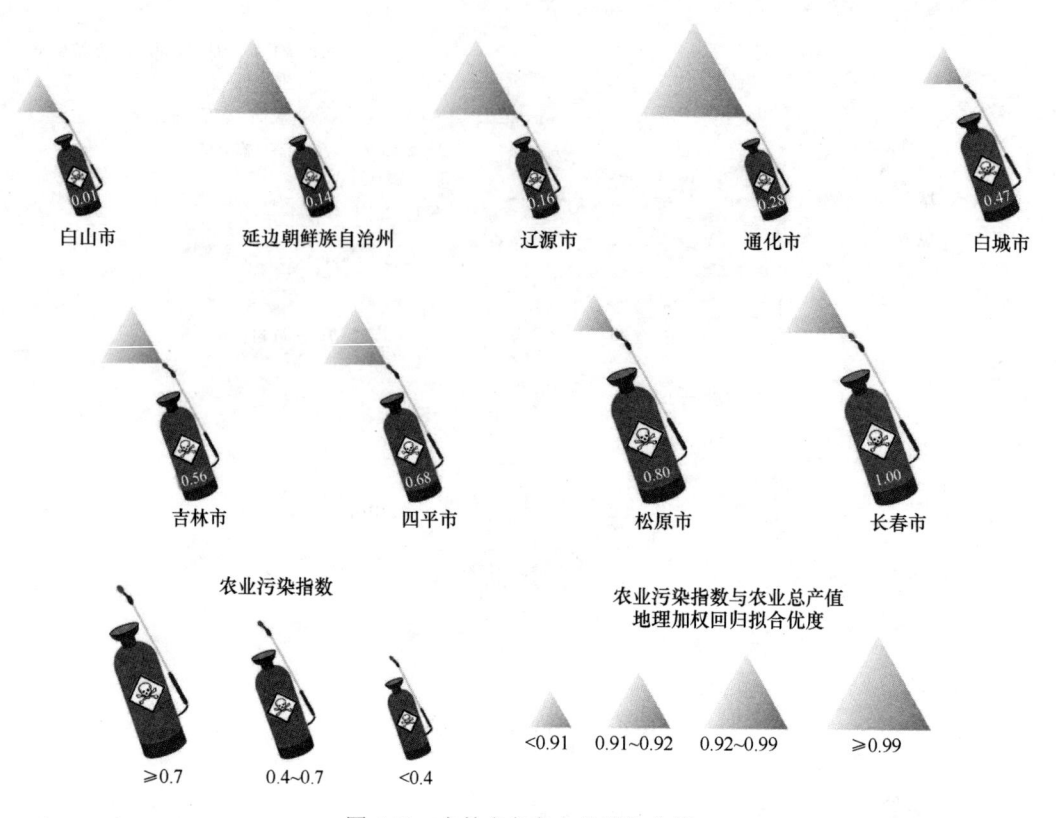

图 4.31 吉林省各市农业污染分析

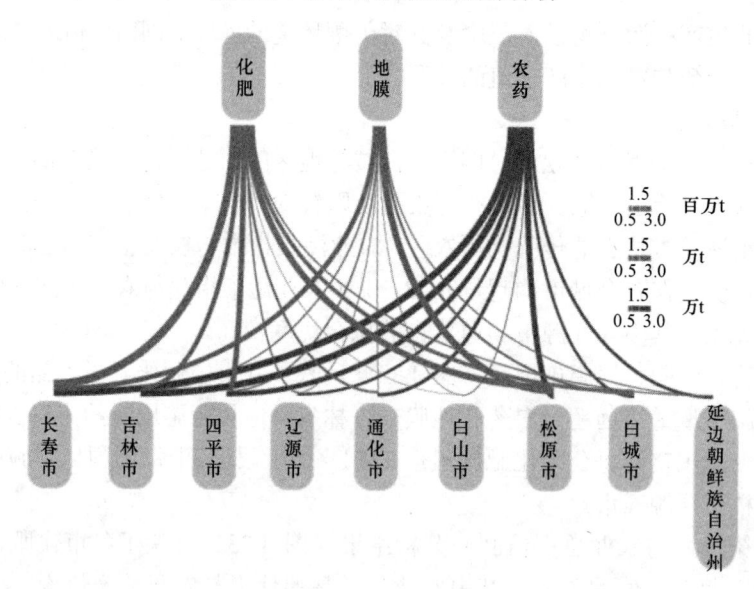

图 4.32 吉林省各市农药、化肥、地膜施用量（彩图附后）

4.5.2 案例 2：北京市

1. 主题选取与方法设计

北京是国家中心城市、超大城市、国际一线城市，全国政治中心、文化中心、国际

· 152 ·

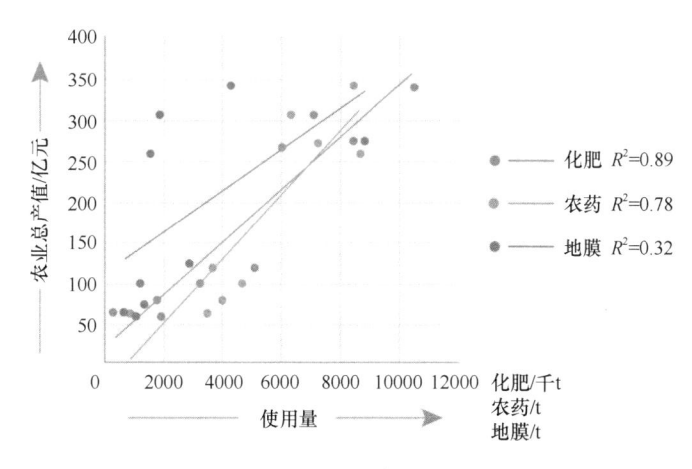

图 4.33　农业污染投入与农业总产值回归分析（彩图附后）

交往中心、科技创新中心。北京也是首批国家历史文化名城和世界上拥有世界文化遗产数最多的城市。作为首都，北京市肩负着引领经济发展新常态、实现城市可持续发展，率先全面建成小康社会的重要使命。通过研究《北京市国民经济和社会发展第十三个五年规划纲要》、《北京城市总体规划（2016～2030 年）》、《"十三五"科技军民融合发展专项规划》、《北京市"十三五"时期环境保护和生态建设规划》、《北京市"十三五"时期能源发展规划》、《北京市城乡结合部建设三年行动计划（2015～2017 年）》、《京津冀协同发展规划纲要》等规划和政策，踊跃响应"国际一流的和谐宜居示范区"战略布局，贯彻落实和遵守"统筹城乡发展、统筹区域发展、统筹经济社会发展、统筹人与自然和谐发展、统筹国内发展和对外开放"等理念，侧重关注"疏解非首都功能"、"建设全球影响力的科技创新中心"、"缓解大城市病"、"提质增效"、"历史文化名城保护"等宏观政策与规划建设目标，以地理国情监测数据、人文地理国情统计数据、环境监测数据、泛在地理信息大数据为基础，最终确定 6 个一级主题、21 个二级主题，并据此设计相应的模型和指标（表 4.17）。以期能够为政府制订北京市的空间规划提供决策支持。

表 4.17　北京市地理国情辅助决策综合统计分析的主题选取

一级主题	二级主题	分析模型	形成指标
非首都功能疏解	非首都功能	首都功能测度模型；北京定位功能测度模型；与首都功能冲突的北京定位功能测度模型；非首都功能综合测度模型；首都功能空间溢出测度模型；非首都功能空间扩散门槛效应测度模型	首都功能指数；北京定位功能指数；与首都功能冲突的北京定位功能指数；非首都功能综合指数；首都功能空间溢出指数；非首都功能空间扩散门槛效应指数
	非首都功能疏解	非首都功能产业集聚测度模型；非首都功能产业集聚驱动力及其相对重要性测度模型；非首都功能产业转移优化模型；非首都功能疏解效果综合评价模型	非首都功能产业集聚指数；非首都功能产业集聚驱动力相对重要性指数；非首都功能产业转移优化指数；非首都功能疏解效果综合评价指数
城市收缩	城市精明收缩	城市精明收缩测度模型；城市精明收缩驱动力及其相对重要性测度模型；城市精明收缩预测模拟模型；城市精明收缩效益综合评价模型；城市精明收缩效率测度模型；违法用地识别模型；违法用地拆除效率测度模型	城市精明收缩指数；城市精明收缩驱动力相对重要性指数；城市精明收缩效益综合评价指数；城市精明收缩效率指数；违法用地指数；违法用地拆除效率指数

续表

一级主题	二级主题	分析模型	形成指标
城市收缩	副中心建设	副中心功能测度模型；副中心区位势测度模型；副中心反引力强度测度模型；中心城-副中心联系互动强度测度模型；中心城-副中心交通模式适用性综合评价模型；副中心公交接驳优化模型；副中心职住平衡模型；副中心相对中心规模合理性综合评价模型	副中心功能指数；副中心区位势指数；副中心反引力强度指数；中心城-副中心联系互动强度指数；中心城-副中心交通模式适用性综合评价指数；副中心公交接驳优化指数；副中心职住平衡指数；副中心相对中心规模合理性综合评价指数
	人口疏解	人-楼-地模式下的人口聚集综合测度模型；人口流动时空模式测度模型；人口迁移时空模式测度模型；人口素质测度模型；人口聚集、流动、迁移、素质影响因素及其相对重要性测度模型；优质公共资源配置与人口疏解耦合模型；城市功能布局与人口疏解耦合模型；副中心建设与人口疏解耦合模型；人口疏解效果综合评价模型	人-楼-地模式下的人口聚集综合指数；人口流动时空模式指数；人口迁移时空模式指数；人口素质指数；人口聚集、流动、迁移、素质影响因素相对重要性指数；优质公共资源配置与人口疏解耦合指数；城市功能布局与人口疏解耦合指数；副中心建设与人口疏解耦合指数；人口疏解效果综合评价指数
城市体检	绿色生态空间	休闲公园空间体系结构测度模型；公园绿地服务能力测度模型；公园绿地空间均等化测度模型；绿地空间网络结构测度模型；微型绿地优化选址模型；立体式绿化绩效评价模型；公共绿道空间网络结构测度模型；公共绿道服务能力测度模型；公共绿道优化模型	休闲公园空间体系结构指数；公园绿地服务能力指数；公园绿地空间均等化指数；绿地空间网络结构指数；立体式绿化绩效评价指数；公共绿道空间网络结构指数；公共绿道服务能力指数
	湖泊水系生态网络	湖泊水系生态网络空间结构测度模型；湖泊水系生态质量综合评价模型；湖泊水系生态服务功能测度模型；湖泊水系生态网络功能连通性测度模型；城市河湖环境品质提升绩效测度模型	湖泊水系生态网络空间结构指数；湖泊水系生态质量综合评价指数；湖泊水系生态服务功能指数；湖泊水系生态网络功能连通性指数；城市河湖环境品质提升绩效指数
	交通拥堵	人-楼-地模式下的居民出行特征测度模型；人-楼-地模式下的车流量空间网络结构测度模型；路网形态与交通拥堵耦合模型；交通拥堵关联因子识别及其相对重要性测度模型；面向交通拥堵的路网优化模型；人-楼-地模式下绿色出行概率测度模型；公共交通-慢行交通一体化测度模型；共享单车优化选址模型	人-楼-地模式下的居民出行特征指数；人-楼-地模式下的车流量空间网络结构指数；路网形态与交通拥堵耦合指数；交通拥堵关联因子识别及其相对重要性指数；人-楼-地模式下绿色出行概率指数；公共交通-慢行交通一体化指数；共享单车需求指数
	空气质量	空气质量综合评价模型；空气质量影响因素及其相对重要性测度模型；空间污染源识别模型；空气污染源源强解析模型；清洁能源推广效率测度模型；空气污染社会经济与健康成本测度模型；空气污染暴露测度模型；空气污染暴露健康风险测度模型；空气污染治理效果评估模型	空气质量综合评价指数；空气质量影响因素及其相对重要性指数；空间污染源识别指数；空气污染源源强解析指数；清洁能源推广效率测度指数；空气污染社会经济与健康成本指数；空气污染暴露指数；空气污染暴露健康风险指数；空气污染治理效果评估指数
	扬尘暴露	扬尘地空间格局测度模型；扬尘暴露测度模型；扬尘暴露健康风险评价模型；扬尘治理绩效综合评价模型	扬尘地空间格局指数；扬尘暴露指数；扬尘暴露健康风险评价指数；扬尘治理绩效综合评价指数
	灾害保障	城市灾害社会脆弱性综合评价模型；城市灾害应急能力综合评价模型；应急避险功能格局测度模型；河道和管网防洪排涝能力测度模型；防洪排涝河道和管网优化模型；海绵城市规划实施效果评价模型	城市灾害社会脆弱性综合评价指数；城市灾害应急能力综合评价指数；应急避险功能格局指数；河道和管网防洪排涝能力指数；海绵城市规划实施效果评价指数
民生保障	一刻钟社区服务圈	一刻钟社区服务圈测度模型；一刻钟社区服务圈类型划分模型；一刻钟社区服务圈盲区识别模型；一刻钟社区服务圈优化模型	一刻钟社区服务圈指数；一刻钟社区服务圈类型划分指数；一刻钟社区服务圈盲区识别指数
	公共服务设施覆盖率	（养老、教育、医疗、体育、文化）公共设施服务能力测度模型；（养老、教育、医疗、体育、文化）公共设施服务覆盖率测度模型；（养老、教育、医疗、体育、文化）公共设施服务盲区测度模型；（养老、教育、医疗、体育、文化）公共设施优化选址模型	（养老、教育、医疗、体育、文化）公共设施服务能力指数；（养老、教育、医疗、体育、文化）公共设施服务覆盖率指数；（养老、教育、医疗、体育、文化）公共设施服务盲区指数

续表

一级主题	二级主题	分析模型	形成指标
民生保障	住房保障	房价空间分布测度模型；房价影响因子及其相对重要性测度模型；住房质量测度模型；住房保障需求测度模型；住房保障覆盖范围划定模型；住房保障量测度模型；住房保障政策实施效果评价模型	房价空间分布指数；房价影响因子相对重要性指数；住房质量测度指数；住房保障需求指数；住房保障覆盖范围指数；住房保障量测度指数；住房保障政策实施效果评价指数
提质增效	宜居性	人-楼-地模式下的小区宜居性综合评价模型；小区宜居性空间格局测度模型；小区宜居性类型划分模型；宜居性与房价耦合模型；小区宜居性均等化测度模型；宜居大都市建设效率测度模型；宜居大都市建设效益测度模型；宜居性与经济性协调发展测度模型	人-楼-地模式下的小区宜居性综合评价指数；小区宜居性空间格局指数；小区宜居性类型划分指数；宜居性与房价耦合指数；小区宜居性均等化指数；宜居大都市建设效率指数；宜居大都市建设效益指数；宜居性与经济性协调发展指数
	智慧城市	智慧城市综合评价模型；智慧城市建设效益测度模型；智慧城市建设驱动力及其相对重要性测度模型；智慧城市政策实施效果评价模型；智慧城市与科技创新耦合模型	智慧城市综合评价指数；智慧城市建设效益指数；智慧城市建设驱动力相对重要性指数；智慧城市政策实施效果评价指数；智慧城市与科技创新耦合指数
	科技创新	科技军民融合发展创新测度模型；产学研创新测度模型；世界高端人才吸引力测度模型；创新创业生态系统健康测度模型；科技创新能力测度模型；科技创新成果转化能力测度模型	科技军民融合发展创新指数；产学研创新指数；世界高端人才吸引力指数；创新创业生态系统健康指数；科技创新能力指数；科技创新成果转化能力指数
	经济转型	国际交往中心功能测度模型；经济转型测度模型；经济转型驱动力及其相对重要性测度模型；经济转型与"去城市病"耦合模型；经济转型与科技创新耦合模型；经济转型效益测度模型；经济转型效率测度模型	国际交往中心功能指数；经济转型指数；经济转型驱动力相对重要性指数；经济转型与"去城市病"耦合指数；经济转型与科技创新耦合指数；经济转型效益指数；经济转型效率指数
历史文化名城保护	地名区位	地名文化空间聚集测度模型；地名文化空间结构测度模型；地名文化景观格局测度模型	地名文化空间聚集指数；地名文化空间结构指数；地名文化景观格局指数
	文化景观	历史文化景观空间网络结构测度模型；历史文化景观战略点识别模型；历史景观廊道识别模型；历史文化景观源汇识别模型；历史文化景观功能测度模型；历史文化景观泛社会价值测度模型；历史文化景观空间保护效率测度模型；历史文化景观与城市景观融合测度模型；历史文化景观格局优化模型	历史文化景观空间网络结构指数；历史文化景观战略点识别指数；历史景观廊道识别指数；历史文化景观源汇识别指数；历史文化景观功能测度指数；历史文化景观泛社会价值指数；历史文化景观空间保护效率指数；历史文化景观与城市景观融合指数
	历史文化街区开发与保护	历史文化街区空间特性测度模型；历史文化街区活力综合评价模型；历史文化街区旅游开发适宜性评价模型；历史文化街区保护区划模型；商业性历史文化街区保护性利用效率测度模型	历史文化街区空间特性指数；历史文化街区活力综合评价指数；历史文化街区旅游开发适宜性评价指数；历史文化街区保护区划指数；商业性历史文化街区保护性利用效率指数

2. 相关分析与结果

1）城市收缩主题

A. 背景

在北京市疏解非首都功能、实现城市精明收缩的大背景下，深入分析城市形态的空间格局，摸清城市规模的内在驱动因素，获取城市规模演变过程所遵循的规律，才能准确预测城市规模的未来发展趋向，采取有效的疏导措施，为规划与建设合理有序、可持续发展的城市提供支持。

B. 数据

2005年、2010年和2015年北京市建设用地数据、路网数据（包括城市道路、高速公路和铁路网）、水系数据（包括线状的河流和面状的湖泊、水库）、各级城镇中心点数据、保护性限制开发区域的数据、DEM数据。

C. 方法

选取平均斑块面积指标分析建筑形态紧凑度,并选取五种高效稳定的机器学习算法(支持向量机、径向基函数神经网络、随机森林、提升树回归、粗糙集),借助集成学习构建元胞自动机模拟模型。以北京市 2005 年、2010 年和 2015 年的建设用地数据进行训练和精度验证,预测因子分为辅助因子和控制因子,其中,辅助因子数据包括距离因子(距道路距离(细分为距铁路、公路、高速路距离)、距市(镇)中心距离、到卫星城中心距离、到河流距离、到湖泊或水系的距离数据)、地形因子(坡度数据)和其他因子。鉴于北京市的文物古迹及历史保护区域较多,故本书将这类保护性限制开发区域选为限制因子。分别使用 bagging 算法和 stacking 算法构建不同的集成学习元胞自动机模型,使用 240 组随机选择的样本来计算预测精度,挑选出最佳的基于集成学习的元胞自动机模型。为了证明该模型相对优于传统的基于经验统计模型的元胞自动机方法(基于普通最小二乘回归和空间自回归),进一步比较了二者预测的准确性。最后,使用该模型利用北京市 2005 年和 2015 年数据预测北京市 2023 年城市规模。

D. 结果与分析

由图 4.34 可以看出,中心城市建设用地分布较为紧凑,而近郊、远郊等区县的建设用地分布较为破碎。这一结果提示郊区应该成为城市收缩工程的重要切入口。从预测结果(表 4.18)可以看出,机器学习算法预测精度高于经验统计模型算法。同时本书也给出了 bagging 算法和 stacking 算法的预测精度,结合 bagging 算法之后各机器学习算法的预测精度显著提高,但仍不及 stacking 算法的预测精度。在本书所列方法中,使用 stacking 算法叠加支持向量机、粗糙集和径向基函数神经网络三种算法的预测精度最高。2023 年预测结果如图 4.35 所示。在政策及其他因素不变的情况下,2023 年

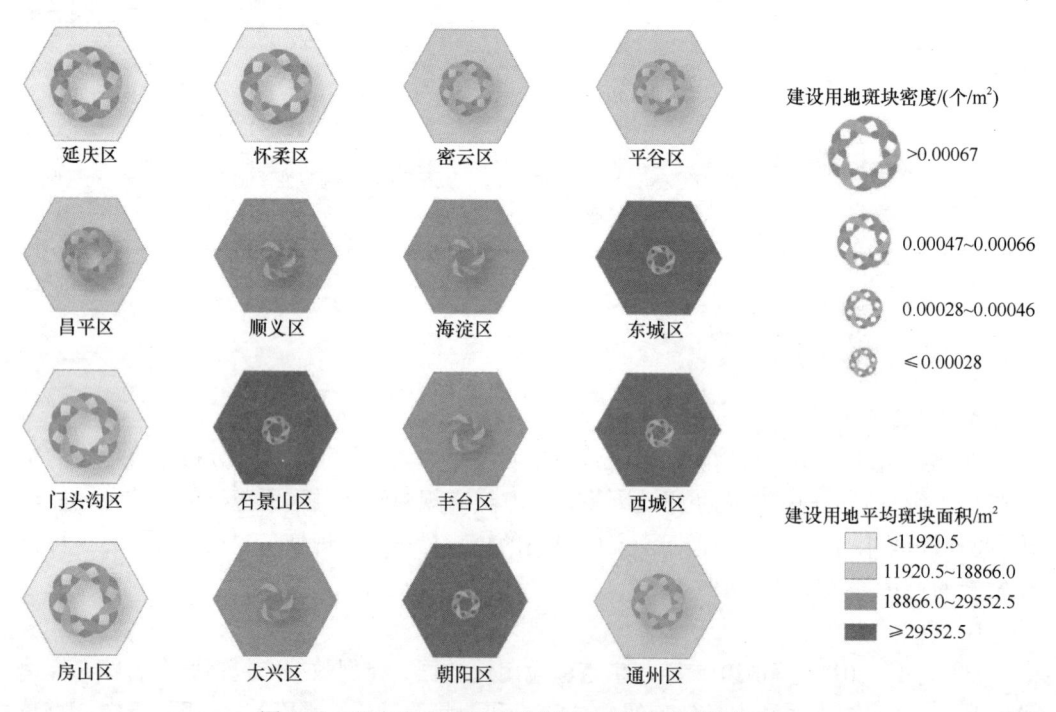

图 4.34 北京市各地区建设用地破碎度(彩图附后)

表 4.18　各模型预测效果　　　　　　　（单位：%）

单个模型	预测精度	bagging 算法	预测精度	stacking 算法	预测精度
SVM	69.1	SVM	77.5	SVM+ RSs	81.1
RBF-NN	65.5	RBF-NN	72.9	SVM+RSs+RBF-NN	84.7
RFs	63.2	RFs	70.5	SVM+RSs+RBF-NN+ RFs	74.3
BTR	60.1	BTR	68.4	SVM+RSs+RBF-NN+ RFs+BTR	73.9
RSs	68.0	RSs	75.9		
OLs	48.4				
SAR	56.7				

注：SVM. 支持向量机；RBF-NN. 径向基函数神经网络；RFs. 随机森林；BTR. 提升树回归；RSs. 粗糙集；OLs. 普通最小二乘回归；SAR. 空间自回归。

将新增建设用地 230 km^2。从空间分布上来看，北京市建设用地整体范围并未明显扩大，在总体轮廓不变的情况下内部分布具有趋于密集的趋势，新增建设用地主要分布在已有的建设用地的边缘。在剔除掉随机点的影响之后，可以看出北京市四环以内并无明显新增点，这说明北京市中心城区建设用地已趋于饱和。新增点主要聚集在四环和五环外的通州区、大兴区和房山区的南侧，以及平谷区西南侧这些靠近天津与河北的区域，这也将是除北京市中心城区以外"疏解"北京市所需要关注的重点区域；怀柔区、昌平区、门头沟区和房山区的建设用地基本保持不变，这与这些地区山地坡度较大并且有大量禁止开发区域有关。

2）交通拥堵专题

A. 背景

出租车客运系统是城市交通的重要组成，是城市轨道交通和常规公交客运的重要补充。目前北京市出租车行业面临着诸多问题如供不应求、分布不均衡、空驶率高等，这也从侧面加重了交通拥堵等问题，同时也严重影响到了出租车的便捷、高效、舒适的优势特性，这就更加迫切地体现出出租车调度管理对交通出行质量的重要性。充分挖掘出租车载客的热点区域，可为出租车的调度和管理提供信息辅助和决策支持。

B. 数据

出租车 GPS 大数据。

C. 方法

首先利用七台服务器搭建了一个 Hadoop 集群平台，包括硬件和软件环境。然后将原始出租车数据（一周工作日）上传到 Hadoop 集群平台，以分布式文件的形式存储在 Hadoop 集群的平台上，进而设计基于 MapReduce 框架的程序进行数据的清洗和二次排序，最后提取出出租车载客位置时的经纬度坐标。设计 K-Means 并行化聚类算法，并通过加速比、扩展率和数据伸缩率 3 个预实验证明该聚类算法具有良好的并行性能，适合用于大量出租车数据的挖掘。然后使用该算法挖掘出北京市的载客热点区域。最后结合北京市实景地图对载客热点进行可视化分析。

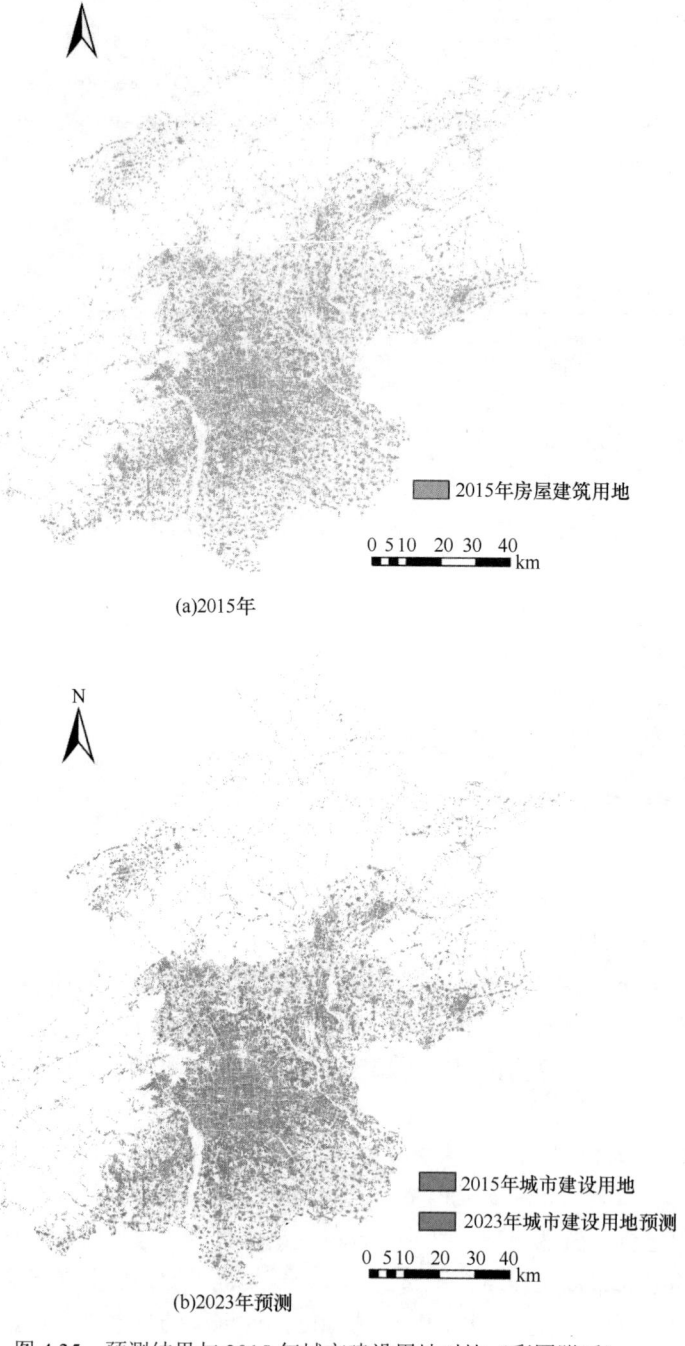

图 4.35 预测结果与 2015 年城市建设用地对比（彩图附后）

D. 结果与分析

分析结果如图 4.36 所示。可以看出，载客热点随着时间发生较大的变化。凌晨主要分布在机场路附近，随后热点开始出现在东城区和朝阳区内，白天各个区域都有较多的热点。从迁徙轨迹来看（图 4.37），居民主要去向有主要的商业区或者工作地集中区。

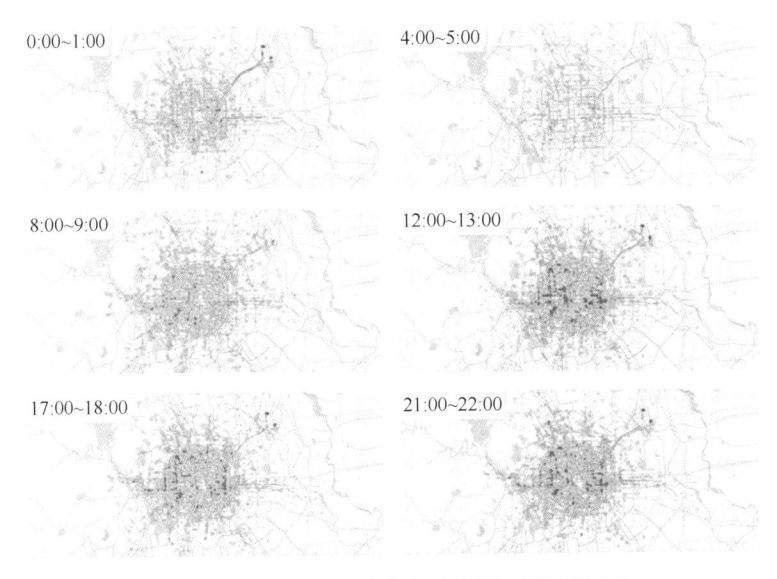

图 4.36 工作日出租车载客热点图（彩图附后）

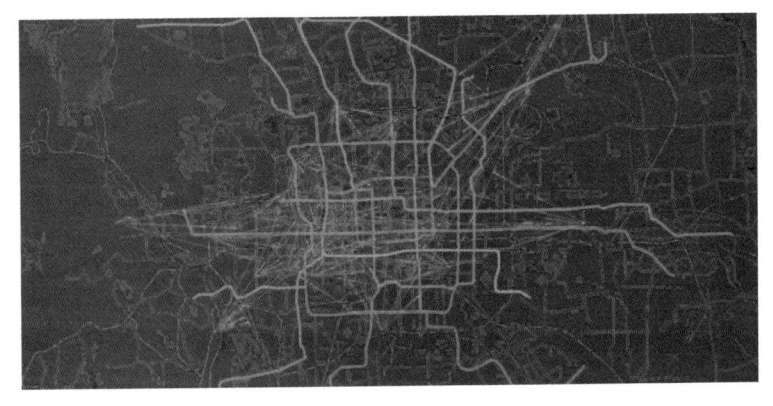

图 4.37 工作日出租车迁徙图（彩图附后）

3）副中心建设专题

A. 背景

就业与居住的空间关系在很大程度上决定了城市交通的特征与效率。相关统计数据显示，北京市每年因交通拥堵导致的人均成本超过 7972 元，成为因交通拥堵损失最大的城市；而北京市每天有超过 180 万人上班距离超过 80km，高峰时段每出行 1 小时就有 30 分钟耗费在严重的堵车上，通勤族每月因拥堵造成的时间成本近千元。职住失衡必然引发大规模、长距离、潮汐式的通勤交通需求，进而加剧早晚高峰时段的交通拥堵。副中心建设的重要目标之一就是实现职居平衡，进而有效疏解非首都功能，提高城市效率和居民生活质量。

B. 数据

人口普查数据、住房数据、土地利用数据。

C. 方法

引入"职住比"、"职住空间匹配指数"度量北京通州区在乡镇及街道两个尺度上职住关系，并量化分析研究区职住空间不匹配程度。职住比指标由研究单元内从业人口与居住人口数量的比值来表示，反映地区内就业-居住的数量上平衡性。职居空间匹配指数（SMI）可以衡量地区的职居空间匹配情况，SMI 值越小，表明职居空间越平衡；反之越大，则表示职居空间不匹配现象越严重。其计算方法如式（4.1）所示：

$$\text{SMI} = \frac{1}{2}\sum_{i}^{n}\left|\frac{p_i}{p} - \frac{\varepsilon_i}{E}\right| \tag{4.1}$$

式中，E 和 p 分别为研究区域内（各街道）的就业人数和总人口数；ε_i 和 p_i 为局部单元（各乡镇）i 内的就业人数和总人口数；n 为局部单元的数量。

D. 结果与分析

图 4.38 显示通州区北部区域的职居空间匹配指数值较低，反映出这些区域的职居空间匹配程度较为均衡，进一步分析表明，这些区域主要位于通州副中心范围内的永顺街道、新华街道、梨园街道、宋庄镇、玉桥街道和中仓街道。

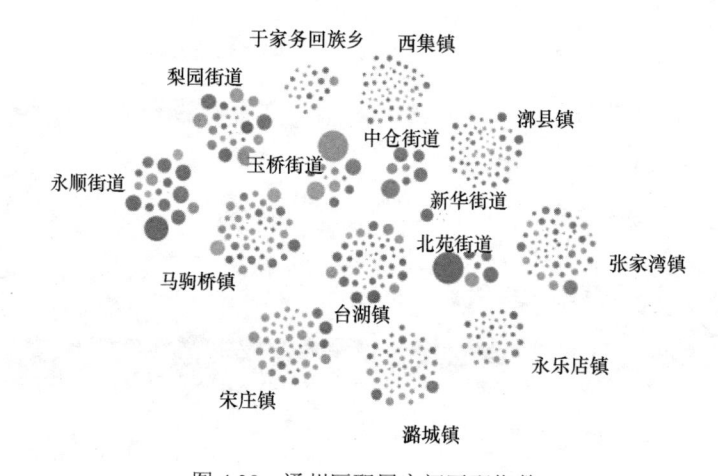

图 4.38 通州区职居空间匹配指数

4.5.3 案例 3：上海市

1. 主题设计和方法设计

上海是我国的超大城市，经济、交通、科技、工业、金融、贸易、会展和航运中心。同时，上海也是世界一线城市，全球人口规模和面积最大的都会区之一。上海承担着到 2020 年基本建成国际经济、金融、贸易、航运中心和社会主义现代化国际大都市的国家战略，肩负着继续当好全国改革开放排头兵、创新发展先行者的重要使命。通过研究《上海市国民经济和社会发展第十三个五年规划纲要》、《上海市住房发展"十三五"规划》、《上海市城市总体规划 2016~2040 年》、《上海市海绵城市专项规划》、《上海市环境保护和生态建设"十三五"规划》等规划和政策，踊跃响应"建设卓越的全球城市"战略布局，贯彻落实和遵守"创新发展、协调发展、绿色发展、开放发展、共享发展"等理念，侧重关注"更具活力的创新之城"、"更富魅力的人文之城"、"更可持续发展的生态之城"、"开放紧凑的市域空间格局"等宏观政策与规划建设目标，以地理国情监测数据、人文地理国情统计数据、环境监测数据、泛在地理信息大数据为基础，最终确定 4 个一级主题、31个二级主题，并据此设计相应的模型和指标（表4.19）。以期能够为政府制订上海市的空间规划提供决策支持。

表4.19 上海市地理国情辅助决策综合统计分析的主题选取

一级主题	二级主题	分析模型	形成指标
引领长三角	近沪地区同城发展	城际交通通达性测度模型；城际交通网络发育质量测度模型；城际交通网络优化模型；卫星城识别模型；中心城市辐射范围识别模型；同城发展效益综合评价模型	城际交通通达性指数；城际交通网络发育质量指数；城际交通网络优化指数；卫星城指数；中心城市辐射强度指数；同城发展效益指数
	经济溢出与网络	经济空间溢出效应测度模型；产业集群测度模型；产业扩散测度模型；经济联系强度测度模型；经济合作网络结构测度模型；经济密度、距离、整合度3D综合评价模型；绿色技术创新门槛效应测度模型	经济空间溢出效应指数；产业集群指数；产业扩散指数；经济联系强度指数；经济合作强度指数；经济密度、距离、整合度3D综合指数；绿色技术创新门槛效应指数
	航空机场群联动	空铁联运整合度模型；空铁联运优化模型；航空机场群识别模型；航空机场群联动强度测度模型；航空机场群联动效益测度模型；航空机场群网络优化模型；综合交通运输一体化融合模型；综合交通运输一体化效益测度模型；综合交通运输一体化优化模型	空铁联运整合度指数；空铁联运优化指数；航空机场群联动强度指数；航空机场群联动效益指数；综合交通运输一体化指数；综合交通运输一体化效益指数；综合交通运输一体化优化指数
	生态保护协同发展	跨区域生态环境功能区划模型；跨区域水环境功能分区模型；跨区域生态保护红线区划模型；跨区域环境监管效率综合评价模型；跨区域生态补偿测度模型	跨区域生态环境功能指数；跨区域水环境功能分区指数；跨区域生态保护红线指数；跨区域环境监管效率指数；跨区域生态补偿指数
	文化共融	文化战略资源空间域识别测度模型；文化战略资源空间结构测度模型；文化战略资源保护空间识别模型；文化空间类型划分模型；文化分异强度测度模型；跨圈层文化联动开发潜力综合评价模型；旅游与文化产业联动开发潜力综合评价模型；体育与文化产业联动开发潜力综合评价模型；跨区域文化融合与经济增长耦合模型	文化战略资源空间域指数；文化战略资源空间结构指数；文化战略资源保护空间指数；文化空间类型划分指数；文化分异强度指数；跨圈层文化联动开发潜力综合指数；旅游与文化产业联动开发潜力综合指数；体育与文化产业联动开发潜力综合指数；跨区域文化融合与经济增长耦合指数
	海港资源整合	港口竞合关系测度模型；合作网络结构测度模型；海港资源整合绩效综合评价模型；海港资源整合优化模型	港口竞合关系指数；合作网络联系强度指数；海港资源整合绩效综合评价指数；海港资源整合优化指数
城市空间格局	绵延区边界识别	中心城区边界识别模型；绵延区边界识别模型；绵延区空间结构测度模型；绵延区变化驱动力识别模型；绵延区预测模型	中心城区边界指数；绵延区边界指数；绵延区空间结构指数；绵延区变化驱动力重要性指数
	城乡体系识别	多维度城乡空间体系识别模型；多维度城乡空间体系匹配模型；城乡体系变化驱动力识别模型；组团空间结构测度模型；组团空间结构优化模型	城乡空间体系多维指数；城乡空间体系多维匹配指数；城乡体系变化驱动力相对重要性指数；组团空间结构指数
	土地立体化利用	建筑立体化综合评价模型；交通立体化综合评价模型；绿化立体化综合评价模型；土地立体化利用驱动力识别模型；土地立体化效益综合评价模型；土地立体化效率综合评价模型；土地立体化预测模型	建筑立体化综合评价指数；交通立体化综合评价指数；绿化立体化综合评价指数；土地立体化利用驱动力相对重要性指数；土地立体化效益综合评价指数；土地立体化效率综合评价指数
	市镇职能划分	市镇职能测度模型；市镇职能空间域划分模型；市镇职能空间结构测度模型；市镇职能空间组织效能测度模型；市镇职能优化模型；市镇职能与土地利用耦合模型	市镇职能指数；市镇职能空间域指数；市镇职能空间结构指数；市镇职能空间组织效能指数；市镇职能与土地利用耦合指数
	街道形态与活力	街道水平形态肌理测度模型；街道垂直形态肌理测度模型；街道活力测度模型；街道形态与活力耦合模型	街道水平形态肌理指数；街道垂直形态肌理指数；街道活力指数；街道形态与活力耦合指数
	文化景观空间	地名文化景观空间结构测度模型；不同类型地名文化景观空间融合与排斥测度模型；文化景观空间传统性综合评价模型；传统文化保护空间绩效模型	地名文化景观空间结构指数；不同类型地名文化景观空间融合与排斥指数；文化景观空间传统性综合评价指数；传统文化保护空间绩效指数

续表

一级主题	二级主题	分析模型	形成指标
城市空间格局	色彩景观空间	水平空间色彩测度模型；垂直空间色彩测度模型；色彩景观格局测度模型；色彩景观与文化景观耦合模型	水平空间色彩指数；垂直空间色彩指数；色彩景观格局指数；色彩景观与文化景观耦合指数
	屋顶绿化空间	屋顶绿化空间结构测度模型；屋顶绿化潜力综合评价模型；屋顶绿地生态服务测度模型；屋顶绿化效益与成本权衡模型；屋顶绿化优化模型	屋顶绿化空间结构指数；屋顶绿化潜力综合评价指数；屋顶绿地生态服务指数；屋顶绿化效益与成本权衡指数
	TOD	TOD空间域识别模型；TOD测度模型；TOD类型划分模型；TOD绩效综合评价模型；TOD与TAD区分度模型；TOD潜力综合评价模型；TOD优化选址模型	TOD空间域指数；TOD指数；TOD类型指数；TOD绩效综合评价指数；TOD与TAD区分度指数；TOD潜力综合评价指数
	公共交通系统	公共交通系统网络结构测度模型；公共交通系统流量测度模型；公共交通系统空间效率测度模型；公共交通系统低碳发展综合评价模型；公共交通系统与城市形态耦合模型；公共交通系统均等化测度模型；公共交通系统优化模型	公共交通系统网络结构指数；公共交通系统流量指数；公共交通系统空间效率指数；公共交通系统低碳发展综合评价指数；公共交通系统与城市形态耦合指数；公共交通系统均等化指数
	慢行交通系统	慢行空间结构测度模型；慢行空间景观品质测度模型；慢行空间感知品质测度；慢行空间网络结构测度模型；慢行空间流量测度模型；慢行空间均等化供给测度模型；慢行空间结构优化模型；慢行空间与城市开放耦合模型；慢行空间与公共交通一体化模型	慢行空间结构指数；慢行空间景观品质指数；慢行空间感知品质指数；慢行空间网络结构指数；慢行空间流量指数；慢行空间均等化指数；慢行空间与城市开放耦合指数；慢行空间与公共交通一体化指数
居民就业与生活	15分钟社区生活圈	社区可步性测度模型；社区可步性均等化测度模型；15分钟生活圈综合评价模型；15分钟生活圈类型划分模型；15分钟生活圈盲区识别模型；15分钟生活圈优化建设模型	社区可步性指数；社区可步性均等化指数；15分钟生活圈综合评价指数；15分钟生活圈类型划分指数；15分钟生活圈盲区指数
	公共服务资源均等化	不同类型公共服务资源（教育、养老、医疗、体育、文化等）需求测度模型；不同类型公共服务资源（教育、养老、医疗、体育、文化等）数量供给均等化测度模型；不同类型公共服务资源质量供给均等化测度模型；不同类型公共服务资源可获性均等化测度模型；不同类型公共服务资源可达性均等化测度模型；公共服务资源综合均等化测度模型；公共服务资源均等化供给优化模型	不同类型公共服务资源（教育、养老、医疗、体育、文化等）需求指数；不同类型公共服务资源（教育、养老、医疗、体育、文化等）数量供给均等化指数；不同类型公共服务资源质量供给均等化指数；不同类型公共服务资源可获性均等化指数；不同类型公共服务资源可达性均等化指数；公共服务资源综合均等化测度指数
	保障性住房和廉租房	弱势群体空间聚集测度模型；弱势群体住房需求测度模型；弱势群体住房质量测度模型；弱势群体购房可负担能力测度模型；保障性住房、廉租房供给盲区识别模型；保障性住房、廉租房优化选址模型	弱势群体空间聚集指数；弱势群体住房需求指数；弱势群体住房质量指数；弱势群体购房可负担能力指数；保障性住房、廉租房供给盲区指数
	公共活动中心体系	公共活动区空间域识别模型；公共活动区空间品质测度模型；公共活动网络体系结构测度模型；公共活动体系等级划分模型；公共活动区覆盖度测度模型；公共活动区优化模型	公共活动区空间域指数；公共活动区空间品质指数；公共活动网络体系结构指数；公共活动体系等级指数；公共活动区覆盖度指数
	创意阶层	创意阶层聚集测度模型；创意阶层聚集影响因素及其相对重要性测度模型；创意阶层聚集与区域经济增长耦合模型；创意产业集群测度模型；创意产业集群影响因素及其相对重要性测度模型；创意产业集群与区域经济增长耦合模型；创意产业布局优化模型	创意阶层聚集指数；创意阶层聚集影响因素相对重要性指数；创意阶层聚集与区域经济增长耦合指数；创意产业集群指数；创意产业集群影响因素相对重要性指数；创意产业集群与区域经济增长耦合指数
	创业环境	创新人才社会包容度测度模型；创业环境友好度测度模型；创新创业地区人才吸引力综合评价模型；创业环境与创新能力耦合模型	创新人才社会包容度指数；创业环境友好度指数；创新创业地区人才吸引力指数；创业环境与创新能力耦合指数
	职住平衡	职住空间临近测度模型；职住空间匹配度测度模型；平均最小通勤量测度模型；过度通勤测度模型；通勤承载力测度模型；职住分散测度模型；职住平衡综合测度模型	职住空间临近指数；职住空间匹配度指数；平均最小通勤量指数；过度通勤测度指数；通勤承载力指数；职住分散指数；职住平衡指数

续表

一级主题	二级主题	分析模型	形成指标
居民就业与生活	消费型休闲娱乐设施	消费型休闲娱乐场所空间结构测度；消费型休闲娱乐场所空间品质测度；消费型休闲娱乐社会需求测度模型；消费型休闲娱乐供需平衡（失配）测度模型；消费型休闲娱乐场所优化模型	消费型休闲娱乐场所空间结构指数；消费型休闲娱乐场所空间品质指数；消费型休闲娱乐社会需求指数；消费型休闲娱乐供需平衡（失配）指数
	人文艺术教育	人文艺术培训机构空间集聚测度模型；人文艺术教育资源空间结构测度模型；人文艺术教育社会需求测度模型；人文艺术教育供需平衡（失配）测度模型；人文艺术培训教育资源优化模型	人文艺术培训机构空间集聚指数；人文艺术教育资源空间结构指数；人文艺术教育社会需求指数；人文艺术教育供需平衡（失配）指数
生态韧性	海绵城市	雨洪灾害脆弱性综合评价模型；下水管线空间网络结构测度模型；下水管线承载力测度模型；下水管线优化模型；城市地标水质综合评价模型；雨水资源利用效率测度模型；可渗透地表与不透水地表空间关系测度模型；可渗透地表空间优化模型	雨洪灾害脆弱性综合评价指数；下水管线空间网络结构指数；下水管线承载力指数；城市地标水质综合评价指数；雨水资源利用效率指数；可渗透地表与不透水地表空间关系指数
	生态空间	蓝绿网空间结构测度模型；楔形绿地空间集聚测度模型；生态空间品质测度模型；生态空间可达性测度模型；生态空间优化模型；生态分区管制划分模型	蓝绿网空间结构指数；楔形绿地空间集聚指数；生态空间品质指数；生态空间可达性指数；生态分区管制指数
	基本农田保护	基本农田景观结构测度模型；基本农田产能测度模型；基本农田保护绩效综合评价模型；基本农田保护补偿测度模型；永久性基本农田划定模型；基本农田利用效率综合评价模型	基本农田景观结构指数；基本农田产能指数；基本农田保护绩效综合评价指数；基本农田保护补偿指数；永久性基本农田划定指数；基本农田利用效率综合评价指数
	环境质量与治理	城市环境质量综合评价模型；城市环境质量影响因子及其相对重要性测度模型；城市环境质量与社会经济耦合；城市环境质量绩效综合评价模型；城市环境污染健康风险综合评价模型	城市环境质量综合评价指数；城市环境质量影响因子相对重要性指数；城市环境质量与社会经济耦合指数；城市环境质量绩效综合评价指数；城市环境污染健康风险综合评价指数
	生态岛建设	生态岛景观生态质量测度模型；生态岛景观格局与生态质量耦合模型；生态岛景观格局优化模型	生态岛景观生态质量指数；生态岛景观格局与生态质量耦合指数

2. 相关分析

1）近沪地区同城发展模型

A. 背景

环杭州湾城市群位于中国中部沿海地区，由两大都市圈（上海大都市圈和杭州都市圈）和四个城市圈（嘉兴城市圈、湖州城市圈、绍兴城市圈、宁波城市圈）组成。这些都市圈和城市圈包括两个特大城市（上海、杭州），以及三个大都市（湖州、嘉兴、绍兴）和 21 个小城市。近年来，该地区以上海为主要核心，在推动同城化进程方面做出了大量探索。与此同时，在此发展过程中也相继出现了各种各样的问题，如"行政区经济"问题、土地开发利用及基础设施建设问题、城市群的产业协调问题和空间体系问题等。这些问题直接关系到城市群的健全发展能否实现。因此，在此背景下对近沪地区同城发展现状进行测算，可为城市群协调发展提出相关政策建议。

B. 数据

社会经济统计数据、土地利用数据、$PM_{2.5}$ 监测数据。

C. 方法

采用曲线拟合和 M-K 检验来分析人均 GDP、收入、$PM_{2.5}$ 的趋势，以衡量全局发展。

用泰尔指数和收敛指标来衡量城市内部差异；用基于城市群内部各城市用地密度的最小成本路径法来分析内部协同水平。用社会网络分析来评价城市群内城市间的功能连接度。其中，城市间的相互作用利用引力模型计算，两个城市之间的距离利用最短旅行时间来衡量，利用主成分分析法将标准化的社会经济指标合成城市规模指数。最后，利用得到的相互作用来分析网络等级与拓扑特征。

D. 结果与分析

选取指标的时间变化趋势结果（图 4.39）显示，人均 GDP 和收入呈现显著的指数增长趋势。这表明在过去的 35 年里经济增长迅速，然而城乡收入差异也越来越大。年平均 $PM_{2.5}$ 表现出明显的二次增长趋势。三种景观指数都呈现出明显的线性或指数增长趋势，这表明城市用地格局变得更加破碎化与不规则。

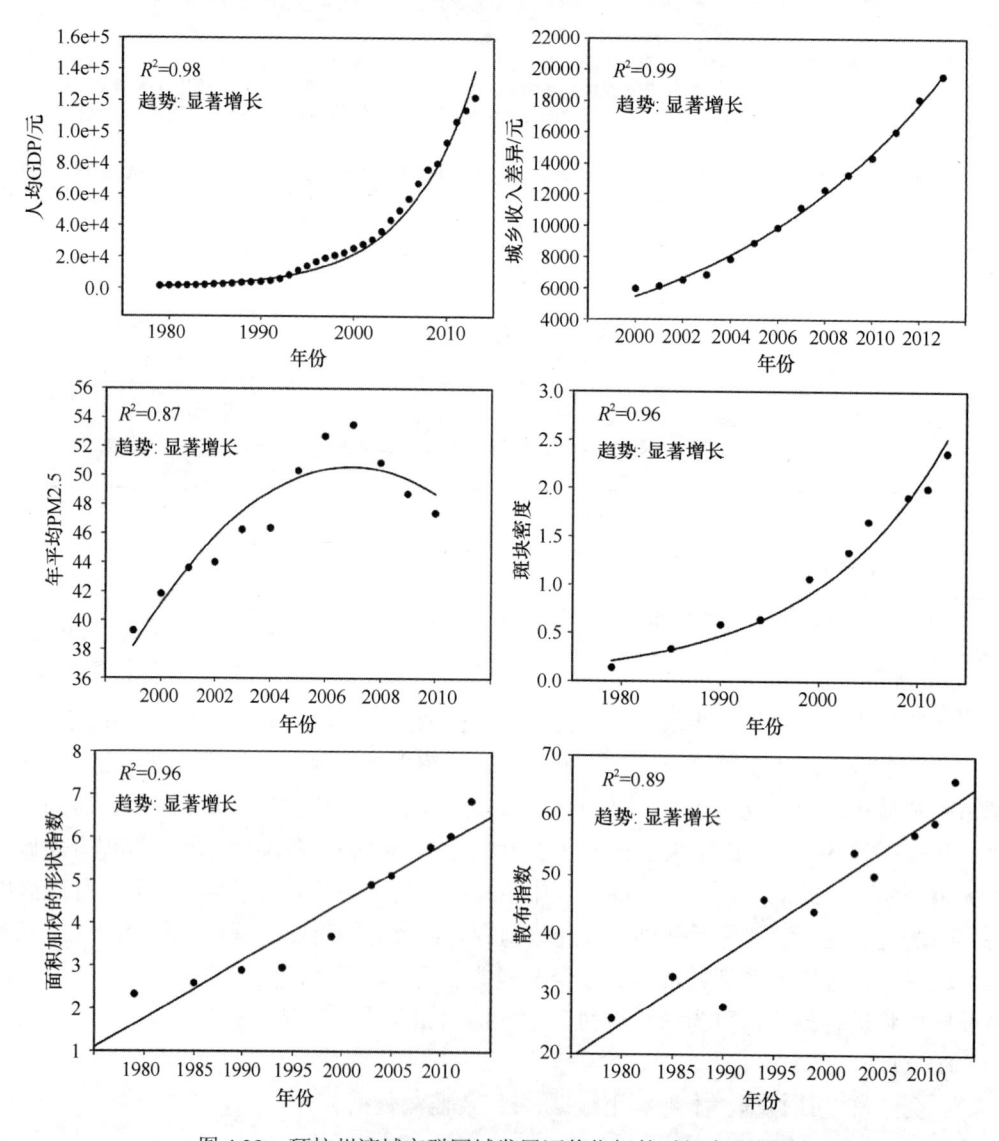

图 4.39 环杭州湾城市群同城发展评价指标的时间变化趋势

泰尔指数变化趋势结果（图4.40）显示，人均GDP的泰尔指数呈现指数型下降趋势，PM$_{2.5}$的泰尔指数表现出线性降低趋势。这表明城市群的城市间经济发展与环境质量的差异缩小了。相反，收入的泰尔指数呈线性增长，表明城乡收入差距变化更加剧烈。三种空间格局指数呈线性降低趋势，表明各城市的城市用地格局趋向于越来越相近的特征。

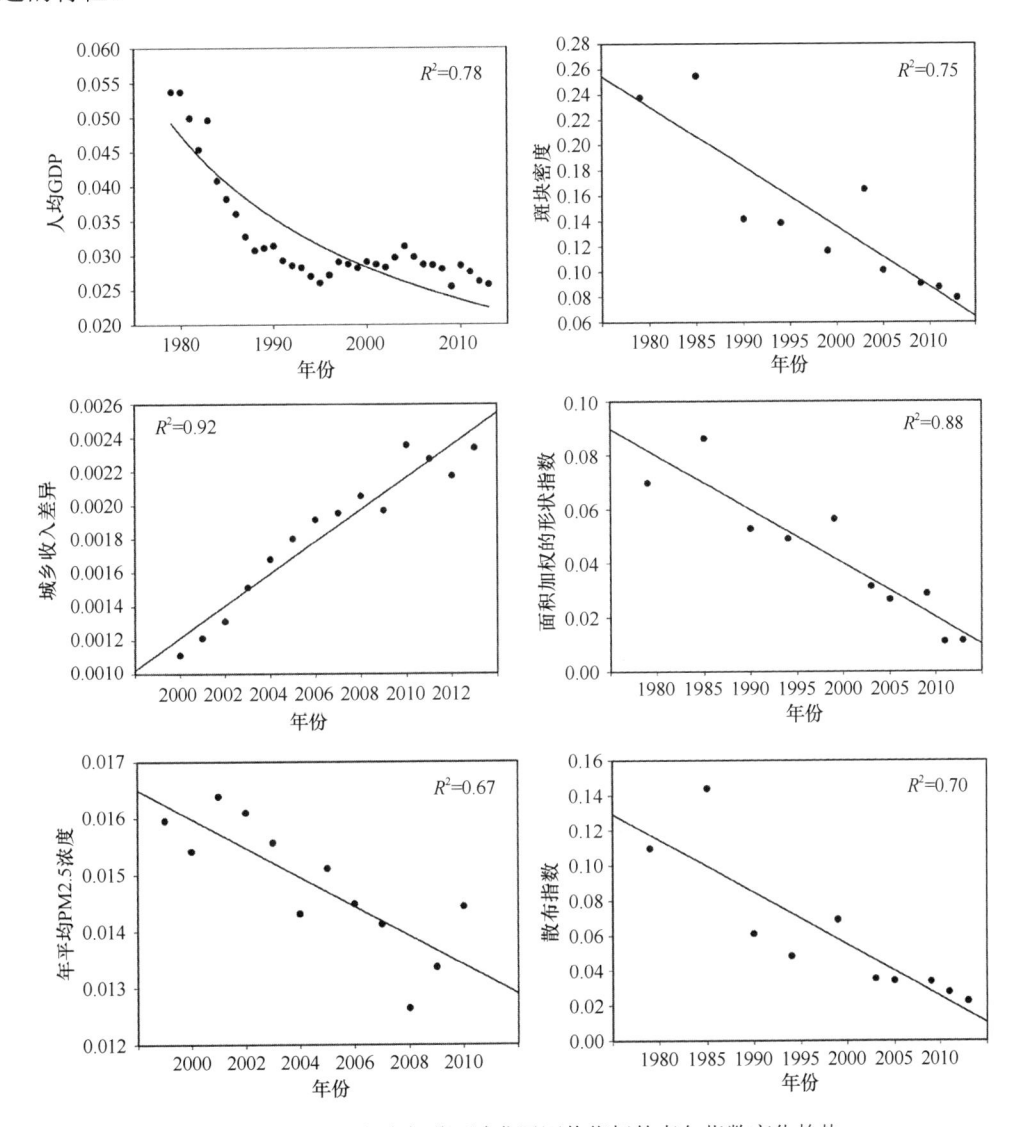

图4.40 环杭州湾城市群同城发展评价指标的泰尔指数变化趋势

图4.41表明人均GDP呈增长趋势，大多数城市的城乡收入差异减小，城市群政策对于促进同城经济发展和减少城市内部差异起到了预期作用。

图4.42展示了1979~2013年城市群内各城市间的功能连接性的变化。可以看出，城市群内存在明显的等级结构，出现越来越多的多中心空间结构。

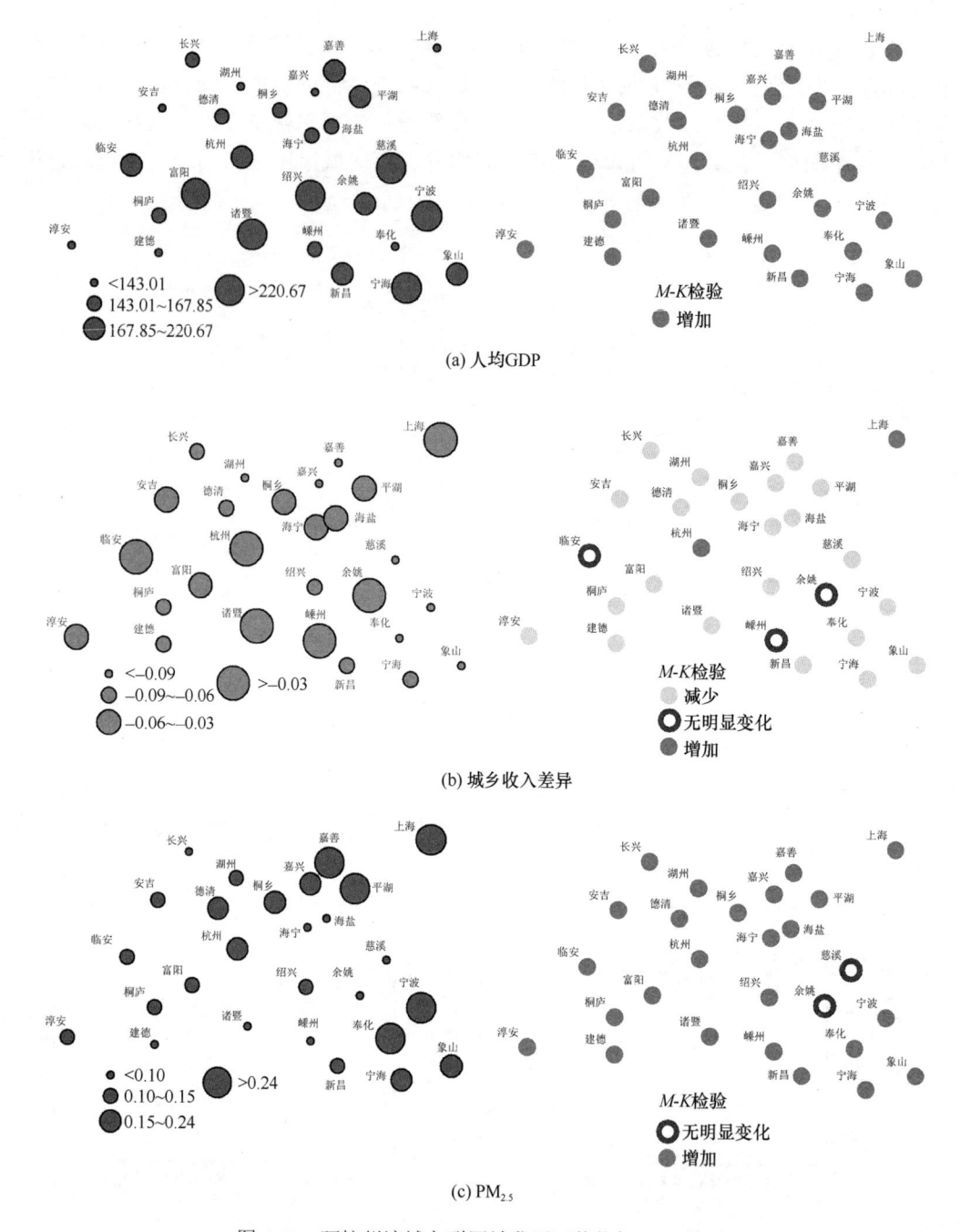

图 4.41 环杭州湾城市群同城发展评价指标 M-K 检验

2) 基础教育资源均等化专题

A. 背景

合理的学区划分是实现教育资源均等化的关键。因此,评估小学学区划分合理性并提出相应的优化方案具有重要的意义。

B. 数据

学区划分数据、人口普查数据。

C. 方法

首先，借助熵权法构建小学教学质量综合评价模型。然后，按照"将较好的学校分配给距离最近的小区——当学校的最大学生数达到上限时不再为这所学校分配对应的小区——当所有学校都已经达到最大学生容纳量时，对于此时仍未被分配学校的小区考虑就近就学"的优先级，重新分配现有学区。最后，借助蚁群优化算法对新增小学进行选择，以实现基础教育资源均等化。

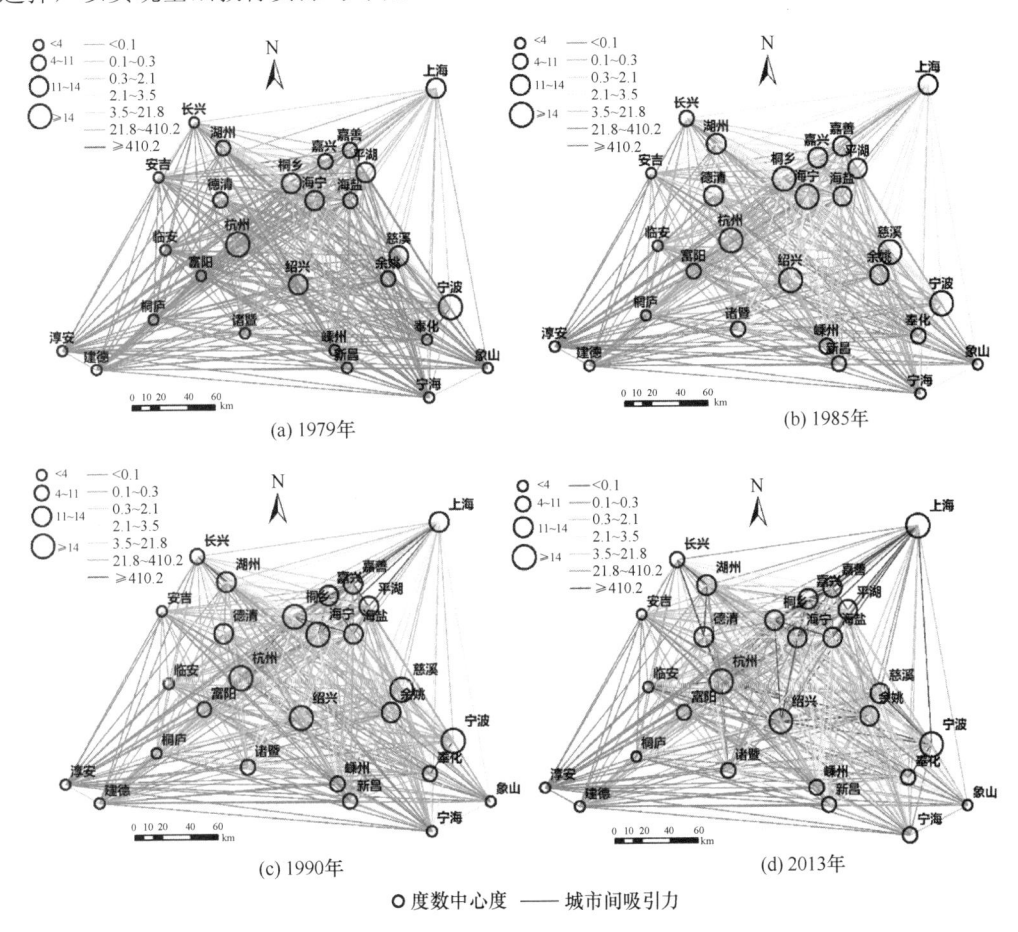

(a) 1979年

(b) 1985年

(c) 1990年

(d) 2013年

○ 度数中心度 ── 城市间吸引力

图 4.42 1979～2013 年环杭州湾城市群各城市之间功能连接度（彩图附后）

D. 结果与分析

从对学区学校的统计分析结果可以看出，学校间教学质量特征差别较为明显（图4.43）。此外，为了实现基础教育资源均等化，建议徐汇区增加 3 所小学。从现状学区和优化学区后小区距离学校的距离（图 4.44），可以看出，优化后各小区就学实际路网距离有了较多的缩短，均等化程度有了一定的提升。

3) TOD 专题

A. 背景

TOD（transit-oriented-development）是指一种以公共交通为导向的发展模式，其理念是以轨道交通枢纽为核心，形成适宜步行的混合功能社区，实行布局紧凑、高密度开

· 167 ·

发、功能混合的土地利用模式。TOD 模式可以达成轨道交通站点与周边地区土地开发的良性互动。通过对 TOD 模式下小区可达性进行分析，在此基础上对出行空间进行优化选址，能够为城市构建安全舒适的慢行空间、24 小时运营的生活服务、归属感强的交往空间、就业和创业的机会及优化住房结构的复合可持续社区的提供重要参考基础。

B. 数据

互联网交通网络大数据（步行距离、步行时间、骑车距离、骑车时间）、路网数据。

(a) 上海市徐汇区(局部)现有学区——基于居委区

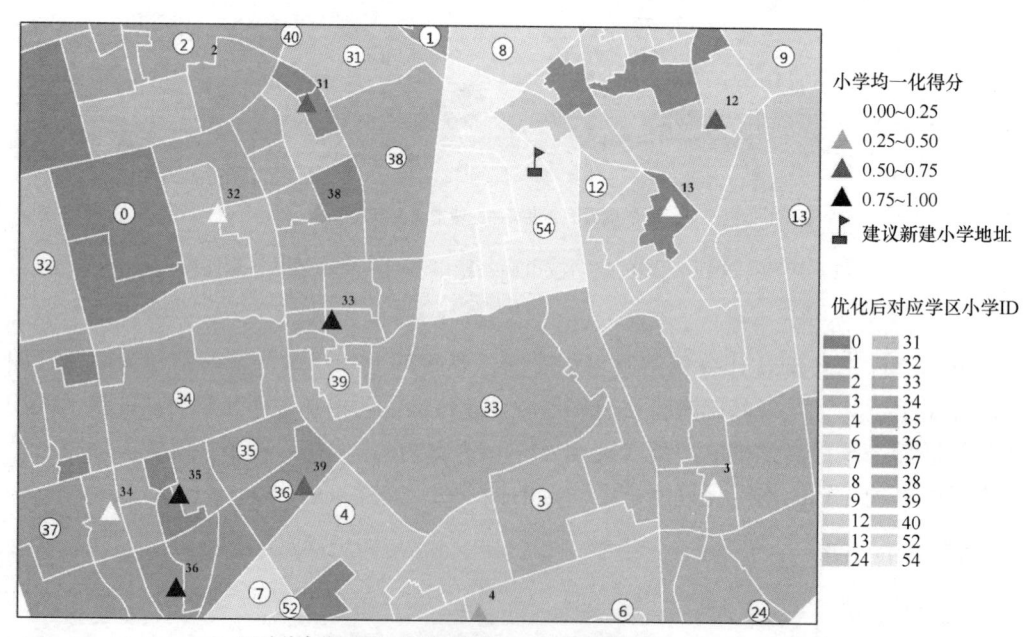

(b) 上海市徐汇区(局部)优化学区——基于居委区

图 4.43 学区现状及优化（彩图附后）

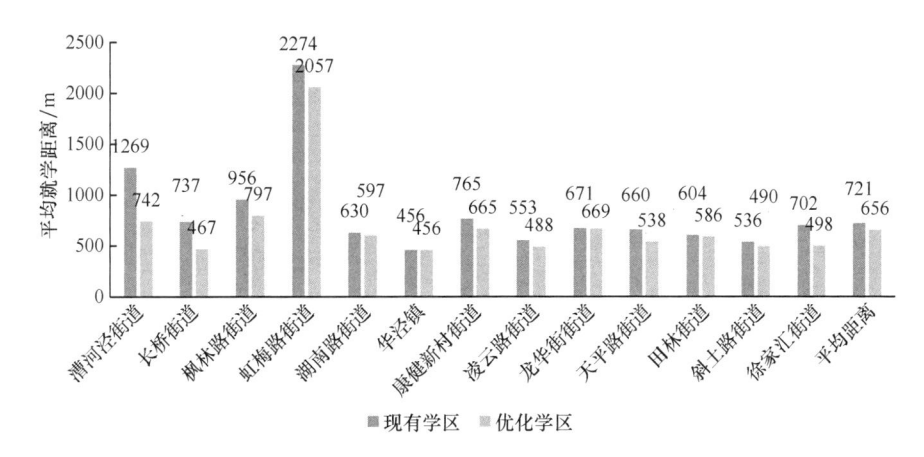

图 4.44 现状学区和优化学区后小区距离学校的距离

C. 方法

基于交通路网数据及互联网交通网络大数据，分别构建基于步行出行方式及骑车出行方式下，全区各小区在 TOD 发展模式下可达性分析模型，并提取分析各小区至其最近地铁站点的最短路径及其对应出行时间距离。同时，基于模拟退火算法优化模型，针对可达性分析结果中提取出的不在 15 分钟步行时间下地铁口服务覆盖范围内，但在 15 分钟骑行时间覆盖服务范围下的小区进行优化，并希望通过增加公共自行车停放点来改善这些地区的通行状态，从而提高这些区域到达地铁服务站点设施的可达性。并结合交通相关市情及区域人口结构特征，在模型中综合考量可达性及人口规模特征来引导设计自行车供应点设施布局，以期实现日常公用设施效益最大化。

D. 结果与分析

如图 4.45 所示，徐汇区的小区至地铁口路径的可达性普遍较好，有超过一半的小区在临近地铁站点 15 分钟步行及骑行时间服务覆盖范围内，达到"15 分钟生活圈"对于地铁方式出行需求的标准；其余的小区在 15 分钟内步行不可达临近地铁站，但能够在 15 分钟骑行时间抵达最近地铁站点，整体而言，该地区的 TOD 模式下小区可达性较好。优化选址分析最终模型输出 3 处最优的公共自行车停放点的配置区域用来改善 TOD 模型下的步行盲区，如图中圆点所示。

4）全民健身路径布局优化专题

A. 背景

作为一种公共健身活动设施，全民健身路径以其投资小、美观实用、方便等特点在上海市范围内得到了广泛的重视，成为群众健身活动的重要场所之一。为了更科学、更有效地发挥全民健身路径在群众健身活动中的作用，方便群众健身，并尽可能地节省资金，需要对全民健身路径进行合理选址及科学布局。

B. 数据

全民健身路径 POI、人口普查。

C. 方法

利用加权 Voronoi 图分析健身路径的服务范围和服务压力，进而评价全民健身路径的布局效率，最后通过建立 Delaunay 三角网对新增健身路径进行优化选址。

步行、骑车15分钟可达
最近地铁站的小区
■ 15分钟内步行和骑车都可达
■ 15分钟内步行不可达但骑车可达
● 优化新建站点

图 4.45 TOD 模式下小区可达性分析及出行空间优化

D. 结果与分析

从结果可以看出（图 4.46），上海市健身路径服务范围满足国家标准 1km² 的达到 86.7%，整体健身路径的分布密度较为均匀。但同时，周边区服务压力普遍偏高，主要原因体现在健身路径布设密度不足，单个健身路径服务范围过大，涉及人口较多。中心部分地区，尤其在静安区、长宁区等地健身路径的服务压力也十分显著，主要原因是已建健身路径规模（面积）不足以支撑该服务区划内的人口。如图 4.47 所示，通过对建设点优先顺序进行排序，得到前 68 个尚未设置健身路径但在该优化模型下新增点的小区位置有助于提高上海市整体社区健身路径服务能力，这些位置主要集中在静安和长宁区的小区中。

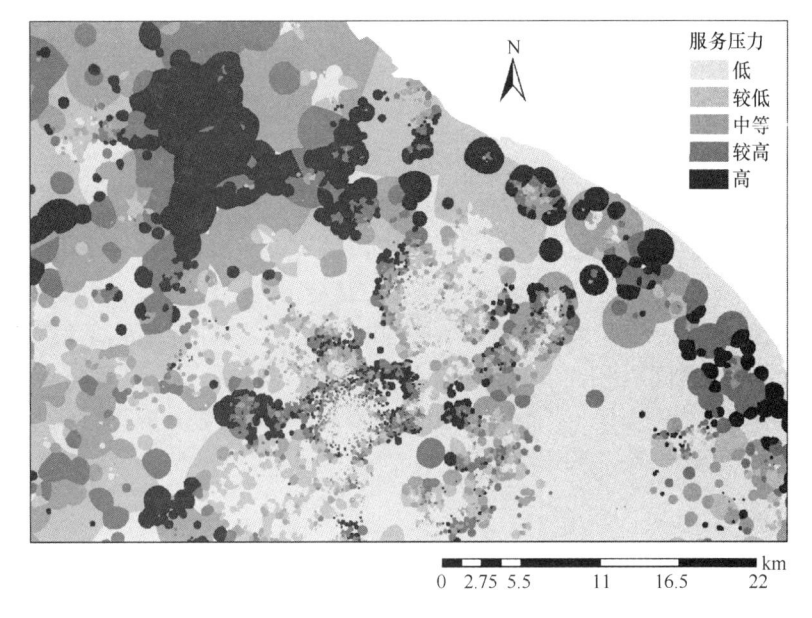

图 4.46　上海市全民健身路径服务范围和压力（局部地区）

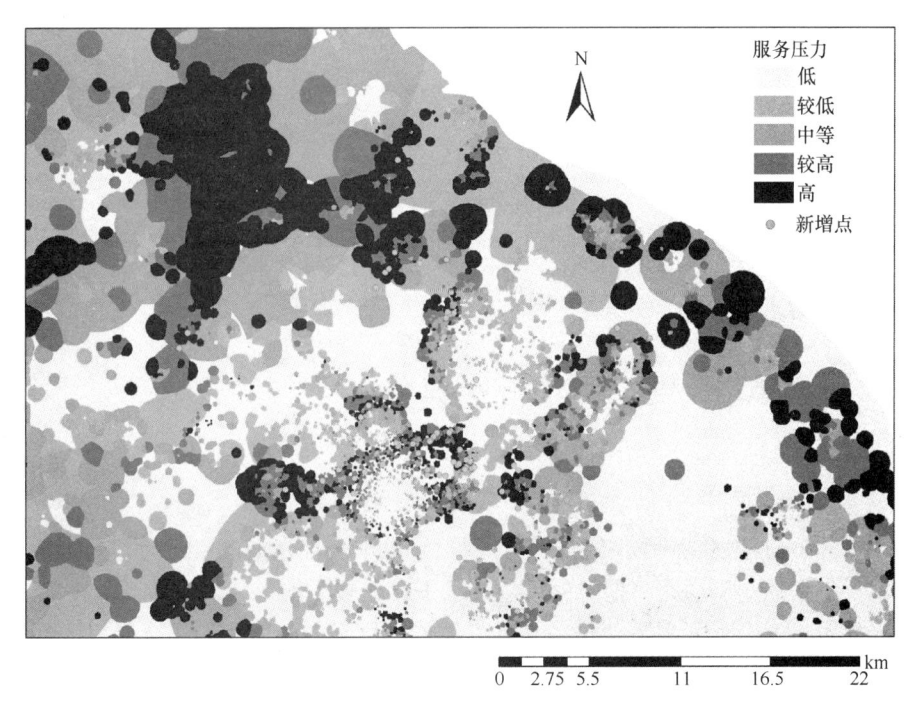

图 4.47　上海市全民健身路径优化选址（局部地区）（彩图附后）

5)"15 分钟社区健身圈"均等化专题

A. 背景

作为一种非商业化和集体化的公众共享资源，"15 分钟社区健身圈"的实践旨在实现体育活动由小众化向大众化、由精英化向平民化的转变。因此，我们必须首先对"健身圈"建设的均等化问题进行清晰的思考，使居民可以平等地享有社区体育公共服务，才能促进"社区健身圈"这项民生工程更好地发展。

B. 数据

POI、人口普查。

C. 方法

从空间圈层的视角来看,"15分钟社区健身圈"可以分为3个层级(图4.48):基础"健身圈"、一级"健身圈"、二级"健身圈"。其中,基础"健身圈"是指社区(居住地)内部所有公共体育设施的集合;一级"健身圈"是指距离居住地5分钟步行距离内所有公共体育设施的集合;二级"健身圈"由居住地周边15分钟步行距离内所有公共体育设施的集合。考虑空间层级、设施类别差异和设施吸引力距离衰减等因素,构建"15分钟社区健身圈"测度模型,进而借助洛伦兹曲线及基尼系数分析其均等化建设程度。

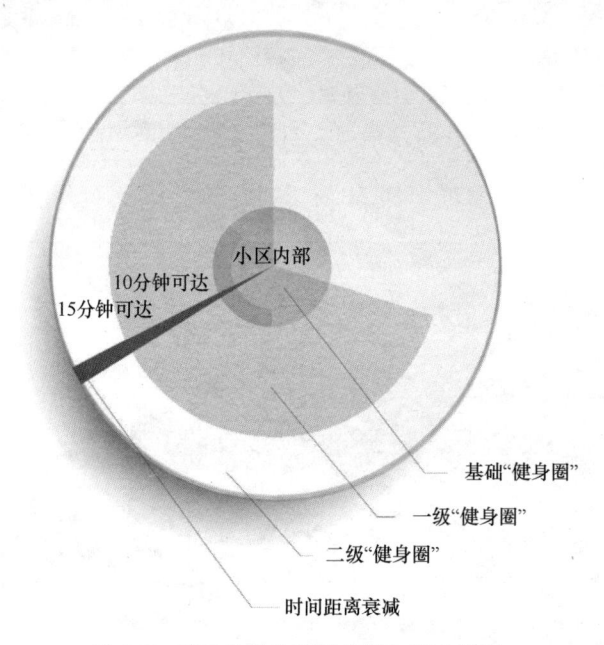

图4.48 "15分钟社区健身圈"概念模型

D. 结果与分析

各小区和各行政区的不同层级"健身圈"建设水平分别如图4.49和图4.50所示。可以看出,小区间不同层级"健身圈"建设水平存在较大的差异。上海市"15分钟社区健身圈"建设水平存在明显的"城乡二元"结构。位于中心城区的小区"健身圈"建设水平较高,而非中心城区的小区则相对较低。中心城区各地区的不同层级"健身圈"得分普遍较高,而非中心城区各地区的不同层级"健身圈"则得分较低。公共体育设施的供给不足和空间覆盖不均匀是造成这种"城乡二元"结构的主要原因。各区的"15分钟社区健身圈"均等化建设也不尽相同(图4.51)。其中,黄浦、杨浦、虹口、长宁等中心城区地区基尼系数低于0.3,说明这些地区"15分钟社区健身圈"建设的均等化水平较高,实现了公共体育设施供给与人口分布的协调统一。相反的,崇明、宝山、嘉定等非中心城区各地区的基尼系数高于0.4,说明这些地区在面临公共体育设施供给不足的困境下,还存在"15分钟社区健身圈"建设不均等的问题。值得一提的是,静安区"15

分钟社区健身圈"基尼系数最高。静安区为上海市老城区，高度密集的人口和有限的用地造成了公共体育设施数量与人口需求的不匹配。因此表现出较高的不均等性。这些结果表明，"15 分钟社区健身圈"建设不均等是上海市一个普遍问题，需要对现有公共体育设施的空间布局进行优化。

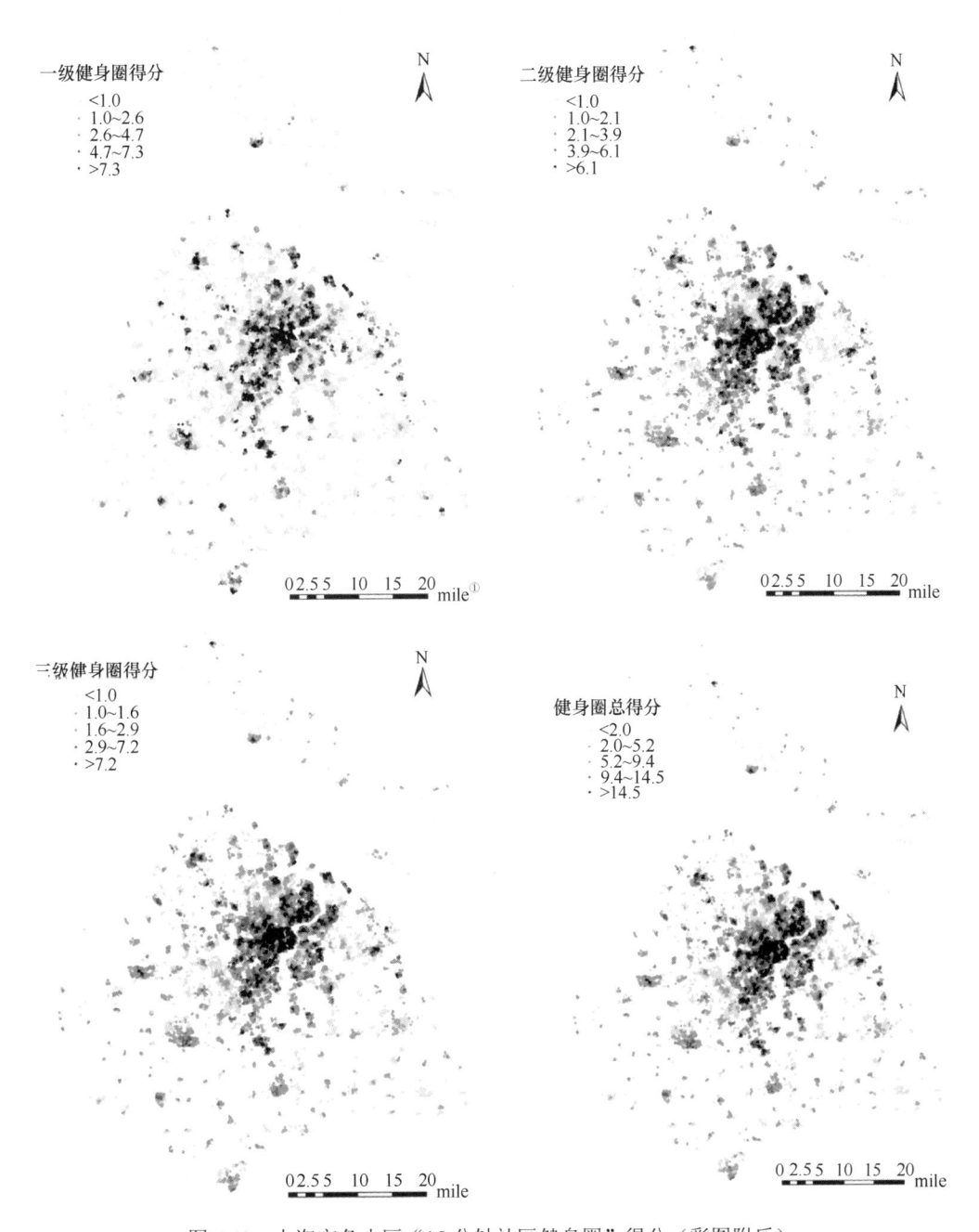

图 4.49 上海市各小区"15 分钟社区健身圈"得分（彩图附后）

---

① 1mile=1.609344km

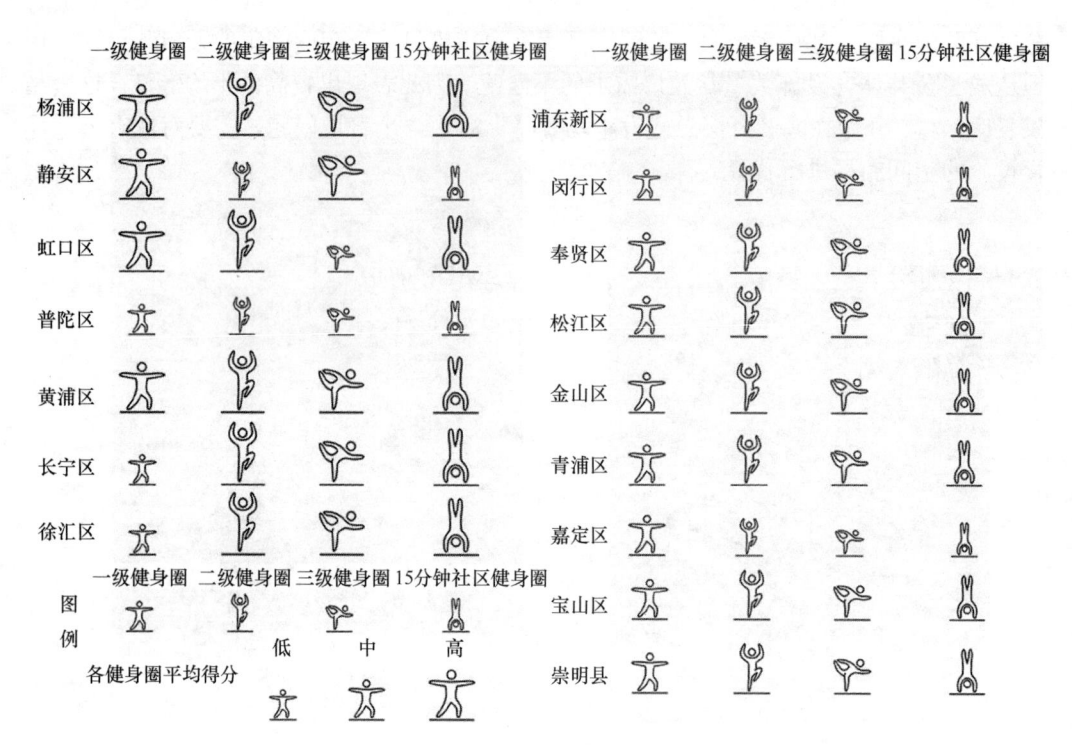

图 4.50 上海市各行政区"15 分钟社区健身圈"平均得分

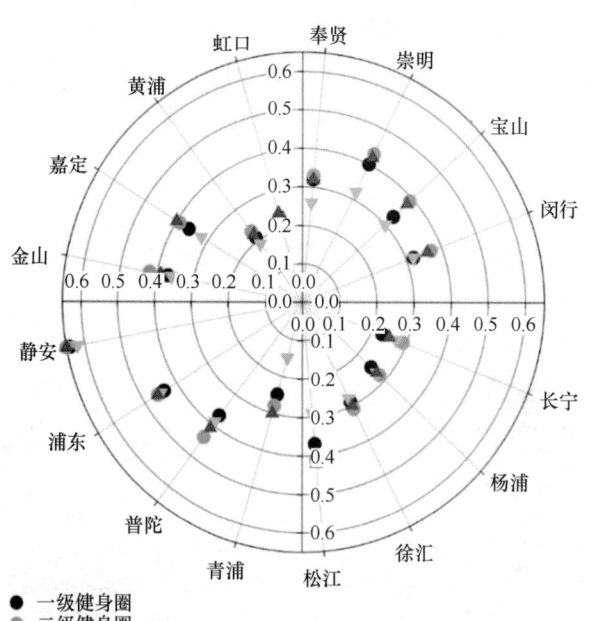

图 4.51 上海市各行政区"15 分钟社区健身圈"均等化程度（基尼系数）

4.6 面向城市层面规划决策的地理国情综合统计分析

4.6.1 案例1：深圳市

1. 主题选取与方法设计

深圳是中国改革开放建立的第一个经济特区，是中国改革开放的窗口，已发展成为有一定影响力的国际化城市。被国务院定位的全国性经济中心和国际化城市，与北京、上海、广州并称"北上广深"。深圳市域边界设有中国最多的出入境口岸，是重要的边境口岸城市。深圳作为全国先行发展的地区，面临的问题和挑战在中国具有极大的典型性和代表性，是实现"四个全面"排头兵。通过研究《深圳市国民经济和社会发展第十三个五年规划纲要》、《深圳市城市总体规划（2016~2030年）》、《深圳市轨道交通线网规划（2016~2030年）》、《深圳市环境保护规划纲要（2007~2020年）》等规划和政策，踊跃响应"现代化国际化创新型城市建设"战略布局，贯彻落实和遵守"经济社会更高质量、更有效率、更加公平、更可持续的发展"等理念，侧重关注"提高发展质量和效益"、"坚持生态生活生产协调发展"、"补齐民生短板、增进民生福祉"等宏观政策与规划建设目标，以地理国情监测数据、人文地理国情统计数据、环境监测数据、泛在地理信息大数据为基础，最终确定5个一级主题、19个二级主题，并据此设计相应的模型和指标（表4.20）。以期能够为政府制订深圳市的空间规划提供决策支持。

表4.20 深圳市地理国情辅助决策综合统计分析的主题选取

一级主题	二级主题	分析模型	形成指标
绿色低碳	低碳试点示范	社区-居民-企业-政府-城区低碳建设综合评价模型；碳排放强度测度模型；碳排放强度影响因子及其相对重要性测度模型；碳排放效率测度模型；碳排放效率影响因子及其相对重要性测度模型；碳排放空间溢出与转移测度模型；碳交易计价测度模型；面向低碳城市建设的土地利用优化模型；面向低碳城市建设企业布局优化模型；面向低碳城市建设的城市肌理优化模型	社区-居民-企业-政府-城区低碳建设综合评价指数；碳排放强度指数；碳排放强度影响因子相对重要性指数；碳排放效率指数；碳排放效率影响因子相对重要性指数；碳排放空间溢出与转移指数；碳交易计价指数；面向低碳城市建设的土地利用优化指数；面向低碳城市建设企业布局优化指数；面向低碳城市建设的城市肌理优化指数
	新能源	充电设施网络优化选址模型；共享单车优化选址模型；能源汽车推广政策空间绩效测度模型；绿色发展水平测度模型；绿色发展类型划分模型；绿色发展效益测度模型；绿色发展与经济增长耦合模型	充电设施社会需求选址指数；共享单车社会需求指数；能源汽车推广政策空间绩效指数；绿色发展水平指数；绿色发展类型划分指数；绿色发展效益指数；绿色发展与经济增长耦合指数
	绿色福利空间	绿色福利空间体系等级划分模型；绿色福利空间质量测度模型；绿色福利空间结构测度模型；绿色福利空间功能测度模型；绿色福利空间覆盖均等化测度模型；绿色福利空间效益测度模型	绿色福利空间体系等级划分指数；绿色福利空间质量指数；绿色福利空间结构指数；绿色福利空间功能指数；绿色福利空间覆盖均等化指数；绿色福利空间效益指数
	生态安全	生态安全综合评价模型；生态安全格局测度模型；生态红线划分模型；生态安全预警模型	生态安全综合评价指数；生态安全格局指数；生态红线划分指数；生态安全预警指数

续表

一级主题	二级主题	分析模型	形成指标
绿色低碳	湾区海洋环境	湾区海洋环境质量综合评价模型；湾区海洋环境质量与陆地人类活动耦合模型；海湾海洋生态服务测度模型；陆海统筹协调度测度模型；陆海统筹效率测度模型；滨海空间可持续开发利用综合评价模型；滨海空间可达性测度模型；滨海空间开发利用格局优化模型	湾区海洋环境质量综合评价指数；湾区海洋环境质量与陆地人类活动耦合指数；海湾海洋生态服务指数；陆海统筹协调度指数；陆海统筹效率指数；滨海空间可持续开发利用综合评价指数；滨海空间可达性指数
智慧便捷	智能交通	交通系统智能化综合评价模型；智能交通系统实施效益测度模型；智能交通系统实施效率测度模型	交通系统智能化综合评价指数；智能交通系统实施效益指数；智能交通系统实施效率指数
	公共服务信息化	公共服务信息化综合评价系统；公共服务信息化效益测度模型；公共服务信息化效率测度模型	公共服务信息化综合评价系统；公共服务信息化效益指数；公共服务信息化效率指数
	政府数据开放	政府数据开放程度测度模型；政府数据开放影响因素及其相对重要性测度模型；政府数据开放效益测度模型；政府数据开放效率模型；政府开放数据网站服务质量评价模型	政府数据开放程度指数；政府数据开放影响因素相对重要性测度指数；政府数据开放效益指数；政府数据开放效率指数；政府开放数据网站服务质量评价指数
	基础设施智能化	基础设施智能化综合评价系统；基础设施智能化系统实施效益测度模型；基础设施智能化系统实施效率测度模型	基础设施智能化综合评价系统；基础设施智能化系统实施效益测度指数；基础设施智能化系统实施效率测度指数
普惠发展	健康生活	人口健康空间分布测度模型；人口健康社会不平等测度模型；人口健康与土地利用关联模型；人口健康与建成环境关联模型；人口健康与环境污染暴露关联模型；人口健康空间影响因子及其相对重要性测度模型；面向人口健康促进的土地利用优化模型	人口健康空间分布测度指数；人口健康社会不平等测度指数；人口健康与土地利用关联指数；人口健康与建成环境关联指数；人口健康与环境污染暴露关联指数；人口健康空间影响因子及其相对重要性测度指数；面向人口健康促进的土地利用优化指数
	基本公共服务均等化	数量-质量-覆盖度视域下的基本公共服务测度模型；人口数量-素质-结构-需求视域下的基本公共服务均等化测度模型；公共服务优化供给模型	数量-质量-覆盖度视域下的基本公共服务测度指数；人口数量-素质-结构-需求视域下的基本公共服务均等化测度指数；公共服务优化供给指数
	区域均衡发展	特区一体化发展综合评价模型；区域发展均衡性影响因素及其相对重要性测度模型；区域发展短板因子识别模型；面向区域均衡发展的土地利用优化模型；面向区域均衡发展的城市体系优化模型；面向区域均衡发展的资源配置优化模型	特区一体化发展综合评价指数；区域发展均衡性影响因素及其相对重要性测度指数；区域发展短板因子识别指数；面向区域均衡发展的土地利用优化指数；面向区域均衡发展的城市体系优化指数；面向区域均衡发展的资源配置优化指数
	社会治理现代化	社会治理现代化综合评价系统；社会治理现代化效益测度模型；社会治理现代化效率测度模型	社会治理现代化综合评价系统；社会治理现代化效益测度指数；社会治理现代化效率测度指数
创新活力	四创联动	四创联动协调度、融合度测度模型；四创联动综合水平测度模型；四创联动激励环境综合评价模型；四创联动水平影响因素及其相对重要性测度模型；四创联动社会经济效应测度模型	四创联动协调度、融合度测度指数；四创联动综合水平测度指数；四创联动激励环境综合评价指数；四创联动水平影响因素及其相对重要性测度指数；四创联动社会经济效应测度指数
	四众发展	四众发展协调度、融合度测度模型；四众发展综合水平测度模型；四众发展激励环境综合评价模型；四众发展水平影响因素及其相对重要性测度模型；四众发展社会经济效应测度模型；四众发展与四创联动耦合模型	四众发展协调度、融合度测度指数；四众发展综合水平测度指数；四众发展激励环境综合评价指数；四众发展水平影响因素及其相对重要性测度指数；四众发展社会经济效应测度指数；四众发展与四创联动耦合指数

续表

一级主题	二级主题	分析模型	形成指标
创新活力	创新生态	创新生态要素生态位测度模型；创新生态系统生态效率测度模型；创新生态系统健康综合评价模型；创新生态系统稳定性综合评价模型；创新生态要素耦合模型；创新生态系统与社会经济系统耦合模型	创新生态要素生态位测度指数；创新生态系统生态效率测度指数；创新生态系统健康综合评价指数；创新生态系统稳定性综合评价指数；创新生态要素耦合指数；创新生态系统与社会经济系统耦合指数
	创意阶层	创意阶层空间聚集测度模型；创意阶层空间聚集影响因子及其相对重要性测度模型；创意阶层聚集社会经济效益测度模型；创意阶层与创新产业集聚耦合模型	创意阶层空间聚集指数；创意阶层空间聚集影响相对重要性指数；创意阶层聚集社会经济效益指数；创意阶层与创新产业集聚耦合指数
开放共享	对外开放	对外开放结构测度模型；对外开放广度测度模型；对外开放深度测度模型；对外开放型水平综合测度模型；对外开放与经济增长耦合；对外开放效益测度模型	对外开放结构测度指数；对外开放广度测度指数；对外开放深度测度指数；对外开放型水平综合测度指数；对外开放与经济增长耦合；对外开放效益测度指数
	对外合作	对外合作发展潜力综合评价模型；对外合作优势度测度模型	对外合作发展潜力综合评价指数；对外合作优势度测度指数

2. 相关分析结果

1）绿色福利空间专题

A. 背景

城市公共绿地对居民生活的福祉有着至关重要的意义。因此，研究公共绿地的分布均等性及其与健康的关联性有助于城市居民生活质量的提升。

B. 数据

公共绿地监测数据、人口普查数据、住房数据、人口健康监测数据。

C. 方法

从质量、数量和可达性三方面选取了 17 个指标，构建街道尺度上公共绿地综合测度指标体系（表 4.21），采用系统聚类分析评价街道公共绿地供给水平，进而使用基尼系数评价公共绿地供给的不均等性。利用皮尔森双变量检验绿地评价指标与社会经济、疾病发病率的关联性。

D. 结果与分析

经过系统聚类，将深圳市街道分成三大类，如图 4.52 所示，大部分街道属于第二类，仅有 3 个街道属于绿地评价很高的第三类，由此可见深圳市各街道的绿地供给特征差异较大。基尼系数显示（图 4.53），各街道公共绿地在数量上存在较大差异，而质量和可达性的差异较小。相关性分析结果表明（表 4.22），公共绿地数量与居民健康无显著相关性，而质量和可达性指标存在显著关联。其中，可达性指标（绿地服务人口占比）与健康指标负相关，而质量指标与健康指标正相关。说明公共绿地可达性越高、质量越高的街道，居民健康水平越好。

2）健康生活专题

A. 背景

建成环境对健康问题的产生和健康的差异有重要的影响。通过适度的运动可以减少慢性疾病的风险。因此，需要对居住小区的可步行性进行定量测度，并分析其余居民健康的关联性。

表 4.21 公共绿地综合测度指标体系

指标	名称	指标描述
数量	人均公共绿地面积（N1）	反映居民对绿地的占有情况
	绿地覆盖率（N2）	反映街区内绿地的相对面积
	绿地：建筑用地（N3）	反映绿地与建筑用地的数量关系
	绿地：教育用地（N4）	反映绿地与教育用地的数量关系
	绿地：商业用地（N5）	反映绿地与商业用地的数量关系
	绿地：住宅用地（N6）	反映绿地与住宅用地的数量关系
	绿地：工业用地（N7）	反映绿地与工业用地的数量关系
质量	斑块密度（Q1）	景观格局中基础的一部分，值越大则绿地越破碎
	最大斑块指数（Q2）	优势衡量方式，取值范围为 $0<Q1\leq100$
	边界密度（Q3）	每单位面积内的绿地边界长度
	平均面积（Q4）	斑块面积的加权平均值
	平均形态指数（Q5）	面积加权，值越大，代表街道形状越不规则，或绿地边长度越大
	平均邻近指数（Q6）	面积加权，值为 0 时，绿地的搜索半径 r 内没有其他绿地
	有效网格尺寸（Q7）	对斑块结构的相对测量，街道内仅含有一块绿地时，网格尺寸达到最大值
	分离度指数（Q8）	值为 1 时，该街道只有一个绿地，值越大，则绿地间距越大
可达性	绿地服务人口占比（A1）	衡量街道的绿地服务的相对人口，值越大，则可达性越高
	绿地服务楼栋数占比（A2）	衡量街道的绿地服务的相对楼房数量，值越大，则可达性越高

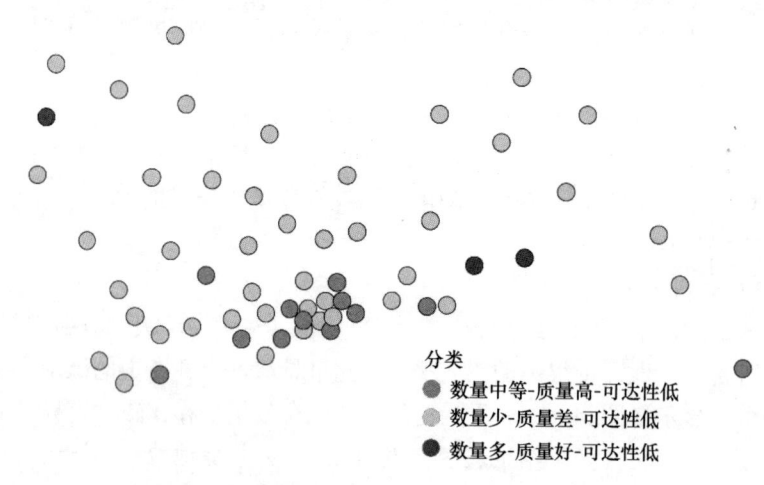

图 4.52 街道尺度下深圳公共绿地供给空间格局

B. 数据

路网数据、POI、人口普查数据、住房数据、人口健康监测数据。

C. 方法

基于步行指数理论提出了一种修正的可步行性测量方法，针对中国的环境对步行指数进行修正：①设施与权重的选择；②距离衰减函数；③路网环境修正。进而采用空间回归分析来探究社区社会人口特征与可步行性，以及健康与可步行性的关联。最后，利用基于最大似然估计的路径分析来揭示小区社会弱势性、可步行性及公共健康三者之间的复杂关联。

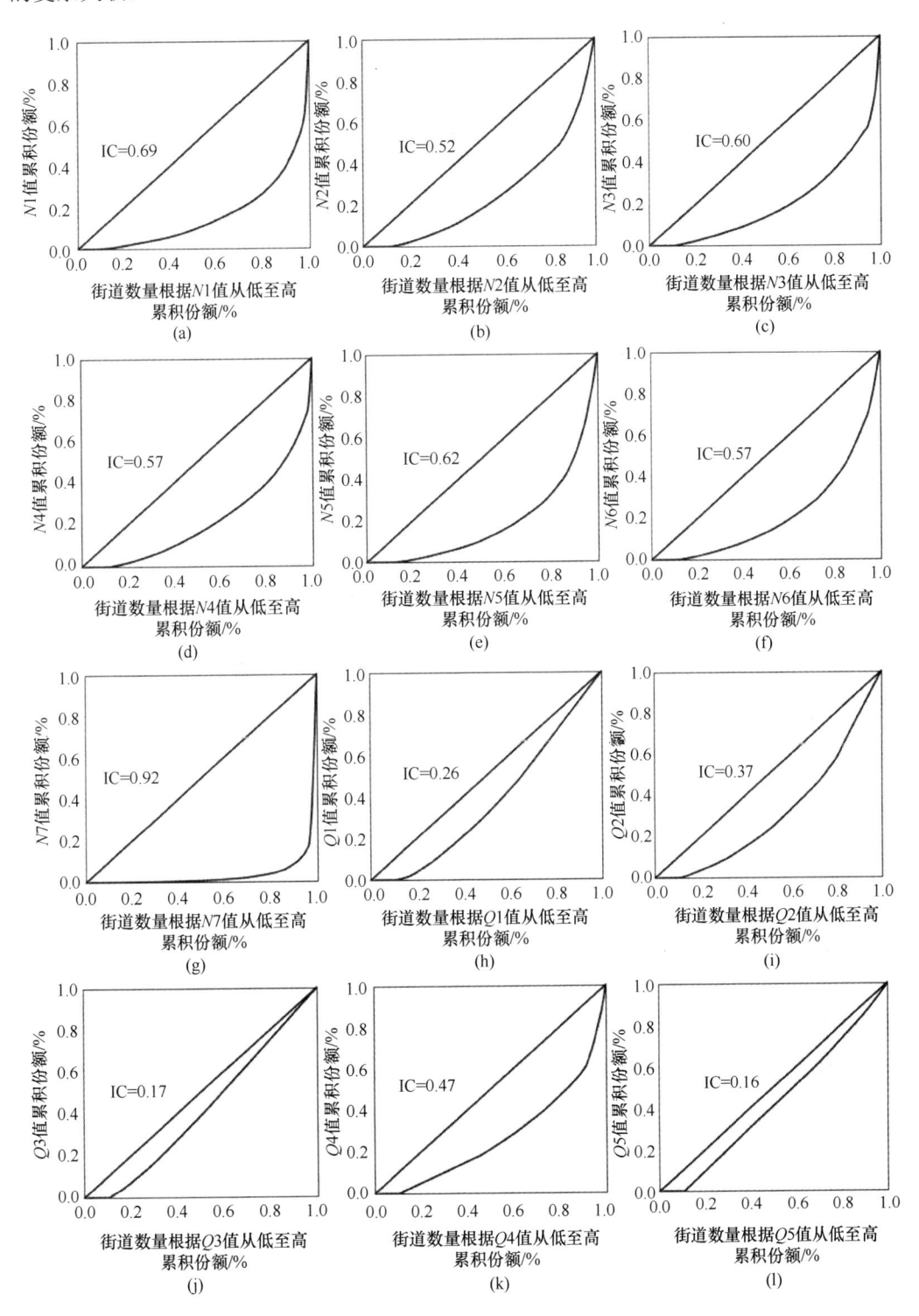

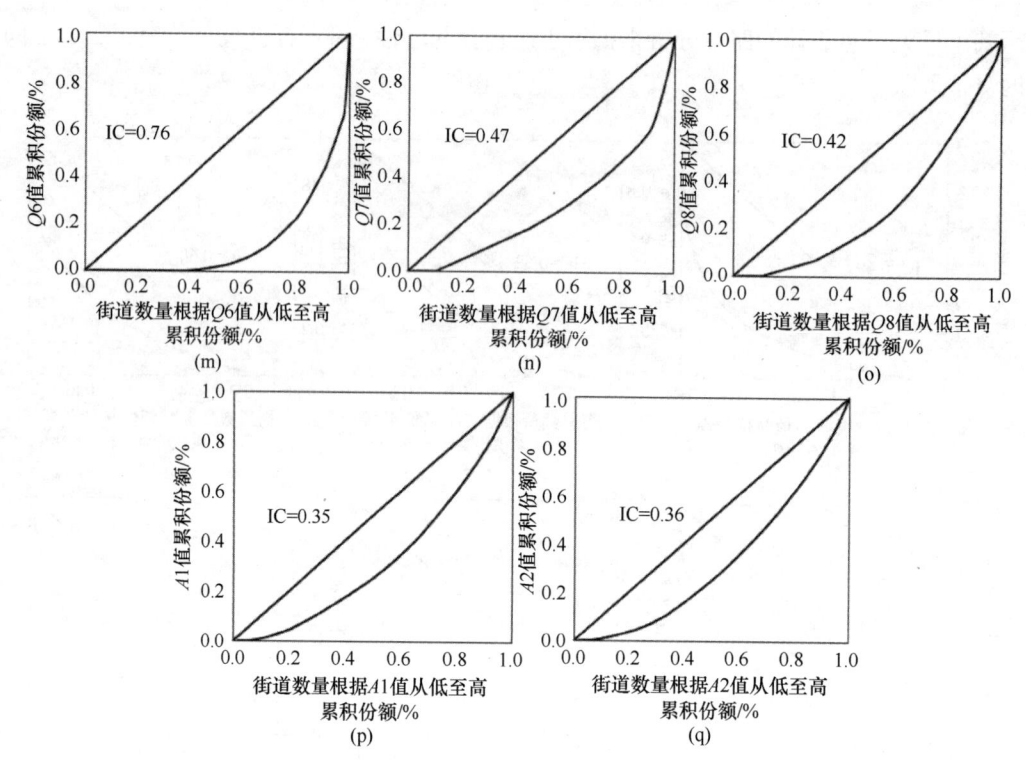

图 4.53 公共绿地供给基尼系数

表 4.22 公共绿地各指标与疾病发病率的双相关系数

	绿地服务人口/%	绿地服务楼栋/%	斑块密度	分离度指数
肝癌发病率	−0.298*			
慢性乙肝发病率	−0.311*	−0.289*		
肺炎发病率			0.270*	0.277*
心脏病发病率	−0.279*			

注：*$p<0.05$。

D. 结果与分析

如图 4.54 所示，深圳市小区的可步行性存在较大的空间差异，高-高聚集的小区主要分布在深圳中部街道，而低-低聚集的小区主要分布在郊区（图 4.55）。空间回归分析的结果（表 4.23）表明小区可步行性与心脏病、高血压、肝癌这三种健康指标存在负相关关系，反映了可步行性较好的小区健康状况也相应地较好。另外，我们发现儿童人口较多且社会经济水平较低的小区表现出较低的可步行性。这些结果都说明了深圳小区的可步行性存在的社会不均等性。路径分析的结果显示，对于心脏病和高血压，有三种显著的关联路径（表 4.24）：社会弱势性高的小区其可步行性较低、居民整体健康水平也较低；社会弱势性高的小区其 $PM_{2.5}$ 暴露越高、居民整体健康水平也较低；社会弱势性高的小区其可步行性较低、$PM_{2.5}$ 暴露越高、居民整体健康水平也较低。

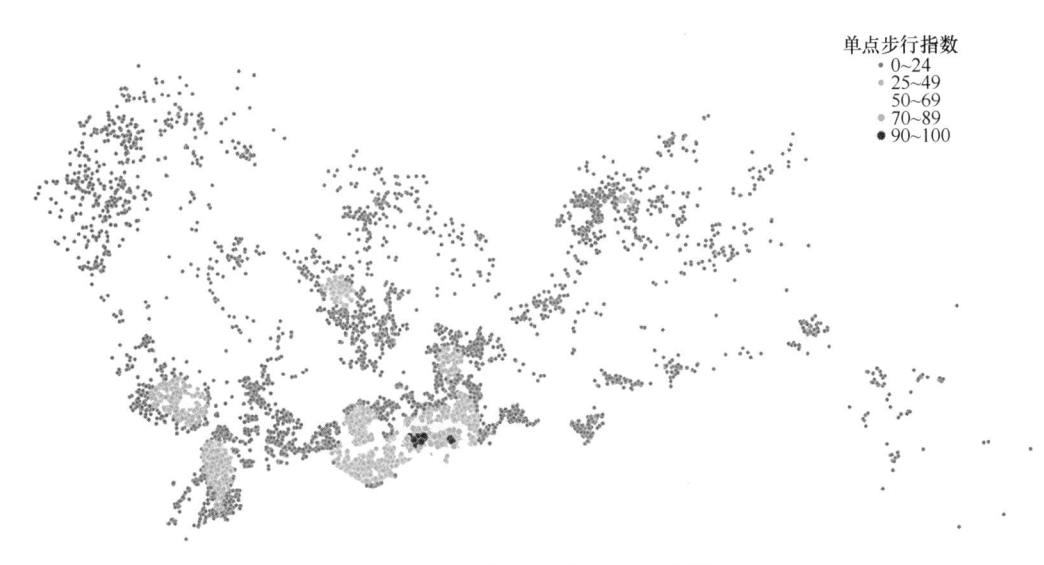

图 4.54 深圳市小区步行指数（彩图附后）

图 4.55 深圳市小区步行指数空间自相关分析（彩图附后）

表 4.23 空间回归结果

公共健康（Y）	回归结果	R^2
心脏病发病率	$Y^a = -0.12X + 1.29W_Y + 0.21$	0.26^{**}
慢性乙肝发病率	NS[b]	
慢性肝炎发病率	NS[b]	
高血压发病率	$Y^a = -0.09X + 1.45W_Y + 1.08$	0.14^{**}
乙肝发病率	$Y^c = -0.03X + 1.58(\lambda=2.45)$	0.05^{**}

注：$**p<0.01$；a 表示空间滞后回归；W_Y 表示 Y 的空间权重矩阵；b 表示没有显著关联；c 表示空间误差回归。

3）健康食品可获性均等化专题

A. 背景

食品环境对居民的饮食习惯与生活方式有显著影响，是居民健康与福祉的重要影响因素之一。在缺乏健康食品的地区通常容易爆发肥胖症、糖尿病、营养不良等疾病。健康食品的可获性和可达性已经成为广泛关注的热点问题。

表 4.24 社会弱势性、可步性与公共健康之间的因果通径

公共健康	通径
心脏病发病率	无住房设施（%）→（−）可步性→（−）心脏病发病率 受教育程度低（%）→（−）可步性→（−）PM$_{2.5}$→（+）心脏病发病率 失业人口（%）→（+）PM$_{2.5}$→（+）心脏病发病率 蓝领人口（%）→（−）可步性→（−）心脏病发病率
慢性乙肝发病率	NS[a]
慢性肝炎发病率	NS[a]
高血压发病率	受教育程度低（%）→（−）可步性→（−）PM$_{2.5}$→（+）高血压发病率 失业人口（%）→（−）可步性→（−）高血压发病率 蓝领人口（%）→（+）PM$_{2.5}$→（+）高血压发病率
乙肝发病率	NS[a]

注：（−）表示负相关关系；（+）表示正相关关系；a 表示没有显著的关联通径。

B. 数据

路网数据、POI、人口普查数据、住房数据。

C. 方法

综合考虑可达性度量的交通流量、路网特征、时效性等限制因素，通过百度地图获取了现实交通状况下不同出行方式与特定出行时间点下的实际旅程时间。以大数据中提取的研究区域到最近超市的出行时间作为可达性指标，通过建立顾及空间自相关的多层线性回归分析模型讨论研究区域健康食品可获性与所在小区水平，以及小区所处的街道水平两个层面上的社会、人口、经济等指标的空间联系。

D. 结果与分析

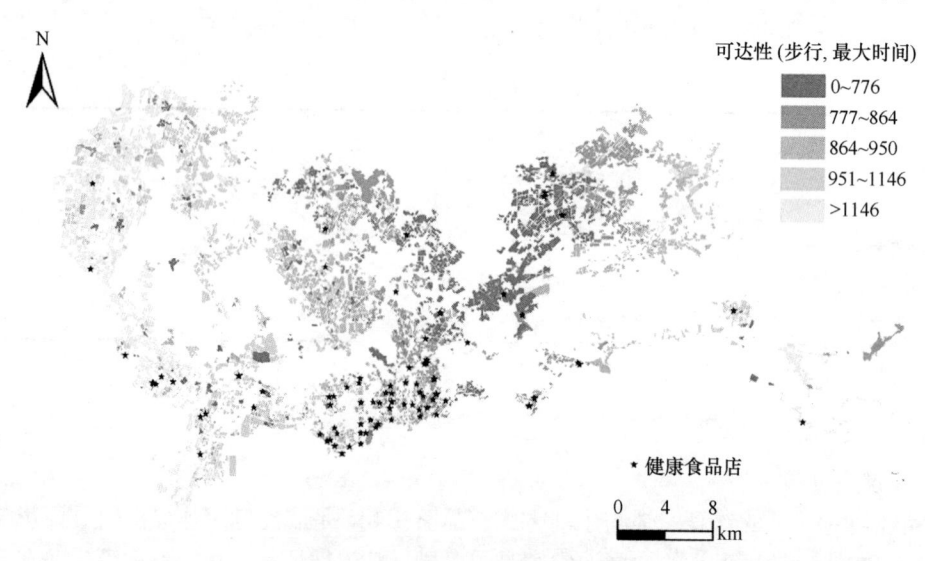

对四种基准指标为度量的小区健康食品环境可达性分布情况进行可视化（图 4.56），以步行时间为例，可以看出，中心城区（罗湖、福田、南山区等）的小区在步行方式下的健康食品可获性较高。为了直观地说明区域健康食品环境的可获性，将从百度地图中获取的各个小区到其最近商店的时间的互联网地图服务数据进行了可视化。图 4.57 中，

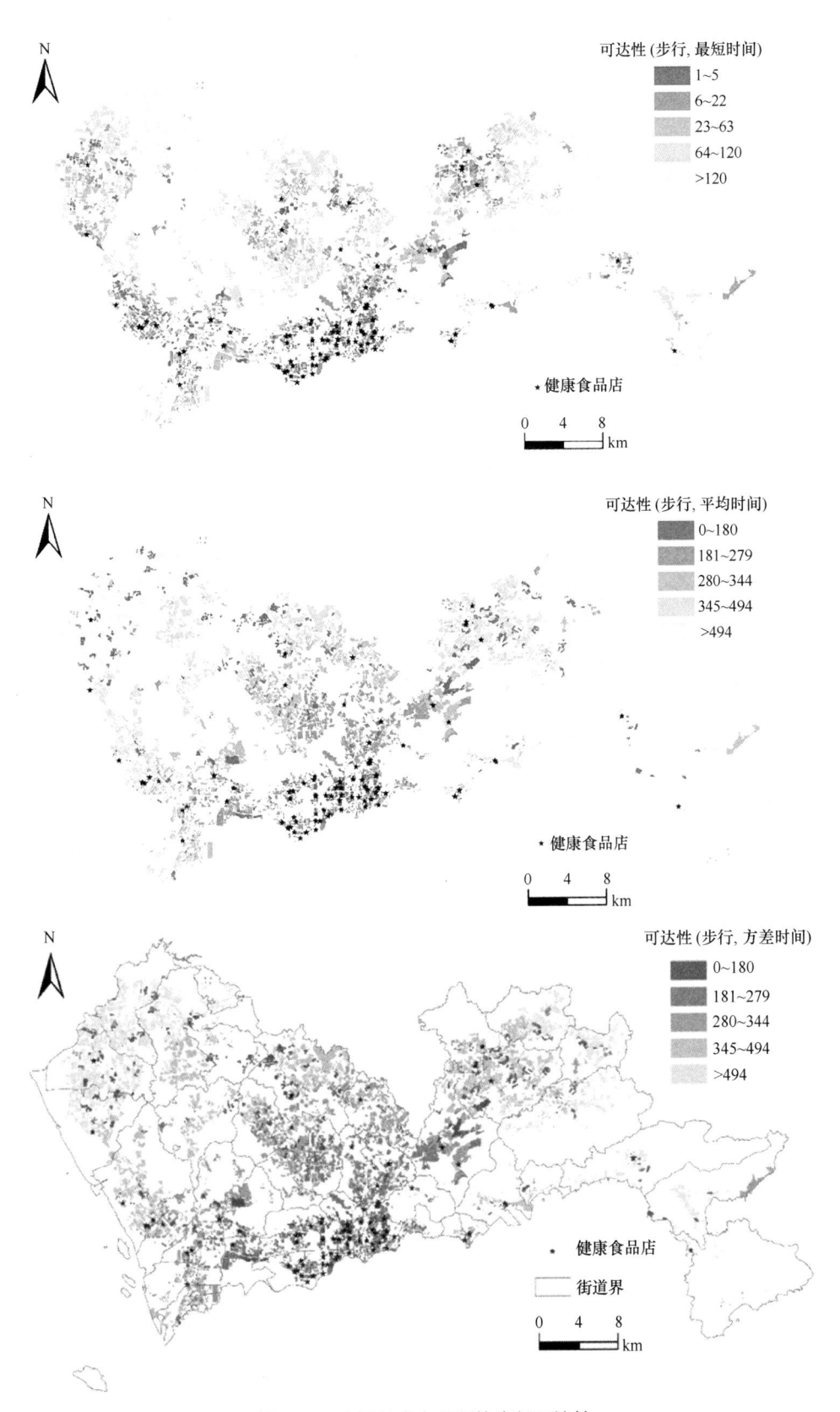

图 4.56 小区健康食品环境步行可达性

(a) 步行 (b) 驾车

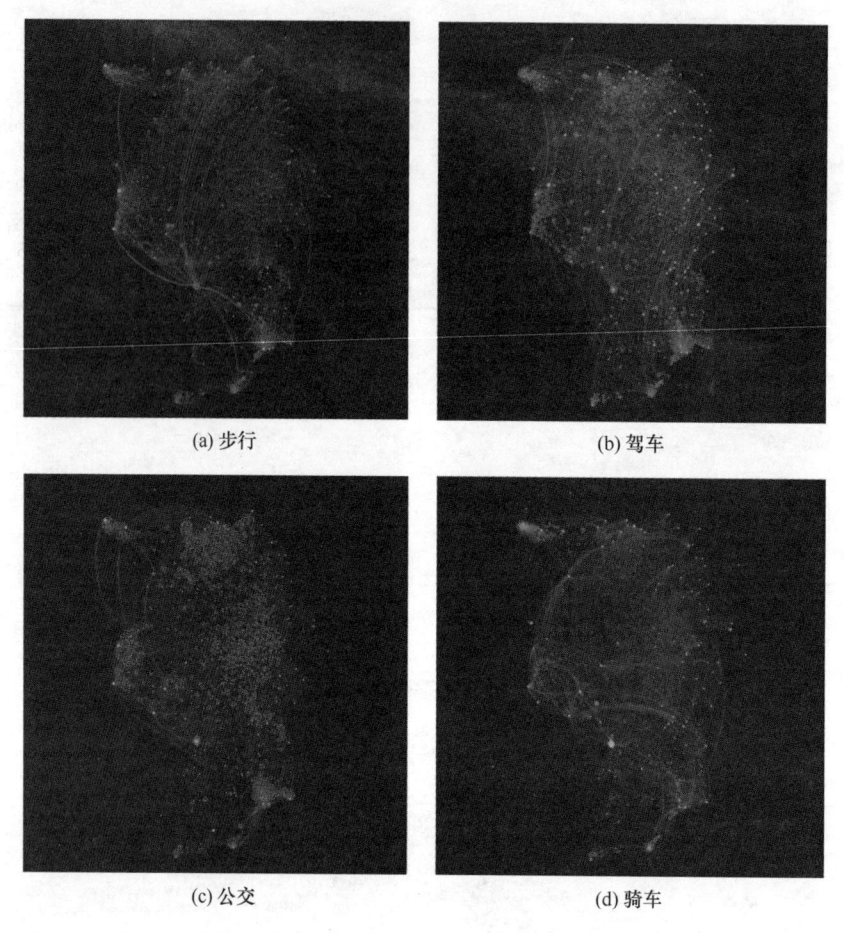

(c) 公交 (d) 骑车

图 4.57　各小区到其最近商店时间的互联网地图服务数据可视化（彩图附后）

大圆点表示健康食品店，小圆点表示小区，两点之间的连线代表可达性，线越粗表示可达性越好。结果表示不同交通方式下的可达性有明显差异，说明我们在讨论健康食品可达性的时候应该充分考虑交通方式的影响。

不同交通方式及不同度量指标的健康食品可获性的解释变量具有差异。例如，在步行方式下，小区尺度的最短时间与失业人口比例、初中以下教育水平人口比例、低收入小区存在显著关联。这表明在社会经济水平低的小区和街道的人们将花费更多的时间步行到达最近的健康食品店。另外，在驾车方式下，最短时间与社会经济指标没有显著关联，详见表 4.25。

图 4.58 分别表示了考虑失业率，老年人口比例，低教育水平三个方面的食品荒漠，即健康食品可获性较低的小区。食品荒漠因社会经济环境和交通方式的不同存在空间异质性。然而，识别出的大部分食品荒漠分布在社会经济条件较低的街道。提示应在这些地区增加物美价廉的健康食品商店。

4）创意阶层专题

A. 背景

创意阶层对地区经济增长和竞争力的贡献逐渐凸显，并被广泛认为是城市和地区发

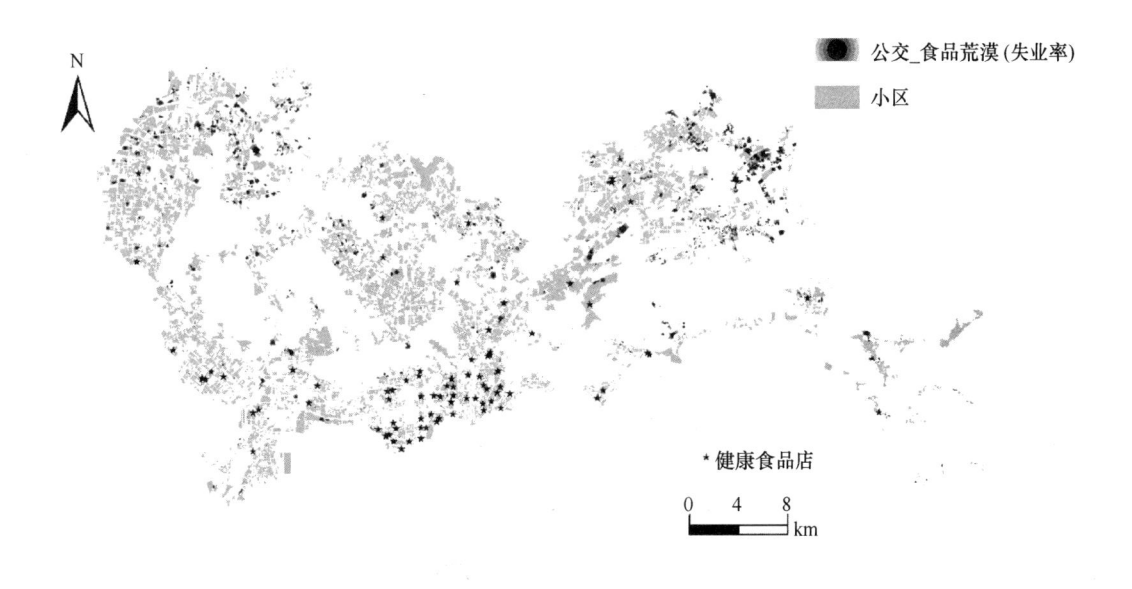

展的关键驱动力。深圳市的创意阶层数量、质量都还远不及纽约、伦敦、东京等国际都市。在此背景下，掌握创意阶层空间聚集及其影响因素，培育、吸引并留住创意阶层，从而推动城市和区域经济的创新和可持续发展，成为城市创新发展的热点议题。

表 4.25 不同交通方式下健康食品可达性与社会经济指标的多水平回归

出行方式	指标	解释变量	W_Y	R^2	Moran's I (residuals)
步行	最短时间	UC (0.16), LDC (0.37), LID (0.46)	2.42	0.63**	0.07
	最长时间	BCC (0.58), HTD (0.07), IRD (0.19)	0.85	0.46**	0.00
	平均时间	NHPC (0.39), LDC (0.22), LID (0.48)	1.98	0.57**	0.05
	标准差	BCC (0.41), LHD (0.25)	0.43	0.28**	0.01
驾车	最短时间	NS (no significant exploratory variables)			
	最长时间	UC (−0.44), LHD (−0.51)	0.29	0.35**	0.00
	平均时间	NHPC (−0.23), LID (−0.38)	0.67	0.29**	0.07
	标准差	NS (no significant exploratory variables)			
公交车	最短时间	EC (0.22), FPD (0.06)	1.54	0.55**	0.09
	最长时间	EC (0.19), DRD (0.05)	0.62	0.36**	0.04
	平均时间	EC (0.14), IRD (0.11)	1.77	0.60**	0.08
	标准差	EC (0.08), LID (0.20)	1.05	0.35**	0.02
自行车	最短时间	UC (0.19), UD (−0.31), LHD (−0.23)	1.39	0.55**	0.00
	最长时间	NS (no significant exploratory variables)			
	平均时间	LDC (0.24), LHD (−0.11), LID (−0.26)	1.47	0.62**	0.04
	标准差	NS (no significant exploratory variables)			

注：**$P<0.01$；NHPC. 无住房设施人口比例；UC. 失业人口比例；LDC. 初中以下学历人口比例；EC. 60岁以上老年人口比例；BCC. 蓝领人口比例；LID. 低收入户数比例；IRD. 文盲人口比例；UD. 没有工作的成年人比例；FPD. 流动人口比例；HTD. 无自来水户数比例；DRD. 离婚人口比例；LHD. 廉租房比例。

(a) 考虑失业率的"食品荒漠"

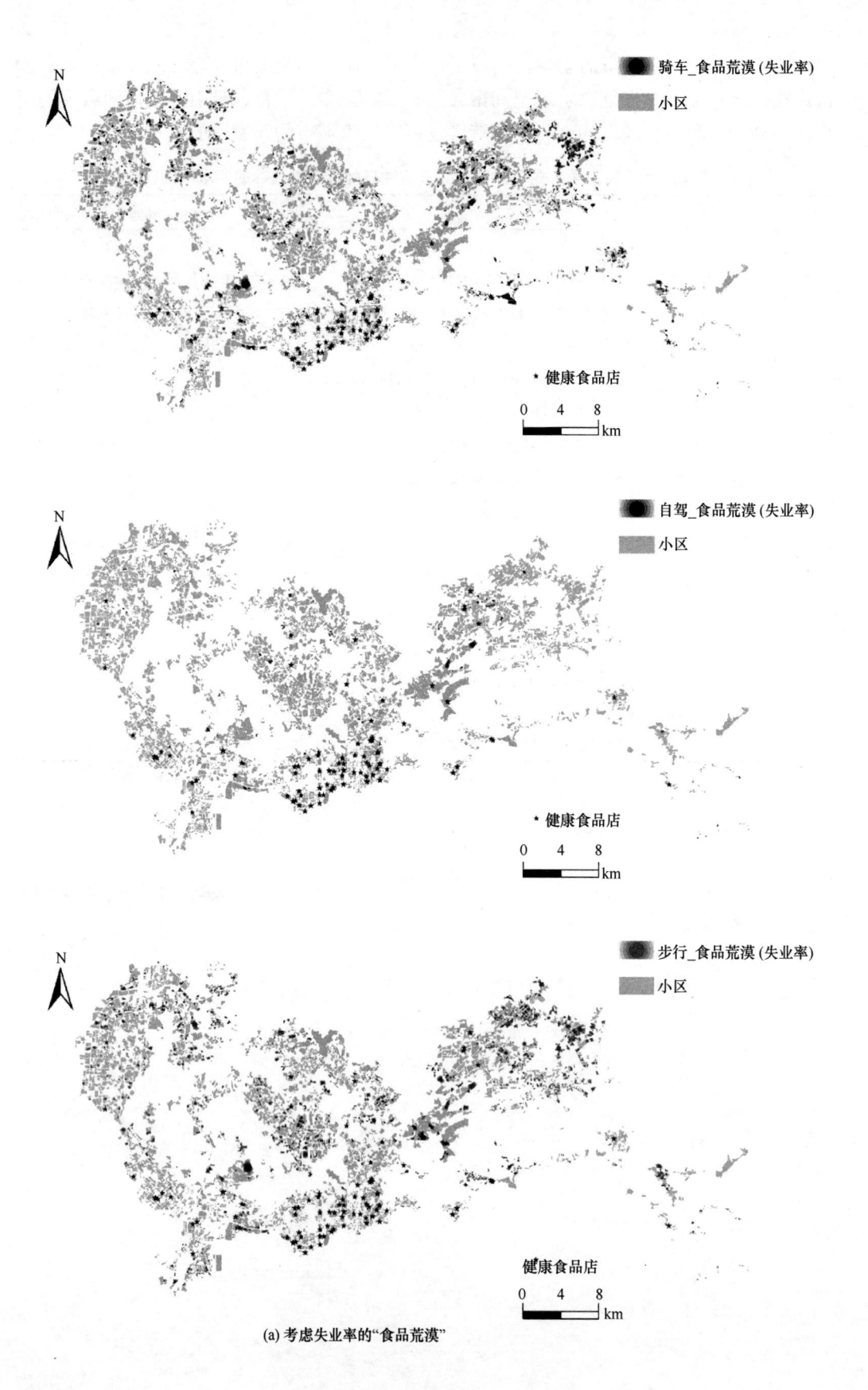

N
公交_食品荒漠(老龄化)
小区
健康食品店
0 4 8
km

N
骑车_食品荒漠(老龄化)
小区
健康食品店
0 4 8
km

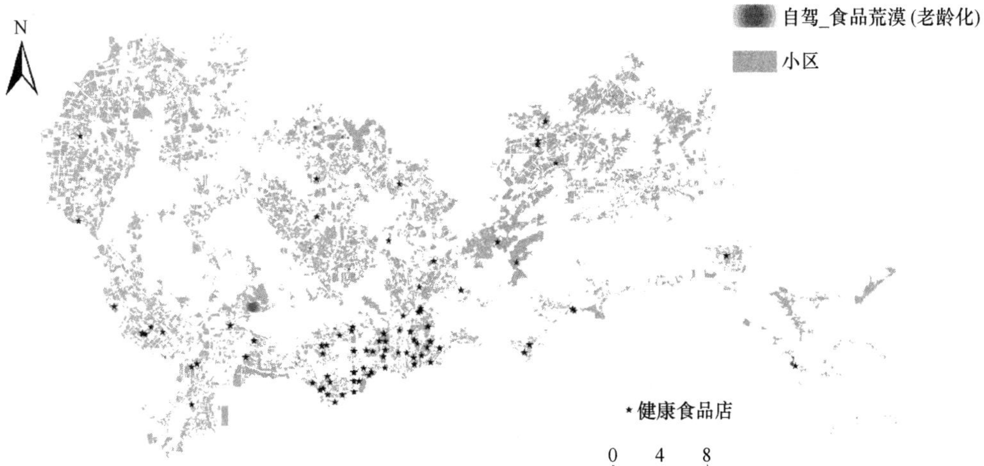
N
自驾_食品荒漠(老龄化)
小区
健康食品店
0 4 8
km

(b) 考虑老年人口的"食品荒漠"

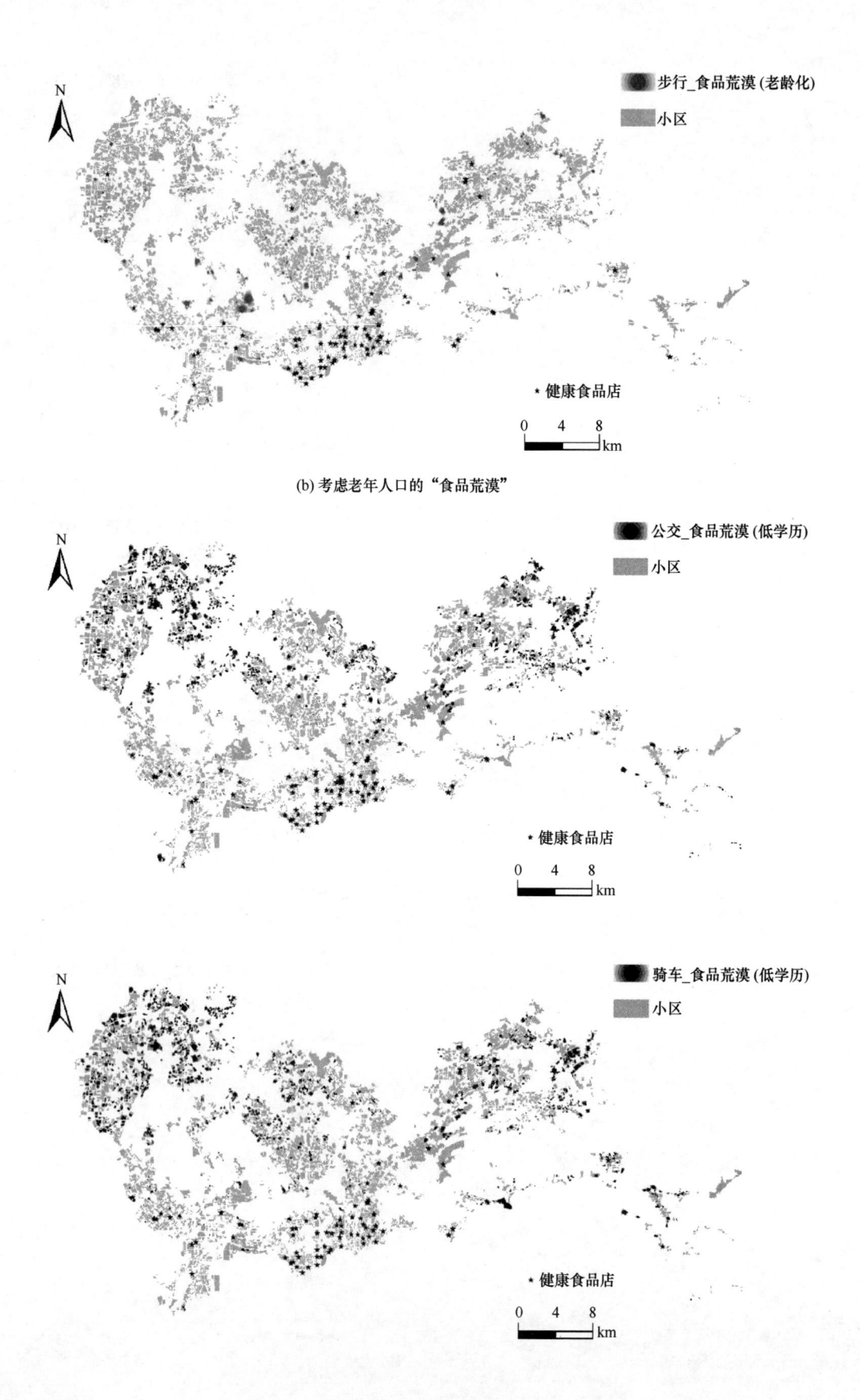

(c) 考虑低教育水平的"食品荒漠"

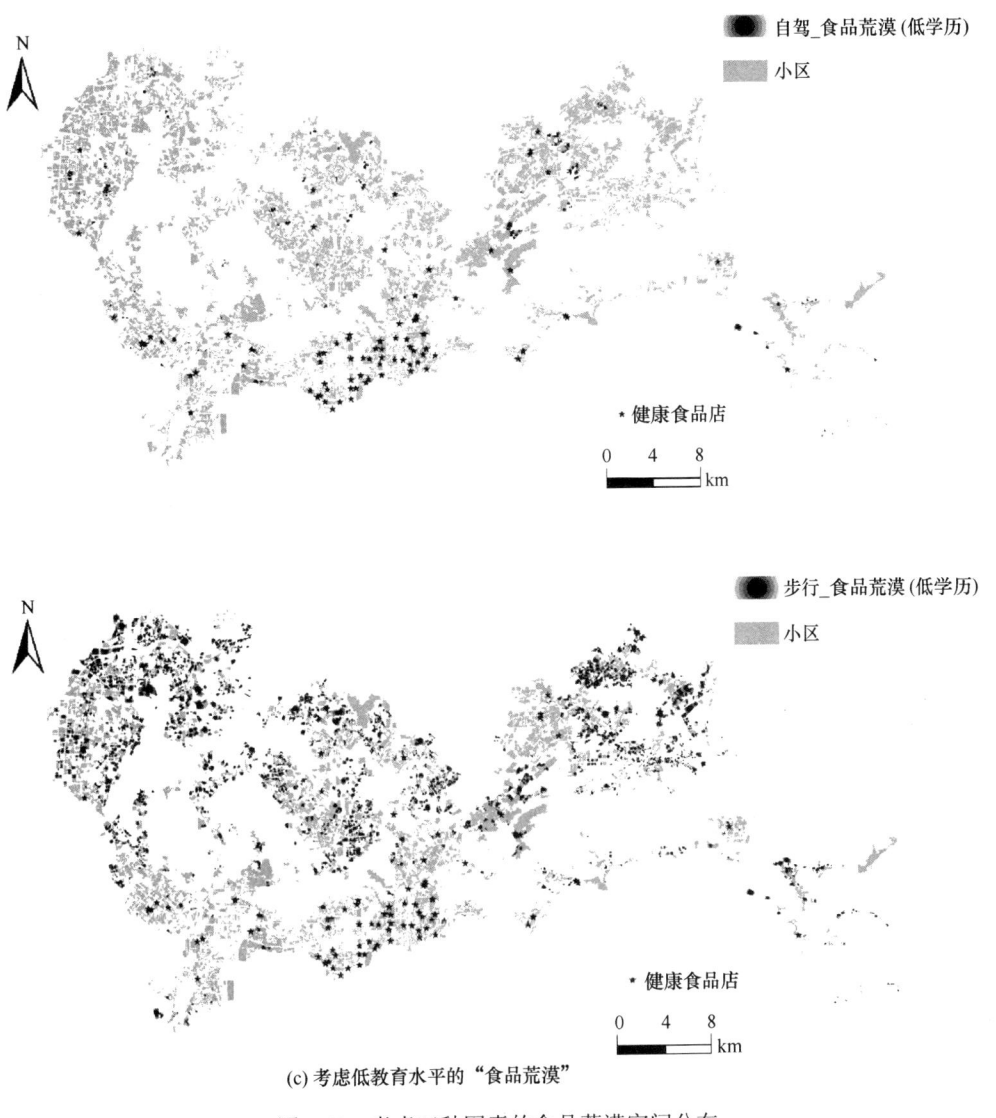

图 4.58 考虑三种因素的食品荒漠空间分布

B. 数据

土地利用数据、人口普查数据、住房数据、POI 数据。

C. 方法

根据创意阶层的定义,创意阶层可以划分为两大类群体,即"创意核心群体"(creative core)、"创造性的专业职业人员"(creative professionals)。根据国际标准职业分类代码(ISCO code),将我国人口普查中的"专业技术人员"的职业进行兼容性转换,并以此为基础进行创意阶层数量统计的口径,进而借助探索性空间分析对创意阶层聚集进行定量测度。将创意阶层空间聚集影响因素分为社会包容性、经济报酬与工作机会、环境美观和便利三大类,使用空间回归识别相关影响因素,最后利用方差分解的方法对三大类影响因素的相对重要性进行测度。

D. 结果与分析

创意阶层的空间集聚较为明显（图 4.59），大部分集中在特区内的街道。对于创意核心群体来说，影响其空间聚集的因素在 2000 年主要为社会包容度、环境美观与便利，在 2010 年主要为经济报酬与工作机会（图 4.60）。对于专业职业群体来说，影响其空间聚集的因素在 2000 年主要为环境美观与便利，在 2010 年主要为经济报酬与工作机会。对于两类创意阶层聚集的时空变化来说，经济报酬与工作机会均为首要影响因素。

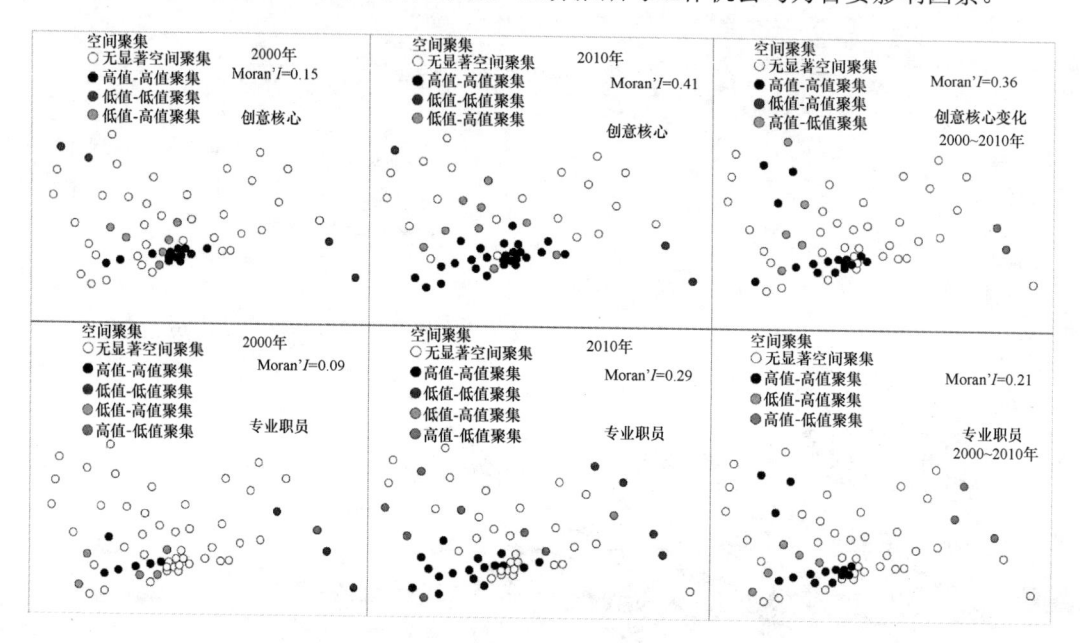

图 4.59 创意阶层时空聚集

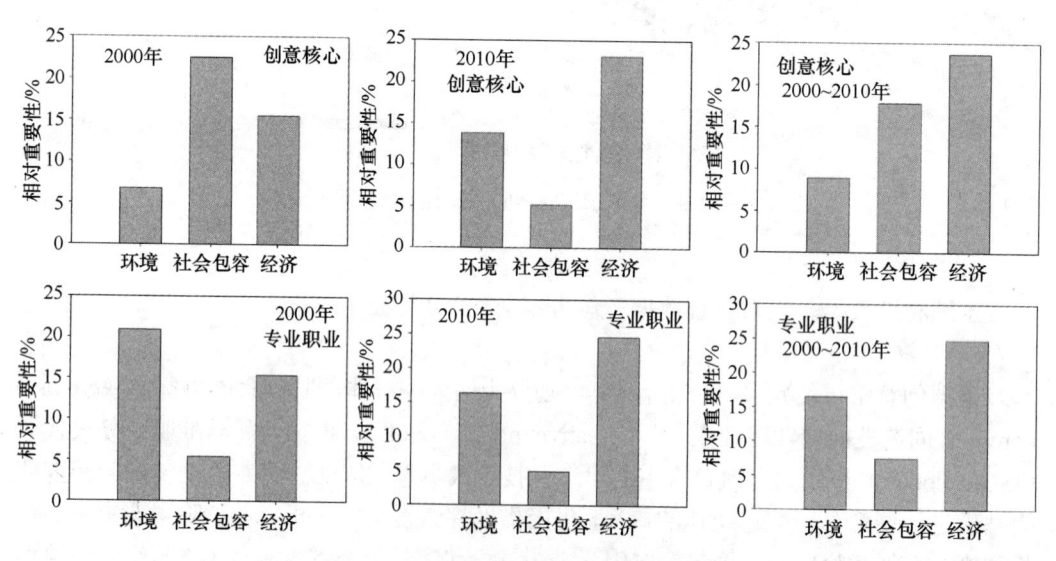

图 4.60 创意阶层空间聚集的影响因素

4.6.2 案例2：武汉市

1. 主题选取与方法设计

武汉是湖北省省会、中部六省唯一的副省级市和特大城市、中国中部地区的中心城市，全国重要的工业基地、科教基地和综合交通枢纽。国家长江经济带战略和中部崛起战略赋予了武汉引领长江中游城市群发展和建设国家中心城市的重任。通过研究《武汉市国民经济和社会发展第十三个五年规划纲要》、《武汉市城市总体规划（2016～2030年）》、《长江中游城市群发展规划》、《武汉城市圈区域发展规划（2013～2020年）》、《2015年武汉市资源节约型和环境友好型社会建设综合配套改革试验工作要点》等规划和政策，踊跃响应"建设国家中心城市、复兴大武汉"战略布局，贯彻落实和遵守"竞进提质、升级增效，以质为帅、量质兼取"等理念，侧重关注"发展动力升级"、"城市功能升级"、"民生保障升级"等宏观政策与规划建设目标，以地理国情监测数据、人文地理国情统计数据、环境监测数据、泛在地理信息大数据为基础，最终确定8个一级主题、31个二级主题，并据此设计相应的模型和指标（表4.26）。以期能够为政府制订武汉市的空间规划提供决策支持。

表4.26 武汉市地理国情辅助决策综合统计分析的主题选取

一级主题	二级主题	分析模型	形成指标
武汉大都市区	多中心结构	多中心空间结构测度模型；多中心空间结构驱动因子及其相对重要性模型；多中心空间结构经济绩效测度模型；多中心空间结构社会绩效测度模型；多中心空间结构生态绩效测度模型；多中心空间结构环境绩效测度模型；多中心空间结构综合效益类型划分模型；多中心空间结构综合效益权衡模型	多中心空间结构指数；多中心空间结构驱动因子相对重要性指数；多中心空间结构经济绩效指数；多中心空间结构社会绩效指数；多中心空间结构生态绩效指数；多中心空间结构环境绩效指数；多中心空间结构综合效益类型指数；多中心空间结构综合效益权衡指数
	精明增长	精明增长综合评价模型；面积-形态-结构模式下的城市扩展测度模型；城市扩展驱动力及其重要性模型；精明增长理念下城市扩展预测模型；精明增长理念下土地利用优化模型	精明增长综合评价指数；面积-形态-结构模式下的城市扩展指数；城市扩展驱动力重要性指数；精明增长理念下城市扩展适宜性指数
现代化交通体系	综合交通枢纽功能	综合交通体系完善度测度模型；综合交通体系通达性测度模型；综合交通体系一体化测度模型；综合交通枢纽优势度测度模型；综合交通枢纽社会经济效益测度模型	综合交通体系完善度指数；综合交通体系通达性指数；综合交通体系一体化指数；综合交通枢纽优势度指数；综合交通枢纽社会经济效益指数
	公共交通枢纽	公共交通枢纽换乘衔接通行能力测度模型；公共交通枢纽换乘衔接服务能力测度模型；公共交通枢纽换乘效率测度模型；公共交通枢纽综合性能测度模型；公共交通枢纽空间功能布局测度模型；公共交通枢纽空间整合度测度模型；公共交通枢纽覆盖范围测度模型；公共交通一体化建设综合评价模型；公共交通枢纽优化布局模型	公共交通枢纽换乘衔接通行能力指数；公共交通枢纽换乘衔接服务能力指数；公共交通枢纽换乘效率指数；公共交通枢纽综合性能指数；公共交通枢纽空间功能布局指数；公共交通枢纽空间整合度指数；公共交通枢纽覆盖范围指数；公共交通一体化建设综合评价指数
	轨道交通TOD开发	轨道交通TOD开发空间域识别模型；轨道交通TOD综合测度模型；轨道交通TOD类型测度模型；轨道交通TOD社区识别模型；轨道交通TOD效益测度模型；轨道交通TOD优化模型	轨道交通TOD开发空间域指数；轨道交通TOD综合指数；轨道交通TOD类型指数；轨道交通TOD社区指数；轨道交通TOD效益指数
	公共交通均等化	公共交通覆盖度测度模型；公共交通可达性模型；公共交通通勤承载力测度模型；公共交通运行效率测度模型；公共交通网络结构测度模型；公共交通均等化测度模型；公共交通时刻表优化调度模型；公共交通网络结构优化模型	公共交通覆盖度指数；公共交通可达性指数；公共交通通勤承载力指数；公共交通运行效率指数；公共交通网络结构指数；公共交通时刻表优化调度指数；公共交通网络结构优化指数

续表

一级主题	二级主题	分析模型	形成指标
现代化交通体系	静态交通设施	天桥空间布局测度模型；天桥局部通行能力测度模型；天桥布局合理性综合评价模型；天桥优化选址模型；公共停车场空间布局测度模型；公共停车场泊位供给需求测度模型；公共停车场泊位供需失配测度模型；公共停车场用地集约测度模型；公共停车场结构立体化测度模型；公共停车场功能完备测度模型；停车场优化模型	天桥空间布局指数；天桥局部通行能力指数；天桥布局合理性综合评价指数；公共停车场空间布局指数；公共停车场泊位供给需求指数；公共停车场泊位供需失配指数；公共停车场用地集约指数；公共停车场结构立体化指数；公共停车场功能完备指数
	慢行交通设施	慢行交通设施空间布局测度模型；慢行交通设施建设绩效综合评价模型；慢行交通设施社会经济效益测度模型；慢行交通设施健康裨益性综合评价模型；慢行交通设施人流量承载力测度模型；慢行交通设施与公共交通系统一体化测度模型；慢行交通设施均等化测度模型；慢行交通设施优化模型	慢行交通设施空间布局指数；慢行交通设施建设绩效综合评价指数；慢行交通设施社会经济效益指数；慢行交通设施健康裨益性综合评价指数；慢行交通设施人流量承载力指数；慢行交通设施与公共交通系统一体化指数；慢行交通设施均等化指数
两型社会	低碳城市建设	碳排放测度模型；碳排放时空格局测度模型；碳排放影响因子及其相对重要性测度模型；低碳生产评价模型；低碳消费评价模型；低碳环境评价模型；低碳规划评价模型；低碳城市综合评价模型；低碳发展与社会经济耦合模型；低碳城市建设效益测度模型；低碳城市建设效率测度模型	碳排放强度指数；碳排放时空格局指数；碳排放影响因子相对重要性指数；低碳生产评价指数；低碳消费评价指数；低碳环境评价指数；低碳规划评价指数；低碳城市综合评价指数；低碳发展与社会经济耦合指数；低碳城市建设效益指数；低碳城市建设效率指数
	资源节约利用	新技术应用节约评价模型；产业结构调整节约评价模型；规划管理转变节约评价模型；资源开发与生产节约评价模型；资源消耗节约评价模型；资源消费节约评价模型；资源综合利用节约评价模型；污染物排放减量节约评价模型；资源节约利用综合评价模型	新技术应用节约评价指数；产业结构调整节约评价指数；规划管理转变节约评价指数；资源开发与生产节约评价指数；资源消耗节约评价指数；资源消费节约评价指数；资源综合利用节约评价指数；污染物排放减量节约评价指数；资源节约利用综合评价指数
	生态空间品质	蓝绿空间生态适宜性评价模型；蓝绿空间生态敏感性评价模型；蓝绿空间生态服务功能测度模型；蓝绿空间结构连通性测度模型；蓝绿空间视觉美观性评价模型；蓝绿空间保护强度评价模型；蓝绿空间品质综合评价模型；蓝绿空间优化模型	蓝绿空间生态适宜性评价指数；蓝绿空间生态敏感性评价指数；蓝绿空间生态服务功能指数；蓝绿空间结构连通性指数；蓝绿空间视觉美观性评价指数；蓝绿空间保护强度评价指数；蓝绿空间品质综合评价指数
	环境治理	城市环境质量综合评价模型；城市环境质量空间分布测度模型；环境质量影响因素及其相对重要性测度模型；环境治理能力测度模型；环境治理效益测度模型；环境治理效率测度模型；环境治理效率影响因素识别模型；环境治理公平性测度模型；环境治理与社会经济耦合模型	城市环境质量综合评价指数；城市环境质量空间分布指数；环境质量影响因素相对重要性测度指数；环境治理能力指数；环境治理效益指数；环境治理效率指数；环境治理效率影响因素识别指数；环境治理公平性指数；环境治理与社会经济耦合指数
教育现代化	教育公平	初等教育布局标准度测度模型；初等教育学区划分合理性评价模型；初等教育质量综合评价模型；初等教育资源公平性测度模型；初等教育学区优化模型；初等教育供给平衡测度模型；新增初等学校优化选址模型	初等教育布局标准度指数；初等教育学区划分合理性评价指数；初等教育质量综合评价指数；初等教育资源公平性测度指数；初等教育学区优化指数；初等教育供给平衡指数
	教育结构	地理-层次-科类-形式-规模-能级视域下的教育结构测度模型；教育结构影响因素及其相对重要性测度；教育结构合理性综合评价模型；教育结构与人力资本红利耦合模型；教育结构、产业结构和就业结构耦合模型；教育结构优化模型	教育结构指数；教育结构影响因素相对重要性测度；教育结构合理性综合评价指数；教育结构与人力资本红利耦合指数；教育结构、产业结构和就业结构耦合指数；教育结构优化指数

续表

一级主题	二级主题	分析模型	形成指标
教育现代化	高等教育布局	地理-规模-层次-类别视域下的高等教育空间布局测度模型；高等教育空间布局合理性综合评价模型；高等教育空间布局影响因素及其相对重要性测度模型；高等教育空间布局社会经济效益测度模型；高等教育空间布局优化模型	高等教育空间布局指数；高等教育空间布局合理性综合评价指数；高等教育空间布局影响因素相对重要性指数；高等教育空间布局社会经济效益指数
文化功能聚集	文化软实力	文化功能区划模型；文化与科技融合度测度模型；文化与经济融合测度模型；文化事业与文化产业一体化测度模型	文化功能区划指数；文化与科技融合度指数；文化与经济融合指数；文化事业与文化产业一体化指数
	公共文化服务	公共文化服务供给能力评价模型；公共文化服务质量测度模型；公共文化服务均等化测度模型；公共文化服务绩效评估模型；公共文化服务对城市文化空间拓展作用测度模型；公共文化服务优化模型	公共文化服务供给能力评价指数；公共文化服务质量指数；公共文化服务均等化指数；公共文化服务绩效评估指数；公共文化服务对城市文化空间拓展作用指数
	历史文化名城	荆楚文化空间结构测度模型；荆楚文化与现代文化融合度测度模型；荆楚文化空间保护预警模型；荆楚文化资源开发与创意产业发展耦合模型；荆楚文化资源开发与旅游业发展耦合模型	荆楚文化空间结构指数；荆楚文化与现代文化融合度测度指数；荆楚文化空间保护预警指数；荆楚文化资源开发与创意产业发展耦合指数；荆楚文化资源开发与旅游业发展耦合指数
创新改革	产业创新体制	产业创新政府支持度评价模型；产业创新社会环境评价模型；产业创新管理效率综合评价模型；产业创新管理与产业升级耦合模型	产业创新政府支持度评价指数；产业创新社会环境评价指数；产业创新管理效率综合评价指数；产业创新管理与产业升级耦合指数
	制造业创新	制造业创新能力测度模型；制造业创新能力影响因素及其相对重要性测度模型；制造业创新绩效测度模型；制造业创新网络结构测度模型；制造业创新网络协同度测度模型；制造业创新与区域经济耦合模型	制造业创新能力指数；制造业创新能力影响因素相对重要性指数；制造业创新绩效指数；制造业创新网络结构指数；制造业创新网络协同度指数；制造业创新与区域经济耦合指数
	服务业创新	服务业创新能力测度模型；服务业创新能力影响因素及其相对重要性测度模型；服务业创新绩效测度模型；服务业创新网络结构测度模型；服务业创新网络协同度测度模型；制造业创新与服务业创新融合度测度模型	服务业创新能力指数；服务业创新能力影响因素相对重要性指数；服务业创新绩效指数；服务业创新网络结构指数；服务业创新网络协同度指数；制造业创新与服务业创新融合度指数
	大数据产业集群	大数据产业集群测度模型；大数据产业集群影响因子及其相对重要性测度模型；大数据产业竞争力评价模型；大数据产业生态圈结构测度模型；大数据产业集群社会经济效益测度模型；大数据与产业结构转型耦合模型	大数据产业集群指数；大数据产业集群影响因子相对重要性测度指数；大数据产业竞争力评价指数；大数据产业生态圈结构指数；大数据产业集群社会经济效益指数；大数据与产业结构转型耦合指数
	创新创业	创新创业教育水平综合评价模型；创新创业环境综合评价模型；创新创业环境与社会经济耦合模型；创新人才吸引力综合评价模型	创新创业教育水平综合评价指数；创新创业环境综合评价指数；创新创业环境与社会经济耦合指数；创新人才吸引力综合评价指数
社会保障	脱贫攻坚	贫困人口空间聚集测度模型；人口贫困影响因素及其相对重要性；致贫原因解析模型；区域多维贫困综合评价模型；区域多维贫困类型划分模型；空间贫困陷阱识别模型；贫困脆弱性综合评价模型；精准扶贫绩效评价模型	贫困人口空间聚集指数；人口贫困影响因素相对重要性；区域多维贫困综合评价指数；区域多维贫困类型划分指数；空间贫困陷阱识别指数；贫困脆弱性综合评价指数；精准扶贫绩效评价指数
	保障性安居	保障性住房空间布局模型；保障性住房需求测度模型；保障性住房供需失配测度模型；保障性住房优化选址模型；保障性住房量测度模型；保障性安居工程绩效评价模型	保障性住房空间布局指数；保障性住房需求指数；保障性住房供需失配指数；保障性住房量指数；保障性安居工程绩效评价指数
	社会救助与福利	社会救助与福利设施空间布局模型；社会救助与福利设施均等化测度模型；社会救助与福利设施优化选址模型；社会救助与福利用地结构测度模型；社会救助与福利用地结构优化模型；社会救助体系建设综合评价模型	社会救助与福利设施空间布局指数；社会救助与福利设施均等化指数；社会救助与福利用地结构指数；社会救助体系建设综合评价指数

续表

一级主题	二级主题	分析模型	形成指标
社会保障	扶残助残服务	无障碍设施空间布局测度模型；无障碍设施空间布局合理性评价模型；无障碍设施建设绩效评价模型；新增无障碍设施优化选址模型；残疾人社会保障体系建设绩效综合评价模型；残疾人公共服务体系建设绩效综合评价模型	无障碍设施空间布局指数；无障碍设施空间布局合理性评价指数；无障碍设施建设绩效评价指数；残疾人社会保障体系建设绩效综合评价指数；残疾人公共服务体系建设绩效综合评价指数
居民健康	基本医疗服务	等级医院空间布局测度模型；等级医院就医可达性测度模型；等级医院布局合理性评价模型；等级医院就医公平性测度模型；等级医院优化选址模型；社区医院空间布局测度模型；社区医院可达性测度模型；社区医院布局合理性评价模型；社区医院布局公平性测度模型；社区医院优化选址模型；基于转诊制度的基本医疗服务可达性测度模型；基于转诊制度的基本医疗服务均等化测度模型；基本医疗服务效率综合评价模型	等级医院空间布局指数；等级医院就医可达性指数；等级医院布局合理性评价指数；等级医院就医公平性指数；等级医院优化选址指数；社区医院空间布局指数；社区医院可达性指数；社区医院布局合理性评价指数；社区医院布局公平性指数；基于转诊制度的基本医疗服务可达性测度指数；基于转诊制度的基本医疗服务均等化测度指数；基本医疗服务效率综合评价指数
	体质健康	社区健身苑点空间布局测度模型；社区健身苑点布局合理性评价模型；社区健身苑点供给均等化测度模型；社区健身苑点优化布局模型；社区体育健身圈空间结构测度模型；社区体育健身圈类型划分模型；社区体育健身圈均等化测度模型；休闲体育空间结构测度模型；休闲体育空间类型划分模型；休闲体育空间均等化测度模型；休闲体育结构优化模型；体质健康与建成环境、社会环境关联模型；健康行为与建成环境、社会环境关联模型	社区健身苑点空间布局指数；社区健身苑点布局合理性评价指数；社区健身苑点供给均等化指数；社区体育健身圈空间结构指数；社区体育健身圈类型划分指数；社区体育健身圈均等化指数；休闲体育空间结构指数；休闲体育空间类型划分指数；休闲体育空间均等化指数；休闲体育结构优化指数；体质健康与建成环境、社会环境关联指数；健康行为与建成环境、社会环境关联指数
	养老服务	养老设施空间布局测度模型；养老设施承载力测度模型；养老设施布局合理性评价模型；养老设施可达性测度模型；养老设施供给均等化测度模型；养老设施优化选址模型；养老服务资源配置效率测度模型；养老服务能力综合评价模型	养老设施空间布局指数；养老设施承载力指数；养老设施布局合理性评价指数；养老设施可达性指数；养老设施供给均等化指数；养老服务资源配置效率指数；养老服务能力综合评价指数
	妇幼健康服务	妇幼保健设施空间布局测度模型；妇幼保健设施承载力测度模型；妇幼保健设施布局合理性评价模型；妇幼保健设施可达性测度模型；妇幼保健设施供给均等化测度模型；妇幼保健设施优化选址模型；妇幼健康服务资源配置效率测度模型；妇幼健康服务能力综合评价模型	妇幼保健设施空间布局指数；妇幼保健设施承载力指数；妇幼保健设施布局合理性评价指数；妇幼保健设施可达性指数；妇幼保健设施供给均等化指数；妇幼健康服务资源配置效率指数；妇幼健康服务能力综合评价指数

2. 相关分析结果

1）慢行交通专题

A. 背景

肥胖和各种慢性疾病多发。在这种背景下，慢行交通作为一种切实有效的健康解决方案，吸引了越来越多的关注。步行是慢性交通的重要构成，在合理的慢性交通模型指导下形成可步性度量体系显得尤为必要。

B. 数据

路网数据、土地利用数据、健康专题数据。

C. 方法

利用词频分析法，建立框架确定可步性相关指标；引入突变理论，建立可步性综合指数（IWI）；建立空间回归模型，探究社会经济指标与可步性综合指数的关系。

D. 结果与分析

通过词频分析，筛选了 13 个相关变量，建立了包含连通性、可达性、适应性、景观性、安全性五个方面的可步性度量框架（图 4.61）。通过突变理论，建立了可步行综合指标计算模型（图 4.62）。

武汉市的可步行性（IWI）存在显著的空间异质性，总的来说武汉市中心城区和西部可步性较好（图 4.63）。回归分析显示（表 4.27），除个别区域外，在社会经济地位较低的区域可步性较差。

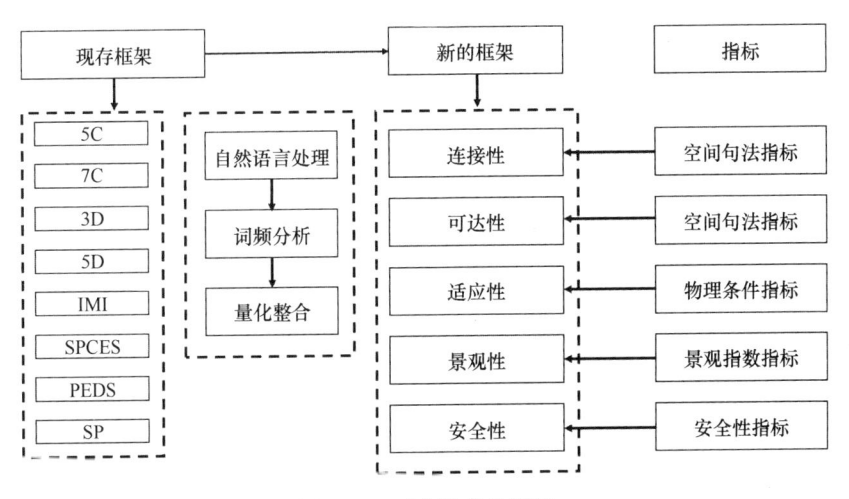

图 4.61 可步性度量框架

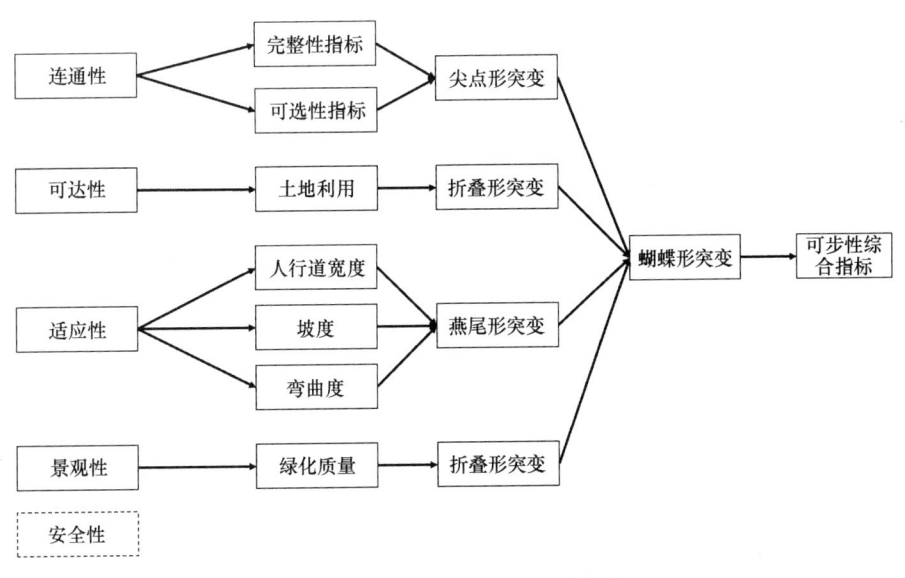

图 4.62 可步性综合指数计算框架

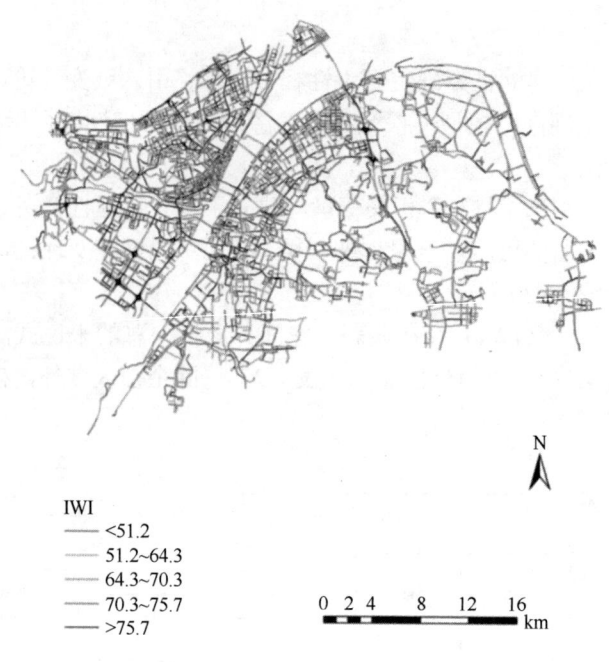

IWI
— <51.2
— 51.2~64.3
— 64.3~70.3
— 70.3~75.7
— >75.7

图 4.63 可步性综合指数空间分布（彩图附后）

表 4.27 空间回归结果表

可步性指标	解释变量	空间依赖	R^2
IWI 最大值	PFP（0.09），PBC（0.16）	W_Y（0.91）	0.13**
IWI 最小值	AAI（-0.23）	W_Y（0.84）	0.24**
IWI 均值	PUE（-0.31），PBC（-0.07）	W_Y（0.66）	0.37**
IWI 标准差	PUD（0.24）	W_Y（0.47）	0.11**

注：**$p<0.01$；IWI. 综合可步性指数；PBC. 蓝领比例；AAI. 年收入均值；PFP. 流动人口比例；PUE. 失业人口比例；PUD. 未接受教育人口比例。

2）体质健康专题

A. 背景

醉酒，正严重威胁城市居民生命健康。一方面，分析掌握醉酒事件的空间格局，为急救资源合理分配提供依据；另一方面，探究醉酒事件空间影响因素，为针对性政策制定提供依据。

B. 数据

行政区划数据、健康专题数据、POI 数据、医疗数据。

C. 方法

利用 Ripley's K 函数探究多尺度下醉酒事件的空间点格局；采用 Global Moran's I 指数和 LISA 聚类地图，分析中心城区醉酒事件的空间自相关性，识别醉酒事件频发区域。利用逐步回归筛选不同视角下的解释变量，建立地理加权回归模型解释醉酒事件的空间异质性。

D. 结果与分析

点格局分析结果（图 4.64）显示，武汉市中心城区醉酒事件空间分布在百米至千米乃至千米以上尺度呈现明显的空间聚集分布。将醉酒事件统计到行政街区形成醉酒密度指标，其全局 Moran's I 值为 0.495，在 0.01 水平上显著。这意味着饮酒事件密度呈空间聚集分布。该结果与点格局分析结果一致。LISA 聚类图（图 4.65）显示汉口沿江一带是醉酒相关急救事件的高发区域。而武汉市东侧及其外围的醉酒事件密度则相对较低。

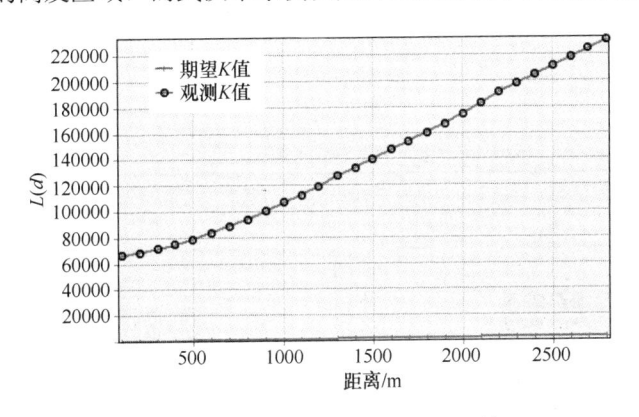

图 4.64 点格局分析（Ripley's K 函数）

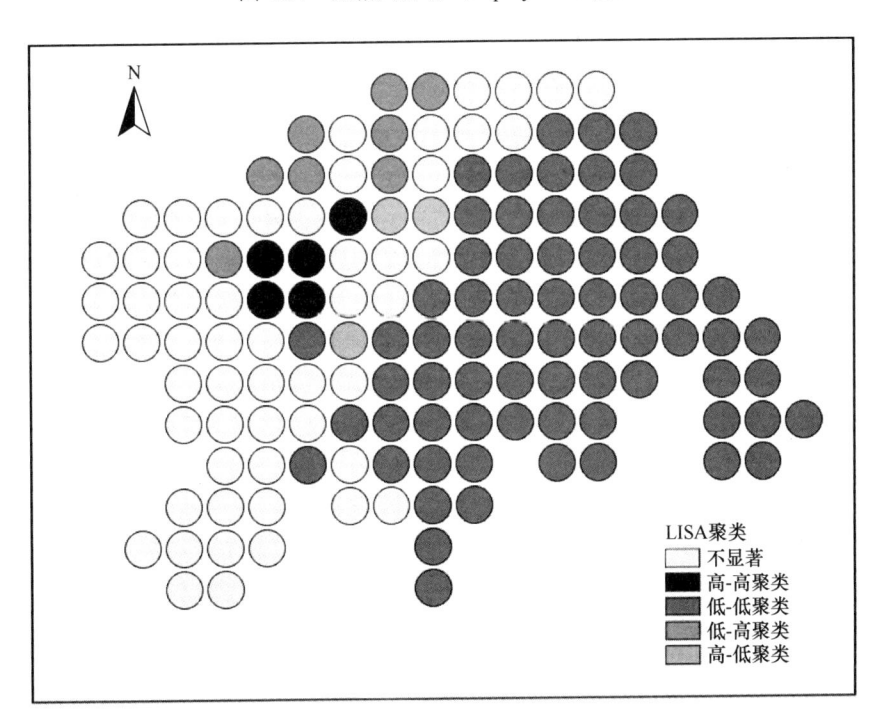

图 4.65 LISA 聚类

以餐厅、酒吧、KTV、超市密度四者作为逐步回归输入，剩余餐厅密度；以酒吧、KTV、超市密度三者作为逐步回归输入，三者均被保留，超市作用最为显著，KTV 次之，酒吧最弱。建立对应的地理加权回归模型（表 4.28）。一方面，从 R^2、AICc、Local R^2 等指标对比来看，"醉酒-餐厅"模型明显优于"醉酒-酒吧/KTV/超市"模型，表明餐厅对醉酒密度的解释力度要明显强于其他酒品出售点。另一方面，从 Local R^2 分布（图 4.66）来看，酒品出售点对醉酒密度的影响存在一定的空间差异。酒吧、KTV、商场对

· 197 ·

醉酒的影响强度，在武汉西侧与东北侧较高，向东南方向递减。餐厅对醉酒的影响强度，在中部较强，向周边递减。

表 4.28 地理加权回归模型结果

模型	R^2	AICc	Local R^2	模型局部变量系数
醉酒-酒吧/KTV/超市	0.69	−125.45	0.39/0.63/0.55/0.05	酒吧密度：0.19/0.72/0.29/0.12 KTV密度：0.19/0.41/0.27/0.06 超市密度：0.14/0.65/0.49/0.09
醉酒-餐厅	0.76	−76.83	0.45/0.84/0.68/0.09	餐厅密度：0.74/1.32/0.87/0.14

注：Local R^2 和局部模型参数为对模型对应量的基础统计量，依次为最小值/最大值/平均值/标准差。

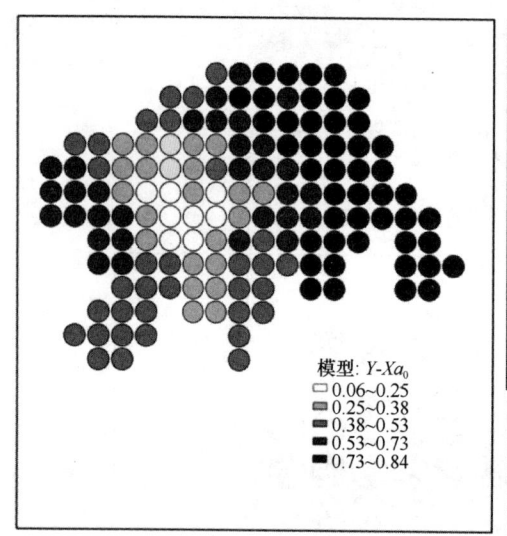

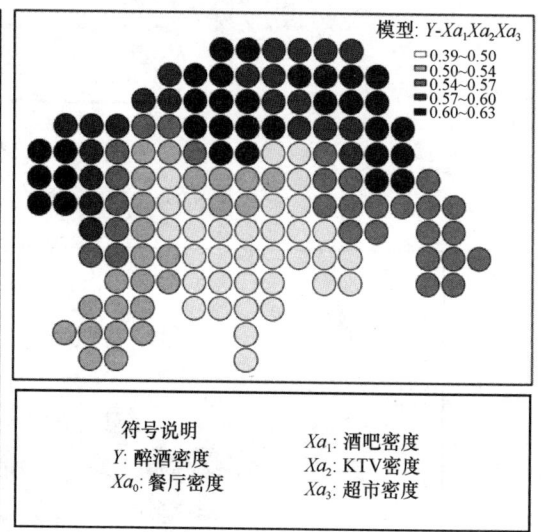

图 4.66 地理加权回归模型 Local R^2 分布

3）精明增长专题

A. 背景

随着武汉市经济的飞速发展，城市建设不断向外扩张，武汉市的绅士化现象也越来越明显。房地产市场，尤其是高档别墅大规模建设起到了不容忽视的推动作用。因此，研究高档小区时空格局能帮助洞悉武汉市绅士化现象，进而帮助政府部门反思传统的城市更新模式，认识城市的更新发展中可能出现的空间社会分异等问题，为其合理规划城市的空间布局、调控房地产市场等提供参考依据。

B. 数据

高档别墅高分遥感监测数据、房价监测数据、POI。

C. 方法

借助随机森林回归定量识别房价影响因素及其相对重要性。

D. 结果与分析

武汉的高档别墅扩张大致可以分为三个发展阶段：2007 年以前首先在内环线的中心城区零星出现，后慢慢扩张到近郊；2007～2011 年，快速扩展，规模迅速增加；2012～

2016年，扩张的速度相比于上一个阶段有所减缓（图4.67）。此外，2007年以前，高档别墅小区主要集中在二至四环线内，后逐渐向外扩张，三至四环以及四环线以外的高档小区数量增长迅猛（图4.68）。2012年至今，内环线及内至二环线的高档住宅市场明显降温，尤其是内环线，而四环线以外有超过半成的别墅建于2011年以后。这是由于内城区居住用地的扩展空间有限，导致城市开始向郊区化发展，同时郊区的自然环境条件相比内城区更加优越，消费者的消费偏好也推动了高档住宅市场由中心向外扩张。

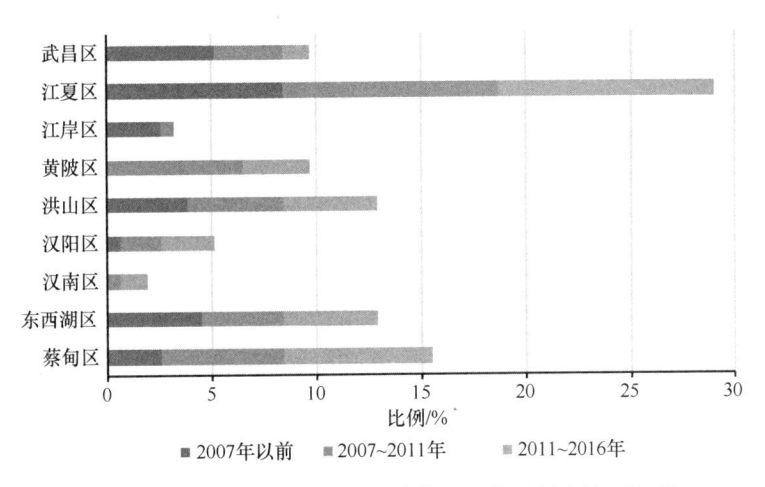

图4.67 不同时段各城区新增高档小区数目所占比例情况

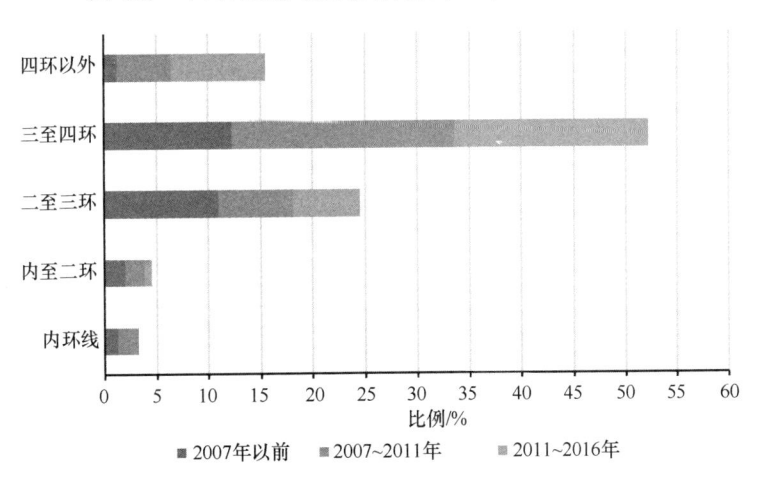

图4.68 不同时段各环线内新增高档小区数目所占比例情况

从价格来看，武昌区最高，汉南区相对较低（图4.69），二环内的区域最高，而三环外的区域则相对较低（图4.70）。从变量的相对重要性排序图（图4.71）可以看出，影响武汉市高档小区住宅价格的主要因素为环线位置、银行距离、CBD距离和购物中心距离，其中环线位置的影响最大。另外，从图4.72中可以看出，这四个因素均与住宅价格呈显著负相关关系。高档小区住宅价格次要影响因子中，A级景区距离和汽车站距离的重要性较大，且与住宅价格呈显著负相关关系（图4.73）。湖泊距离和交通条件这两个反映区位特征的变量的重要性仅次于四个主要影响因子，以及A级景区距离和汽车

·199·

站距离，从两个因子的偏依赖图可以看出，距离湖泊越近，相应的住宅价格越高。建筑用地比重、景观破碎度和绿化率这三个建筑特征变量的重要性都比较小。另外，绝大部分因子的偏依赖图显示，变量与房价的相关关系只在一定范围内存在，距离超出某一阈值之后，该因素对房价几乎不产生影响，这一阈值的确定可以为政府和开发商提供定价依据。

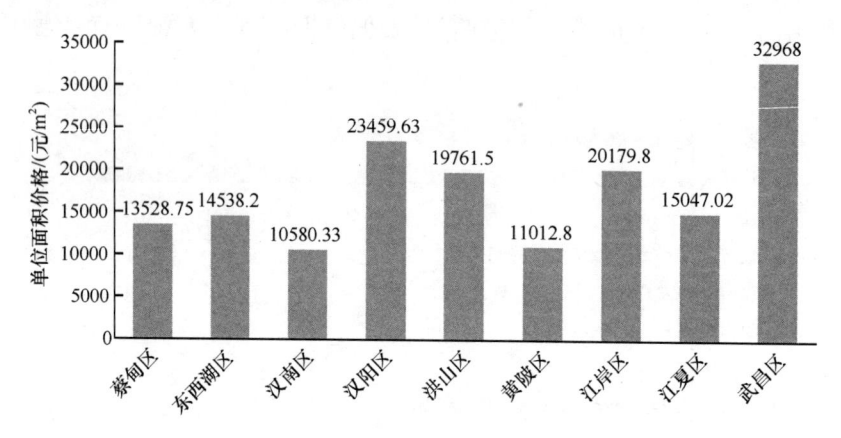

图 4.69 不同城区高档别墅小区均价

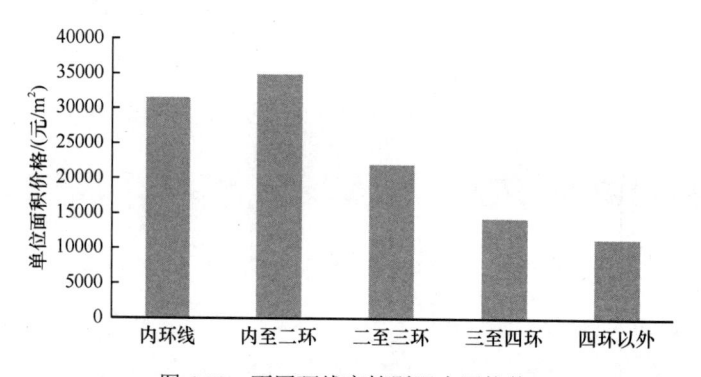

图 4.70 不同环线高档别墅小区均价

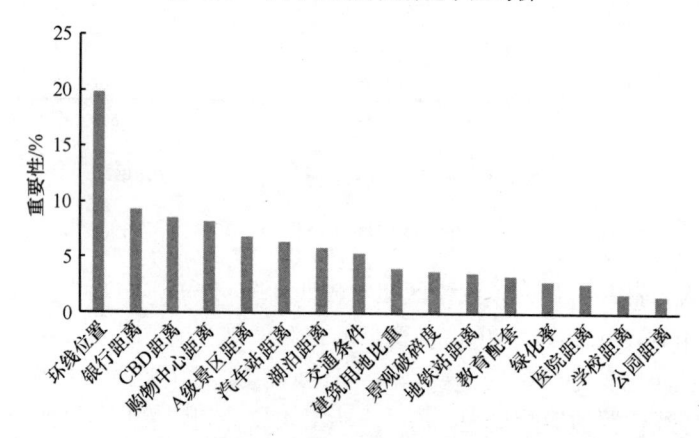

图 4.71 基于随机森林回归的高档别墅小区住宅价格影响因子重要性排序

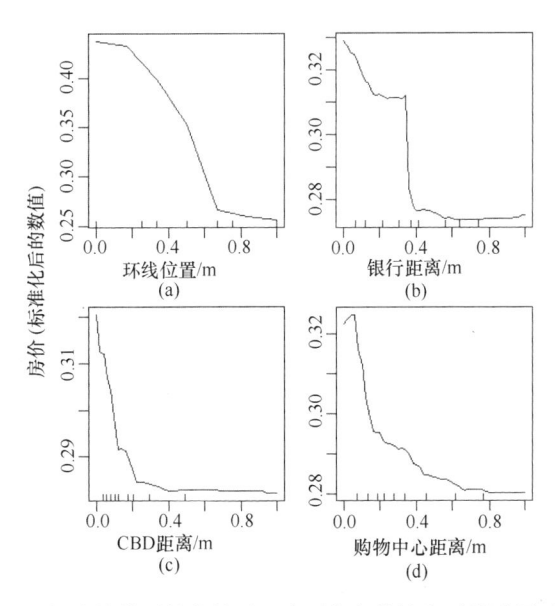

图 4.72 基于随机森林模型的高档别墅小区住宅价格主要影响因子的偏依赖图

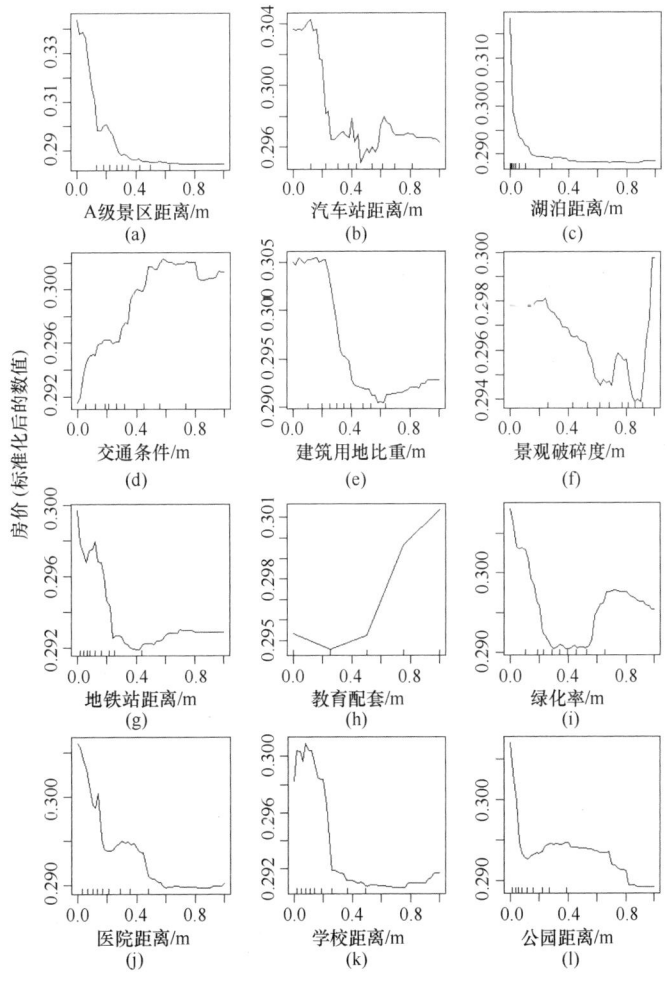

图 4.73 基于随机森林模型的高档别墅小区住宅价格次要影响因子的偏依赖图

· 201 ·

4.7 面向县域层面规划决策的地理国情综合统计分析

4.7.1 案例1：安吉县

1. 主题选取与方法设计

安吉是联合国人居奖唯一获得县、中国首个生态县、全国首批生态文明建设试点地区、国家可持续发展实验区、全国首批休闲农业与乡村旅游示范县、中国金牌旅游城市唯一获得县，有中国第一竹乡、中国白茶之乡、中国椅业之乡、中国竹地板之都美誉，被评为全国文明县城、全国卫生县城、美丽中国最美城镇。在当前大生态、大交通、大项目、大旅游的时代背景，安吉县面临着基础不厚、结构不优、区位不畅、承载不强等诸多挑战。通过研究《安吉县十三五规划纲要》、《安吉县域总体规划研究（2012～2030年）》、《安吉美丽乡村总体规划》、《安吉国家生态文明建设示范县规划》、《安吉县水土保持规划（2015～2030年）》等规划和政策，踊跃响应"生态立县、工业强县、开放兴县"战略布局，贯彻落实"创新、协调、绿色、开放、共享"的发展理念，侧重关注"打造生态经济示范区，建设富裕安吉"、"打造美丽乡村样板区，建设美丽安吉"、"打造改革创新先行区，建设幸福安吉"等宏观政策与规划建设目标，以地理国情监测数据、人文地理国情统计数据、环境监测数据、泛在地理信息大数据为基础，最终确定4个一级主题、17个二级主题，并据此设计相应的模型和指标（表4.29）。以期能够为政府制订安吉县的空间规划提供决策支持。

表4.29 安吉县地理国情辅助决策综合统计分析的主题选取

一级专题	二级专题	分析模型	形成指标
生态经济	竹产业	竹产业空间集群测度模型；竹产业绿色发展建设绩效综合评价模型；竹林碳汇功能测度模型；竹产业开发影响碳循环功能测度模型	竹产业空间集群指数；竹产业绿色发展建设绩效综合评价指数；竹林碳汇功能测度指数；竹产业开发影响碳循环功能指数
	健康休闲产业	健康产业空间集群测度模型；绿色食品产业空间集群测度模型；休闲旅游目的地吸引力综合评价模型；健康休闲产业竞争力综合评价模型；休闲森林人家集聚区识别模型；休闲森林人家建设绩效综合评价模型	健康产业空间集群指数；绿色食品产业空间集群指数；休闲旅游目的地吸引力综合评价指数；健康休闲产业竞争力综合评价指数；休闲森林人家集聚区指数；休闲森林人家建设绩效综合评价指数
	特色小镇	小镇特色综合评价模型；小镇特色差异性测度模型；特色小镇建设品质综合评价模型；特色小镇建设绩效综合评价模型	小镇特色综合评价指数；小镇特色差异性指数；特色小镇建设品质综合评价指数型；特色小镇建设绩效综合评价指数
	影视文化产业	影视文化产业集聚测度模型；影视文化产业竞争力综合评价模型；大文化产业示范区建设绩效综合评价模型	影视文化产业集聚指数；影视文化产业竞争力综合评价指数；大文化产业示范区建设绩效综合评价指数
生态保护	生态能库	生态能库测度模型；生态能库空间体系测度模型；林地景观破碎化测度模型；林地"覆盖率-景观结构-生态服务"耦合模型；林地生态系统健康综合评价模型；湿地景观连通度测度模型；湿地"分布-景观结构-生态服务"耦合模型；湿地生态系统健康综合评价模型	生态能库指数；生态能库空间体系指数；林地景观破碎化指数；林地"覆盖率-景观结构-生态服务"耦合指数；林地生态系统健康综合评价指数；湿地景观连通度指数；湿地"分布-景观结构-生态服务"耦合指数；湿地生态系统健康综合评价指数

续表

一级专题	二级专题	分析模型	形成指标
生态保护	村庄环境	水环境质量综合评价模型；空气质量综合评价模型；土壤质量综合评价模型；生态环境质量综合评价模型；农村环境整治绩效综合评价模型；乡村视觉优美度测度模型	水环境质量综合评价指数；空气质量综合评价指数；土壤质量综合评价指数；生态环境质量综合评价指数；农村环境整治绩效综合评价指数；乡村视觉优美度指数
	绿色农业	农业污染负荷测度模型；农业产业结构测度模型；农业污染投入强度测度模型；农业生态系统健康测度模型；农业"分布-景观结构-生态服务"耦合模型；绿色农业建设绩效综合评价模型；基本农田保护绩效综合评价模型；农业面源污染治理绩效综合评价模型	农业污染负荷指数；农业产业结构指数；农业污染投入强度指数；农业生态系统健康指数；农业"分布-景观结构-生态服务"耦合指数；绿色农业建设绩效综合评价指数；基本农田保护绩效综合评价指数；农业面源污染治理绩效综合评价指数
	泛自然博物园	泛自然博物园空间区域划分模型；泛自然博物园空间结构测度模型；泛自然博物园生态环境友好度测度模型；泛自然博物园低碳节能能力测度模型；健康森林空间色彩测度模型	泛自然博物园空间区域划分指数；泛自然博物园空间结构指数；泛自然博物园生态环境友好度指数；泛自然博物园低碳节能能力指数；健康森林空间色彩指数
	水土流失	水土流失强度测度模型；水土流失驱动因子测度模型；水体保持生态服务测度模型；水土保持生态服务影响因子测度模型；面向水体保持的土地利用优化模型	水土流失强度指数；水土流失驱动因子相对重要性指数；水土保持生态服务指数；水土保持生态服务影响因子相对重要性指数
	生态茶园建设	茶园生态服务测度模型；茶叶种植社会经济效益测度模型；茶叶种植生态环境效益测度模型；茶园种植社会经济-生态环境效益权衡模型；茶园扩展时空格局测度模型；茶园扩展驱动力测度模型；茶园扩展预测模型；茶园空间优化模型	茶园生态服务指数；茶叶种植社会经济效益指数；茶叶种植生态环境效益指数；茶园种植社会经济-生态环境效益权衡指数；茶园扩展时空格局指数；茶园扩展驱动力相对重要性指数
民生福祉	基础教育	基础教育可获性测度模型；基础教育质量综合评价模型；基础教育均等化测度模型；基础教育优化模型	基础教育可获性指数；基础教育质量综合评价指数；基础教育均等化指数；基础教育优化指数
	社会保障	区域社会保障结构测度模型；社会保障供给测度模型；社会保障与社会经济关联模型；社会保障与就业关联模型；社会保障与农村关联模型；社会保障与农地流转关联模型	区域社会保障结构指数；社会保障供给指数；社会保障与社会经济关联指数；社会保障与就业关联指数；社会保障与农村关联指数；社会保障与农地流转关联指数
	生活性服务业	生活性服务可获性测度模型；可获生活性服务类型划分模型；生活性服务均等化供给测度模型；生活性服务供给优化模型	生活性服务可获性指数；可获生活性服务类型划分指数；生活性服务均等化指数；生活性服务供给优化指数
农村转型	乡村性	乡村性综合评价模型；乡村类型划分模型；乡村景观空间测度模型；乡村性驱动力及其相对重要性测度模型；乡村性保护绩效模型	乡村性综合评价指数；乡村类型划分指数；乡村景观空间指数；乡村性驱动力相对重要性指数；乡村性保护绩效指数
	乡村转型	乡村转型多维度综合评价模型；乡村转型类型划分模型；乡村转型多维度耦合模型；乡村性与乡村转型耦合模型；乡村转型驱动力及其相对重要性测度模型；乡村转型效益测度模型	乡村转型多维度综合评价指数；乡村转型类型划分指数；乡村转型多维度耦合指数；乡村性与乡村转型耦合指数；乡村转型驱动力相对重要性指数；乡村转型效益指数
	乡村活力	乡村活力测度模型；乡村活力驱动力及其相对重要性测度模型；乡村活力效益测度模型；乡村活力增强绩效模型	乡村活力指数；乡村活力驱动力相对重要性指数；乡村活力指数；乡村活力增强绩效指数
	乡村聚落可持续性	乡村聚落可持续性测度模型；乡村聚落可持续性景观格局测度；乡村可持续性胁迫因子识别模型；乡村聚落可持续景观优化模型	乡村聚落可持续性指数；乡村聚落可持续性景观指数；乡村可持续性胁迫因子指数

2. 相关分析结果

1）茶园扩展遥感监测专题

A. 背景

茶园的分布信息可以通过土地调查或遥感影像解译的形式获得，然而土地调查经常受当地的地形条件限制且费时费力。因此，探索既可靠又精确的基于遥感影像提取茶园的方法是十分必要的。

B. 数据

多时相 Landsat 影像。

C. 方法

使用多季节纹理特征和物候特征及原始光谱特征构建特征分类模型，在较为稳健的随机森林分类器中提取茶园。比较多种特征模型在茶园提取中的精度：①初始模型，包括影像的光谱特征模型，GLCM 纹理特征模型，地统计特征模型（变差函数特征模型、伪交叉变差函数特征模型），物候特征模型；②特征选择模型，上述五种模型在随机森林中经特征选择后，由重要性在前 1/4 的特征组成的模型；③多时相综合模型，三个季节的光谱特征叠加而得的模型，将三个季节的最优计算窗口下的所有特征叠加而得的模型，将三个季节在计算窗口为最优、重要性在前 1/4 的特征叠加而得的模型特征。

D. 结果与分析

以 2016 年为例，当只使用单季节的原始特征模型时，茶园的平均提取精度仅有 66.8%，而当使用多时相光谱特征模型时茶园提取的精度被显著提高到了 78.49%。使用多时相综合模型中的最优选择模型时，可以将茶园的提取精度提高到 87.52%。结果表明从 Landsat 影像中可以有效地提取茶园，多时相的纹理特征和物候特征有助于提高精度，随机森林的特征选择方法可以降低分类模型的维度从而提高茶园的提取精度。安吉县多年的茶园扩展遥感监测结果如图 4.74 所示。

2）茶园扩展驱动力专题

A. 背景

如何识别茶园扩展驱动因素并定量分析其相对重要性，并据此制定有针对性的土地政策，具有重要的决策意义。

B. 数据

土地利用数据、高程数据、社会经济统计数据。

C. 方法

从自然和社会经济两方面、像元和村两个尺度挑选出一系列潜在的驱动因素，借助提升树回归定量测度不同驱动因子的相对重要性。

D. 结果与分析

结果显示（图 4.75），1985～2007 年茶园扩展的主要驱动因素包括：像元尺度高程、邻域内耕地比例和像元尺度坡度。此外，村级尺度坡度、像元尺度距离灌溉设施的距离，以及像元和村级尺度邻域内森林比例也表现出较高的相对重要性。2007～2016 年，像元尺度邻域内森林比例、像元和村级尺度的耕地比例是茶园扩张至关重要的决定因素，这表

图 4.74 安吉县茶园扩展遥感监测

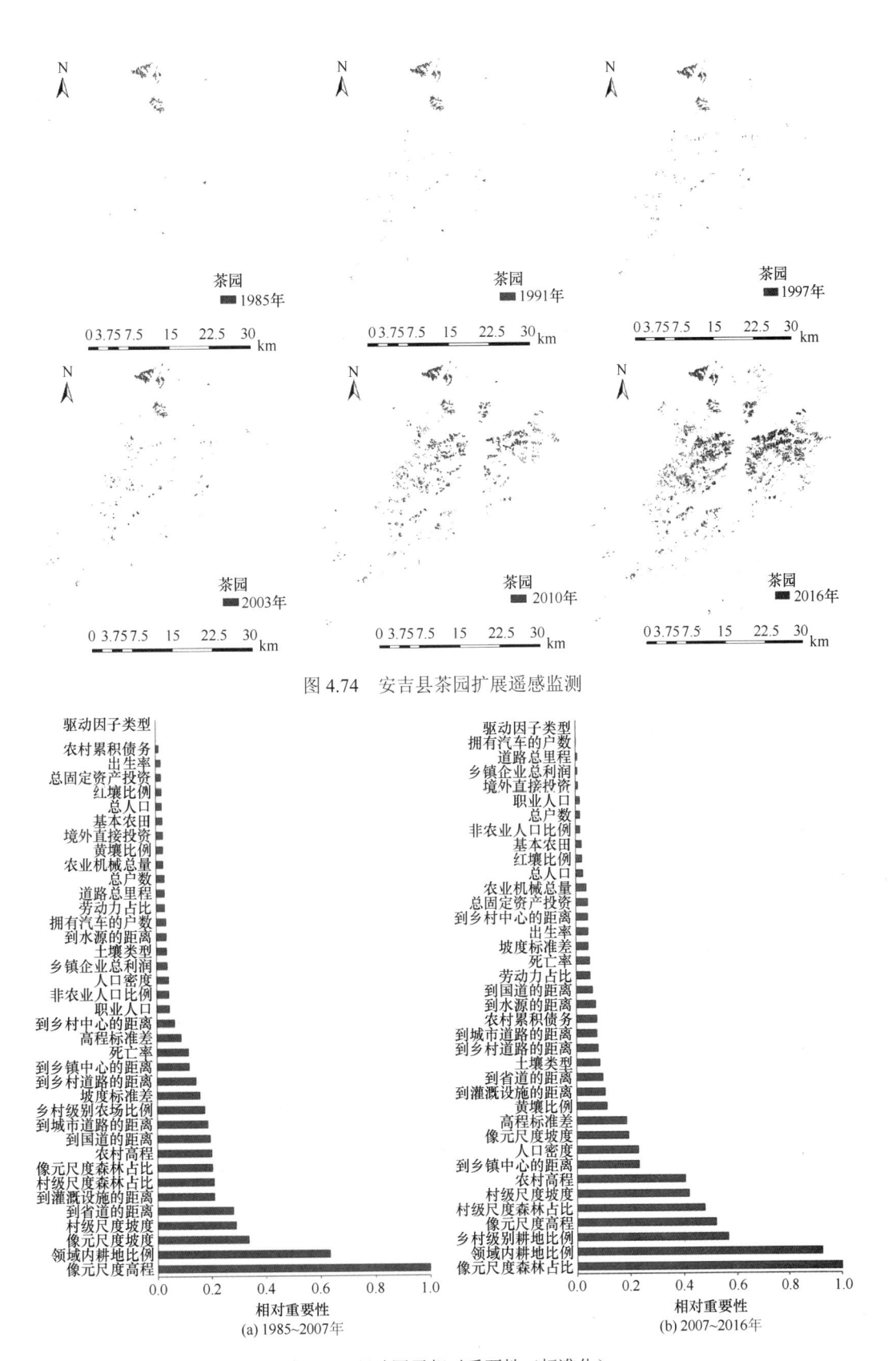

图 4.75 驱动因子相对重要性（标准化）

明茶叶的扩张与邻域的土地利用具有非常紧密的关系。此外，两个尺度上的地形因素和村级人口也表现出了更高的相对重要性。偏依赖关系曲线（图4.76）显示了主要驱动因子的偏相关影响。可以看出，茶园扩张驱动因素的边际效应具有较大的敏感性。

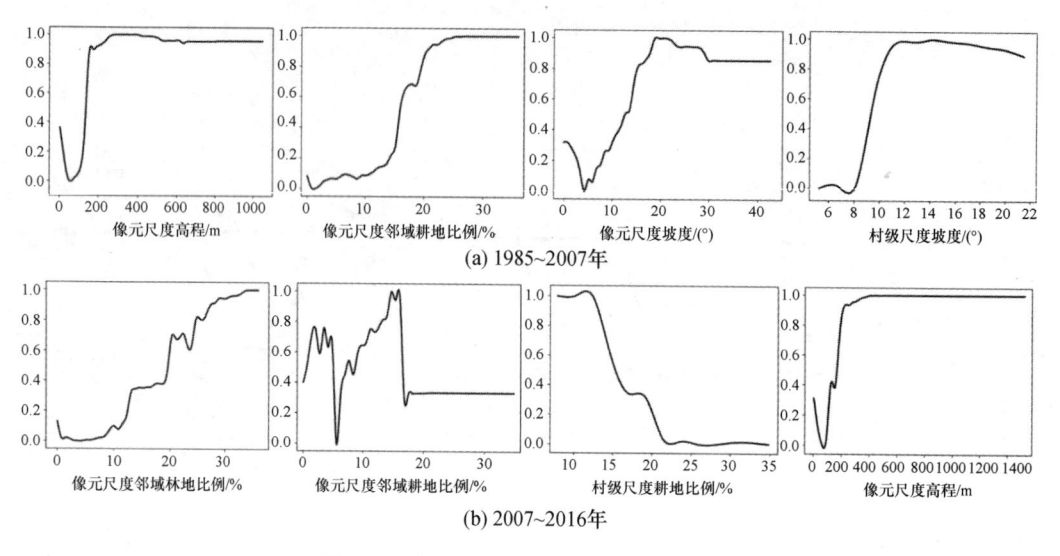

图 4.76　主要驱动因子的偏依赖关系曲线

3）茶园种植社会经济-生态环境效益权衡专题

A. 背景

大规模茶园种植虽然可以带来经济收益，但同时会加速水土流失。因此，定量识别茶园种植的社会经济效益、生态环境效益，以及两者之间的权衡机制，并据此制定有针对性的土地政策，具有重要的决策意义。

B. 数据

土地利用数据、水土流失监测数据、社会经济统计数据。

C. 方法

为了使在经济效益上具有可比性，必须考虑生产力的变化、通货膨胀或紧缩等问题。因此，用每一年的价格和茶叶总生产力的乘积来估计经济效益的总价。对于水土流失的生态成本，使用影子工程方法并计算保持水土设施的总体成本。最后通过比较经济收益和生态成本总价之间的差异来分析两者之间的权衡机制。

D. 结果与分析

分析结果如图4.77所示。从理论上讲，经济效益和生态成本随着茶园种植年份的增加呈现相反的趋势，并且两者的平衡点大约出现在茶园种植的第12年，这意味着存在不损害长期生态成本并提高经济效益的可能性。然而，现实中安吉县茶叶种植的经济效益和生态成本都呈现出上升趋势及不存在平衡点。1985~2016年，生态成本均超过经济效益，更具体地说，净差额由1985年的11575元增加到2016年的1469167元，它表明在扩大茶业种植过程中经济效益并不能够弥补所产生的生态成本。

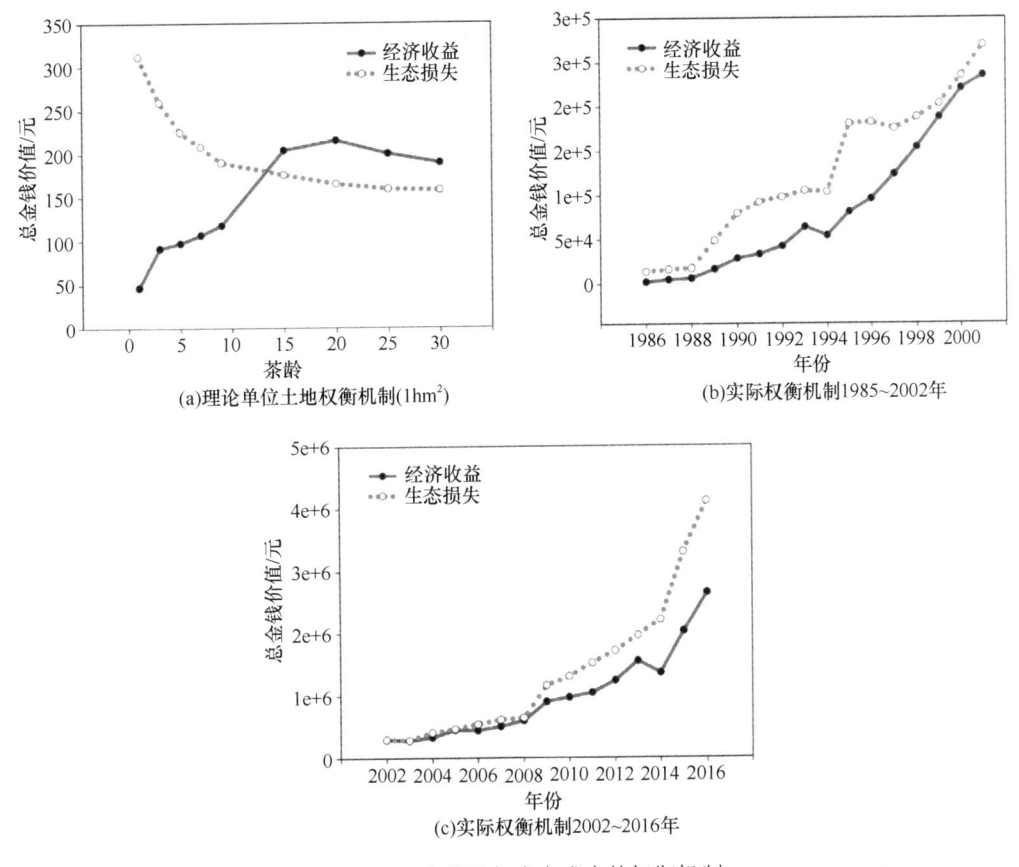

图 4.77 经济效益与生态成本的权衡机制

4）茶园扩展模拟专题

A. 背景

模拟不同政策下未来茶园扩展格局，对于制定科学合理的土地利用政策，实现茶叶可持续种植，对于规划决策者来说具有重要意义。

B. 数据

土地利用数据、高程数据、社会经济统计数据。

C. 方法

设置三种土地政策情景，并使用基于集成学习的元胞自动机来预测 2025 年的茶园扩展模式。第一种是持续的"经济效益优先于环境保护"（EOC），假设茶园可扩张的范围包括除了基本农田以外的所有区域，经济促进政策具有更高的执行力并且对农民更有吸引力；第二种是持续的"环境保护优先于经济效益"（COE），禁止在原始森林和基本农田的区域进行茶园的扩张，山区（相对海拔高于 200m）的森林覆盖率应超过 75%，丘陵（相对海拔低于 200m 坡度大于 15°）的森林覆盖率应超过 45%，同时，已经转换为茶园的原始森林和基本农田应当退还为原本的土地利用类型，环境保护政策具有更高的执行力和监管能力；第三种是"环境保护与经济效益相平衡的方案"（EBC），在这种政策下，茶园可扩张的范围包括除了基本农田以外的所有区域，但关键之处在于，经济效益净收入应该超过或至少等于茶园扩张造成的生态损失。最后，通过估算茶园扩张的经济效益和生态成本之间的平衡来表明每个政策方案的效果。

D. 结果与分析

如图4.78所示，在EOC政策方案下，生态损失远高于茶园扩张的经济效益，在这种政策背景下茶园主要是在森林和农田，以及小部分的果园上进行扩张。表4.30显示了不同政策情景下茶园种植的权衡机制，在COE政策方案下，茶园的扩张和茶园转换为森林与农田在同时发生，这一模式带来的结果是增加的生态服务价值和降低的经济收入。在EBC政策方案下，茶园扩张面积达到2045hm^2，茶园主要是通过取代果园，以及小部分的农田和森林进行扩张，经济效益与生态损失基本相抵。以上结果说明土地利用政策在茶园扩张过程中发挥着重要作用。

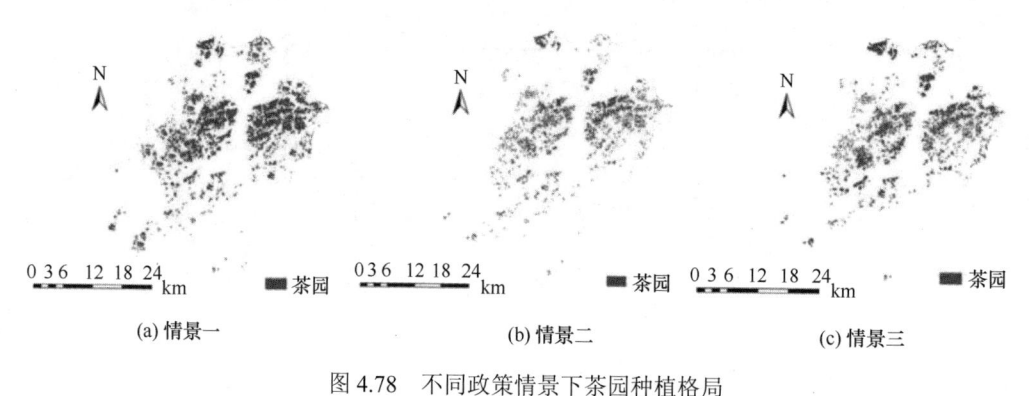

(a) 情景一　　　(b) 情景二　　　(c) 情景三

图4.78　不同政策情景下茶园种植格局

表4.30　不同政策情景下茶园种植的权衡机制　　（单位：万元）

	情景一	情景二	情景三
经济收益	10109.7	−2846.1	1277.5
生态损失	15629.7	−4624.7	1215.9
权衡	−5520	1778.6	616

4.7.2　案例2：郧西县

1. 主题选取与方法设计

郧西县地处鄂西北边陲，汉江中上游北岸，北依秦岭，南临汉江，地扼秦楚要冲，素称"秦之咽喉，楚之门户"。郧西县是集"老、少、边、贫、库"为一体的国定贫困县，经济规模较小，转型升级起步晚，且受资源环境制约较大，其面临的困境代表着广大西部欠发达地区长期积累的结构性矛盾和深层次问题。郧西县既是国家秦巴山片区扶贫开发重点地点，又是丹江口库区水土流失治理的重点区域，肩负着精准脱贫、产业转型和生态建设多重使命。通过研究《郧西县经济和社会发展第十三个五年规划纲要》、《丹江口库区及上游地区经济社会发展规划》、《郧西县精准扶贫精准脱贫规划（2016～2018年）》、《郧西县土地利用总体规划》等规划和政策，踊跃响应 "生态文明、产业发展、城乡统筹"战略布局，贯彻落实"外修生态、内修人文"的发展理念，侧重关注"经济综合实力不断增强"、"生态环境质量明显改善"、"人民幸福指数普遍提高"等宏观政策与规划建设目标，以地理国情监测数据、人文地理国情统计数据、环境监测数据、泛在地理信息大数据为基础，最终确定 5 个一级主题、20 个二级主题，并据此设计相应的模型和指标（表 4.31）。以期能够为政府制订郧西县的空间规划提供决策支持。

表 4.31 郧西县地理国情辅助决策综合统计分析的主题选取

一级专题	二级专题	分析模型	形成指标
绿色产业	特色农业示范区建设	特色农业示范区空间布局测度模型；特色农业示范区优势度测度模型；特色农业示范区建设绩效测度模型；特色农业示范区与农业产业结构耦合测度模型	特色农业示范区空间布局指数；特色农业示范区优势度指数；特色农业示范区建设绩效指数；特色农业示范区与农业产业结构耦合指数
	农产品地理标志	农产品地理标志空间分布测度模型；农产品地理标志优势度测度模型；农产品地理标志品牌溢出效应测度模型	农产品地理标志空间分布指数；农产品地理标志优势度指数；农产品地理标志品牌溢出效应指数
	工业园区	工业园区空间布局测度模型；工业园区建设效率测度模型；工业园区产业集群测度模型；工业园区能源、经济、环境协调耦合测度模型；工业园区共生网络结构测度模型；工业园区空间布局优化模型；	工业园区空间布局指数；工业园区建设效率指数；工业园区产业集群指数；工业园区能源、经济、环境协调耦合指数；工业园区共生网络结构指数
	生态文化旅游	旅游目的地吸引力测度模型；旅游目的地吸引力影响因子及其相对重要性测度模型；旅游基础设施完善度测度模型；旅游基础设施优化布局模型；旅游产业对经济贡献度测度模型	旅游目的地吸引力指数；旅游目的地吸引力影响因子相对重要性指数；旅游基础设施完善度指数；旅游基础设施优化布局模型；旅游产业对经济贡献度指数
基础设施建设	综合交通体系	交通运输网络便捷度评价模型；交通运输体系安全性评价模型；交通运输体系低碳化评价模型；综合交通体系建设效益测度模型；综合交通体系建设效率测度模型	交通运输网络便捷度评价模型；交通运输体系安全性评价模型；交通运输体系低碳化评价模型；综合交通体系建设效益指数；综合交通体系建设效率指数
	水利基础设施	水利设施空间布局测度模型；水利设施功能布局测度模型；水利设施综合利用效益测度模型；水利设施优化布局模型	水利设施空间布局指数；水利设施功能布局指数；水利设施综合利用效益指数
	物流基础设施	物流基础设施空间布局测度模型；物流基础设施网络效率测度模型；物流基础设施覆盖度测度模型；物流基础设施优化布局模型	物流基础设施空间布局指数；物流基础设施网络效率指数；物流基础设施覆盖度指数
	网络基础设施	网络基础设施覆盖率测度模型；网络基础设施质量测度模型；智慧郧西建设绩效测度模型；电子商务空间辐射强度测度模型；电子商务空间辐射域划分模型	网络基础设施覆盖指数；网络基础设施质量指数；智慧郧西建设绩效指数；电子商务空间辐射强度指数；电子商务空间辐射域划分指数
生态文明	生态环保体系	生态环保设施布局测度模型；生态环保体系划分模型；生态环保设施优化布局模型；生态环保体系优化模型；生态环保体系城乡一体化测度模型	生态环保设施布局指数；生态环保体系划分指数；生态环保体系优化模型；生态环保体系城乡一体化指数
	生态安全网络	生态安全源地识别模型；生态安全廊道划分模型；生态安全节点识别模型；生态安全网络结构测度模型；生态安全网络结构优化模型；面向生态安全的景观格局优化模型；绿满郧西工程建设空间绩效测度模型	生态安全源地识别指数；生态安全廊道划分指数；生态安全节点识别指数；生态安全网络结构指数；绿满郧西工程建设空间绩效指数
	生态保育	自然保护区生态完整性测度模型；自然保护区人类胁迫测度模型；自然保护区生态韧性测度模型；自然保护区生态保育效益测度模型；自然保护区生态保育绩效测度模型	自然保护区生态完整性指数；自然保护区人类胁迫指数；自然保护区生态韧性指数；自然保护区生态保育效益指数；自然保护区生态保育绩效指数

续表

一级专题	二级专题	分析模型	形成指标
生态文明	石漠化	石漠化强度测度模型；石漠化驱动因子测度模型；石漠化治理效益测度模型；石漠化治理效率测度模型；面向水土保持的土地利用优化模型	石漠化强度指数；石漠化驱动因子相对重要性指数；石漠化治理效益指数；石漠化治理效率指数；面向水土保持的土地利用优化指数
	土地集约节约利用	建设用地利用效率测度模型；建设用地空间破碎度测度模型；人均住房面积超标测度模型；建设用地增减挂钩平衡测度模型；建设用地优化布局模型	建设用地利用效率指数；建设用地空间破碎度指数；人均住房面积超标指数；建设用地增减挂钩平衡指数
城镇化绿色发展	城镇功能	城区路网通达性测度模型；城市路网发育测度模型；城市充电设施优化选址模型；公共绿化优化布局模型；亮化设施优化布局模型；绿色建筑优化布局模型	城区路网通达性指数；城市路网发育指数；公共绿化指数；公共亮化指数
	美丽乡村	居住宜居性综合评价模型；清洁生产综合评价模型；饮水安全综合评价模型；乡村环境质量综合评价模型	居住宜居性综合评价指数；清洁生产综合评价指数；饮水安全综合评价指数；乡村环境质量综合评价指数
	社会保障	福利设施空间布局测度模型；福利设施需求测度模型；福利设施覆盖度测度模型；福利设施布局优化模型	福利设施空间布局指数；福利设施需求指数；福利设施覆盖度指数
	健康郧西	全民健康素养空间异质性测度模型；全面健康素养影响因子及其相对重要性模型；健康服务可获性测度模型；健康服务均等化测度模型；健康服务设施优化布局模型	全民健康素养空间异质性指数；全面健康素养影响因子及其相对重要性模型；健康服务可获性指数；健康服务均等化指数
精准扶贫	人口贫困	贫困人口空间聚集测度模型；人口贫困影响因素及其相对重要性测度模型；致贫原因解析模型；贫困脆弱性综合评价模型	贫困人口空间聚集指数；人口贫困影响因素相对重要性指数；贫困脆弱性综合评价指数
	产业扶贫	地方资源富集产业聚集测度模型；地方资源富集产业布局优化模型；村级集体产业布局测度模型；村级集体产业布局优化模型；产业扶贫绩效评价模型	地方资源富集产业聚集指数；村级集体产业布局指数；产业扶贫绩效评价模型
	扶贫搬迁	安置小区空间布局测度模型；安置小区规模需求测度模型；安置小区空间优化模型；安置小区后扶模式类型划分模型；扶贫搬迁绩效测度模型	安置小区空间布局指数；安置小区规模需求指数；安置小区后扶模式类型划分指数；扶贫搬迁绩效指数

2. 相关分析结果

1）石漠化专题

A. 背景

自动提取和分析石漠化强度的空间分布信息和时间变化规律，进而掌握石漠化的时空格局，是治理石漠化急需解决的问题之一。

B. 数据

时间序列 Landsat 遥感影像。

C. 方法

提出一种变端元亚像元解混的方法实现在亚像元尺度高精度自动提取石漠化信息。进而根据国家所提出的"石漠化监测技术纲领"中的评价标准，根据基岩裸露程度和植被覆盖量得出不同石漠化程度的分级数据。最后借助时间序列分析识别不同等级石漠化的变化趋势。

D. 结果与分析

图 4.79 显示了 1990~2015 年郧西县不同等级石漠化程度的时空格局。等级越高，石漠化程度越严重。可以看出，石漠化程度在 1990~2005 年表现出降低的趋势，而在 2005~2015 年又表现出加重的态势。统计不同等级的石漠化土地面积比例可以看出（图 4.80），最严重的石漠化地表面积不断增加，轻微石漠化地表面积先减少后增加。

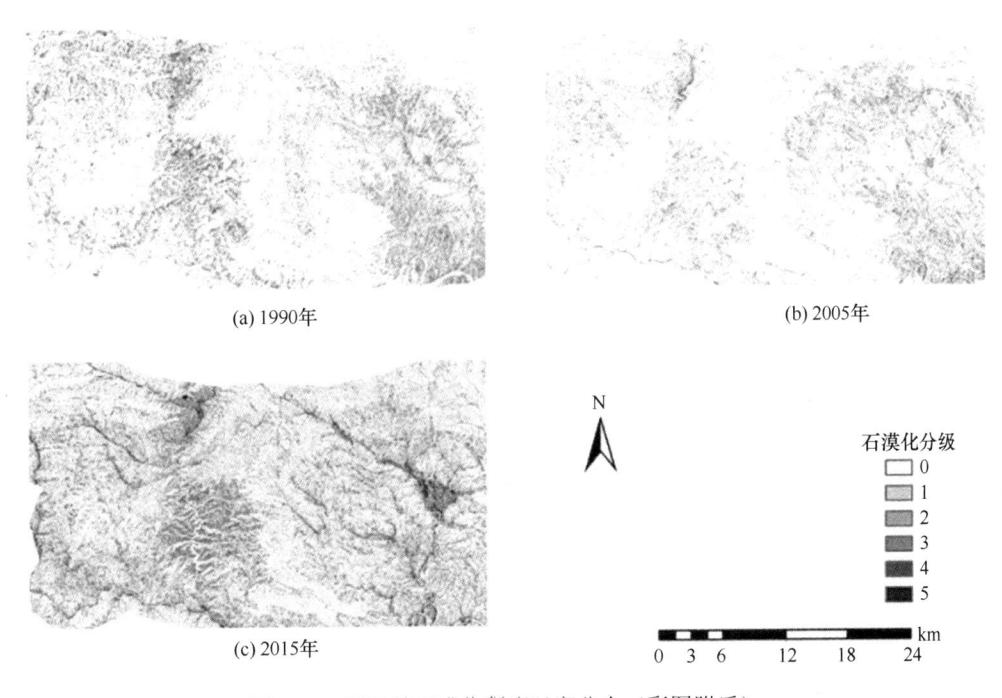

(a) 1990年

(b) 2005年

(c) 2015年

图 4.79 郧西县石漠化程度时空分布（彩图附后）

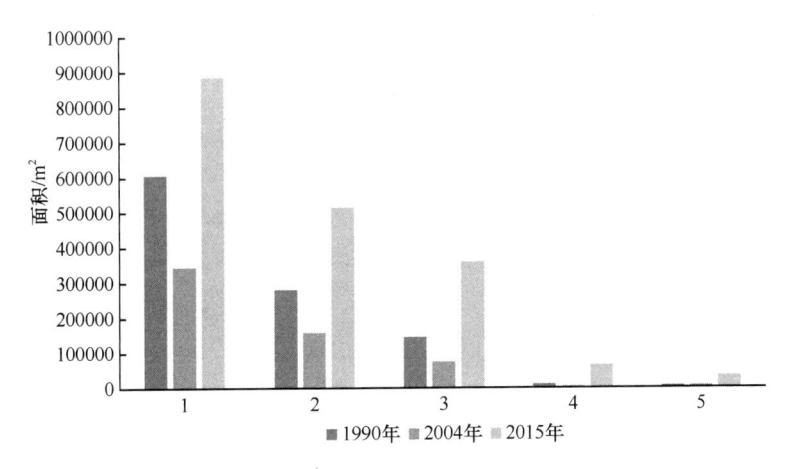

图 4.80 郧西县不同等级石漠化程度面积变化统计

2）精准扶贫专题

A. 背景

识别贫困户可持续生计类型，是精准扶贫战略成功与否的关键因素之一。

B. 数据

贫困户数据。

C. 方法

选择 48 个指标构成贫困户可持续生计综合评价指标体系，借助自组织神经网络（SOM）对贫困户可持续生计类型进行划分。

D. 结果与分析

SOM 将郧西县贫困户的可持续生计划分为 6 种类型（图 4.81），每个类型的特征如图 4.82 所示。第一种类型为交通限制，第二种类型为技术限制，第三种类型为医疗限制，第四种类型为搬迁限制，第五种类型为保障限制，第六种为城镇化限制。

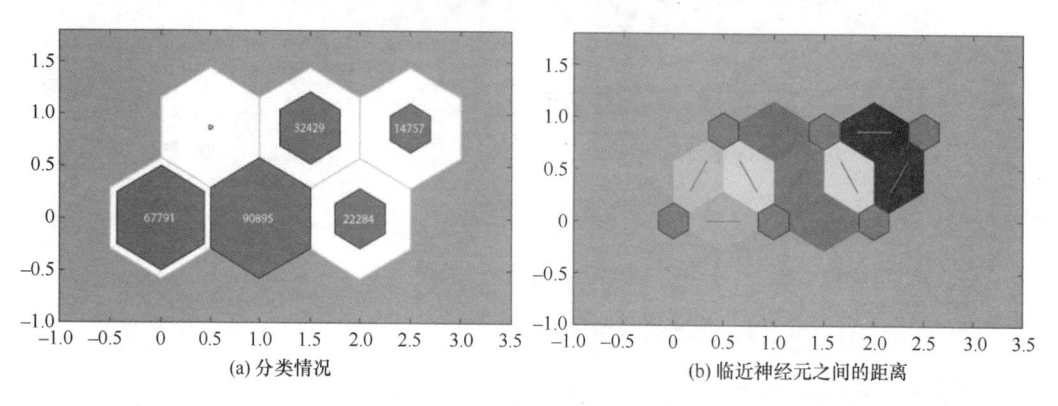

图 4.81 可持续生计的分类（彩图附后）

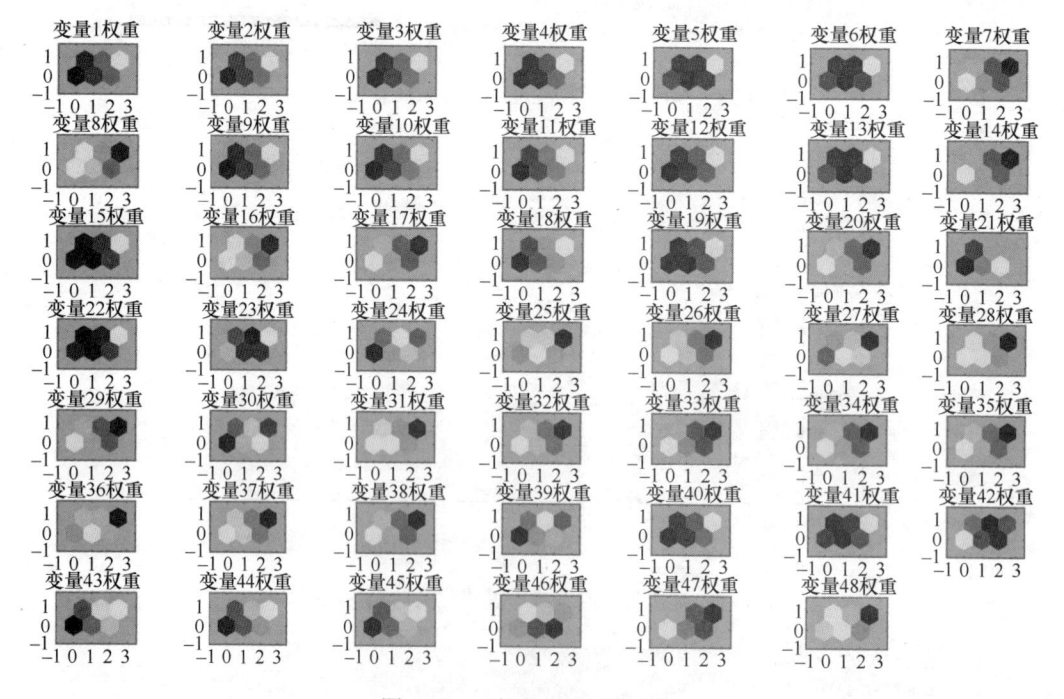

图 4.82 可持续生计权重特征

4.8 地理国情综合统计分析在我国测绘部门的实践总结

当前,我国测绘部门在地理国情综合统计分析方面还处于起步阶段。大部分省市还未开展相关研究,仅有个别经济发达的省(市)做了初步的探索(图 4.83)。自 2016~2018 年,测绘相关部门结合各地区的特点在地理国情监测项目上做了探索性试点(表 4.32、表 4.33)。

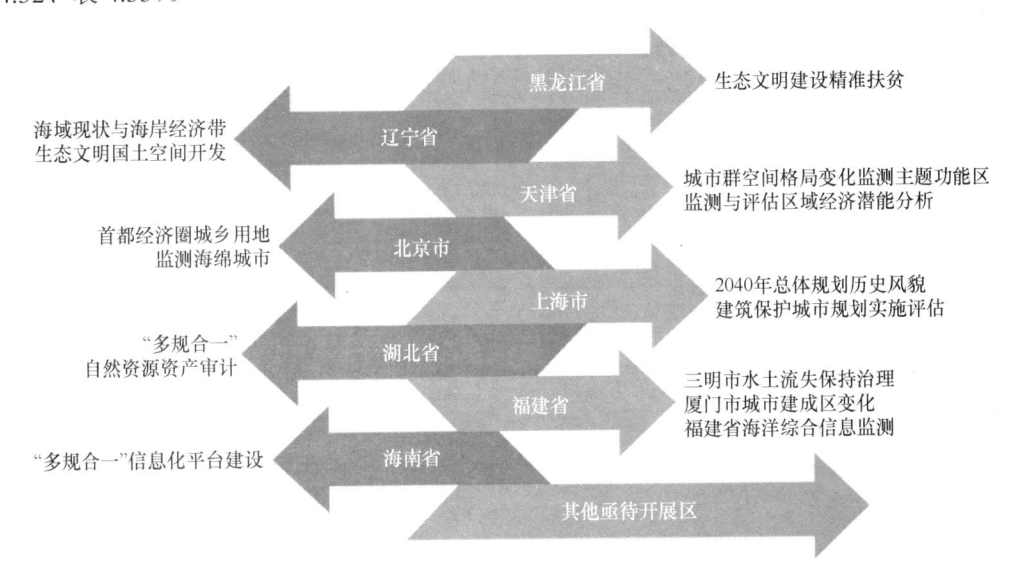

图 4.83 目前国内初步探索地理国情综合统计分析的情况

表 4.32 2018 年国家地理国情监测项目"一上"生产计划

项目类型	项目名称	参与单位
专题性地理国情监测	京津冀协同发展重要地理国情监测	北京市规划和国土资源管理委员会 天津市规划局 河北省地理信息局
	国家级新区空间格局变化监测	天津市规划局 辽宁省测绘地理信息局 江苏省测绘地理信息局 浙江省测绘与地理信息局 上海市规划和国土资源管理局 广东省国土资源厅 重庆市规划局 吉林省测绘地理信息局 福建省测绘地理信息局 江西省测绘地理信息局 山东省国土资源厅 湖南省国土资源厅 贵州省国土资源厅 云南省测绘地理信息局 甘肃省测绘地理信息局

续表

项目类型	项目名称	参与单位
专题性地理国情监测	全国海岸带开发利用变化监测	天津市规划局 河北省地理信息局 辽宁省测绘地理信息局 江苏省测绘地理信息局 浙江省测绘与地理信息局 上海市规划和国土资源管理局 广东省国土资源厅 福建省测绘地理信息局 山东省国土资源厅 广西壮族自治区测绘地理信息局
	洞庭湖生态经济区地理国情监测	湖北省测绘地理信息局 湖南省国土资源厅
	巢湖流域地理国情监测	安徽省国土资源厅
	武汉市大数据城市空间格局变化监测试点	湖北省测绘地理信息局
国家地理国情监测分析	城市地理国情监测	北京市规划和国土资源管理委员会 天津市规划局 河北省地理信息局 山西省测绘地理信息局 内蒙古自治区国土资源厅 辽宁省测绘地理信息局 江苏省测绘地理信息局 浙江省测绘与地理信息局 安徽省国土资源厅 上海市规划和国土资源管理局 广东省国土资源厅 重庆市规划局 吉林省测绘地理信息局 福建省测绘地理信息局 江西省测绘地理信息局 山东省国土资源厅 河南省测绘地理信息局 湖北省测绘地理信息局 湖南省国土资源厅 广西壮族自治区测绘地理信息局 贵州省国土资源厅 云南省测绘地理信息局 西藏自治区测绘局 甘肃省测绘地理信息局 青海省测绘地理信息局 宁夏回族自治区国土资源厅 新疆维吾尔自治区测绘地理信息局

续表

项目类型	项目名称	参与单位
国家地理国情监测分析	长江经济带国家投资基础设施建设监测	江苏省测绘地理信息局 浙江省测绘与地理信息局 安徽省国土资源厅 上海市规划和国土资源管理局 重庆市规划局 江西省测绘地理信息局 湖北省测绘地理信息局 湖南省国土资源厅 贵州省国土资源厅 云南省测绘地理信息局
	丝绸之路经济带重要地理国情监测	甘肃省测绘地理信息局 青海省测绘地理信息局 宁夏回族自治区国土资源厅 新疆维吾尔自治区测绘地理信息局
	三峡库区生态环境承载力及协调性监测	重庆市规划局 湖北省测绘地理信息局
	雄安新区地理国情监测	河北省地理信息局
	武陵山片区扶贫开发实施监测分析	湖南省国土资源厅
	上海市基本公共服务均等化监测分析	上海市规划和国土资源管理局
	江苏省特色小镇地理国情监测	江苏省测绘地理信息局
	资源枯竭型城市地面沉降综合监测试点	辽宁省测绘地理信息局

表 4.33 2016 年地理国情监测项目"二上"计划

项目类型	项目名称	主要内容	参与单位
专题性地理国情监测	国家级新区空间格局变化监测	上海浦东新区建设变化监测	上海市规划和国土资源管理局
		天津滨海新区建设变化监测	天津市规划局
		浙江舟山群岛新区建设变化监测	浙江省测绘与地理信息局
		甘肃兰州新区建设变化监测	甘肃省测绘地理信息局
		广州南沙新区建设变化监测	广东省国土资源厅
		贵州贵安新区建设变化监测	贵州省国土资源厅
		青岛西海岸新区建设变化监测	山东省国土资源厅
		大连金普新区建设变化监测	辽宁省测绘地理信息局
		湖南湘江新区建设变化监测	湖南省国土资源厅
		南京江北新区建设变化监测	江苏省测绘地理信息局
		重庆两江新区建设变化监测	重庆市规划局
		福建福州新区建设变化监测	福建省测绘地理信息局

续表

项目类型	项目名称	主要内容	参与单位
专题性地理国情监测	沿海滩涂变化监测深化试点	开展省、市内2015年、2016年2期沿海滩涂变化监测	天津市规划局 浙江省测绘与地理信息局 上海市规划和国土资源管理局 山东省国土资源厅
地理国情监测分析	全国海岸带开发利用变化监测		河北省地理信息局 辽宁省测绘地理信息局 广东省国土资源厅 江苏省测绘地理信息局 福建省测绘地理信息局 山东省国土资源厅 广西壮族自治区测绘地理信息局
	全国地级以上城市及典型城市群空间格局变化监测		北京市规划委员会 天津市规划局 河北省地理信息局 山西省测绘地理信息局 内蒙古自治区国土资源厅 江苏省测绘地理信息局 浙江省测绘与地理信息局 安徽省国土资源厅 上海市测绘院 广东省国土资源厅 重庆市规划局 吉林省测绘地理信息局 福建省测绘地理信息局 江西省测绘地理信息局 山东省国土资源厅 河南省测绘地理信息局 湖北省测绘地理信息局 湖南省测绘地理信息局 广西壮族自治区测绘地理信息局 贵州省国土资源厅 云南省测绘地理信息局 西藏自治区测绘局 甘肃省测绘地理信息局 青海省测绘地理信息局 宁夏回族自治区国土资源厅 新疆维吾尔自治区测绘地理信息局

可以看到，有关地理国情综合统计分析的初步探索主要是针对政府部门提出了决策规划的监测评价，如针对"多规合一"、总体规划的评估。国家地理国情监测项目大部分为多个生产单位合作完成，主要是大尺度、大区域的专题监测。2018年的生产计划中有上海、江苏、河北、辽宁、湖南等省（市）单独开展了针对本地特征的地理国情综合统计分析项目。

第 5 章 地理国情的社会化应用

5.1 地理国情社会化应用的体系框架

地理国情的社会化应用,是新时期经济社会发展对测绘地理信息工作的新需求、新要求,是测绘地理信息部门主动服务规划决策的重要职责和战略任务。历史地看我国经济社会发展,地理国情社会化应用既是加强国情研究、改善宏观调控、服务科学发展和转变经济发展方式的客观要求,也是测绘地理信息部门长期求变、求新、求是,顺应需求和技术进步的转型发展目标。地理国情工作价值和功能的体现,需要形成稳定的社会化产品体系和服务模式(刘芳和桂德竹,2014;熊伟,2014)。针对不同服务对象和不同应用需求,不断创新成果形式、建立多种不同的服务模式来满足经济社会发展和生态文明建设对地理国情信息的需求。

5.1.1 地理国情社会化应用的体制机制

良性的体制机制是地理国情社会化应用顺利实施和推广的保障。地理国情社会化应用的体制机制主要由四部分构成(图 5.1)。

1)业务体系

业务体系由地理国情社会化应用核心业务,以及支撑其开展的业务流程、组织体系、技术体系、装备体系、标准体系和质检体系等。地理国情社会化应用的核心业务分为数据传递、内容承包、决策支持 3 种方式。其中,数据传递主要是为有关部门提供地理国情监测数据和成果;内容承包是根据决策者的具体需求对地理国情监测数据进行综合分析;决策支持主要是针对地区宏观建设与发展需要,开展相关专题性监测并对数据进行分析,最终形成具有决策支持功能的产品。

地理国情社会化应用的业务支撑体系主要包括:①组织体系,地理国情社会化应用需要相应的组织机构和人才队伍作为支撑;②技术体系,相对于传统测绘而言,地理国情社会化应用需要解决一系列特别的技术问题;③设备体系,装备决定能力,地理国情社会化应用需要完备的设备支撑;④标准体系,为了使地理国情社会化应用规范化的开展,就要建立和完善地理国情综合统计分析,以及社会化应用的相关标准体系;⑤质检体系,需要建立一整套质量保证方案,确保地理国情服务产品可靠、成果权威。

2)产品体系

构建地理国情社会化应用的业务体系,只是建立了开展这项工作的基础能力,而要实现这项工作的价值和功能,需要进一步形成稳定的地理国情产品体系和服务机制。因此,应针对不同服务对象和不同应用需求,逐渐形成包括时空数据库、辅助决策综合统计分析专题图、辅助决策综合统计分析软件、在线服务平台、决策咨询报告、白皮书、手机、APP、科普图册等全面、丰富、多样化的地理国情产品,并通过公开发布、提供使用等方式,为政府和社会提供地理国情服务。

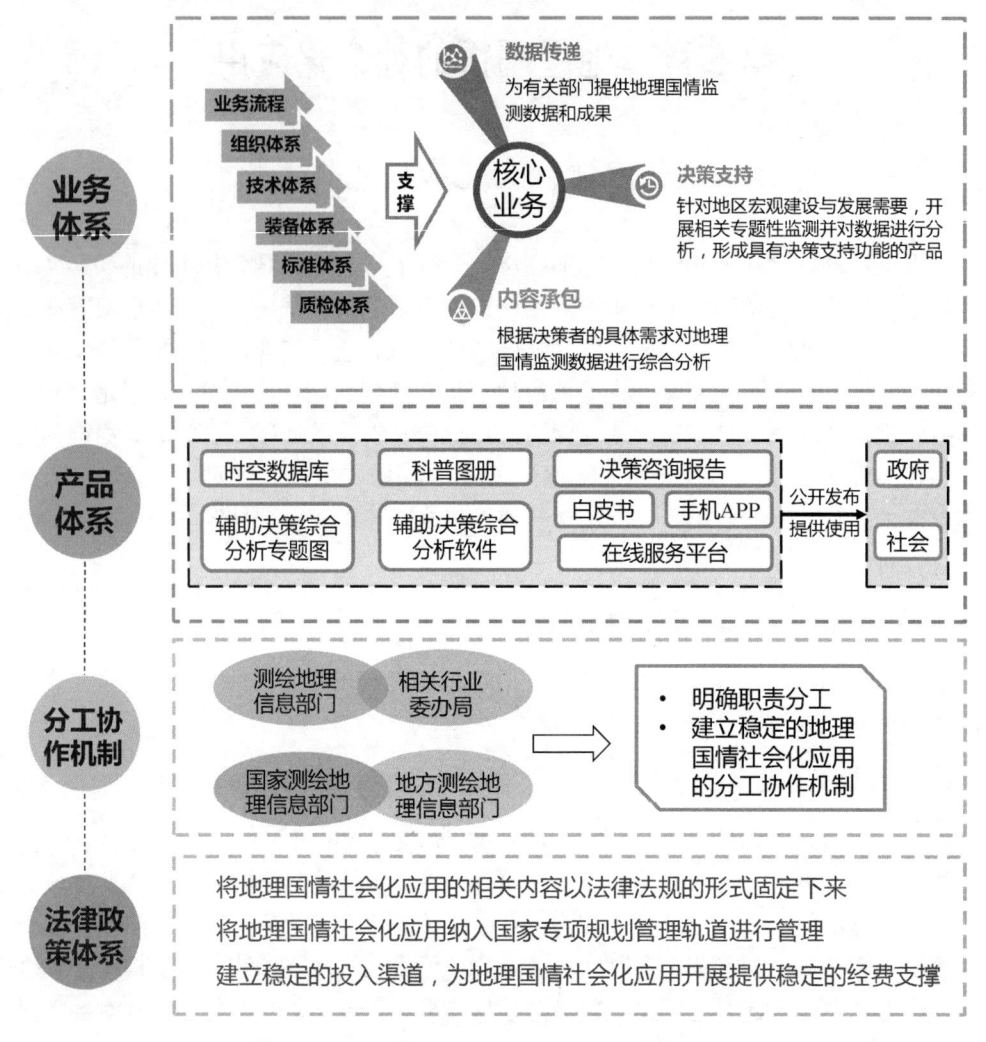

图 5.1　地理国情社会化应用的体制机制的组成

3)分工协作机制

地理国情社会化应用涉及面广,不仅需要测绘地理信息部门和相关行业委办局之间分工协作,也需要国家和地方测绘地理信息部门之间的相互配合。因此,做好地理国情社会化应用,需要进一步明确测绘地理信息部门与相关行业委办局的职责分工,并建立稳定协调的沟通、会商、合作和协作机制。地理国情社会化应用本身是一个从微观到宏观、从局部到整体、从细微到综合的工作过程,地理国情社会化应用离不开各个地方的参与和支持,因此还要明确国家和地方测绘地理信息部门的职责分工,在此基础上建立稳定的地理国情社会化应用的分工协作机制。

4)法规政策体系

地理国情社会化应用作为测绘地理信息发展的战略重点,其开展离不开相应法制环境的保障。因此，推动地理国情的社会化应用，还要建立地理国情法律政策体系，在明确地理国情社会化应用的内涵和本质、职责分工、产品与服务模式、投入机制等基础上，进一步确立该项工作的法律地位，将以上内容以法律法规的形式固定下来。为了保障地理国情事业全面协调可持续发展，有必要将地理国情社会化应用纳入国家专项规划管理轨道进行管理。此外，建立稳定的投入渠道，为地理国情社会化应用开展提供稳定的经费支撑。

5.1.2 地理国情社会化应用的产品体系

按照成果表现形式，地理国情社会化应用的产品可分为图 5.2 中的种类。

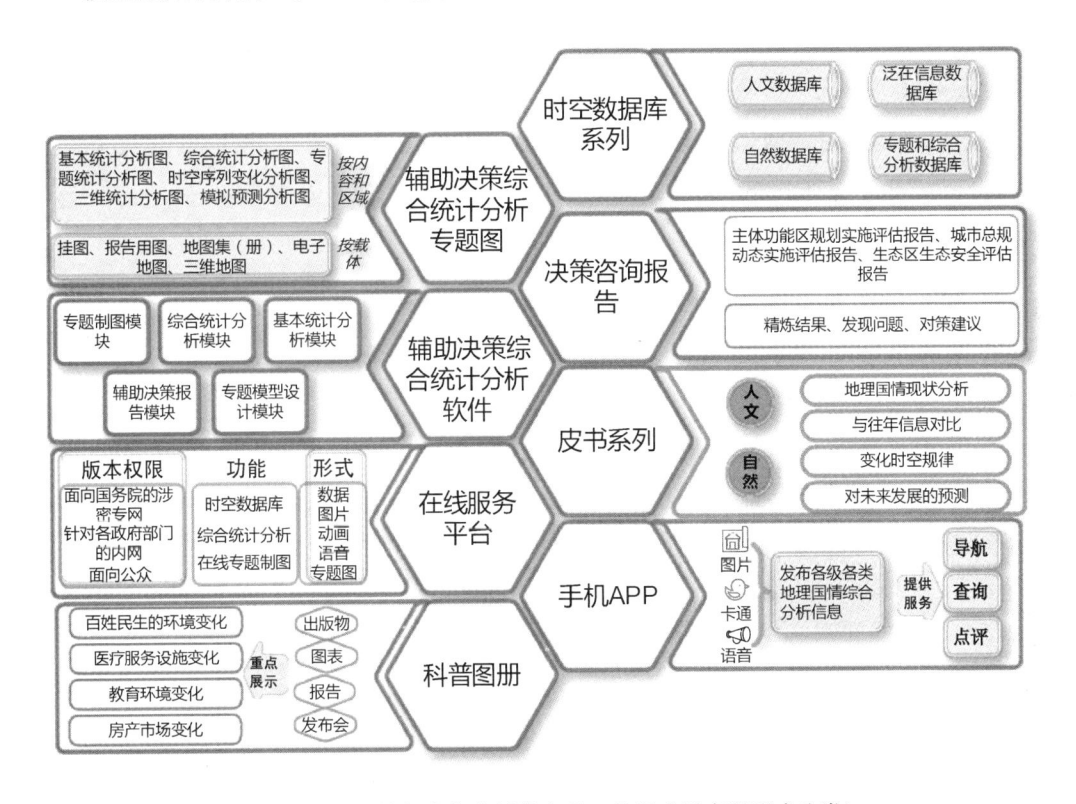

图 5.2 地理国情社会化应用的产品（按照成果表现形式分类）

1）时空数据库系列

主要包括人文、自然、泛在信息、专题和综合分析数据库。人文数据库主要是表达国情要素的社会经济属性；自然数据库主要是表达国情的自然属性；泛在信息数据库主要是表达除传统监测手段之外获取的国情要素属性；专题数据库主要是表达专题对象的社会经济和自然属性；综合分析数据库表达的地理国情综合统计分析结果与建立的指数。

2）辅助决策综合统计分析专题图

对综合统计分析结果进行专题制图表达。根据内容和区域的不同，主要有基本统计分析图、综合统计分析图、专题统计分析图、时空序列变化分析图、三维统计分析图、模拟预测分析图等。根据载体的不同，又可分为挂图、报告用图、地图集（册）、电子地图、三维地图等。

3）决策咨询报告

对综合统计分析结果进行精炼，发现当前存在的问题，提出相应的对策建议，如主体功能区规划实施评估报告、城市总规动态实施评估报告、生态区生态安全评估报告等。

4）辅助决策综合统计分析软件

主要包括基本统计分析模块、综合统计分析模块、专题模型设计模块、专题制图模块、辅助决策报告模块。其中，基本统计分析模块和综合统计分析模块由一系列常用的模型构成，这些模型可以快速生成一系列的综合指数；专题模型设计模块，由用户根据具体需求对既定模型进行修正、组合或集成；专题制图模块实现对综合统计分析结果进行制图表达，用户可根据分析结果选择图幅、图廓、配色、符号、图例等制图要素，实现快速化出图；辅助决策报告模块实现对结果进行提炼，形成决策建议。

5）皮书系列

皮书从宏观层面反映自然、人文地理国情要素时空变化及其互作关系，一般以 1 年为周期，包括地理国情现状分析、与往年信息对比情况分析、变化时空规律和对未来发展的预测分析。另外，也包括其他专题综合分析的相关信息情况。

6）在线服务平台

通过数据、图片、动画、语音、专题图等多种形式来发布各级各类地理国情综合统计分析信息。此平台集成时空数据库、综合统计分析、在线专题制图等功能，并能提供相应的产品。根据使用者的级别，在线服务平台有 3 个版本权限，直接面向国务院的涉密专网版本、针对各政府部门的内网版本及面向公众的互联网版本。

7）手机 APP

通过图片、动画、语音等多种形式向大众发布各级各类地理国情综合统计分析信息，主要提供导航、查询、点评等服务。

8）科普图册

以出版物、图表、报告、发布会等形式满足社会公众的地理国情信息知情权和国民地理国情教育。重点是对关系百姓民生的环境变化、医疗服务设施变化、教育环境变化、房产市场变化等信息进行展示。

按照成果服务对象，地理国情社会化应用的产品可分为如下种类（图5.3）。

1）直报类地理国情产品

此类地理国情产品主要包括专题图和决策咨询报告。关系到国计民生、经济社会长远发展的重要信息。可能涉及多个部门、不同利益群体，内容具有敏感性。此类产品需要由测绘地理信息部门通过专网直接提交给国务院。

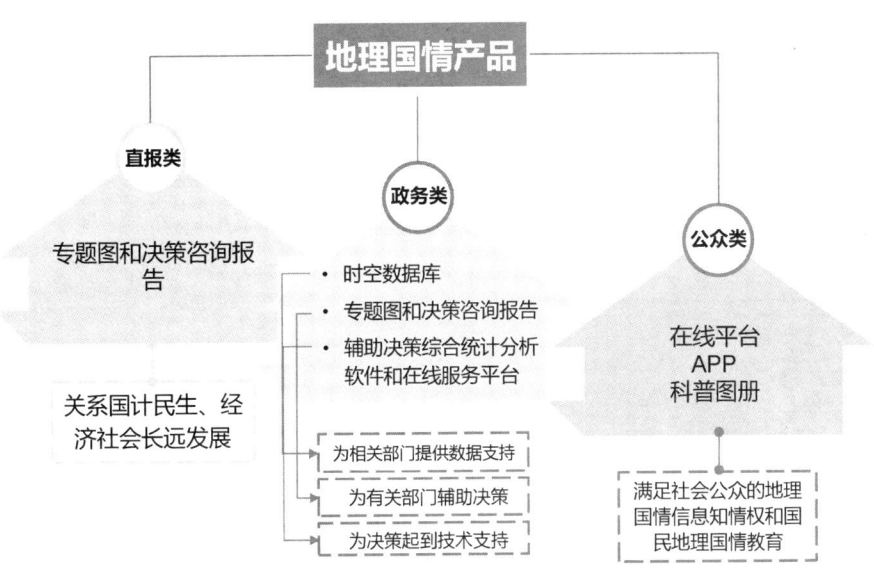

图 5.3 地理国情社会化应用的产品（按照成果服务对象分类）

2）政务类地理国情产品

主要面向政府部门，针对各部门的具体需求，提供有针对性的产品和服务。主要包括：时空数据库，为相关部门提供数据支持；专题图和决策咨询报告，为有关部门决策起到辅助作用；辅助决策综合统计分析软件和在线服务平台，为有关部门决策起到技术支持。

3）公众类地理国情产品

此类地理国情产品主要包括在线平台、APP和科普图册，主要满足社会公众的地理国情信息知情权和国民地理国情教育。

5.1.3 地理国情社会化应用的服务模式

信息服务活动是以信息用户为导向、以信息服务者为纽带、以信息服务内容为基础、以信息服务策略为保障的活动。依据信息服务模式理论，基于地理国情社会化应用的特点，其服务模式可归纳为以下6种（图5.4）。

1）传递模式

以地理国情产品为中心的服务过程，这是传统的地理信息服务模式。地理国情普查与监测作为一项公共服务，其数据应该由政府机构、社会团体、企事业单位和公众共享。在地理国情社会化应用的服务模式中，也是最重要最基本的服务模式。通过召开新闻发布会发布重要地理信息，利用政府公告栏、报纸、杂志等载体及广播、电视、电台等媒介发布各类不涉密和不具有敏感性的地理国情分析报告、皮书系列都是属于这种模式。在这类模式中地理国情信息是一种单向流动，对于用户来说是一种被动的接受过程。这类模式不重视特定地理国情产品的开发，不关注信息用户的能动性，主要针对具有广泛应用需求的地理国情产品的服务。

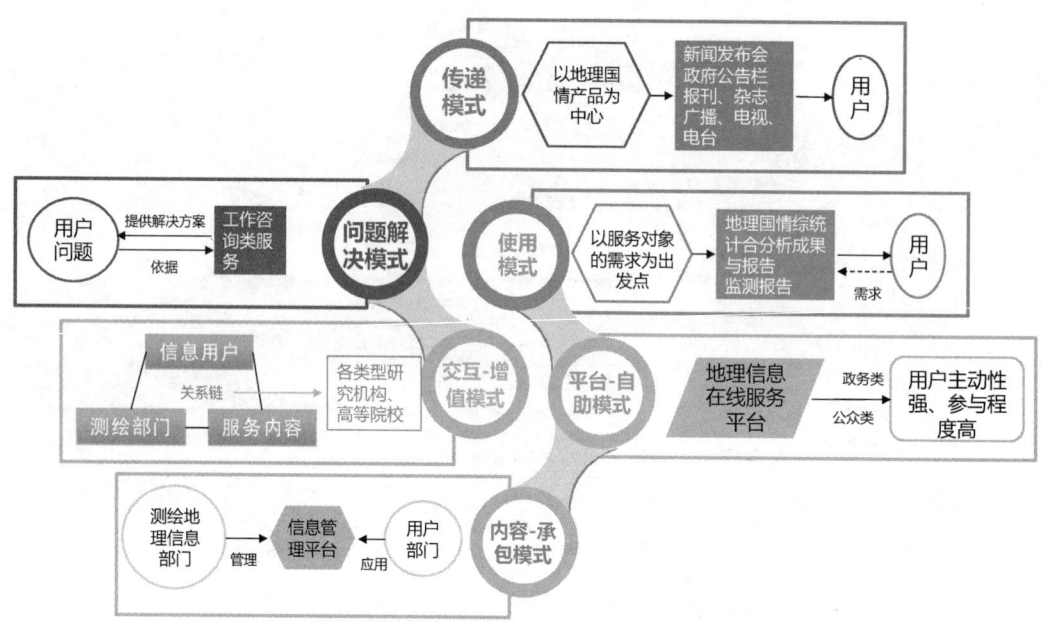

图 5.4 地理国情社会化应用的服务模式

2）使用模式

以服务对象的地理国情产品需求为出发点的服务过程。根据用户不同需要，以用户明确的产品需求为依据。此模式的前提是，用户清楚所需要的地理国情产品。这类模式包括根据需求向其他政府部门提供不同区域、不同专题、不同时序的地理国情综合统计分析成果与报告，如政府部门需要近 20 年武汉市人工填湖的监测报告、城市扩展监测报告等。测绘部门依据其需求，对国情数据进行综合统计分析和制图表达，并形成监测报告，将相应的成果通过内网或者移动设备等方式提供出去。这就完成了一次地理国情社会化应用。

3）问题解决模式

以解决用户问题为中心的服务过程。此模式的要点在于用户有需要解决的问题，对需要什么样的产品并不清楚。测绘部门和用户部门之间有较强的沟通互动关系。要根据用户的问题及提供多种解决方案由用户部门选择，实现问题的解决。地理国情社会化应用工作咨询类服务即这种模式。如某部门要制定城镇化的有关政策，对需要哪些地理国情产品并不清楚，测绘部门需要选取相应的主题并设计模型，通过综合统计分析最后给予相关政策建议。

4）交互-增值模式

主要研究信息用户－测绘部门－服务内容间的关系链。在这种模式中，服务内容比较复杂，对测绘部门和用户的要求都比较高，测绘地理信息部门与用户通过交互使信息得到增值。这类模式主要是服务于各类型研究机构、高等院校等，如某研究机构需要研究武汉市精明增长的效率，通过和测绘地理信息部门取得联系，获取不同历史时段的自然和人文地理国情监测信息，结合其自身的专业知识，通过某种模型来进行综合统计分析,并进行预测分析等。这些模型可以纳入测绘部门的综合统计分析软件平台,形成更综合全面的平台产品,为后续服务他方提供支持,最大程度地发挥地理国情社会化应用的效能。

5)平台-自助模式

以地理国情在线服务平台为基础,信息用户主动性强、参与程度高,测绘部门以提供服务平台为任务,过程影响力小,影响面较窄。不同用户在对其开放的平台上自助进行开发。政务类用户可将地理国情监测数据与本部门数据进行比对,也可以根据需要设计新的模块。公众类用户可查询自身感兴趣的各类信息,并通过在平台提供的论坛,发布其他的相关信息,或针对地理国情发布报告内容进行讨论。

6)内容-承包模式

主要强调测绘地理信息部门在整个地理国情社会化应用工作中的服务主导作用。测绘地理信息部门开发辅助决策综合统计分析软件,并负责系统的长期维护管理,数据的实时更新,模块软件的定期升级等。各相关部门可根据自身需要,下载相关应用模块,使用地理国情数据实现管理和决策。各用户部门能通过使用测绘地理信息部门的信息系统实现自身的信息管理,不需前期一次性、大规模地投资,也不需后期对数据和平台持续、长久地维护和更新。这相当于将信息管理平台托管在测绘地理信息部门,将系统建设和维护更新外包给测绘地理信息部门,实现将更多的精力放在部门内部的数据分析和决策管理上。

5.2 地理国情辅助决策综合统计分析专题图

5.2.1 概念框架

地图因其科学性、实用性、艺术性、综合性等特征,是经济、社会、科学、文化等各领域表达空间相关分析研究与认知的手段,更成为分析评价、规划设计、决策管理等内容的重要表达形式(戴济平,2013;杜清运等,2016)。采取"综合统计分析+专题制图"的思想,借助地图语言对模型分析的结果进行科学的表达,能够刺激用户基于视觉的发现知识的本能,给予用户更大的知识创新的机会,同时借助于用户本身的行业知识积累,创造了衍生知识的环境,从而为决策结论的产生提供更为充足的知识依据。因此,"地理国情辅助决策综合统计分析专题图"(简称决策分析图)是地理国情服务的重要形式,能够有效提高地理国情数据在规划服务中的服务作用。所谓"地理国情辅助决策综合统计分析专题图"是借助专题制图的方法对综合统计分析结果进行科学表达后而衍生出的一种新型专题图。它以地理国情数据为基础,利用统计分析方法,构建数学模型对研究专题进行分析评价,并将研究结果通过地图制图的形式进行表达(图5.5)。决策分析图具有以下基本特征。

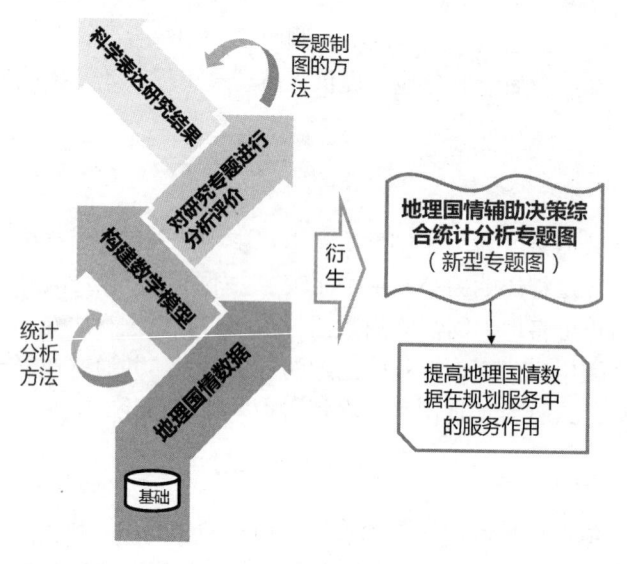

图 5.5　地理国情辅助决策综合统计分析专题图的概念

1）语义性

语义是数据的一种含义,是人类对客观世界本质特征与规律正确认识和理解后形成的一种概念。决策分析图除了刻画地理国情要素的空间状态以外,更侧重从其属性出发对地理国情要素的因果、类属、组合等语义关系的描述。这种对地理国情要素的语义描述更加符合人们对地理国情的认知习惯,可以以不同的形式呈现和表达不同层次的含义。语义描述既可以是对单一地理国情要素的属性刻画,也可以是对成对出现地理国情要素的关系说明,还可以是具有共同属性和含义的地理国情要素分类分级。语义使得对于地理实体关系的描述更加完备,在展现地理国情要素间的复杂关系时具有先天的优势性。

2）知识性

决策分析图强调利用统计分析、空间分析、空间数据挖掘和知识发现等技术方法对地理国情数据、地理国情信息和地理国情要素间的关系进行深入加工处理,强调对地理实体隐含的、潜在的、丰富的空间知识的可视化、空间化表达。与刻画地理国情要素空间形态的普通地图相比,其表达的地理国情要素的时空动态语义和内在规律性更抽象、更概括,是测绘地理信息人员进行深层次认知、思考、思维甚至推理的结果,含有大量的地理概念、地理命题和地理知识。这种抽象的知识对于人们认知地理国情,进行空间决策、解决规划问题具有强大的支撑作用。

3）多重性

决策分析图是地图学发展到大众化、个性化、普适化、知识化、智能化阶段的必然产物。其不仅要动态表达地理国情的历史、现状和未来,还要面向不同的应用和不同的尺度对地理国情要素进行不同程度的抽象和概念化,采用符合用户认知习惯的可视化方式进行多重表达。

决策分析图正是对以"人性化、智能化、精准化"服务为标志的时代的回应。传统的专题图制图理论对如何认知和表达真实地理空间形成了一系列的理论和方法。但由于决策分析不仅要表达真实的地理国情要素，还要表达抽象知识空间。它必将对现有地图学的理论和方法带来冲击和挑战，有利于地图学在时代的健康发展。决策分析图不同于传统专题地图主要体现在 6 个方面（图 5.6）。

图 5.6 传统专题图与决策分析图的区别

1）数据源不同

传统专题图的数据基础为统计数据和行业数据，而决策分析图的数据基础还包括地理国情普查与监测产生的地理国情数据和各类泛在地理信息数据，即广义的地理国情数据。

2）空间认知理论不同

传统专题图所依托的空间认知理论主要研究人们如何利用地图学的方法来实现对地理环境的认识。决策分析图建立在地理国情要素本质特征和内在联系构成的知识空间之上，相关理论基础需要借鉴知识工程和知识科学的最新成果。

3）表达内容不同

传统专题图理论主要研究如何正确抽象和科学概括地图表达内容的问题。与现有地图要素不同，知识不仅具有粒度特性，还具有密切的关联关系。决策分析图解决的是如何对空间知识进行抽象和概括。

4）主题选择与分析方法不同

传统专题图的内容多为对自然要素及相关人文要素的分布展示与简单统计，而决策分析图旨在将海量、准确的数据与信息更有效地服务于决策，所以具有多学科之间深层次地知识渗透与融合的特征，其地图信息语言更为丰富，需要构建科学、系统的主题体系，并通过集成数理统计、空间分析、知识发现、数据挖掘等方法，实现数据的充分挖掘与分析。

5）符号系统与表达方式不同

传统专题图有 10 种表示方法（表 5.1），并常使用饼图、柱状图、折线图等简单图表来表示统计指标，在表达"分析挖掘"得到的空间知识及其复杂的关联关系具有一定的局限性。决策分体图的表达方式顺应技术发展潮流，将传统制图表达和知识可视化的理论和技术表达相结合，使地图信息的表达向多维性、交互性、动态性的方向发展，同时符号和色彩的设计富有时代感，符合主题内容，满足不同用户多元化的读图服务需求。因此，集创新性、科学性、实用性、艺术性、综合性于一体的决策分析图能够进一步促进地理国情信息的深入应用，助力于地理国情信息更好地服务社会发展和经济发展，为各级政府、专项部门进行宏观管理和科学决策提供支持。

表 5.1 传统的专题地图表示方法按指标要素的分布特征分类

表示方法	点状分布	线状分布	呈间断分布	布满制图全区	分散分布
定点符号法	√				
线状符号法		√			
范围法			√		
质底法				√	
等值线法				√	
定位图表法		√		√	
点数法					√
运动线法	√	√	√	√	√
分级统计图法	√	√	√	√	√
分区统计图表法	√	√	√	√	√

6）传输模式不同

传统专题图的传输模式表现为"客观世界—制图者—地图—地图用户—认知世界"。对于决策分析图而言，认知世界和客观世界都成为了制图对象。需要以现代信息学理论为基础，建立新型空间信息传输模式。

按照所反映的地理国情要素时空特性的侧重点不同，决策分析图可以分为 5 种类型：时空格局分析图、时空耦合互作分析图、时空优化布局分析图、语义结构分析图、时空演变模拟预测分析图（图 5.7）。其中，时空格局分析图主要表达地理国情要素空间聚集规律、空间分异规律、空间聚类规则等时空格局特征；时空耦合互作分析图主要表达不同地理国情要素间的时空关联、时空互作、时空耦合特征；时空优化布局分析图主要表达地理国情要素布局的合理性及相应的优化方案；语义结构分析图主要反映地理概念、面向对象的知识、空间区分规则、语义关联规则等语义结构知识；时空演变模拟预测分析图主要反映空间演变规律、语义演变规律等趋势演变知识，对未来地理国情要素时空格局、耦合规律等进行模拟和预测。

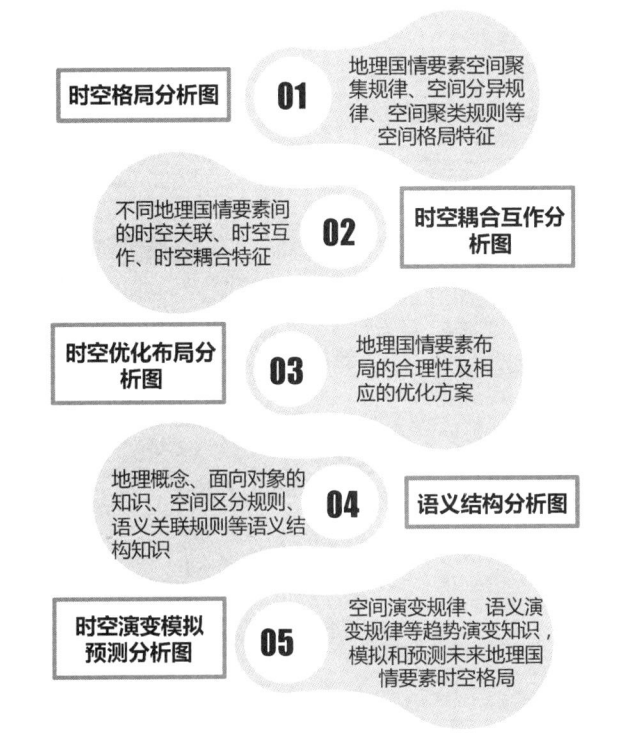

图 5.7 决策分析图的类型

5.2.2 地理国情知识体系

随着人们对地理国情认识的深入，逐渐积淀了丰富的知识。与地理实体和现象构成完整的地理空间一样，各种地理国情知识构成了统一的知识空间。决策分析图的首要任务不是如何获取国情知识，而是如何对现有国情知识及其应用进行系统化整理，并采用计算机可理解的方式加以形式化描述，进而构建统一的地理国情知识体系，最终构建面向不同规划应用的地理国情知识库。根本目的是实现在恰当的时间、恰当的地点以恰当的形式向恰当的人提供恰当的地图服务。按照对地理国情要素本质特征及其内在规律性不同程度的反映，地理国情知识可分为事实知识、概念知识、策略知识。

事实知识是对地理国情要素基本特征规律的描述，往往对应于相应的格局特征或者地理事件，常常表现为视觉知识、普遍几何知识、空间区分规则、空间特征规则、空间关联规则以及面向对象知识。概念知识是对事实知识的一种抽象，是关于真实世界更具普遍性的理论，往往与特定区域内地理国情要素类相对应，表现为空间聚类规则、地理概念、地理规律、地理成因、空间分布规律和空间演变规律等。策略知识则是运用事实知识和概念知识解决问题的方法、模型，往往面向具体的应用背景，表现为空间预测规则、方法知识、决策知识和空间分类规则等。地理国情知识按照不同来源、不同获取方式而形成的框架结构是不一样的。尺度不同、应用目的不同，地理国情知识的分类也不相同。

从地图形式化表达的角度出发，决策分析图需要表达的知识既包括反映国情要素的位置、方位、几何特征,以及数量、规模等浅层知识,也包括反映国情要素本质特征及其内在规律性的深层空间知识。对决策分析图类型体系对应,深层知识主要包括以下 5 种(图 5.8)。

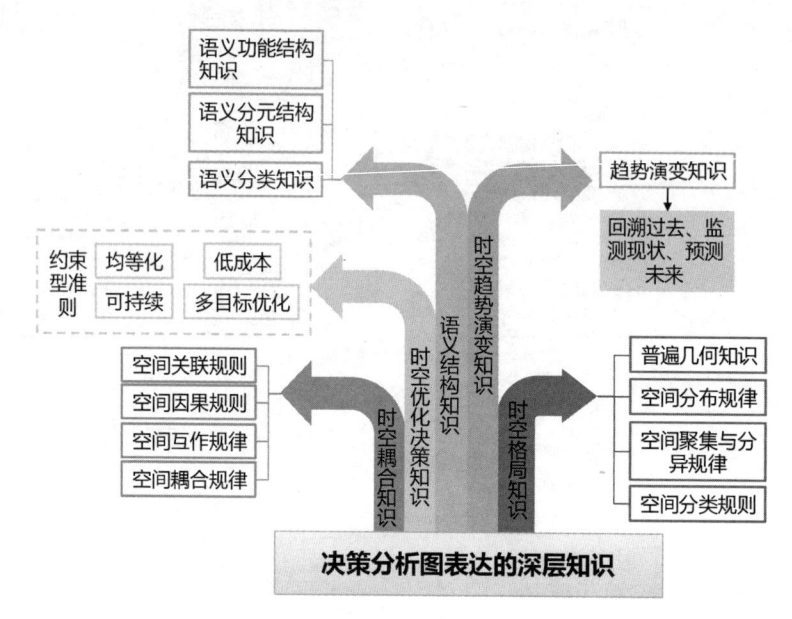

图 5.8 决策分析图表达的深层知识

1)时空格局知识

反映一组、一类或者多个地理国情要素整体空间分布特点、规律的知识。主要包括普遍几何知识、空间分布规律、空间聚集与分异规律、空间分类规则等。普遍的几何知识指某类地理国情要素的数量、大小、形态特征等普遍的几何特征,有利于决策者快速掌握规划区域的总体情况。空间分布规律指某类地理国情要素在地理空间的分布规律,可分为垂直向、水平向,以及垂直向和水平向的联合分布规律。垂直向分布指国情要素沿高程带的分布,如植被沿高程带分布规律、植被沿坡度坡向分布规律,不同类型和数量的城市沿高程带的分布规律等;水平向分布指过去要素在平面区域的分布规律,如居民地分布规律、人口分布规律、湖泊群的分布中心和分布范围等;垂直向和水平向的联合分布,即不同的区域中植被沿高程分布规律。空间区分规则指某类或多类地理国情要素不同的几何特征,区分出不同类型地理国情要素的空间特征。空间分类规则根据空间区分规则把数据集的数据映射到某个给定的类上,用于数据预测,其预测值是离散的。它常表现为一棵决策树,根据数值从树根开始搜索,沿着数据满足的分支往上,到树叶就能确定类别。空间分类规则是普及性知识,实质是对给定对象数据集的抽象和概括。空间聚类函数依赖规则是把空间特征相近的地理国情要素数据划分到不同的组中,组间的差别尽可能大,组内的差别尽可能小,可用于地理要素的概括和综合。

2)时空耦合知识

反映不同组、类或者多个地理国情要素关联和互作特征的知识,主要包括空间关联规则、空间因果规则、空间互作规律、空间耦合规律等。空间关联规则指不同地理国情要素间在空间上相邻、相连、共生等关联规则，如人口聚集与地形起伏度关联，土壤类型与典型植被的共生关系等。空间因果规则指不同地理国情要素间在空间上相邻、相连、共生的"驱动-结果"机制规则。空间互作规则指不同地理国情要素间在空间上相互影响、相互联系的规则；空间耦合规律是指不同地理要素在空间上相互制约、相互协同的规律。

3）时空优化决策知识

调整地理国情空间布局的知识。根据均等化、低成本、可持续、多目标优化等约束型准则，对自然地理国情要素（如公共绿地）、人文地理国情要素（基本公共服务设施）的空间布局合理性评价，并据此提出解决方案，在这一过程中产生的决策知识。例如，在均等化准则下，分析居住小区的医疗可达性在不同社会阶层间是否存在显著差异，并据此提出医疗设施的优化选址方案。

4）语义结构知识

反映复杂地理国情要素系统内部的组成关系，或者多个地理国情要素系统之间的分类关系和功能关系等的知识，主要包括语义功能结构知识、语义分元结构知识及语义分类知识。语义功能结构知识主要指多个地理国情要素系统之间在语义层面的相互影响、作用和制约关系。其与空间关联知识类似，但侧重于地理国情要素系统之间在逻辑层面的关联。语义分元结构知识主要是指复杂地理要素的子类构成等整体-部分知识。语义分元结构知识有效表达了复杂地理国情要素系统的内部结构及空间序列关系。语义分类知识主要是指面向不同的用途，根据地理国情要素的某一或者某些属性特征进行重新分类分级的知识。语义分类知识和空间分类知识的区别主要在于，其是关于地理国情要素内在属性结构的知识，不涉及地理国情要素的空间特征。

5）时空趋势演变知识

反映地理国情要素空间格局和语义结构在时间维度上的趋势演变知识。趋势演变知识对于回溯过去、监测现状、预测未来具有重要的意义，为不同领域人员进行规划决策提供科学依据。例如，随着城市化进程，城市边界随着时间不断外扩、水系流量随时间而不断变化，可以预测未来若干年城市的扩张速度、水系流量的变化规律，为城市规划和水系治理提供决策依据；某一城市地块由荒地变为建筑用地，又变为工地，最终形成小区，通过此类知识可以了解某一地理实体历史沿革，便于解决语义异构问题。

5.2.3 可视化表达

决策分析图是对地理国情知识体系可视化表达。所谓可视化表达，实质就是为达到用户最佳的认知效果，遵循知识工程及地图制图的原理和规范，采用恰当的地图符号、地图表示方法通过建立其与地图要素的映射关系而实现对地理国情知识的地图表达。因此，决策分析图的可视化表达既可以是具有空间特性的知识网络，也可以是地理国情知识在常规地图的简单叠加，还可以是由空间知识网络、常规地图及其映射关系构成的地理空间"多维图解"。决策分析图的构建，是为了达到最佳的知识传输、学习效果和决策支持。地理国情知识是否需要可视化，以及可视化到何种程度需要遵循以下基本原则。

1）遵循地图学的基本原理

地图学是使用图形化语言表达地理空间环境的一门古老的科学。一代代制图人员积淀了丰富的图形设计和表达知识，便于将"可视化"的图与准确的概念化认知良好地结合在一起。地图学的基本原理为决策分析图的可视化表达提供了强大的理论知识支撑。

2）便于建立与地理概念、地理实体的映射

空间相关性是决策分析图各要素的基本特性。决策分析图可视化表达在降低知识理解复杂度的同时，必须便于建立与地理概念、地理实体的映射关系。这是进一步利用决策分析图解决实际问题的基础。

3）充分研究人的生理和心理特征，多层次、多角度综合运用多种可视化表达方式

人是一个信息处理的复杂系统，视觉、听觉、触觉、大脑的有效结合，才能更好地理解当前的环境。必须综合运用图形符号、文字注记、多媒体等多种技术手段来多层次显示决策分析图的专题要素，才能减少图的复杂性，降低知识理解的难度，提高地理信息和知识的表达能力，增加其可读性和可认知性。

4）知识可视化成本最小化

可视化技术使抽象知识具体化，但也意味着需要对知识进行额外的加工处理，增加了知识表示的成本。因此，在满足用户基本需求的情况下，选择开发成本低、效率高的可视化方式。

出于不同的需要，不同领域的学者对知识可视化的技术和方法，做了不同的概括和总结，这些方法为决策分析图提供了有利的可视化技术支持（图5.9）。传统的专题地图表示方法主要10种（表5.1）：定点符号法、线状符号法、范围法、点数法、质底法、等值线法、定位图表法、分区统计图表法、分级统计图法和运动线法。近些年，制图学家相继提出了变形地图、格网法、条带法、高度图、热力图和动态地图等新的专题图表示方法。统计图表也是地图制图的重要内容，其通过信息可视化对非空间数据进行表达，以增强的效果让用户直观地以交互方式掌握知识。Shneiderman 按照数据的维度特征，将信息可视化分为一维数据、二维数据、三维数据、时态数据、层次数据和网络数据，相应的可视化方法如表 5.2 所示。知识管理领域的可视化形式则主要包括 6 种：概念图表、思维导图、认知地图、语义网络、思维地图和知识动画。Howard 在所著《知识作者的可视化工具——批判性思考的助手》一书中总结了 11 种图表形式，包括概念地图、维恩图、归纳塔、组织图、时间线、流程图、棱锥图、射线图、目标图、循环图、比较矩阵。为描述抽象的概念，进而运用标准的图形去结构化信息，传输见解和描绘关系，Eppler 在分析大量定性或定量通用图表的基础上，总结了 18 种可视化表达方式（图 5.10）：线状图、条状图、饼状图、矩阵图、波谱图、循环图、同心圆、思维地图（图 5.11）、流程图、鱼骨图、金字塔、关联树、维恩图、网状图、射线图、协同图、雷达图，以及通用的坐系系。为了有效地构建和表达知识，Hyerle 提出了 8 种可视化形式：括弧图、桥接图、气泡图、圆圈图、双气泡图、流程图、复流程图和树状图。这 8 种图都是

以比较、对比、排序、归类、因果推理等基本的认知技巧为基础的。在建构知识时要使用多个图提高人们解决问题能力和高级思维能力。

Eppler：线状图、条状图、饼状图、矩阵图、波谱图、循环图、同心圆、思维地图、流程图、鱼骨图、金字塔、关联树、维恩图、网状图、射线图、协同图、雷达图、通用的坐标系

传统的专题地图：定点符号法、线状符号法、范围法、点数法、质底法、等值线法、定位图表法、分区统计图表法、分级统计图法和运动线法

新制图学：变形地图、格网法、条带法、高度图、热力图和动态地图

统计图表：通过信息可视化对非空间数据进行表达

可视化方法

数据的维度特征：一维数据、二维数据、三维数据、时态数据、层次数据和网络数据

Howard：概念地图、维恩图、归纳塔、组织图、时间线、流程图、棱锥图、射线图、目标图、循环图、比较矩阵

Hyerle：括弧图、桥接图、气泡图、圆圈图、双气泡图、流程图、复流程图和树状图

知识管理领域：概念图表、思维导图、认知地图、语义网络、思维地图和知识动画

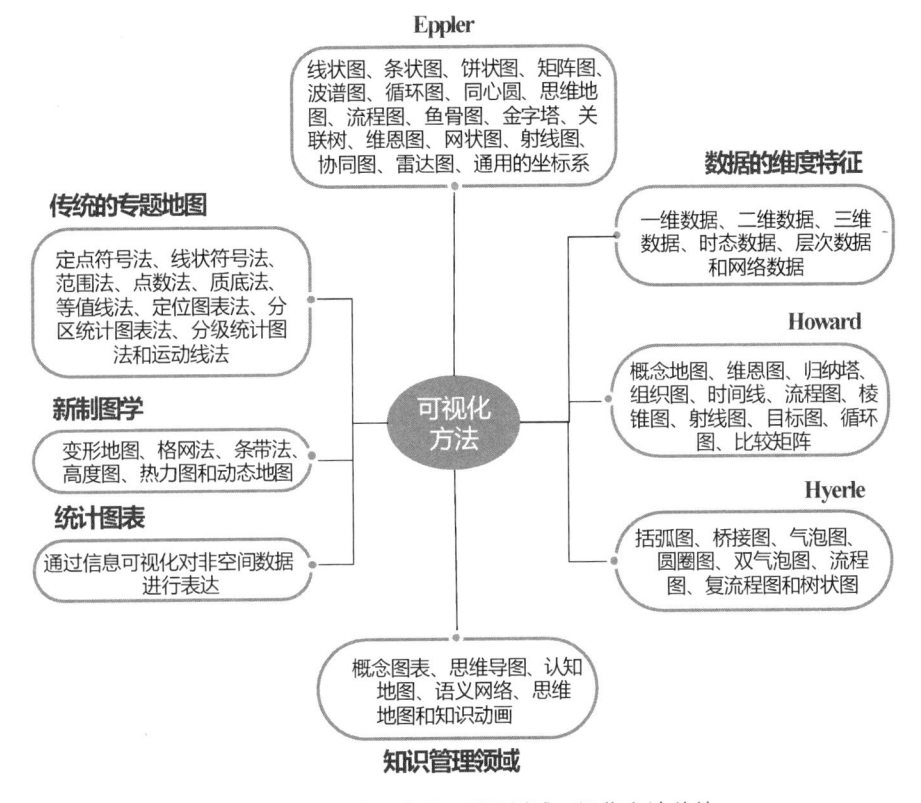

图 5.9 根据不同需要、不同领域可视化方法总结

表 5.2 按照数据的维度特征分类的信息可视化方法

类别	表示方法
二维数据	散点图、圆点图、折线图、柱形图、条形图、饼状图、扇形图
三维数据	气泡图、曲面图
多维数据	气泡图、雷达图、平行坐标
时态数据	折线图、时间线、日历热图
层次、关系和网络数据	桑基图、和弦图、节点链接图、矩形树图

注：一维数据的可视化方法较多，这里不予列举。

5.2.4 案例实践

以某市作为研究区域，响应城市生活质量与社会不均等综合统计分析主题，选取交通出行便利性作为研究主题，对某市交通出行便利性分析图设计如表 5.3 所示。通过上述主题选取、分析指标建立、分析模型构建及表示方法的确定与符号、色彩的设计（主要以线状符号的颜色和粗细变化为主），编制了某市交通出行便利性分析图，如图 5.12 所示。

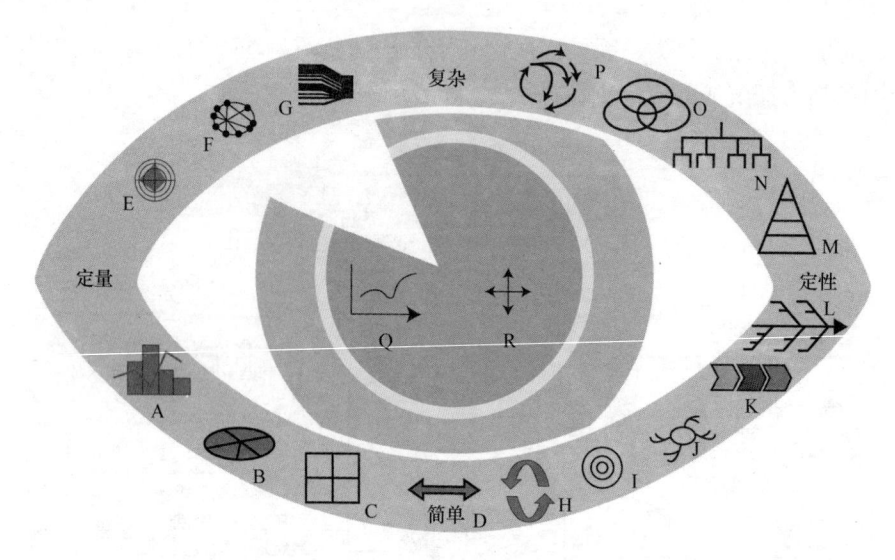

图 5.10　Eppler M.J 提出的 18 种可视化表达方式

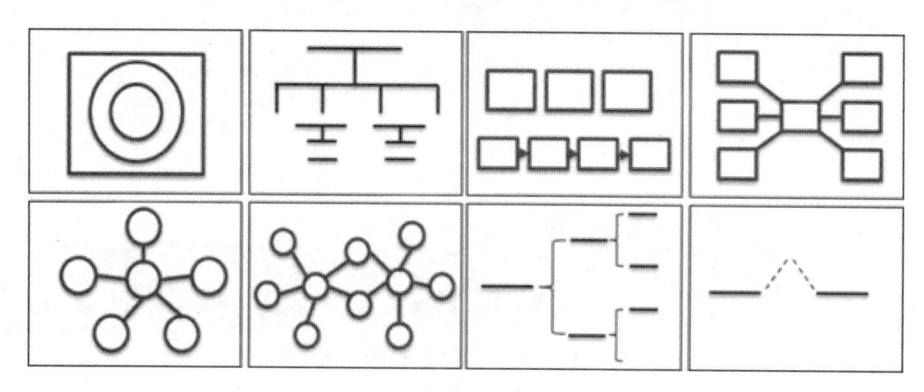

图 5.11　思维地图基本符号

主图（图 5.12）结果表明，某市南部及西部地区路网密集、分布较为均匀，道路连通度较高。而东南部地区道路连通度较低，路网稀疏，与其他区域交通联系较弱，亟待加强基础道路设施建设。提示有关规划者应结合不同区域交通运输发展的实际需要，加强交通剥夺区域的道路基础设施建设，提升运输服务能力和水平，以全面提升运输服务能力为发展目标。

表 5.3　某市交通出行便利性分析图设计

主题	数据	分析方法	分析指标	表达方法	符号及颜色设计
交通出行便利性	交通出行便利性	空间句法	道路联通度	线状符号法	线粗连续渐变橙色、绿色、蓝色、粉色、红色
	服务小区平均地租	人口普查数据、地理国情数据、开放 API 端口数据	缓冲区分析、空间连接、空间统计分析	每条道路所服务小区的平均地租	线状符号法	浅蓝色到蓝紫色渐变
	服务小区总人数		缓冲区分析、空间连接、空间统计分析	每条道路所服务小区的总人数	线状符号法	绿色到蓝色渐变

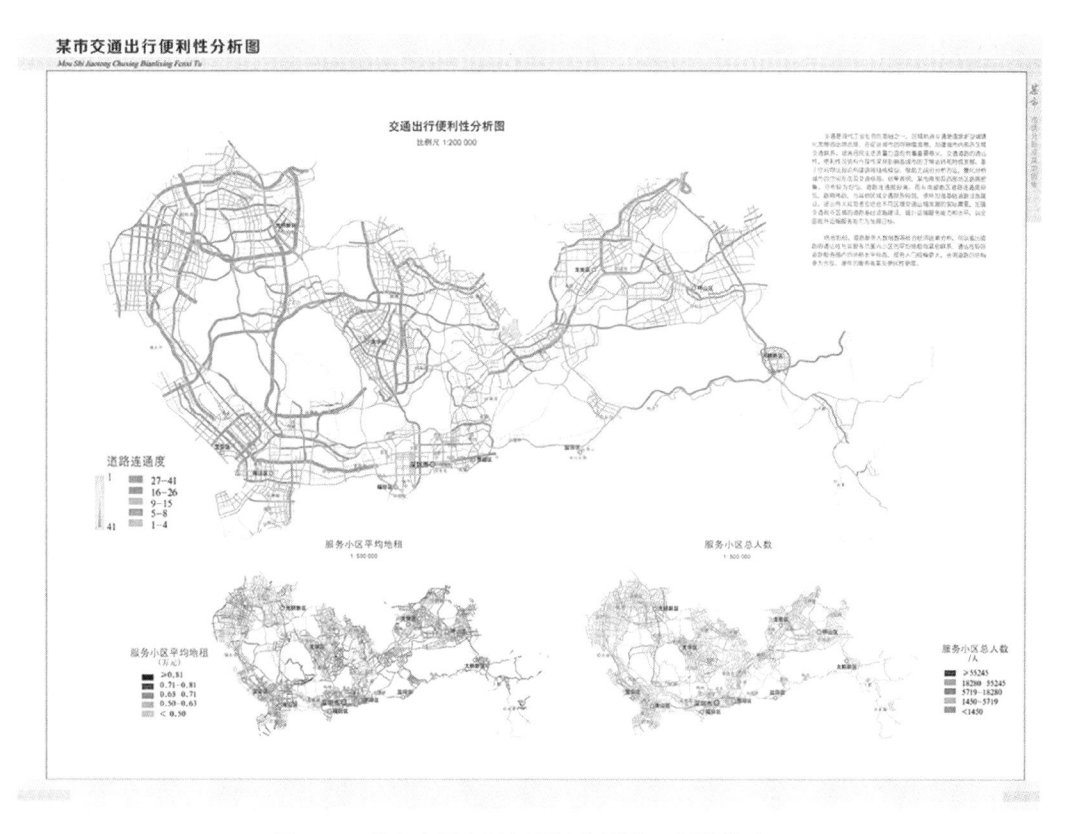

图 5.12　某市交通出行便利性分析图（彩图附后）

附图（图 5.12）结合地租、道路服务人数指数等社会经济因素分析，可以看出道路的通达性与其服务范围内小区的平均地租有紧密联系，通达性较好的道路服务圈内的地租水平较高，服务人口规模更大，表明道路的结构更为合理，提供的服务效率及便民性更高。

5.3　地理国情辅助决策综合统计分析软件

5.3.1　概念设计

地理国情辅助决策综合统计分析软件（以下简称综合分析系统）可分为数据库、基础类库、基础算法库、通用模型库、拓展模型库、专题制图模块、决策报告模块和计算平台等基本组件，系统架构模型如图 5.13 所示。其中，数据库根据其存储的专题内容可分为基础数据库、基础类库、综合分析成果库、专题图库和系统字典库，分别用于存储地理国情综合统计分析的基础数据、统计结果数据、专题图和系统运行所必须的各类参数、配置和数据字典等信息；基础类库基于面向对象的思想设计，将数据访问、人机交互和基础算法等通用功能封装重用；基础算法库包含了构建各种模型的通用算法，如相关分析、回归分析、聚类分析、网络分析、多维集成、机器学习（随机森林、支持向量机、神经网络）等。通用模型库基于"插件-宿主"架构设计和实现，用于封装地理国情统计指标的计算模型。系统运行时，宿主计算平台从通用模型库中识别出各类综合统计指数计算插件。拓展模型库采取"人-机交互"的思想，用户通过计算平台可以借助基础算法库设计、封装新的模型，保证地理国情综合统计分析的开放性和扩展性。计算平台基于地理国情综合统计分析具体业务需求进行设计，实现从地理国情监测数据管理、数据预处理、综合指数自动计算到统计成果的标准化和一体化管理。

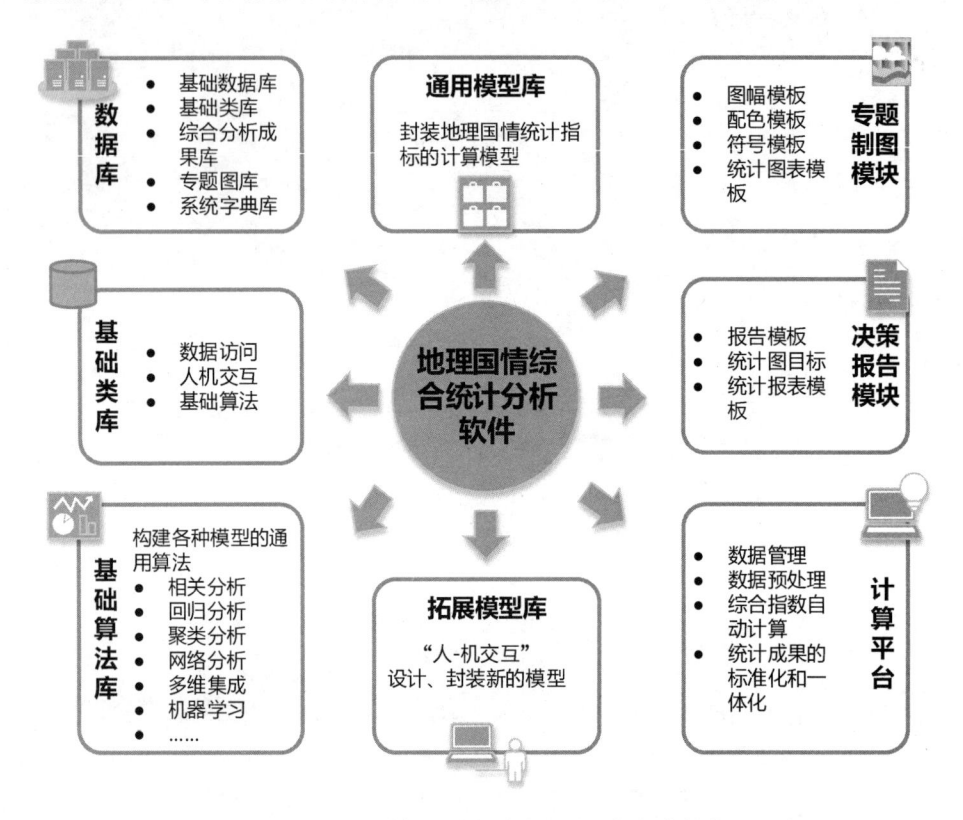

图 5.13 地理国情辅助决策综合统计分析软件的构成

  综合统计分析系统提供的功能主要包括：①地理国情数据管理，实现对地理国情数据的时空数据入库、管理与可视化；②数据预处理，提供地理国情综合统计分析中常用的数据预处理工具，如几何参数计算、标准化、正态转换、网络构建等；③统计分析单元划分，实现任意地理国情综合统计分析单元的自定义划分和配置；④统计指数选取，通过基于插件技术动态识别和集成各类统计指数模型插件，并通过人机交互实现统计分析模型的自定义；⑤探索性分析，根据基础算法库，实现对数据的底层探索性分析；⑥综合统计分析，提供时空格局综合分析模型、时空耦合综合分析模型、空间优化决策模型、时空趋势演变模型四大类综合分析模型，实现综合指数计算；⑦拓展性综合分析，通过人机交互将基础算法进行封装，设计新的综合分析模型；⑧专题制图，用户根据分析结果，通过人机交互选择图幅模板、配色模板、符号模板、统计图表模板等，以专题图的形式快速输出可视化结果；⑨分析决策报告，用户根据模型分析结果，通过人机交互选择报告模板、统计图目标、统计报表模板，按照规范的内容和样式生成分析决策报告。

5.3.2 案例实践

笔者设计并开发了一套地理国情辅助决策综合统计分析系统，主要包括地理国情数据管理、数据预处理、统计分析单元划分、统计指数选取、探索性分析、综合分析、拓展性综合分析、专题制图和分析决策报告等，具体的技术流程如图 5.14 所示。主要功能介绍如下。

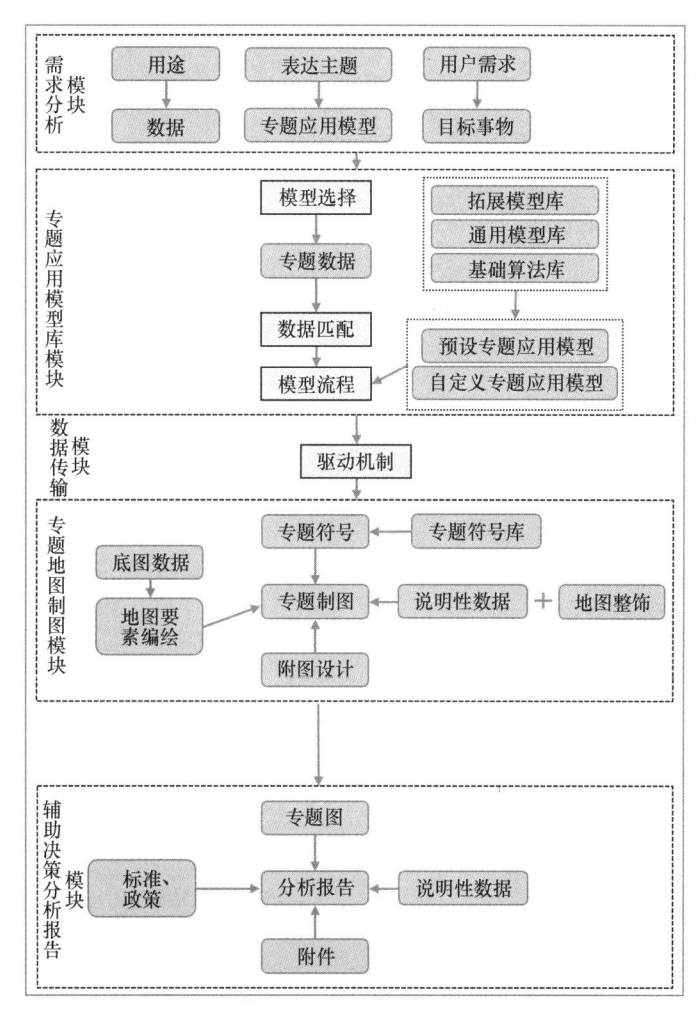

图 5.14 地理国情辅助决策综合统计分析系统

1）综合分析模块

以城市扩张主题为例：该主题集成了一系列驱动力、时空格局分析，以及预测模拟相关的计算模型。图 5.15 为城市扩张模拟预测模型的输入窗口，输入数据为前后两年的土地利用数据，辅助因子为坡度数据、河流距离数据、道路距离数据及乡镇中心距离等因子，经过训练后自组织选择最佳的集成模型对未来城市扩张进行预测，并输出相关的结果与分析。

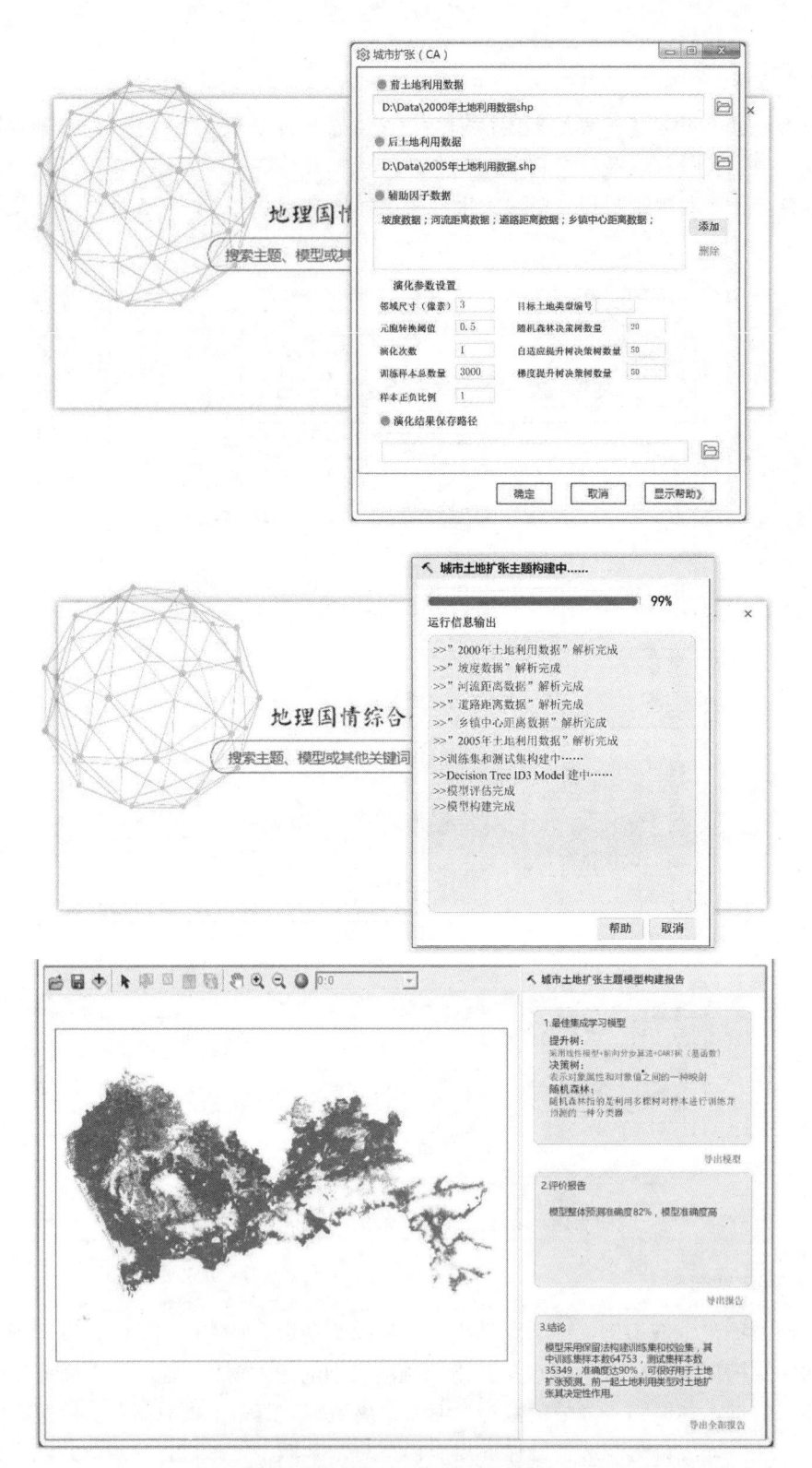

图 5.15　城市扩张模拟预测模型的输入窗口

以公共绿地资源均等化主题为例,主要包括数量测度模型、质量测度模型、服务能力测度模型、可达性测度模型、均等化测度模型、供给盲区识别模型和优化选址模型(图5.16)。输入数据为公园位置及属性数据、路网数据、交通流量数据、小区分布及人口数据,可以实现从数量、质量、可达性、服务能力等方面对公园绿地均等化进行测度,并据此提出优化选址方案。

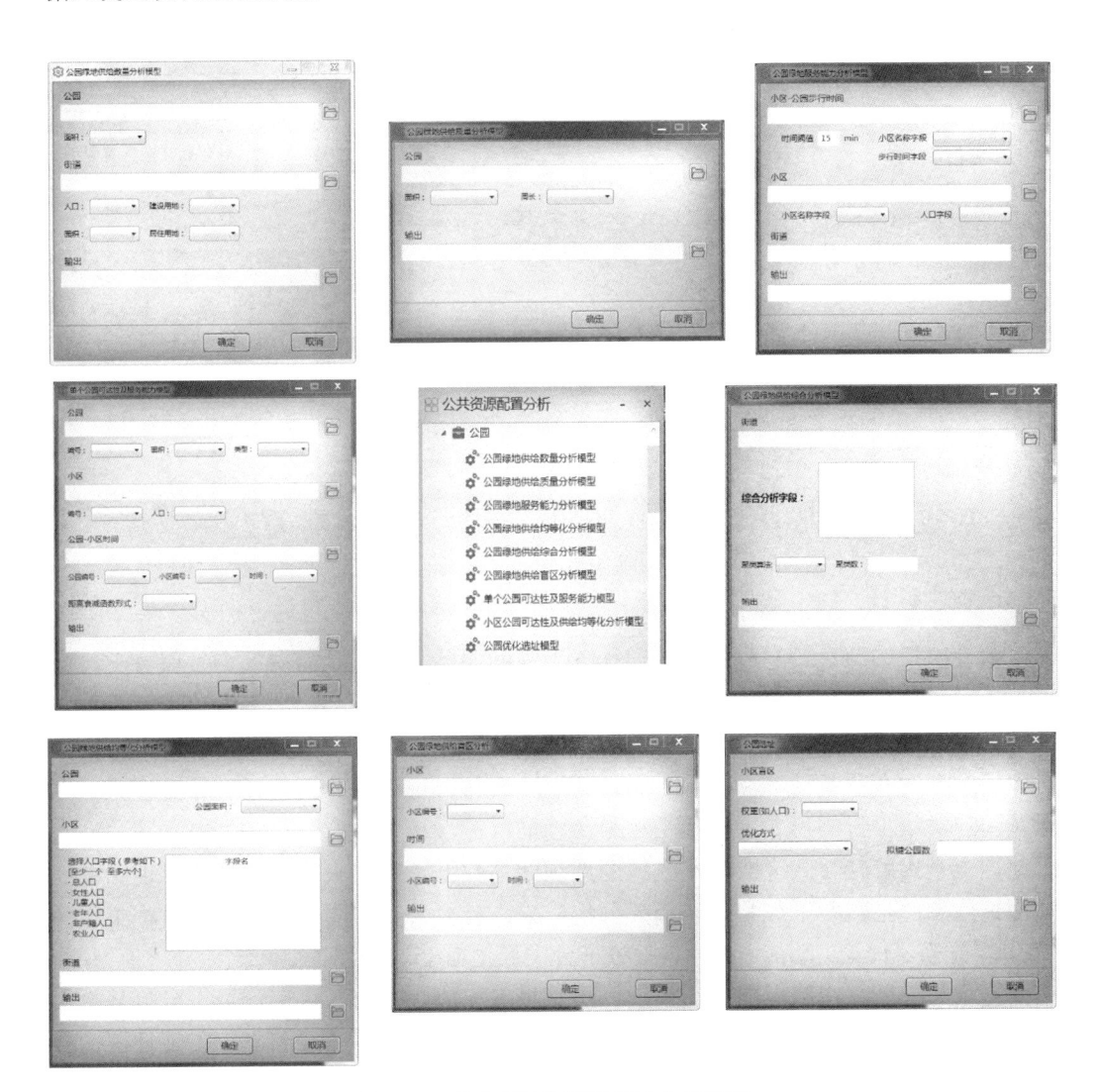

图 5.16　公共绿地资源均等化主题模型

2)自动制图模块

主要包括数据匹配、制图布局、版式设计、符号设计等功能(图 5.17)。

图 5.17　自动制图功能及菜单

5.4　地理国情辅助决策在线服务平台

5.4.1　概念设计

　　地理国情辅助决策在线服务平台（以下简称服务平台）是面向社会、服务于社会的地理国情信息发布平台，具有多层次的客户群体，如政府部门、事业单位及相关委办局、研究人员和社会公众。不同的客户层次需求不尽相同，政府部门决策人员需要对国情数据进行分类、汇总、基本统计、综合统计，进而对分析结果进行可视化，以专题图和决策报告的形式呈报相关领导，辅助决策。事业单位及相关委办局需要在电子地图上查询管辖行政区或特定区域的地理国情数据。研究人员不仅需要查询相关地理国情信息，也需要下载和上传相关分析结果。社会公众需要服务平台提供相关服务（查询、导航、评论）功能。因此，服务平台主要由时空数据库、空间统计分析模型库、空间查询与导航、在线专题制图模块、决策报告模块、发布模块和计算平台等基本组件组成，平台架构模型如图 5.18 所示。服务平台提供的功能主要包括：①地理国情数据管理，实现对地理国情数据的时空数据入库、管理与可视化；②数据统计分析，提供地理国情综合统计分析中常用的数据预处理、基本统计模型、综合统计模型；③统计分析单元划分，实现任意地理国情综合统计分析单元的自定义划分和配置；④空间查询与导航，主要包括缓冲区查询、图形数据与属性数据交互查询、穿越查询及道路导航等；⑤在线专题制图，用户根据分析结果，通过人机交互选择图幅模板、配色模板、符号模板、统计图表模板等，以专题图的形式快速输出可视化结果；⑥分析决策报告，用户根据模型分析结果，通过人机交互选择报告模板、统计图目标、统计报表模板，按照规范的内容和样式生成分析决策报告；⑦网络发布模块，将处理好的数据和分析结果进行公布，感兴趣的用户可以从网络上登录本系统，进行页面浏览已公布的数据或提交相关的查询信息，系统将提交的结果供后台程序运算，最后将运算结果以相应的图表或其他形式返回给用户。

需要注意的是，地理国情信息发布需要实行统一规范、分级管理和分类发布的管理制度，具体分发机制如图 5.19 所示。

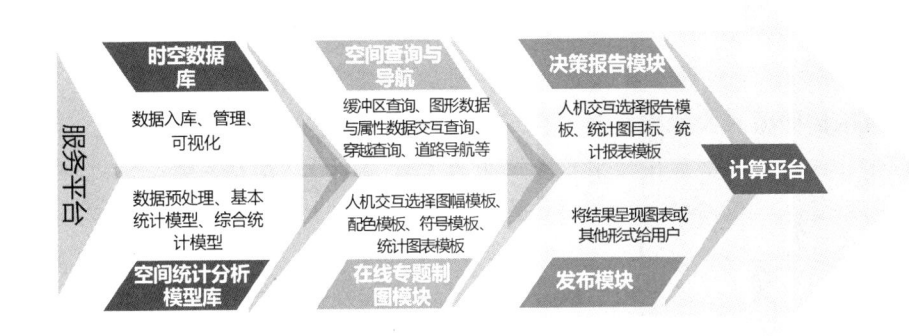

图 5.18　地理国情辅助决策在线服务平台架构模型

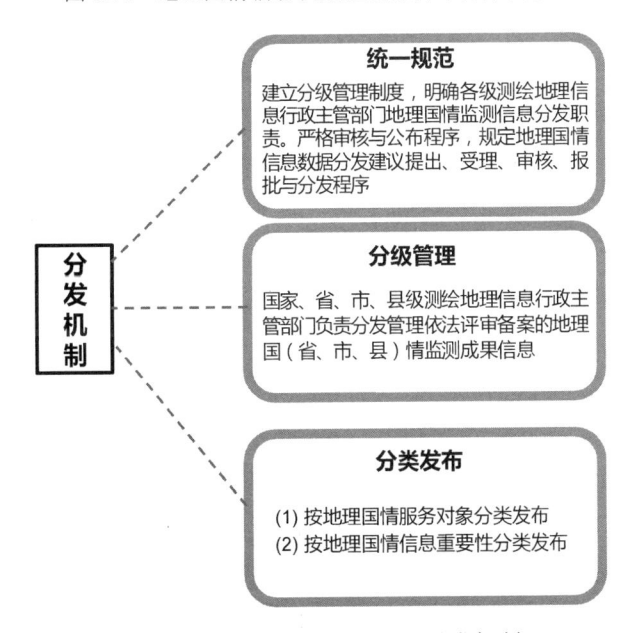

图 5.19　地理国情信息发布的分发机制

1）统一规范

依据《中华人民共和国测绘法》、《中华人民共和国统计法》、《中华人民共和国政府信息公开条例》、《中华人民共和国测绘成果管理条例》、《重要地理信息数据审核公布管理规定》等有关规定和要求，制定《地理国情监测成果信息审核与发布办法》，规范地理国情信息分发。建立分级管理制度，明确各级测绘地理信息行政主管部门地理国情监测信息分发职责。严格审核与公布程序，规定地理国情信息数据分发建议提出、受理、审核、报批与分发程序。

2）分级管理

国家、省、市、县级测绘地理信息行政主管部门负责分发管理依法评审备案的地理国（省、市、县）情监测成果信息。国家、省、市、县级测绘地理信息行政主管部门对本级地理国情监测成果信息进行审核，经与同级有关政府部门会商一致并征求上级测绘地理信息行政主管部门同意后，报同级人民政府批准后发布。

3）分类发布

按地理国情服务对象分类发布。直报类和政务类地理国情信息一般不面向公众分发，通过报告、内参等形式提交给政府决策；公众类地理国情信息则会通过在线形式定期或不定期分发。按地理国情信息重要性分类发布。一般性地理国情监测成果信息由国家测绘地理信息局、省、市、县级测绘地理信息行政主管部门通过服务平台发布。属于重要地理信息数据范围的地理国情监测信息，需遵循重要地理信息数据审批发布有关规定。

5.4.2 案例实践

笔者设计并开发了一个地理国情辅助决策在线服务平台，能够为用户提供地图查询、综合统计分析、专题制图和分析决策报告等服务。主要功能分为地图查询、自助制图和用户权限及分级三部分，具体内容介绍如下。

1）地图查询

以展示专题地图及图集和信息为主，实现专题图由"静"到"动"的转换，可进行信息检索，可导出栅格、矢量（如 SVG）或 PDF 格式文件；可进行地图设计的简单配置；可进行新专题图和图集的快速简单发布及元数据的登记，并发布制图方法的指导信息（图 5.20～图 5.22）。

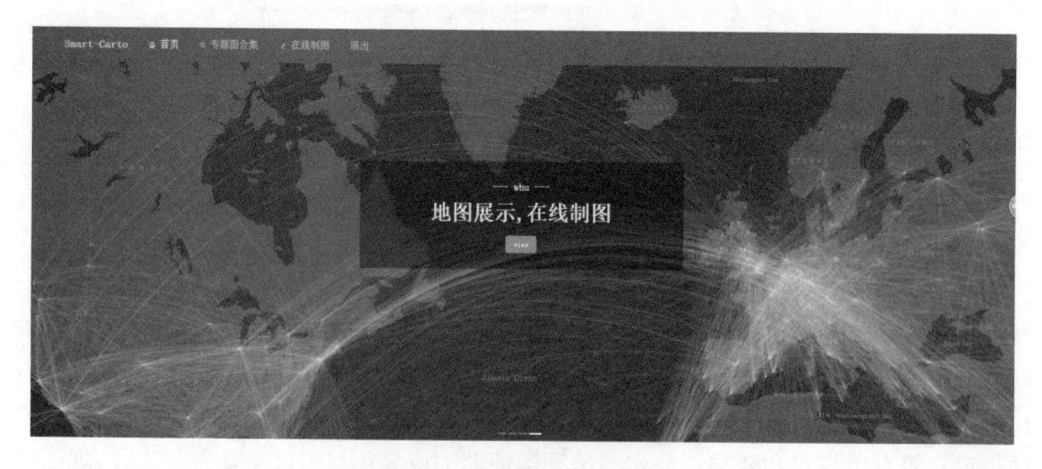

图 5.20 在线服务平台首页

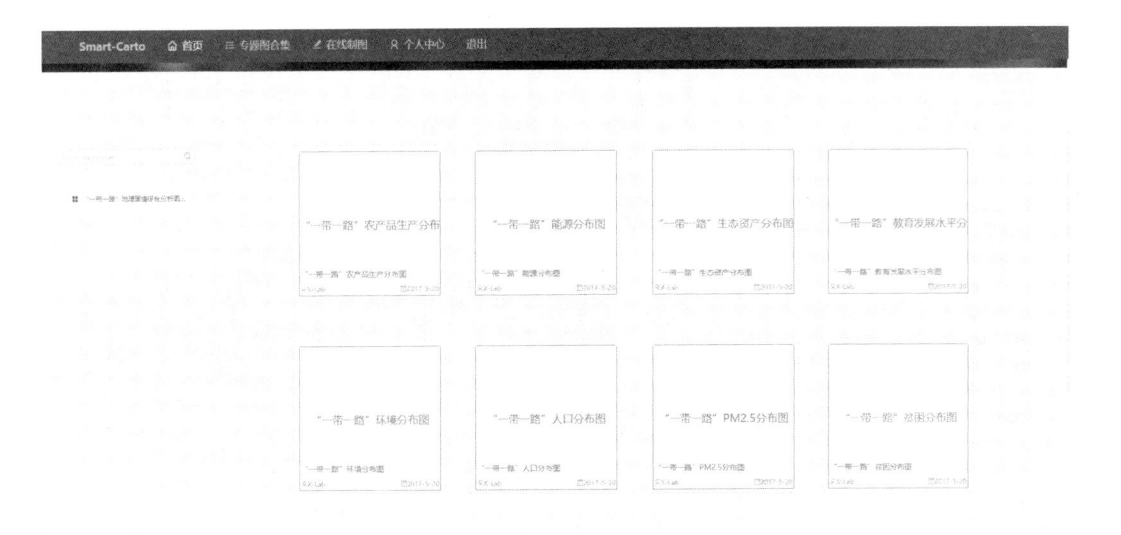

图 5.21　地图集展示

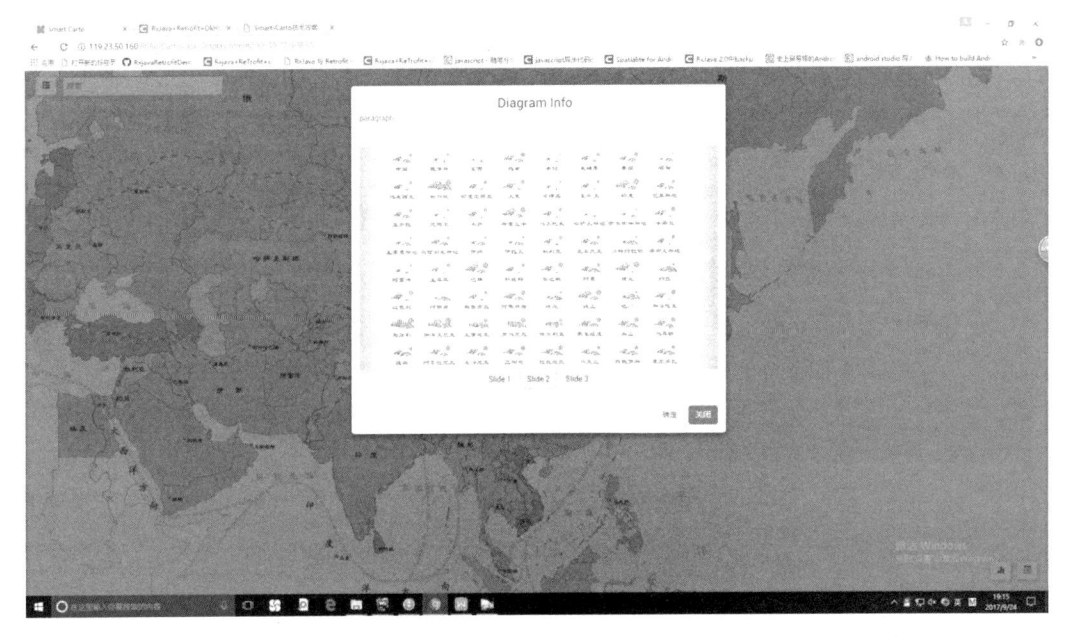

图 5.22　专题图及图表查询

2) 自助制图

把专题图集设计过程中的所有数据处理环节拆分，以任务流或作业向导的方式开放给用户，精简操作细节，提高用户参与度；将制图经验知识的模型化和规则化作为自助制图系统的推送规则部分。同时，提供版式、版心、配色、符号等设计模板（图 5.23、图 5.24）。

· 241 ·

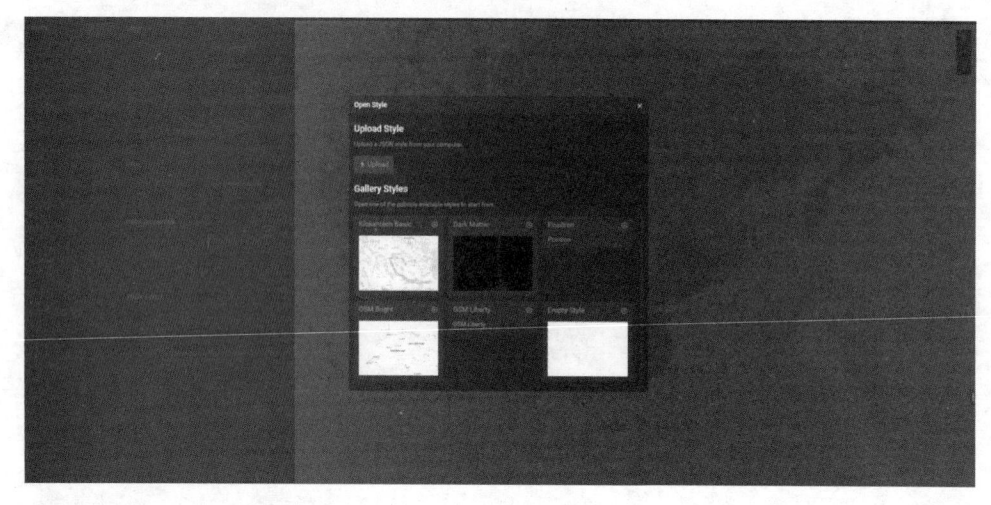

图 5.23 底图选择

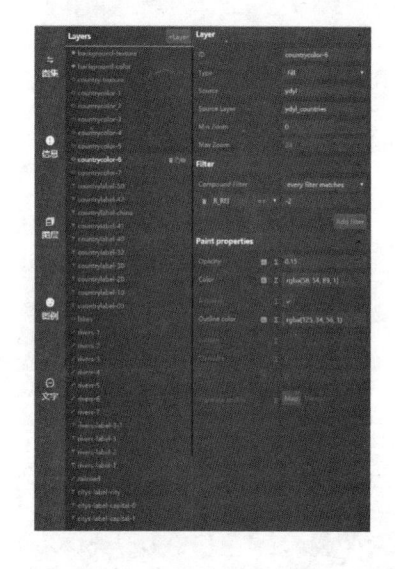

图 5.24 在线地图编辑

3）用户权限及分级

构建普通用户和专业用户两个群体。其中，对于普通用户，减少用户交互频次，基于后台强大的模型提供一站式制图成果，可用于各类通用行业地图分析应用。专业用户即企业用户，以测绘、规划、国土和环保行业为基本，对其开放数据操作流程、地图设计流程，以及后期的 SDK 等。实现数据集成、管理、分析建模、可视化、制图、信息发布、规划和设计，最终实现决策支持。

5.5 服务公众的地理国情应用 APP

5.5.1 概念设计

随着网络通信技术的发展，网络速度不断提高，硬件性能不断优化，移动 GIS 应用系统尤其是 APP 模式已被广大民众认可与接受，逐渐成为主流的地理信息系统应用模式。充分利用移动端方便携带、实时计算的特点，建立服务公众的地理国情应用 APP（以下简称 APP），向公众展示地理国情普查的成果，提供查询、导航、评价、分享等功能，可以大大提升地理国情普查与监测的影响力。移动端计算资源和存储空间有限，而普查成果的各类分析必须依赖空间运算、模型运算，以及大量空间数据的支持。因此，APP 应采用面向服务（SOA）的架构，将大量国情数据和功能服务部署在服务器上，通过专用、安全的移动网络来接收数据和计算请求，并将请求结果发送到移动端展示。整个平台分为支撑层、数据层、服务层和展示层四层体系，平台架构如图 5.25 所示。其中，

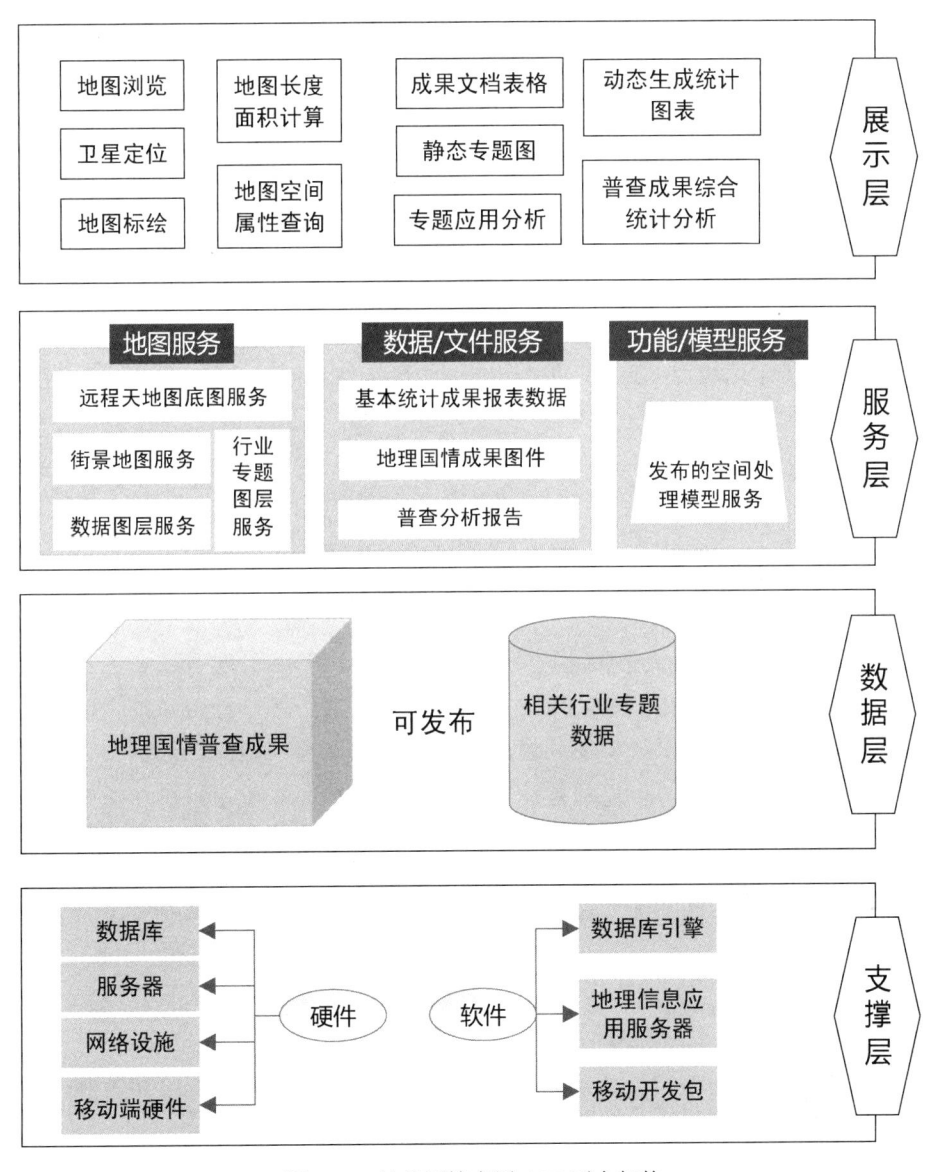

图 5.25　地理国情应用 APP 平台架构

支撑层主要分为硬件和软件两部分，硬件包括数据库、服务器、网络设施和移动端硬件设备；软件包括空间数据库引擎、地理信息应用服务器及移动开发包等。数据层主要包括可公布的地理国情普查成果和相关行业专题数据。服务层主要包括地图服务、数据/文件服务与功能/模型服务。地图服务包括远程天地图底图服务、街景平台发布的街景地图服务，以及发布的普查成果数据图层服务和行业专题图层服务；数据/文件服务包括可公布的基本统计成果报表数据、地理国情成果图件、普查分析报告等；功能/模型服务指发布的空间处理模型服务。展示层主要指呈现在移动设备上用户能够操作使用的功能，包括地图浏览、卫星定位、地图标绘、地图长度面积量算、地图空间属性查询、以电子书形式发布的普查成果文档表格、静态专题图、动态生成统计图表、普查成果综合统计分析及专题应用分析等。

APP的功能主要包括基本地图功能、普查成果展示、基本统计分析、专题应用分析四部分内容：①基本地图功能。使用"天地图"服务作为基础地理空间底图数据，在天地图服务上实现常用的地图平移、缩放、定位、量测、矢量与影像底图切换等基本功能。此外，提供城市街景地图服务，用户在移动设备上能够直接调用相关道路的360°全景地图，查看普查兴趣点实地情况。②普查成果展示。系统展示可公布的数据、图表和分析结果；同时，用户可以对相关成果进行评价和讨论。③基本统计分析。对底图数据进行基本的统计分析，包括缓冲区分析、叠置分析和网络分析等。④专题应用分析。将公众感兴趣的内容，以模型的方式到移动平台中，如可步性、可骑性、一刻钟社区生活圈、食品环境等。

5.5.2 案例实践

笔者开发了以"社区生活圈"为主题的面向大众的地理国情应用APP，包含四个主题（可步性、十五分钟生活圈、食品环境及蓝绿空间）的查询、路径导航、志愿评分、社交网络互动等功能（图5.26）。

（1）查询与导航：软件通过构建综合评价模型为用户提供服务，最终输出成果为步行便利性、食品环境、蓝绿空间质量得分。以可步性为例，分数越高说明该社区以步行获得生活必须的公共服务的便利性越高。用户通过点击地图相应位置，可以查询单个类型公共服务可达时间，方便公众出行，在结果页面，用户可以比较不同类型公共服务的步行便利性，识别不同类型公共服务供给短缺的情况，还可以查询到达周围所有餐厅的距离和时间。用户还可以对社区的便利性进行评论。最后用户可以在地图上直观的看到该社区周围十五分钟内可达的所有餐厅的位置，选择要去的餐厅，APP即可给出路径规划。

（2）志愿者评分：用户可对自己所在位置的步行便利性、食品环境、蓝绿空间质量进行主观打分，交流自己的心得。

（3）社交网络互动：用户将查询、导航或者评分结果分享至微信、微博等社交平台。

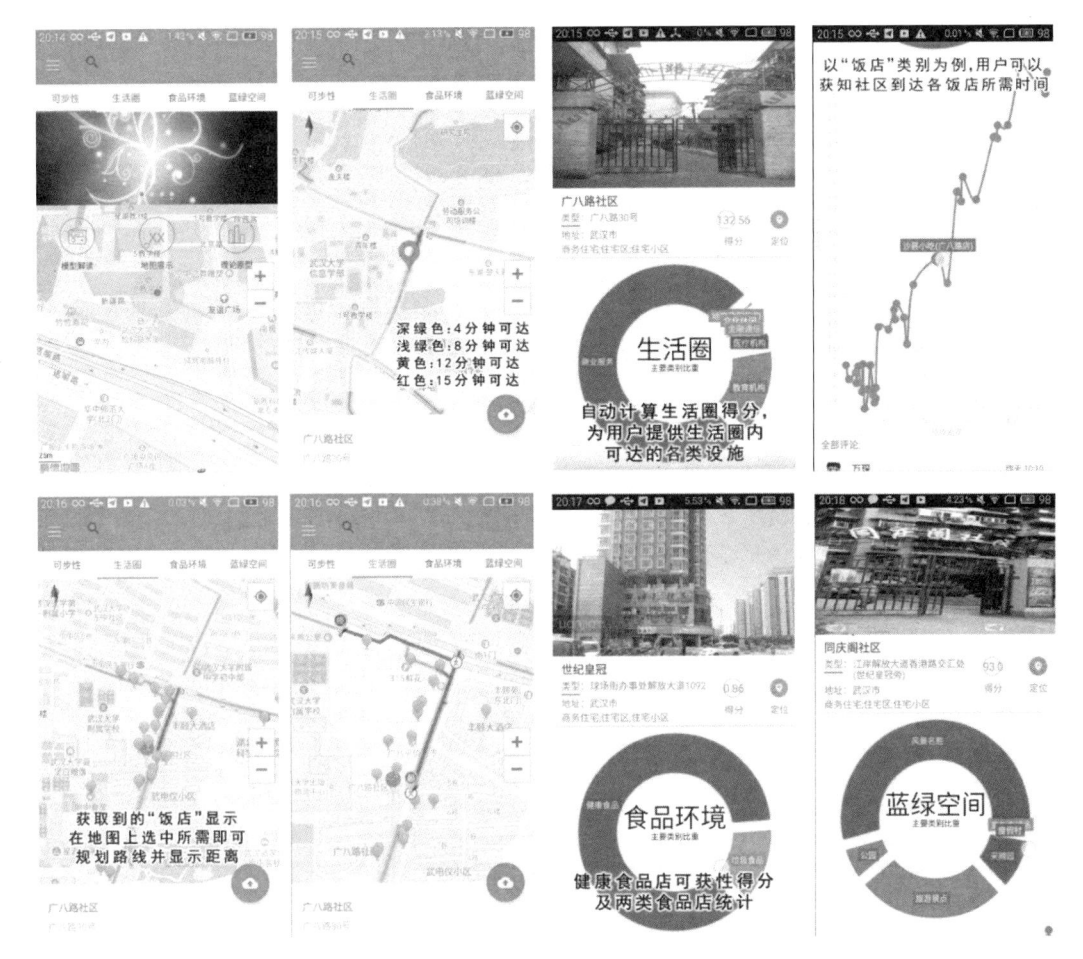

图 5.26　面向公众的地理国情应用 APP（社区生活圈主题）

5.6　民生地图

5.6.1　概念体系

民生地图是指政府、科研院所、非盈利组织等为了更好地反映社会民生及方便居民的生活而制作的地图。以非涉密的泛在国情数据为数据源，民生地图以地图为载体向广大居民传播文化、历史、休闲娱乐、事件、宏观政策等信息，增强公众对于复杂问题的理解，满足居民"学、知、吃、喝、玩、乐、行"的基本需求，实现地理国情从数据资料库向信息服务和知识传播终端的功能演进。民生地图的主要服务对象是普通大众，而非专业性的用户。因此，民生地图可以扩大地理国情社会化应用的覆盖面。

按所体现的专题内容不同，民生地图分为如下六种类型（图 5.27）。

（1）文化地理图：展示各种文化现象的分布、空间组合及发展演化规律，以及文化景观、文化的起源和传播、文化与生态环境的关系、环境的文化评价等内容。

（2）历史地理图：展示历史时期地理环境及其演变规律。

（3）事件地理图：展示相对稳定的、短暂的、突然出现的地理事件。

（4）休闲地理图：展示居民在业余时间进行休闲娱乐活动所必须的场所、设施和服务的地理分布。

（5）宏观政策图：展示公共政策的制定、实施、监督和评价。

（6）舆情口碑图：展示公众对特定事件、政策、设施、服务、历史、文化的感知态度。

从受众年龄层次、受教育程度甚至职业构成而言，都具有跨度大、覆盖面广的特点。针对受众的非专业性特征，民生地图应具有通识性、易读性、宣传性，遵循面向公众、呈现已知、低交互性的地图可视化设计理念。具体而言，民生地图的设计应遵循如下三个原则。

（1）尽可能多地使用通识性强的专题符号，减少使用专业性强、应用范围窄的专题符号。

（2）突破单一的地图绘制手法，增加丰富的图片、文字、图表、信息图形等有助于核心主题表达的信息载体形式，充实图面，增强地图可读性与画面设计感，发挥视觉效力和空间载体优势。

（3）改变传统的专题图模板化版式设计，着重地图的视觉表达效果，构图布局合理、色彩配置协调，具有艺术观赏性，符合大众传媒的审美特征。

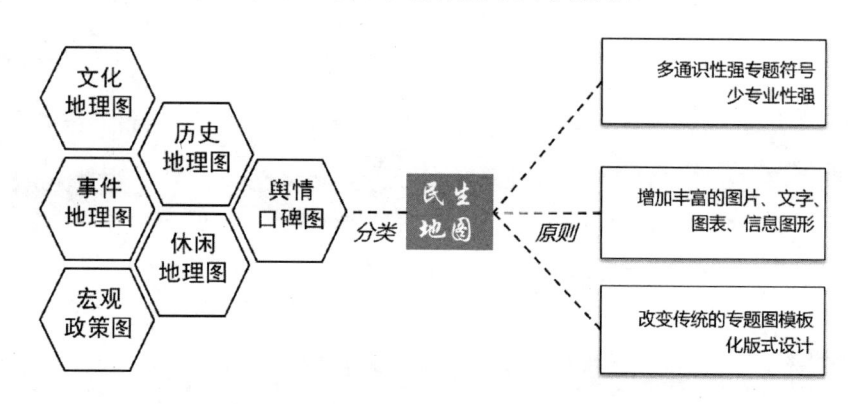

图 5.27　民生地图分类及设计原则

5.6.2　案例实践

以武汉市中心城区作为研究区域，以女性特别关注的社会话题为内容，以大众口碑为数据来源，选取"瑜伽"作为研究主题，对武汉市中心城区瑜伽地图设计如表 5.4 所示。通过主题选取、分析指标建立及表示方法的确定与符号及颜色的设计，编制了武汉市中心城区瑜伽地图。

如图 5.28 所示，分别选取江岸区、江汉区、硚口区、汉阳区、武昌区、洪山区、青山区 7 个中心城区的口碑得分前三名的人气瑜伽馆进行展示与介绍，并把点位分布相对密集的区域夸大展示，配以相应的手绘符号，使得地图呈现出通识性、易读性，为大众提供优质瑜伽馆分布信息。此外，在主图周围手绘出 12 项瑜伽体式，丰富了图面信息，使地图更加生动化。在版面设计上，灵活创新却不失合理性，突破了传统地图的排版方式，增强了画面设计感与视觉冲击力。

表 5.4　武汉瑜伽地图设计

主题	数据	分析方法	分析指标	表达方法	符号及颜色设计
瑜伽	瑜伽馆分布 拜日十二式	地理国情数据、大众口碑数据	描述性统计分析	每个区的得分前三名的人气瑜伽馆	定点符号法	咖啡色 手绘"黑天使" 手绘瑜伽体式

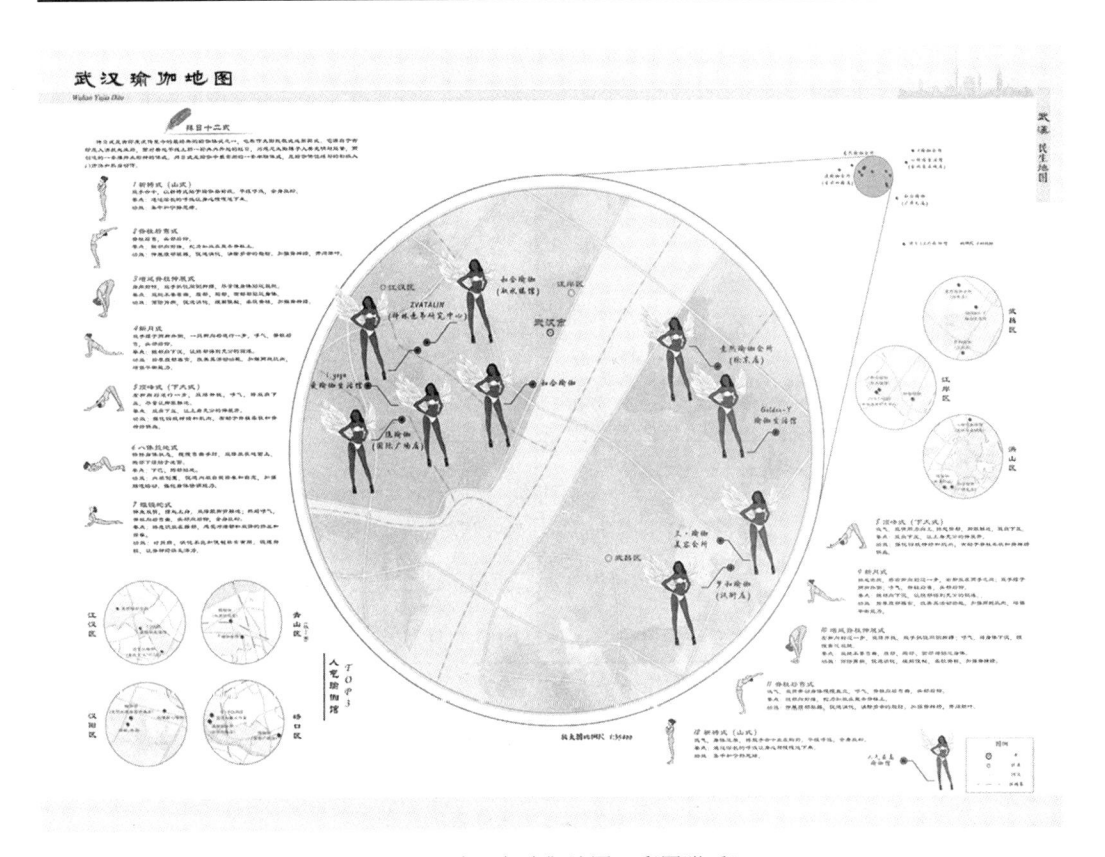

图 5.28　武汉市瑜伽地图（彩图附后）

5.7　地理国情社会化应用在我国测绘部门的实践总结

根据 2014~2017 年测绘科学技术进步奖（表 5.5~表 5.8）和中国地理信息科技进步奖（表 5.9~表 5.12）中地理国情方向的获奖情况可知，自 2014 年起，我国各测绘部门开展了地理国情社会化应用的探索。从两项科学技术进步奖的数量上来看（图 5.29），呈逐年增加的趋势，其中中国地理信息科技进步奖从 2014 年的 3 项到 2017 年增加到 9 项，测绘科学技术进步奖 2014 年为 3 项，到 2017 年增加了五倍多，达到 19 项。实际上，在 2016 年，普查重心已转入统计分析和深化应用阶段，各地区各相关部门将基于全国普查数据库，开展国家级基本统计，形成全国地理国情普查基本统计成果，并将全面实现网络化共享。有关地理国情的科学技术也在不断丰富、提升，2014~2016 年所获得的奖项均为二、三等奖，到了 2017 年实现了一等奖、特等奖的零突破，在测绘科学技术进步奖中甚至拿到了两个特等奖，这充分说明了我国测绘部门在地理国情社会化应

·247·

用方面做出了很大的努力。

然而，从获奖占比来看，地理国情方向的科技成果很少，平均占比不到 5%，这说明我国测绘部门正处于地理国情社会化应用的初级探索阶段，还需要深入拓展地理国情服务的模式。要紧密结合政府决策和管理的需要，从宏观和微观、定量和定性、整体和局部等方面，充分挖掘地理国情普查成果蕴含的价值，创造性地做好普查成果分析和社会化应用工作。要抓紧建立普查数据共享机制，打破部门、区域之间的数据壁垒和信息孤岛，向社会提供更好的国情服务。

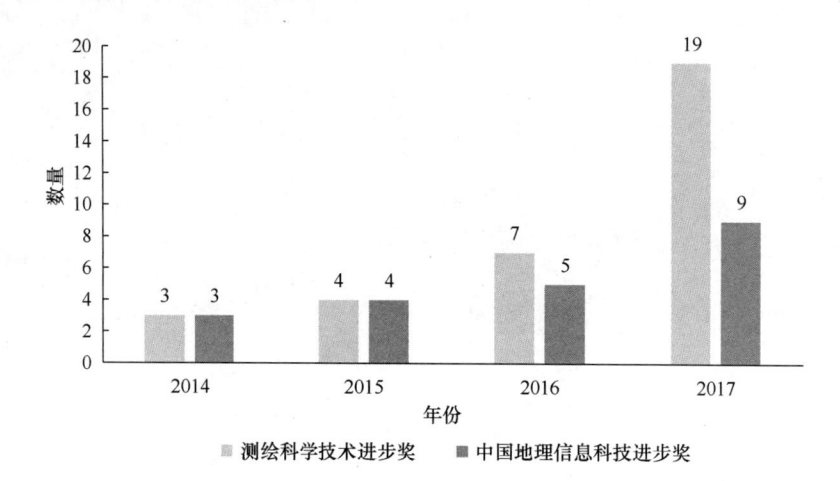

图 5.29　2014～2017 年地理国情方向科技进步奖获奖数量

表 5.5　2017 年测绘科学技术进步奖（地理国情方向，总计 19 项，占总比 1%）

获奖等级	项目名称	完成单位
特等奖	第一次全国地理国情普查关键技术与应用	国家基础地理信息中心 中国测绘科学研究院 陕西测绘地理信息局 黑龙江测绘地理信息局 四川测绘地理信息局 国家测绘产品质量检验测试中心 国家测绘地理信息局卫星测绘应用中心 河北省测绘地理信息局 武汉大学 海南测绘地理信息局
特等奖	可靠性地理国情普查与动态监测关键技术	香港理工大学 武汉大学 中国矿业大学
一等奖	全国地理国情普查数据库设计及构建关键技术研究	国家基础地理信息中心 北京吉威时代软件股份有限公司 国信司南（北京）地理信息技术有限公司
二等奖	大规模地理国情数据云服务关键技术与应用	浙江省地理信息中心 浙江大学

续表

获奖等级	项目名称	完成单位
二等奖	面向南京市地理国情的地图无级缩编平台关键技术与应用	南京市城市规划编制研究中心 中国测绘科学研究院 南京市规划局 易时代新图软件有限公司
二等奖	地理国情视角下的城市病监测技术与应用	中南大学 中国测绘科学研究院 湖南省国土资源厅 河北省地理信息局
二等奖	地理国情普查图产品模式及制图技术研究与应用	国家测绘地理信息局第三地理信息制图院
二等奖	江西省地理国情应用服务系统	江西省基础地理信息中心 武汉大学 武大吉奥信息技术有限公司
二等奖	广东省地理国情监测关键技术研究与应用	广东省国土资源测绘院 武汉大学 广州大学 华南师范大学 华南农业大学
二等奖	重庆市地理国情普查关键技术研究与应用	重庆市地理信息中心 武汉大学 重庆市测绘产品质量检验测试中心 重庆市遥感中心
三等奖	地理国情监测在湖北省的应用实践与探索	湖北省基础地理信息中心（湖北省北斗卫星导航应用技术研究院） 武汉大学
三等奖	云南省第一次全国地理国情普查成果质量检验的研究与应用	云南省测绘产品检测站 武汉大学 云南天地图信息技术股份有限公司
三等奖	基于云架构的地理国情数据集成应用关键技术研究与示范	山东省国土测绘院 北京捷泰天成信息技术有限公司
三等奖	地理国情普查数据库管理与应用服务系统建设	国家测绘地理信息局四川基础地理信息中心
三等奖	西藏自治区地理国情普查数据库建设关键技术研究与应用	国家测绘地理信息局重庆测绘院 西藏自治区测绘局
三等奖	基于第一次全国地理普查的湖北省主体功能区规划实施监测	湖北省测绘成果档案馆 （湖北省地理信息数据交换中心） 华中师范大学
三等奖	省级地理国情信息统计分析与制图关键技术研究与应用	甘肃省基础地理信息中心
三等奖	地理国情普查成果应用于沙化遥感监测关键技术研究与推广	辽宁省摄影测量与遥感院

表 5.6　2016 年测绘科学技术进步奖（地理国情方向，总计 7 项，占总比 6%）

获奖等级	项目名称	完成单位
二等奖	北京市地理国情普查核心技术体系研究	北京市测绘设计研究院城市空间信息工程北京市重点实验室
二等奖	陕西省地理国（省）情监测试点	国家测绘地理信息局 第一航测遥感院 陕西省基础地理信息中心 国家测绘地理信息局 测绘标准化研究所 国家测绘地理信息局 第一大地测量队 国家测绘地理信息局 第一地理信息制图院 国家测绘地理信息局 第二地形测量队
三等奖	地理国情普查成果在区域资源环境承载力监测中的应用研究与示范	重庆市勘测院 重庆市地理国情监测工程技术研究中心 国家测绘地理信息局重庆测绘院
三等奖	武汉市地理国情变化更新与相关对比分析研究	武汉市测绘研究院
三等奖	地理国情普查图制作系统	国家测绘地理信息局第三地理信息制图院
三等奖	基于解译知识库的地理国（省）情地表覆盖信息提取技术研究	四川省第三测绘工程院 四川省测绘产品质量监督检验站
三等奖	山西省地理国情普查生产技术体系研究	山西省测绘工程院 武汉大学 北京建筑大学

表 5.7　2015 年测绘科学技术进步奖（地理国情方向，总计 4 项，占总比 4%）

获奖等级	项目名称	完成单位
三等奖	地理国情普查关键技术集成与应用	重庆市勘测院
三等奖	地理国情普查数据生产中的关键技术研究与应用	辽宁省基础测绘院
三等奖	地理国情普查数据采集与处理关键支撑技术研发与应用	青岛市勘察测绘研究院
三等奖	基于互联网移动终端的"地理国情监测外业调绘核查系统（GeoSurveyPad）"	浙江省测绘科学技术研究院

表 5.8　2014 年测绘科学技术进步奖（地理国情方向，总计 3 项，占比 3%）

获奖等级	项目名称	完成单位
二等奖	浙江省地理国情监测试点关键技术与示范应用	浙江省地理信息中心 浙江省第一测绘院 浙江省第二测绘院 浙江省测绘科学技术研究院
三等奖	地理国情监测内外业一体化系统	国家测绘地理信息局第六地形测量队 （四川省第三测绘工程院）
三等奖	面向矿山环境的地理国情监测关键技术	国家测绘地理信息局卫星测绘应用中心 抚顺市地理信息局 抚顺市勘察测绘院

表5.9　2017年中国地理信息科技进步奖（地理国情方向，总计9项，占比6%）

获奖等级	项目名称	完成单位
特等奖	国家级重要地理国情监测与分析关键技术和应用	中国测绘科学研究院 国家基础地理信息中心 陕西测绘地理信息局 四川测绘地理信息局 国家测绘地理信息局卫星测绘应用中心 国家测绘产品质量检验测试中心 河北省地理信息局 北京市测绘设计研究院 天津市测绘院 青海省基础地理信息中心 中南大学 河南省科学院地理研究所
一等奖	北京市地理国情监测与统计分析研究及应用	北京市测绘设计研究院 武汉大学 北京市勘察设计研究院有限公司 北京市城市规划设计研究院 北京清华同衡规划设计研究院有限公司 北京工业大学 北京城垣数字科技有限责任公司 城市空间信息工程 北京市重点实验室 北京测绘学会
一等奖	宁波市地理国情普查与监测平台	宁波市测绘设计研究院 武汉大学
二等奖	典型要素地理国情监测综合应用示范	四川省遥感信息测绘院 四川省第三测绘工程院 国家测绘地理信息局 陕西基础地理信息中心 抚顺市地理信息局
二等奖	南京市地理国情普查成果管理及服务系统	南京市规划局 南京市城市规划编制研究中心 武大吉奥信息技术有限公司
二等奖	山东省地理国情信息综合统计分析关键技术研究与应用	山东省国土测绘院 北京捷泰天域信息技术有限公司
二等奖	基于地理国情成果的武汉市城市空间增长监测研究	武汉市测绘研究院 中国测绘科学研究院
二等奖	广东省地理国情普查综合统计分析关键技术研究与应用	广东省国土资源技术中心 广东南方数码科技股份有限公司 广东省国土资源档案馆
二等奖	嘉兴市地理国情普查核心技术体系	嘉兴市规划设计研究院有限公司

表 5.10 2016 年中国地理信息科技进步奖（地理国情方向，总计 5 项，占比 2%）

获奖等级	项目名称	完成单位
二等奖	北京市地理国情普查核心技术体系研究	北京市测绘设计研究院 城市空间信息工程 北京市重点实验室
三等奖	地理国情普查成果在区域资源环境承载力监测中的应用研究与示范	重庆市勘测院 重庆市地理国情监测工程技术研究中心 国家测绘地理信息局 重庆测绘院
三等奖	武汉市地理国情变化更新与相关对比分析研究	武汉市测绘研究院
三等奖	地理国情普查图制作系统	国家测绘地理信息局 第三地理信息制图院
三等奖	山西省地理国情普查生产技术体系研究	山西省测绘工程院 武汉大学 北京建筑大学

表 5.11 2015 年中国地理信息科技进步奖（地理国情方向，总计 4 项，占比 3%）

获奖等级	项目名称	完成单位
二等奖	地理国情普查内外业生产应用与管理集成系统	黑龙江地理信息工程院 黑龙江第二测绘工程院 黑龙江第一测绘工程院 黑龙江第三测绘工程院 国家测绘地理信息局 黑龙江基础地理信息中心
三等奖	地理国情普查数据成果信息化质检系统建设关键技术研究	国家测绘地理信息局 四川测绘产品质量监督检验站 国家测绘地理信息局 第三航测遥感院 国家测绘地理信息局 第六地形测量队
三等奖	武汉市地理国情普查成果管理与查询平台	武汉市测绘研究院
三等奖	地理国情普查成果检查验收与质量评定辅助系统	江西省测绘成果质量监督检验测试中心

表 5.12 2014 年中国地理信息科技进步奖（地理国情方向，总计 3 项，占比 2%）

获奖等级	项目名称	完成单位
二等奖	地理国情普查内外业一体化数据处理系统（OneDataPro HandSurvey）	四川省遥感信息测绘院
二等奖	地理国情监测体制机制研究	国家测绘地理信息局测绘发展研究中心
三等奖	武汉市地理国情统计分析技术研究与应用	武汉市测绘研究院 武汉大学

第6章 地理国情知识产权创新

6.1 地理国情知识产权

6.1.1 地理国情与知识产权的关系

知识经济的兴起和经济全球化的深入发展，世界范围内的知识产权创造、转化和保护日益受到重视，知识产权已经成为一国发展所依靠的核心战略资源。国家核心竞争力越来越体现为对知识产权的拥有和运用能力，知识产权成为各国科技竞争和国力较量的焦点（储旭超等，2016）。地理国情作为我国国力的重要组成部分，其产品体系的知识产权研究、开发、转化和利用具有重要意义。作为典型的知识型产品，地理国情产品的生命力在于知识产权的创造和保护，二者的内在逻辑联系主要体现在以下方面。

1）地理国情本身具有知识产权属性

地理国情本身的知识产权属性体现在地理国情产品上。地理国情产品是在既有的知识、信息、科技和经验基础上，通过创造性活动产生专利、著作、商标，以及技术秘密等综合知识产权，并通过将这些知识产权有机组合形成具有市场价值的产品。

2）地理国情综合统计分析的效益依赖知识产权转化

知识产权的转化就是将知识产权转化为具有市场价值的消费品，满足社会经济发展的需求。地理国情综合统计分析其并未停留在对知识产权的创造，而是以市场为导向，根据社会经济发展的需求进行特色化的知识产权创造，并将这些知识产权具体化为产品和服务，进而转化为市场效益。

3）地理国情的社会化应用需要知识产权保护

地理国情的社会化应用以无形的知识产权为发展基础。与传统的动产、不动产等有形资产相比，更加容易遭到侵权。尤其是在互联网环境下，知识产权侵权具有范围广、速度快、难察觉等特点。知识产权法律制度的特殊性集中体现在知识产权客体的无体性方面，知识产权客体的无体性决定了知识产权法律关系与其他相邻法律关系有着本质的相异性。因此，推动地理国情社会化应用，离不开完善的知识产权保护。

6.1.2 地理国情知识产权

知识产权可以理解为智力劳动者及智力成果所有人通过智力创造活动或者对于智力创造活动的投资依法享有的人身权和财产权。围绕这一概念及知识产权在创造性、无形性、专有性、地域性、时间性和可复制性等方面的一般特性，地理国情知识产权可以理解为通过开展地理国情领域的智力活动，形成富有创造性或创新性的智力成果而依法享有的权利。按照国家关于知识产权的种类划分原则，结合测绘地理信息行业特点（吴卫东，2013；熊伟，2015），根据智力活动成果的不同，地理国情知识产权可分为专利权、著作权（版权）、商标权、技术或商业秘密、标准、地理国情信息数据产权。地理国情专利分为发明、实用新型和外观设计三类，每类应具备相应的新颖性、创造性和实用性。关于地理国情著作权，其客体即是采用各种手段和方式发表与地理国情信息相关的科学研究、文化艺术等方面的著述和创作，包括著作人自主构思或研究的反映其独特观点的测绘地理国情信息文字作品、软件作品、文化艺术作品、地图作品。地理国情商标是指能够将不同地理国情产品区分开来的可视性标志，每个地理国情产品自身必须具有区别其他产品的显著特征。地理国情技术秘密是指尚处于试验阶段或尚未公开发布的重要地理国情监测、分析或应用技术信息。商业秘密是指涉及地理国情信息单位生产、营销、发展等方面有重大市场价值的信息。地理国情数据本身体现了一个从无到有的创造过程，是地理国情工作者智力劳动的结晶。

1）专利

专利是国家专利主管机关依法授予专利申请人及其权利继受人在一定期间内实施其发明创造的独占权。专利制度建立的最主要的目的是促进和鼓励技术创新，其实质就是"以公开换保护"，即给予专利权人一定期限内的发明实施的独占权，换取其创新技术的公开，以便于他人在保护期结束后能够利用该创新技术并在此基础上开发新的技术。同时避免技术的重复开发，从而促进创新技术的良性发展。实践证明专利制度实施后大大刺激了技术创新的积极性。美国专利局门前的石碑上镌刻着《林肯语录》："The Patent System Added the Fuel of Interest to the Fire of Genius"（专利制度就是将利益的燃料添加到天才之火上），非常恰当地说明了专利制度和技术创新的关系。专利授权的必要条件：新颖性、创造性和实用性。新颖性是指在申请日之前没有同样的发明创造公开发表（国内外出版物）、公开使用（国内）或者以其他方式为公众所知，也没有相同的发明创造提出专利申请；创造性是指同现有技术相比，发明创造有突出的实质性特点和显著的进步；实用性是指发明创造应当是所属技术领域的技术人员能够制造或者使用，并能产生积极效果的技术方案。申请专利的发明创造必须同时满足上述3个条件，并且该技术是专利法规定的可授予专利权的技术领域，则可以授予专利。

专利权的特点：时间性、地域性、独占性和公告性。其中，时间性是指专利权只在规定的时间内有效，受到时效的限制；地域性是指专利权只在法律规定的领土范围内有效，受到地域的限制；独占权是指任何人未经专利权人的允许，不得为工商业目的的实施其发明创造；公告性是指专利权需经政府授权，经公告生效。中国专利的类型分为发明专利、实用新型和外观设计，其中和地理国情密切相关的主要是发明专利。中国发明专利的保护主题通过限定不予保护的情形来确定其保护的发明创造；《中华人民共和国专利法 2000 年修订版》（下称《专利法》）第二十五条，对下列各项，不授予专利权：①科学发现；②智力活动的规则和方法；③疾病的诊断和治疗方法；④动物和植物品种；⑤用原子核变换方法获得的物质。同时第五条规定：对违反国家法律、社会公德或者妨碍公共利益的发明创造，不授予专利权。《专利法》第二十二条规定了授予专利权的条件：授予专利权的发明应当具备新颖性、创造性和实用性。因此满足上述条件的地理国情监测、分析、应用技术都可以获得专利的保护。根据《中华人民共和国专利法实施细则》第二条：专利法所称的发明，是指对产品、方法或者其结合所提出的新的技术方案。地理国情发明专利主要包括两大专利类型：产品发明专利和方法发明，其中方法发明又分为产品生产方法发明和应用方法发明。产品发明专利是保护力度最强的基础发明，如各种地理国情监测设备等；生产方法发明主要包括地理国情分析和地理国情变化发现方法；应用发明主要是指对创新地理国情产品的应用方法。

2）著作权

与地理国情密切相关的著作权主要包括学术论文、论著、软件、地图（集、册）、文化艺术品。在讨论地理国情知识产权时，著作权一般不作为测绘生产单位的重点对象，这是因为著作权一般不会为其权利人带来直接的权益。但是在实际的科研活动中，学术论文和论著往往是最为重要的、最受学者青睐的知识产权保护方式，甚至远远超过专利权。究其原因，一是学术论文和著作最能体现科研工作水平的高低，尤其是目前国内绝大多数的研究机构将学术论文和著作的水平作为评价科研工作价值和引进人才的绝对标准；二是相当大一部分的科研成果作为基础研究成果和科学发现，不宜申请专利或其他形式知识产权进行保护；三是目前许多形式的地理国情成果还不能取得专利或其他形式知识产权，如地理标志等。因此，目前著作权仍然是国内绝大部分的地理国情科研工作者的重要选择。著作权具有自身的特点：取得比较容易，不需要权利人进行申请，自作品生成之日起权利自动产生；作品受众范围广，传播迅速，影响力较大；权利保护期限长，继承方便。但是著作权只保护作者的思想表达形式，完全不涉及思想、产品、工艺本身等实质性内容，技术排他性非常差，因此科研工作者应当谨慎使用。在能够取得其他形式的知识产权保护，尤其是专利保护的情况下，应该优先采用其他形式的知识产权保护。

3）商标

商标是在经营或销售中用于区别商品的可视性标志，是保证商品质量、维护商品信誉、保障消费者利益从而获得竞争优势的一种手段。商标主要是保护已上市销售产品的知识产权方式，对于已经成功进行市场营销，取得竞争优势产品具有巨大的市场价值。多数的地理国情科研目的，就是通过研究开发，形成技术领先、性能优良的技术产品（综合统计分析软件、服务平台等），最终是要形成市场竞争优势。因此，关注和重视商标的注册和管理非常重要。

4）技术秘密

技术秘密是商业秘密的一种，即创新技术持有者将其技术信息采取保密措施进行保护，以确保自身在竞争中的优势地位的方式。《中华人民共和国反不正当竞争法》第十条：商业秘密是指不为公众所知悉、能为权利人带来经济利益、具有实用性并经权利人采取保密措施的技术信息和经营信息。采用技术秘密的方式来保护创新地理国情技术，虽然具有较大的风险和操作难度，易被反向工程破悉，但是也有其独特的优点。如果保护措施适当，在不公开其技术秘密的条件下保护具有很高商业价值的技术，尤其是那些无法通过专利等其他知识产权保护的技术,当可以使其技术优势得以长期保持,创造持久的经济利益。由于技术秘密存在很大的风险,一旦泄密,后果将不堪设想,还是要谨慎使用。

5) 标准

国家技术监督局发布的《中华人民共和国标准化法条文释义》对标准的定义是:对重复性事务和概念所作出的统一规定。它以科学、技术和实践经验的综合成果为基础,经有关方面协商一致,由主管机关批准,以特定形式发布,作为共同遵守的准则和依据。标准可分为法定标准与事实标准。前者由政府或政府主导的标准化组织制定的,包括国家标准、行业标准和地方标准;后者是通过市场过程产生的,往往是市场优势企业制定的。技术标准是标准的一种,是一种或一系列具有一定强制性要求或指导性功能,内容含有细节技术要求和有关技术方案的文件,其目的是让相关的产品或服务达到一定的标准要求。在测绘地理信息领域,技术标准的重要性更是不言而喻,尤其在实际生产测绘方面,每个国家都实行非常严格的技术标准,如美国地质调查局在 Digital Line Graph and Quadrangle Maps 标准系列包含建成区、水系、交通运输、地形、地表非植被覆盖与植被覆盖等标准,以及欧盟在欧洲空间信息基础设施(INSPIRE)指令中制定的水文、保护区、运输网和土地覆盖等数据规范。通过对国外相关地理国情监测标准化资料的收集与分析,可以得出国外地理国情监测相关标准规范有着重视标准化工作、得到标准化组织的支持、基于空间信息、对象范围清晰明确、监测方案具体,但是缺少系统性和普适性标准的特点。

知识产权形式具有多样性,保护不同类型的地理国情产品或成果。所以正确选择相关法律是一个非常重要的基本问题(表 6.1):①考虑取得技术权利的排他性程度,排他性越强越宜采用;②考虑知识产权费用的因素,所需费用越低越宜采用;③考虑知识产权的风险因素,风险越小越宜采用;④考虑知识产权的保护期限,保护期限越长越宜采用。在诸多考虑的因素中,取得技术权利的排他性是最重要的因素,没有排他性就没有绝对的权利,也就没有所谓的知识产权保护。保护期和费用也是必须要结合考量的因素。在实际的应用中,一般不会单纯采用一种保护方式,更有效的方式是几种知识产权保护方式组合使用。

表 6.1 知识产权法保护地理国情成果比较

类型	排他性	保护期限	风险	费用	主管部门
专利	★★★	★★	★★	★★	国家知识产权局
著作权	★	★★★	☆	★★	国家著作权局
商标	☆	★★★	★★★	★★	国家工商管理局
技术秘密	★	★★★	☆	★★	各级工商管理部门
技术标准	★	★★	★★	★★	各种标准化组织

注:★代表理想程度;☆代表无。

6.2 我国地理国情知识产权现状

6.2.1 现状

近年来，我国测绘地理信息知识产权工作得到各方面的高度重视，如《国务院关于加强测绘工作的意见》指出，要严厉打击侵犯地图知识产权的行为；《全国基础测绘中长期规划纲要（修编，2013~2020年）》指出，要完善基础地理信息知识产权保护制度；《国务院办公厅关于促进地理信息产业发展的意见》提出，要建立健全地理信息知识产权保护制度措施，推动企业利用知识产权等无形资产进行质押贷款。但全面来看，我国地理国情知识产权工作还存在很多问题，如对知识产权创造数量、运用情况尚未准确掌握，地理国情知识产权保护方式、环境建设等缺乏统筹布局。基于此，笔者对我国地理国情知识产权的创造数量进行了统计调查，为反映知识产权问题提供实证支撑。

1）专利

登录国家知识产权局专利检索与检索服务系统，将"地理国情"作为检索关键词，查询得出：截至2017年9月7日，共有19件授权公开的发明专利（表6.2）。其中，2012年1件、2014年2件、2015年6件、2016年7件、2017年3件。授权发明专利的单位共有9家。武汉大学授权量最多，共计5件，其次为国家地理信息局，共计3件，再次为南京师范大学和重庆市勘测院，均为2件。北京测绘设计研究院、中南大学、贵州省第二测绘院、西南石油大学、济南市勘察测绘研究院等均为1件。

表6.2 地理国情相关的授权公开的发明专利

专利名称	申请日	公开（公告）日	申请（专利权人）
一种面向国普地表覆盖与土地利用数据的比对分析方法	2016-12-20	2017-04-26	南京师范大学
一种地理国情内外业一体化采集更新系统	2016-09-14	2017-03-08	国家测绘地理信息局第六地形测量队
一种DLG更新方法	2016-08-26	2017-02-08	王立刚；姚岐
基于GIS网络服务与富互联网应用的地理国情监测系统	2016-05-19	2016-10-26	西南石油大学
基于多要素耦合模型的资源环境承载力评价方法	2016-04-21	2016-08-17	重庆市勘测院
城市建设用地分类提取及评估方法	2016-04-18	2016-09-07	重庆市勘测院
一种融合多光谱遥感数据和夜间灯光遥感数据的城市边界提取方法	2016-02-29	2016-06-22	中南大学
中药资源地理国情监测方法	2015-10-19	2016-09-28	霍亮
一种辅助地理国情解译与核查的全景照片采集方法	2015-09-18	2016-01-27	贵州省第二测绘院
一种基于子流域边界和流路特征的山脊线提取方法	2015-08-10	2015-12-16	南京师范大学
新型大地基准建网方法	2015-01-27	2015-11-25	国家测绘地理信息局大地测量数据处理中心
一种地理国情外业调绘方法	2014-12-30	2015-06-03	北京市测绘设计研究院；广州市中海达测绘仪器有限公司
一种行车记录仪应用于地理国情外业核查的方法	2014-12-25	2015-04-15	济南市勘察测绘研究院

续表

专利名称	申请日	公开（公告）日	申请（专利权人）
一种地理区位特征表征方法	2014-09-26	2014-12-17	武汉大学
一种生态覆被特征表征方法	2014-09-26	2015-01-07	武汉大学
一种自然地表特征表征方法	2014-09-26	2015-01-28	武汉大学
大区域下在线协同式地理信息数据野外快速采集方法	2014-03-24	2014-12-24	国家基础地理信息中心
一种地理国情综合指数监测方法	2012-02-22	2012-07-25	武汉大学
一种地理国情综合指数监测方法	2012-02-22	2016-03-16	武汉大学

2）著作权

登录国家版权保护中心作品公告系统，将"地理国情"作为检索关键词，查询得出：截至 2017 年 9 月 7 日，共有 88 件计算机软件著作权登记，已发表 88 件。其中，武汉大学的软件著作权最多，共有 10 件（表 6.3）。其次是中国测绘科学研究院，共有 8 件。北京市测绘设计研究院、四川省第三测绘工程院等机构有 5 件。

表 6.3　武汉大学有关地理国情的计算机软件著作权登记

软件全称	版本号	著作权人（国籍）	登记日期
地理国情监测综合分析软件	V1.0	武汉大学：中国	2013-05-02
地理国情变化检测与核查系统	V1.0	武汉大学：中国	2014-06-13
地理国情统计分析系统	V1.0	武汉大学：中国	2014-07-28
地理国情信息多级网格编码与统计软件	V1.0	武汉大学：中国	2014-11-02
地理国情时空数据关联规则挖掘系统	V1.0	武汉大学：中国	2015-11-19
地理国情时空过程与演变机理挖掘系统	V1.0	武汉大学：中国	2015-11-19
地理国情聚类模式挖掘系统	V1.0	武汉大学：中国	2015-11-23
地理国情空间格局知识挖掘系统	V1.0	武汉大学：中国	2015-11-24
地理国情普查知识库管理系统	V1.0	武汉大学：中国	2016-02-03
地理国情普查判绘系统	V1.0	武汉大学：中国	2016-02-03

登录亚马逊、当当网、京东、淘宝等在线图书平台，将"地理国情"作为检索关键词，查询得出，截至 2017 年 9 月 7 日，共有 8 本公开发售的著作（表 6.4）。

表 6.4　公开发售的地理国情著作

名称	编者	出版社	发行年份
测绘地理信息发展战略文库：地理国情普查管理与实践	中国测绘宣传中心	测绘出版社	2013
地理国情监测研究与探索	中国测绘宣传中心	测绘出版社	2011
地理国情普查内容与指标	国务院第一次全国地理国情普查领导小组办公室	测绘出版社	2014
北京市第一次地理国情普查遥感解译样本图集	北京市第一次地理国情普查领导小组办公室	中国地图出版社	2017
地理国情监测理论与技术	史文中等	科学出版社	2013
地理国情普查质量控制与检验	国务院第一次全国地理国情普查领导小组办公室	测绘出版社	2014
第一次全国地理国情普查培训教材	国务院第一次全国地理国情普查领导小组办公室	测绘出版社	2015
大中城市地理国情综合统计分析研究	孙建国等	科学出版社	2016

登录知网文献检索平台，将"地理国情"作为检索关键词，查询得出，截至2017年9月7日，共有5059篇文献发表。按机构统计，文献数排名前30位的机构如图6.1所示。

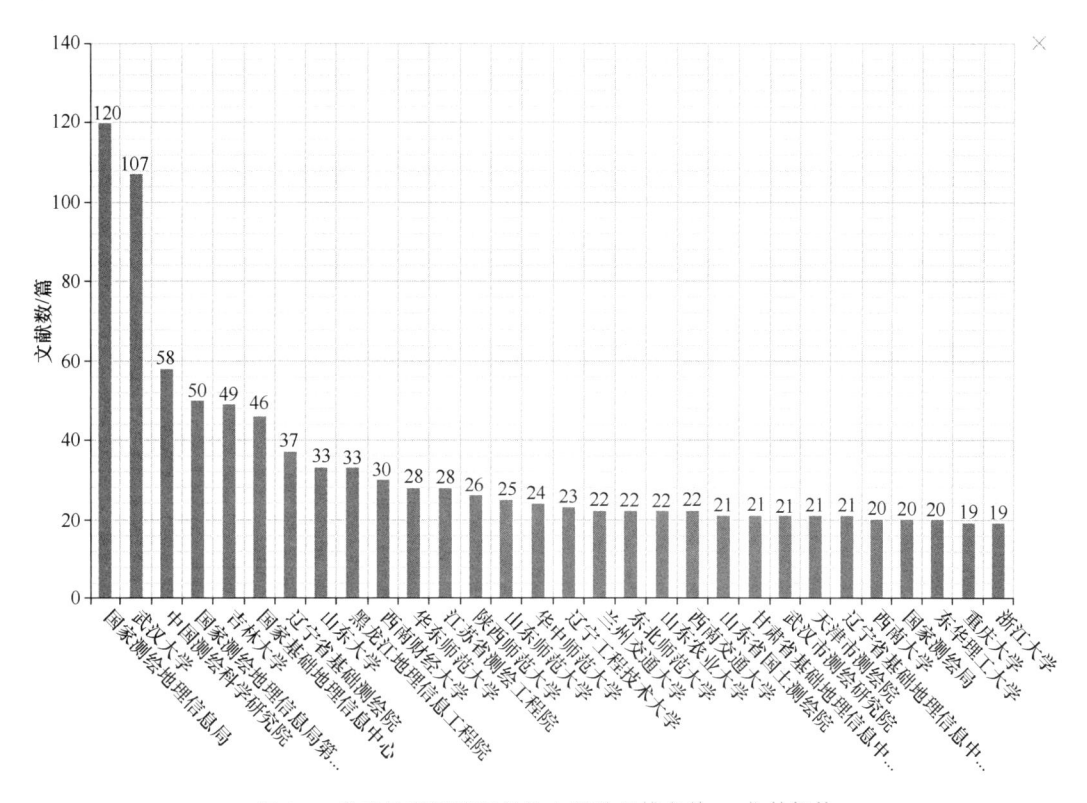

图 6.1 发表地理国情相关的文献数量排名前 30 位的机构

按年份统计查询结果发现，自2010年之后，地理国情相关文献发表数呈激增趋势，如图6.2所示。

按学科分布统计后发现，近半数文献属于自然地理学和社会学范畴，其次是教育、计算机软件及计算机应用（图6.3）。

按研究层次统计结果如图6.4所示。

登录 Web of Science 检索平台，将"geographic condition"、"geographic conditions"、"geographic census"作为检索关键词，查询得出，截至2017年9月7日，中国学者共有三篇文献发表，具体如表6.5所示。

3）其他

登录国家标准目录查询平台，将"地理国情"作为检索关键词，查询得出，截至2017年9月7日，我国尚未有相关标准出台。

登录中国商标网查询平台，将"地理国情"作为检索关键词，查询得出，截至2017年9月7日，共有1件注册商标：地理国情监测云平台，注册公司为北京数字空间科技有限公司。

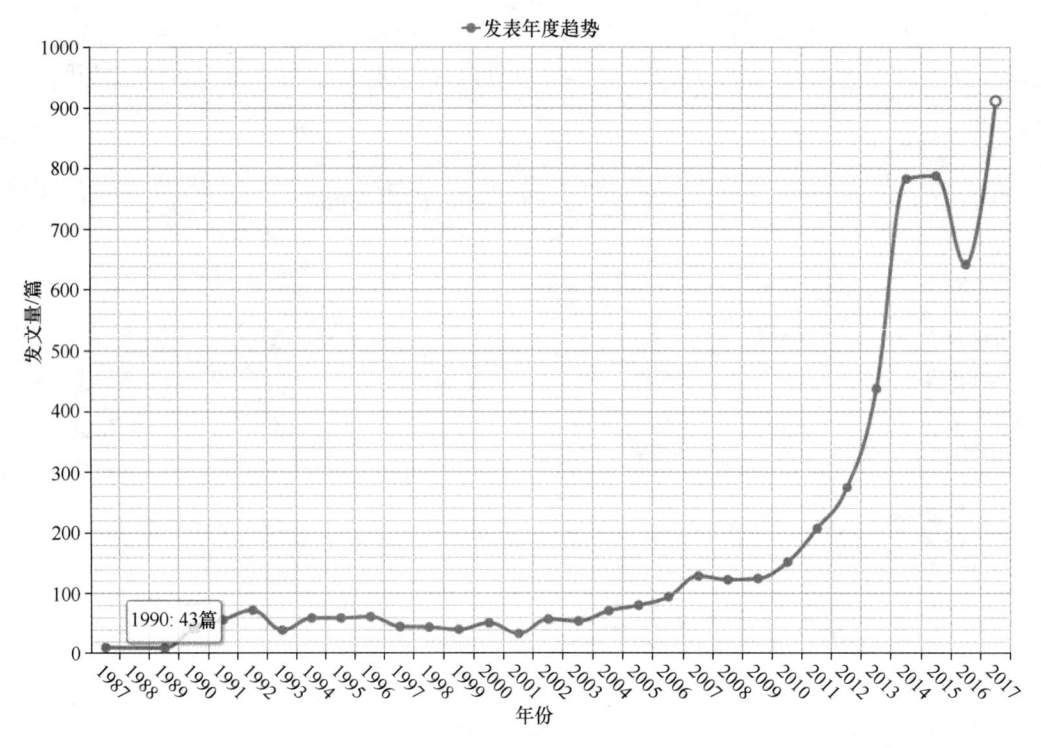

图 6.2　1987~2017 年地理国情相关文献发表数

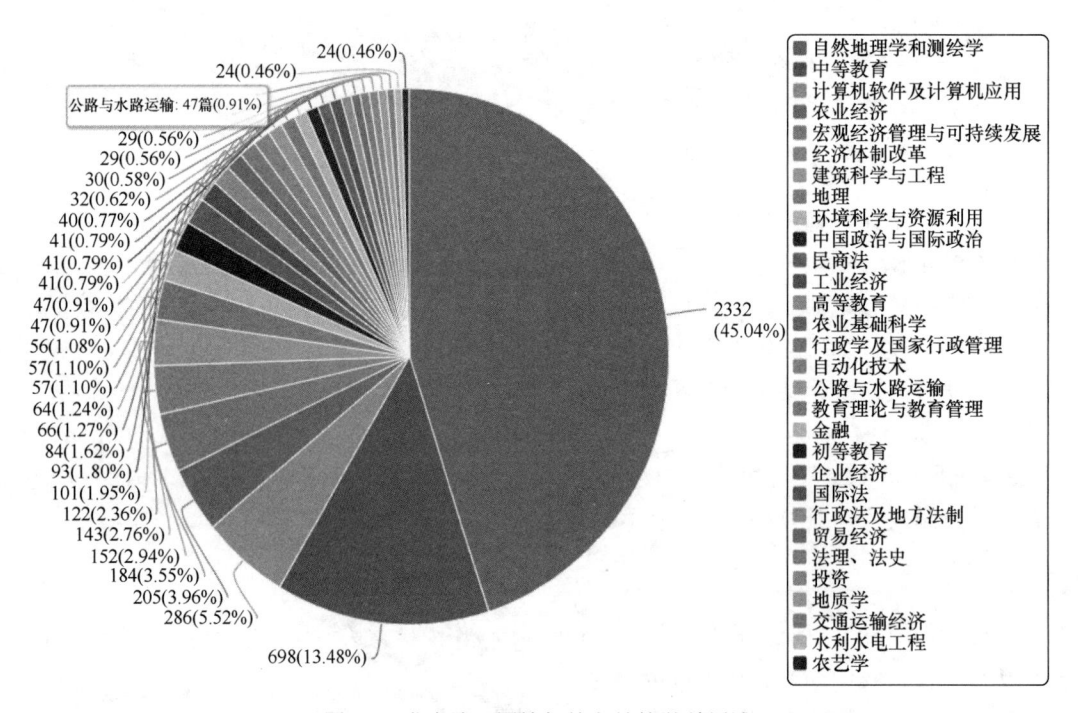

图 6.3　发表地理国情相关文献的学科领域

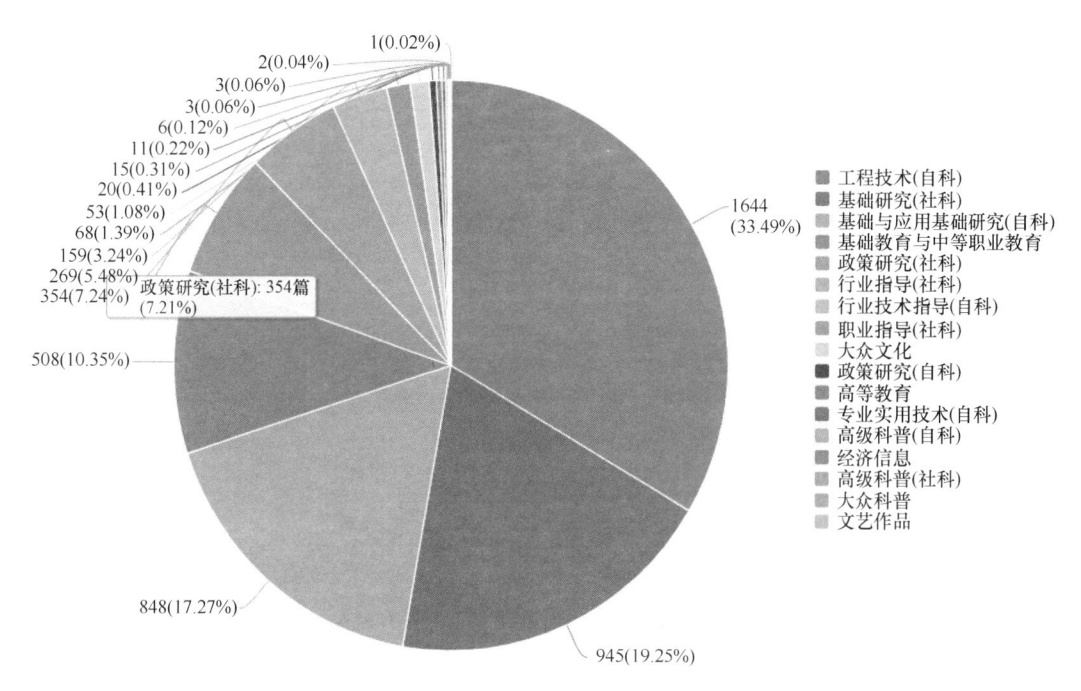

图 6.4 地理国情相关文献的研究层次

表 6.5 中国学者在国际期刊上发表的地理国情相关文献

标题	作者	出版年份
Research on The Construction Method of Comprehensive Evaluation Index of Geographic Conditions	Lv et al.	2016
Cloud Adaptive Parallel Simulated Annealing Genetic Algorithm in the Application of Personnel Scheduling in National Geographic Conditions Monitoring	Du et al.	2016
Use of Landsat-Series Data in National Geographic Condition Monitoring in China	Bai et al.	2015

6.2.2 存在的问题

1）地理国情知识产权的创造数量相对偏少、整体创新能力较弱

截至 2017 年 9 月，地理国情专利申请量仅占到国内测绘地理信息类专利申请总量的 0.00006%，地理国情专利授权量仅占到国内测绘地理信息类专利授权总量的 0.0001%。授权总数仅为 9 件，对于地理国情这样一个技术知识密集型行业来说，其知识产权创造数量显然极度偏少。据统计，14130 家测绘资质单位中 99.9%的单位未申请和授权过地理国情专利。说明我国测绘地理信息单位的知识产权意识淡薄，且自主创新能力薄弱，难以创造知识产权。

2）理论研究滞后

理论是行动的先导。长期以来，地理信息部门过多地关注地图著作权。随着传统测绘向地理国情服务快速拓展，地理国情知识产权已涵盖专利、商标、著作权、地理标志、技术秘密、域名等多个方面，而对除著作权外的地理国情知识产权研究很少，有的甚至是空白，对地理国情各项知识产权的保护主体、对象、范围、特征、保护原则和方法等认识模糊不清。理论研究的匮乏，影响了测绘地理信息主管部门在知识产权方面的立法和政府监管。

3）地理国情知识产权的创造与运用能力缺乏评价手段

近年来测绘地理信息知识产权工作不断得到各方面的高度重视，在促进测绘地理信息领域的自主创新方面发挥了重要作用，但是对于地理国情知识产权的创造与运用能力尚缺乏评价手段，这对于地理国情知识产权工作来说是一个短板。因此，无法有效评价该领域的知识产权发展状况，进而很难制定科学合理的知识产权政策来支持该领域的自主创新。

4）地理国情知识产权环境不健全

长期以来，我国测绘地理信息领域关于知识产权的法律制度仅在《中华人民共和国测绘成果管理条例》的第二十条和《中华人民共和国地图编制出版管理条例》的第二十二条、第二十七条中有所体现，主要涉及测绘成果及地图的著作权保护问题，缺少对地理国情知识产权的法律规定，同时，尚未制定具有行业特点的知识产权政策、知识产权战略规划等。另一方面，地理国情缺乏相应的知识产权管理和服务机构，未搭建各单位间知识产权信息共享的桥梁和知识产权服务平台，难以规避该领域的"专利丛林"、"潜水艇专利"等现象的发生。

6.3 我国地理国情知识产权创新

创新发展是我国"十三五"期间的核心主题之一。在建设创新型国家的进程中，知识产权的创造、管理、实施和保护已成为国际竞争中的焦点。《国家知识产权战略纲要》的颁布标志着知识产权战略正式上升到国家战略层面，成为支撑我国实现全面创新发展的重大战略之一。国家知识产权战略是以建设和完善现代知识产权制度为核心，通过不断提高知识产权创造、运用、保护和管理的能力，创造良好的社会氛围，以促进创新性国家和小康社会建设的总体谋划。地理国情是国情的重要组成部分。因此，地理国情知识产权创新是国家知识产权战略推进的必然要求。作为地理国情生产和实践的主体，测绘地理信息部门在地理国情知识产权创新工作上责无旁贷。实现地理国情知识产权产权，必须一手抓法制，一手抓监管，法制是基础，监管是手段。在完善法制方面，要坚持传承和发展并重，突出完善制度和强化责任两个方面。传承就是要充分利用已被普遍认可的现有知识产权保护理论，并使之进一步与地理国情相结合，使传统的知识产权保护制度在推动地理国情知识产权创新方面发挥更大的作用。发展就是要紧紧把握地理国情社会化应用的新特点，创新理论，创新制度。具体建议如下：

1）构建地理国情知识产权发展状况评价指标体系

构建地理国情知识产权发展状况评价指标体系是准确掌握地理国情知识产权发展状况、科学地制定理国情知识产权政策、促进测绘地理信息自主创新的重要基础。根据国家知识产权发展状况评价指标体系的指标选取原则及其评价指标体系内容，结合地理国情特点，可选取创造、运用、保护和环境作为地理国情知识产权发展状况评价的一级指标。其中，创造能力可通过专利申请量和授权量、版权登记量、发明专利、申请比例、每千从业者专利拥有量、每百万元研发经费发明专利授权量等指标来体现；运用能力可通过专利实施许可合同备案数、专利申请权与专利转让数量、版权合同登记量、专利权质押融资金额等指标来体现；保护指标可通过打击侵犯知识产权行动次数、法院新收知识产权一审案件数量等指标体现；环境指标可通过知识产权制度、政策和规划的数量，以及每千从业者专利申请量等指标体现。

2）制定符合地理国情特点的知识产权政策

制定地理国情知识产权与测绘资质管理对接政策。目前，在我国测绘资质管理中，虽然是根据从事测绘活动单位的管理水平、能力的大小等情况来划分等级，但是更能反映单位创新能力的知识产权水平并未体现在《测绘资质管理规定》中，因此，可通过加强测绘资质与知识产权的衔接，明确各等级测绘资质单位在知识产权创造或运用方面的具体要求，来更好地促进地理国情知识产权创新。

建立测绘地理信息专利联盟政策。根据《中小企业划型标准规定》关于软件和信息技术服务业的相关规定，我国中型以上地理信息企业约占4%，绝大部分为中小型企业；在中小地理信息企业中，又以小企业为主，约占89%。这些中小地理信息企业大多富有创新精神，对市场需求有比较敏锐的洞察力，但是总体来看，研究资源较为分散，各自为政现象明显，创新能力较为薄弱，而且彼此间知识产权信息不畅，容易导致"潜水艇专利"现象的发生，对企业造成不必要的损失。因此，可通过建立测绘地理信息专利联盟政策，打造地理国情专利联盟，整合研究资源并形成合力，提升整个产业的科技创新能力。

3）建立测绘地理国情知识产权服务平台

针对当前地理国情知识产权信息流通不畅的局面，应加快建立地理国情知识产权网，搭建地理国情知识产权信息开放平台，定期发布测绘地理信息单位在地理国情知识产权领域的各种活动和信息。其中，最为关键的是要建立可行的地理国情知识产权信息共享机制，重点依托测绘资质管理和测绘统计管理手段，在资质申请和年度复审换证及统计申报时，强制性要求每个单位申报专利申请及专利授权、计算机软件著作权、注册商标，以及各等级科技进步奖等内容，然后，对各单位上报的知识产权信息进行整合分析，并通过地理国情知识产权网予以公开。

4）优化地理国情知识产权发展环境

首先，应加强地理国情知识产权管理机构建设。当前我国有些部门已设立了相应的知识产权机构，如中国农业科学院农业知识产权研究中心，工信部电信研究测绘与空间地理信息知识产权中心、科技部知识产权事务中心等，由此，可考虑成立常设性的实体机构来负责地理国情知识产权管理工作，组织开展知识产权战略研究，实时跟踪国际发展动态，开展地理国情的技术路线预测和专利分析工作等。其次，应加强地理国情知识产权方面的法律制度建设。目前有些部门已制定了相应的知识产权制度，如交通部制定了《交通行业知识产权管理办法（试行）》、科技部制定了《国家科技重大专项知识产权管理暂行规定》，由此，可考虑在《中华人民共和国测绘法》修订中，增加地理国情知识产权方面的相关内容，如明确地理国情信息知识产权属性，增加各类地理国情知识产权有关规定等；也可考虑制定《地理国情知识产权管理办法》。

第7章 总结与展望

7.1 总　　结

"十三五"是我国全面深化改革的关键时期,这既为测绘地理信息领域深化改革、转型发展提出了要求,也为测绘地理信息服务于各领域全面深化改革提出了殷殷期望,提供了发挥作用的广阔舞台。国务院领导多次要求,测绘地理信息部门要以第一次全国地理国情普查为契机,进一步转变职能,提高服务水平,加快转变发展方式,优化调整组织机构,提升服务经济社会发展大局的能力,推动测绘地理信息事业转型升级发展。地理国情服务已成为测绘地理信息服务国家改革发展大局的主攻方向、测绘地理信息领域供给侧结构性改革的关键突破口、测绘地理信息事业改革创新发展的重要途径,将有力推动测绘地理信息事业转型升级。主要体现在如下四个方面。

(1) 地理国情监测作为经济社会发展的基础性工作,是反映经济、社会、资源、环境的空间分布规律的必要手段和阶段,是搞好宏观调控、促进可持续发展的重要决策依据,也是建设责任政府、服务政府的重要支撑。

(2) 地理国情综合统计分析推动测绘工作从静态测绘服务向地理国情动态分析、从被动提供向主动服务、从后台服务向前台服务、从单一基础地理信息数据向多类型地理国情数据的转变,将推动测绘地理信息领域更加直接承担国家重大改革任务,深度参与国家重大战略实施。服务范围更加广泛,更加有针对性、个性化。

(3) 社会化应用促进了地理国情与经济社会发展的深度融合,部门间、地方间、军地间地理国情业务协作机制将越来越广,部门分工合作将越来越重要,推动了测绘地理信息管理模式将从封闭走向开放,从单纯的技术管理向综合管理转变。

(4) 地理国情服务是一个跨学科、知识密集型的创新工作,注重信息整合和集成分析。测绘地理信息人才将由测绘人才为主转向测绘、环保、林业、国土等多学科人才融合,队伍将由从事测绘生产转向具备测绘生产、大数据挖掘、信息服务等保障能力方向发展。

按照"边普查、边监测、边应用"的思路,国家和地方层面均开展了地理国情服务的实践。地理国情监测所形成的数据成果与有关部门的综合统计分析成果一起为国家和地方管理决策提供咨询参考,直接融入经济社会发展主战场。但同时,受传统工作方式与工作机制的局限,地理国情服务成为政府宏观决策管理工作的组成仍是个渐进的过程,主要存在如下问题。

1) 地理国情监测方面

从监测内容上来看,目前,地理国情监测对象为我国陆地范围内的地表自然和地表覆盖要素,对地理国情的认识还停留在狭义的范畴,未涉及人口、社会、经济等人文地理类要素数据、反映人类活动和舆情的泛在数据，以及反映城市生态环境状况的不透水地表数据。考虑到监测和国家经济社会建设的不同需求，应当增加普查未涉及的不透水面数据、社会经济类专题数据等，将不透水面单列为一类重要的地理国情要素。

从监测技术来看，目前，地理国情监测主要依靠人工目视解译和实地测量来完成。地理国情数据获取的实时化水平较低，要素快速自动解译、变化发现快速检测等地理国情数据处理的自动化水平也相对较低。人文地理国情要素的空间化，以及泛在数据的常态化采集尚未有行之有效的方法。

2）地理国情综合统计方面

地理国情监测除了获取自然、人文地理国情信息之外，还必须把握社会经济发展和人类活动在地理空间上的规律，实现对区域内综合地理国情的现状和时空演变进行准确的表达和预测分析，更好地服务于国家可持续发展。一堆没有经过分析的数据就像没有被开发的宝藏一样，为此国务院第一次地理国情普查领导小组办公室专门制定了地理国情普查数据挖掘分析任务，前期主要围绕地理国情普查数据库开展基本统计，后期则结合各种专项数据开展综合统计。但是，多种国情要素在地理空间上的分布状况、变化规律、相互作用、相互影响的内容关系的综合统计分析仍较少。尚未形成统一的国家标准体系，大多数地区只是探索性的开展相关工作。理论基础、主题选择、技术体系等系统工作均处于空白状态。

3）社会化应用方面

社会化应用离不开健全的产品体系。在实际生产生活中，需要针对地理国情数据的特点和服务目标，形成合理清晰的产品体系框架及相关的作业工艺流程。当前，我国不仅缺乏规范的产品体系和健全的产品，更缺乏完善的法律法规和规章可依。地理国情社会化应用为建设责任政府、服务政府的重要支撑，要有保证其效能充分发挥的规章和法律法规。

4）知识产权创新方面

知识产权已经成为一国发展所依靠的核心战略资源。地理国情作为我国国力的重要组成部分，其产品体系的知识产权研究、开发、转化和利用具有重要意义。当前，地理国情知识产权的创造数量相对偏少、理论研究滞后、整体创新能力较弱且环境不健全。需要制定具有行业特点的知识产权政策、知识产权战略规划等。

针对当前地理国情服务主题定位不明晰、理论不系统、方法不规范化、产品不创新等问题，本书从如下四个方面作出了一定的解答和创新贡献。

（1）对地理国情、地理国情信息、地理国情数据的概念、内涵、特征、类型、相互关系进行了梳理和界定，构建了地理国情的概念框架，进而提出了地理国情服务的整体框架。笔者认为：地理国情服务是指在地理国情信息内涵框架的基础上，通过地址编码技术将分布于不同部门的、多元化的、时空动态的地理国情信息进行集成，从不同层次、不同角度、不同专题、不同标准向不同需求的用户，选择合适的产品体系和服务模式，提供及时、可靠的结论和建议，从而满足各种综合性、区域性、主题性的行为和决策需要。国情信息采集、综合统计分析、社会化应用构成了地理国情服务的三大主题，这三大主题呈现出螺旋式耦合的关系。与传统的 GIS 服务相比，地理国情服务具有数据集中性与分布性共存、服务对象多极化和层次化、服务内容权限性和等级性、服务模式综合化、多元化、智能化等典型特点。完善的体制是地理国情服务可持续发展的重要保障。地理国情服务体制机制主要由业务体系、产品体系、分工协作机制和法规政策体系 4 部分构成。

（2）提出了地理国情综合统计分析的目标框架、理论基础及技术框架。笔者认为，地理国情综合统计分析的目标主要体现在三个方面：辅助决策、校正纠偏、监管检验。其中，辅助决策是当前最基本的目标，校正纠偏是中期过渡性目标，监管检验则是该项工作的最终目标，三者亦步亦趋、层层递进。地理国情综合统计分析的基本问题可理解为地表差异、区位选择、人地关系。因此，地表差异性理论、区位选择理论、人地关系理论共同构成地理国情综合统计分析的理论基础。地理国情综合统计分析的算法模型较多且体系庞大，主要由基础算法库、通用模型库和拓展模型库 3 部分构成。其中，基础算法库由构建各种模型的通用算法组成；通用模型库用于分析不同层级、不同区域的主体普遍关注的内容，分为时空格局综合分析模型、时空耦合综合分析模型、时空优化决策模型和时空趋势演变模型四种类型；拓展模型库是用户根据自身需求借助基础算法库构建自身需要的模型。在构建算法模型时，需要遵循科学性、兼容性、分层级、自适应、无争议和可拓性等原则。

（3）系统阐释了规划决策与地理国情的关系，提出了主题选取与方法设计的概念流程，用于指导面向规划决策的地理国情综合统计分析。在这一概念流程指导下，笔者从地理国情数据自身特点入手，设计出一套具有普适性的主题和方法体系，为地理国情服务规划决策提供技术参考。在此基础上，笔者选取了一系列的典型案例，说明了在国家、区域、城市、县域等尺度上地理国情综合统计分析的主题选择、方法设计、结果分析等流程。并对地理国情综合分析在我国测绘部门的实践做了初步的总结。

（4）提出了地理国情社会化应用的体制机制、产品体系和服务模式。基于地理国情社会化应用的特点，其服务模式可归纳为传递、使用、问题解决、交互-增值、平台-自助、内容-承包 6 种模式。按照成果服务对象，地理国情社会化应用的产品可分为直报类、政务类和公众类 3 种类型；按照成果表现形式，地理国情社会化应用的产品可分为时空数据库系列、辅助决策综合统计分析专题图、决策咨询报告、辅助决策综合统计分析软件、皮书系列、在线服务平台、手机 APP 和科普图册等。针对地理国情辅助决策综合统计分析专题图，提出了相应的概念框架、知识体系和可视化表达方法，总结了与传统专题地图的差异性；针对地理国情辅助决策综合统计分析软件、在线平台、手机 APP 等产品，提出了相应的概念设计和实践案例。并对地理国情社会化应用在我国测绘部门的实践总结。

（5）阐述了地理国情与知识产权的关系，提出了地理国情知识产权的概念体系，总结了我国地理国情知识产权的现状。笔者认为，地理国情知识产权可以理解为通过开展地理国情领域的智力活动，形成富有创造性或创新性的智力成果而依法享有的权利。主要分为专利权、著作权（版权）、商标权、技术或商业秘密、标准、地理国情信息数据产权等。地理国情知识产权创新是国家知识产权战略推进的必然要求。作为地理国情生产和实践的主体，测绘地理信息部门在地理国情知识产权创新工作上责无旁贷。

7.2 展望

　　随着我国进入全面建设小康社会的关键时期和深化改革、转变经济发展方式的攻坚时期，测绘地理信息发展正处于能够作为、大有作为的黄金战略机遇期。地理国情将成为我国动态掌握自然资源分布、生态环境变化、社会可持续发展，以及科学决策的重要手段，实现地理国情服务战略具有重要的意义。测绘部门作为基础地理数据生产和管理的核心部门，过去的工作目标是基础测绘，包括传统地图制图、基础地理数据的维护、更新和处理分析，转型后的测绘部门除了提供基础测绘地理信息产品外，应将目标定位在服务于国家当前和未来资源合理开发利用、环境健康、生态文明、经济转型、可持续发展，包括为国土资源利用、环境承载能力、生态文明程度、区域经济发展潜能，以及新型城镇化发展水平等社会化应用方面的科学决策提供可靠的、公正的地理国情监测信息和产品，重视知识产权创新，在长期的彰显作用、扩大影响、积累口碑的基础上，逐步提高政府和公众对其认知度、认同度和参与协同度，形成常态化的服务能力，逐步融入政府宏观决策管理的各项具体业务中，并经常性发挥作用，从而树立起测绘地理信息部门地理国情服务的工作品牌。基于此，笔者提出地理国情服务的未来发展框架（图7.1）。

　　（1）地理国情以辅助规划决策为服务目标、以政府和公众为服务主体、以国家安全和公众利益为价值取向。

　　（2）地理国情服务以常态化监测为数据源、以综合统计分析为技术、以社会化应用的产品体系为媒介、以法律法规体制为保障、以知识产权创新为动力源。

　　（3）地理国情监测、综合统计分析、社会化应用的协调耦合是地理国情服务目标实现的内部因素，而法律法规和知识产权创新则是地理国情服务实现价值取向的外部因素。

　　（4）地理国情服务的可持续实施需要开展五大战略，即大数据战略、大平台战略、大创新战略、大应用战略和大示范战略。所谓大数据战略是拓展当前地理国情监测的内容、类型和指标，将人文地理国情和泛在数据等纳入到常态化监测，从单一基础地理信息数据向多类型地理国情数据的转变，改善当前地理国情数据无法满足社会化应用需求的困境；大平台战略是通过构建集综合统计分析、辅助决策分析图制图、在线发布、决策报告等功能于一体的在线平台，从静态测绘服务向地理国情动态分析、从被动提供向主动服务、从后台服务向前台服务，改善当前地理国情产品体系不健全、功能不完善的困境；大创新战略是通过知识产权创新促进地理国情监测、综合统计分析及产品开发等相关技术的发展，改善当前地理国情服务技术不先进、理论和方法滞后的困境；大应用战略是指地理国情服务应拓展应用领域和目标人群，实现地理国情在国土、规划、生态环境、农业、林业、水务、教育等不同领域的应用，改善当前地理国情社会化应用水平较低的困境；大示范战略是通过开展地理国情服务典型示范案例，总结经验和教训后推广至其他地区，按需求、按地理单元或按更新频率灵活服务，改善当前地理国情服务无经验可寻的困境。

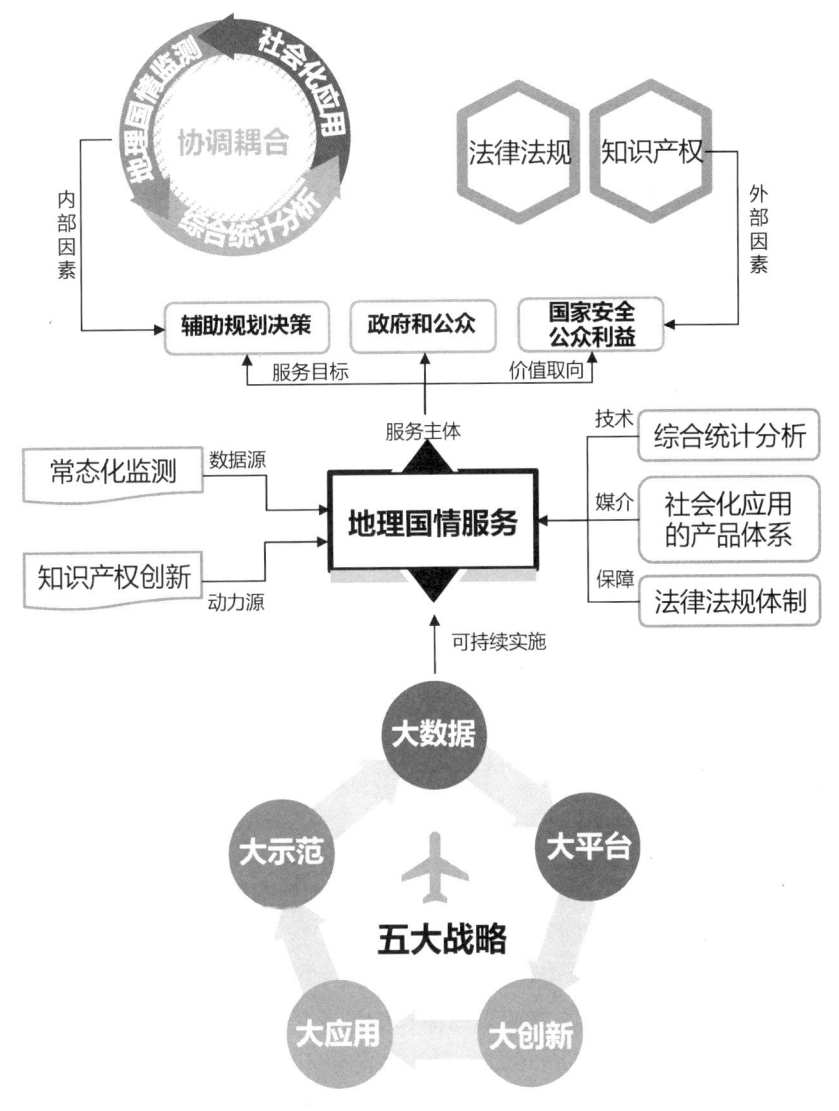

图 7.1 地理国情服务的未来发展框架

在实施层面，地理国情服务应优先解决如下七个问题。

1）完善服务体制机制

加强地理国情服务法律法规、规划计划、政策制度等的制订和实施，健全地理国情服务体制。落实国民经济社会发展规划和事业发展规划，科学编制地理国情服务年度计划。健全产品发布、信息共享、数据安全等相关制度，提高社会化应用水平。地方需要制定地理国情服务的地方性法规和规范性文件，落实地理国情服务职责职能，争取设立专门的职能部门并落实人员编制，推动地理国情服务纳入本级经济社会发展规划和年度财政投资计划，建立稳定的财政投入机制。

2）健全监测业务体系

健全监测技术标准体系，加强监测标准规范与行业标准和用户需求衔接，加快形成科学实用、系统完整的监测标准体系。建立高效生产组织体系，构建国产为主、商业为辅、多星联合、统筹获取的影像保障服务模式，完善监测资料收集利用、数据采编、时空数据库建设等工艺流程，探索专题性监测与基础性监测联合实施。融合经济社会人文等信息，针对政府和社会公众关心关注的重点、热点、难点问题，开展深层次监测分析。

3）提高综合统计分析能力

地理国情综合统计分析的算法种类繁多，部分算法复杂度较高，需要由不同人员乃至不同单位的专业人员协作完成。此外，综合统计分析的主题涉及国家、区域、城市、县等多个层面，国家和地区关注的重点各不相同；同时各地区发展不同，对地理国情综合统计分析的需求也有差异。须适应国家以及各地区的对地理国情综合统计计算的不同需求，构建系统的普适性模型和拓展性模型。

4）丰富地理国情产品体系

丰富的地理国情产品是实现社会化应用的关键。需要研发时空数据库（人文、自然、泛在信息、专题和综合分析数据库）、辅助决策综合统计分析专题图、决策咨询报告、辅助决策综合统计分析软件、皮书系列、在线服务平台、手机APP、科普图册等多类产品，推动地理国情事业转型升级数据开放共享，让社会公众和市场主体充分了解数据价值，拓展地理国情服务的广度和深度。同时，需要注重产品的权限问题，区分直报类、政务类和公众类产品的差异性。

5）深化地理国情社会化应用

推进面向政府管理决策、面向企业生产运营、面向人民群众生活的地理国情社会化应用。征求各级政府和相关部门对地理国情服务的需求，确定优先服务领域，提供个性化、针对性服务。强化与发改、国土、环保、住建、审计、统计等部门业务合作，推进地理国情信息在部门重大改革任务和重点工作中广泛应用，争取在主体功能区实施、空间性规划"多规合一"、生态红线划定、自然资源资产确权登记、自然资源资产负债表编制、领导干部自然资源资产离任审计、国土空间用途管制、新型城镇化建设、资源枯竭型城市治理与转型等领域的应用中形成地理国情服务品牌，为有关部门开展普查、调查或监测工作提供统一的地理空间公共基底。

6）重视科技创新

开展空天地一体化的多源遥感数据快速获取研究，提高地理国情数据获取实时化水平。开展遥感影像去云降噪、要素快速自动解译、变化发现快速检测、质量指标与质量控制模型构建等技术研究，提高地理国情数据处理自动化水平。开展时空大数据科学理论体系、计算系统、时空大数据驱动应用模型探索等基础研究，构建地理国情时空数据模型和数据库模型，建立时空大数据云平台和管理系统，提高地理国情数据管理网络化水平。开展时空统计与动态建模、数据深度挖掘、信息比对，以及与经济社会各要素之间的关联度研究，建立地理国情综合统计分析评价指标，开发面向地理国情大数据的数据挖掘系统，提高地理国情统计分析智能化水平。

7）强化服务人才队伍建设

依托地理国情监测重大科研和重点任务，培养造就一批地理国情服务急需的高层次人才。打造一批对地理国情服务发展有引领的创新团队。加强高等院校、科研院所、企业产学研协同，搭建地理国情服务创新平台。优化调整生产事业单位布局，通过划分类别、界定功能、分类改革，实行分类发展、分类定责、分类考核，打造与地理国情服务相适应的专业人才队伍。发挥企业市场主体作用，鼓励引导地理信息企业参与地理国情服务。

参 考 文 献

保罗·克鲁格曼. 2001. 克鲁格曼国际贸易新理论. 黄胜强译. 北京: 中国社会科学出版社.
陈春林, 梅林, 刘继生, 等. 2011. 国外城市化研究脉络评析. 世界地理研究, 20(1): 70-78.
陈庆欢. 2016. 地理国情成果在线发布平台设计与实现. 江西测绘, (1): 44-48.
储旭超, 石海, 崇明本. 2016. 知识产权类型的发展及趋势. 江苏商论, 32(9): 186-187.
戴济平. 2013. 地理国情普查统计地图研究. 测绘标准化, 29(4): 14-16.
狄琳. 2011. 建立新国家地理格网服务地理国情监测初探. 测绘通报, (2): 1-2.
董春, 袁卫平, 亢晓琛, 等. 2014. 地理国情大数据基本统计的多进程并行计算. 测绘科学, 39(5): 13-17.
董春, 张继贤, 刘纪平, 等. 2016. 高精度地理数据空间统计分析模型与方法. 遥感信息, 31(1): 13-19.
杜清运, 翁敏, 任福, 等. 2016. 地理国情普查和监测地图产品体系研究. 地理空间信息, 14(10): 1-12.
方创琳, 杨玉梅. 2006. 城市化与生态环境交互耦合系统的基本定律. 干旱区地理, 29(1): 1-8.
桂德竹, 张月, 刘芳, 等. 2017. 常态化地理国情监测内涵的再认识. 测绘通报, (2): 133-137.
何琼. 经济可持续增长中的若干理论问题. 2007. 合肥: 中国科学技术大学博士学位论文.
胡庆武, 王玥, 艾明耀, 等. 2016. 地理国情监测专业的开放式创新教学体系. 测绘科学, 41(10): 187-190.
胡志丁, 葛岳静, 徐建伟, 等. 2012. 空间与经济地理学理论构建. 地理科学进展, 31(6): 676-685.
霍利斯·钱纳里, 莫伊思·赛尔昆. 1988. 发展的型式 1950-1970. 李新华等译. 北京: 经济科学出版社.
金相郁. 2004. 20 世纪区位理论的五个发展阶段及其评述. 经济地理, 24(3): 295-298.
李德仁, 丁霖, 邵振锋. 2016. 关于地理国情监测若干问题的思考. 武汉大学学报, 41(2): 143-147.
李德毅. 2014. 大数据时代的位置服务. 测绘科学, 39(8): 3-6.
李维森. 2017. 地理国情监测与事业转型升级. 地理信息世界, 24(2): 1-6.
梁进社. 2009. 地理学的十四大原理. 地理科学, 29(3): 307-315.
梁进社. 2008. 经济地理学的九大原理. 地理研究, 27(1): 75-84.
刘芳, 桂德竹. 2014. 地理国情监测成果体系与服务模式初探. 遥感信息, 29(4): 16-19.
刘凯, 龙毅, 秦耀辰. 2014. 论地理信息的空间粒度. 地理与地理信息科学, 30(1): 8-12.
刘耀林, 何力, 何青松, 等. 2015. 地理国情统计分析系统设计与应用. 地理信息世界, 22(6): 56-59.
刘耀林, 王程程, 焦利民, 等. 2015. 地理国情多层次统计分析与评价指标体系设计. 地理信息世界, 22(5): 1-7.
吕长广. 2013. 地理国情监测体系的基本架构. 城市勘测, (2): 10-12.
马万钟, 杜清运. 2011. 地理国情监测的体系框架研究. 国土资源科技管理, 28(6): 104-111.
倪金生, 刘翔, 杨劲林, 等. 2017. 多源动态异构空间标绘内容整合研究. 国土资源遥感, 29(1): 208-212.
潘玉君, 王仕莲, 尹立勇. 2003. 地理学元研究——地理学的理论结构. 云南师范大学学报, 23(2): 49-54.
申雄伟. 2005. 城市经济区域理论及其发展研究——兼论 citistate 理论对我国城市经济区域发展的启示. 长沙: 湖南师范大学硕士学位论文.
史文中, 秦昆, 陈江平, 等. 2012. 可靠性地理国情动态监测的理论与关键技术探讨. 科学通报, 57(24): 2239-2248.
宋长青. 2016. 地理学研究范式的思考. 地理科学进展, 35(1): 1-3.
宋正娜, 陈雯, 袁丰, 等. 2010. 公共设施区位理论及其相关研究述评. 地理科学进展, 29(12): 1499-1508.
速水佑次郎. 2003. 发展经济学——从贫困到富裕. 北京: 科学社会文献出版社.
唐伟, 王德富, 文学虎. 2016. 地理国情普查成果与生态环境状况评价数据整合方案研究. 测绘, 39(6): 255-258, 276.
陶舒, 周旭, 程滔, 等. 2015. 地理国情普查数据的空间尺度转换研究. 测绘科学, 40(11): 89-94.

王海银, 李国华, 庄晓东, 等. 2015. 地理国情普查数据协同生产系统开发与应用. 测绘通报, (7): 103-105, 127.

王家耀, 谢明霞. 2016. 地理国情与复杂系统. 测绘学报, 45(1): 1-8.

王劲峰, 徐成东. 2017. 地理探测器: 原理与展望. 地理学报, 72(1): 116-134.

王军, 杨东岳, 张梁. 2014. 地理国情成果在线发布系统开发与应用研究. 测绘与空间地理信息, 37(10): 114-116.

王小攀, 袁超, 王艳. 2016. 重庆市地理国情监测管理体系框架初探. 北京测绘, (5): 23-27.

王玉海, 崔铁军, 郭黎, 等. 2007. 地理信息服务系统结构体系的研究. 测绘科学, 32(6): 54-55.

吴芬芳, 熊卿. 2015. 大数据时代地理信息获取与服务方式的嬗变. 测绘工程, 24(10): 15-18.

吴卫东. 2013. 浅议我国测绘地理信息知识产权保护. 测绘通报, (2): 109-115.

谢明霞, 王家耀. 2015. 地理国情分类区划及分级评价模型. 测绘科学技术学报, 32(2): 192-196.

谢明霞, 王家耀, 陈科. 2016. 地理国情分类区划模型构建及实证研究——以河南省为例. 地理科学进展, 35(11): 1360-1368.

熊伟. 2014. 面向智慧城市的测绘地理信息服务模式. 测绘科学, 39(8): 39-43.

熊伟. 2015. 我国测绘地理信息知识产权研究. 测绘与空间地理信息, 38(9): 166-169.

严竞新, 刘小强, 殷小庆, 等. 2017. 地理国情要素数据用于多规合一的探讨. 测绘标准化, 33(2): 7-9.

杨伯钢, 王淼, 刘博文. 2017. 面向特大城市的地理国情监测框架体系建设与应用. 北京测绘, (3): 31-34.

杨皓月. 2011. 地理国情监测地理格网划分及统计. 阜新: 辽宁工程技术大学硕士学位论文.

余咏胜, 王厚之, 朱传勇, 等. 2015. 地理国情普查地表覆盖要素处理和优化技术研究. 测绘通报, (5): 73-75.

张成. 2014. 地理国情监测对象分析. 城市勘测, (2): 23-26.

张辉峰, 桂德竹. 2014. 地理国情监测支撑生态文明全过程建设的思考. 遥感信息, 2(4): 3-5.

张继贤, 顾海燕, 鲁学军, 等. 2016. 地理国情大数据研究框架. 遥感学报, 20(5): 1017-1026.

张琴琴, 杨柏林, 李娜娜, 等. 2016. 地理国情普查试点成果综合分析. 测绘科学, 41(4): 83-88.

张霞. 2014. 地理信息服务组合与空间分析服务研究. 武汉: 武汉大学博士学位论文.

张旭敏, 孙立坚, 王亮. 2015. 地理国情普查统计数据网格化. 遥感信息, 30(3): 27-32.

仉明, 于海波, 汪伟, 等. 2015. 地理国情普查综合统计分析技术框架研究——以天津为例. 城市勘测, (5): 51-54.

周成虎. 全空间地理信息系统展望. 2015. 地理科学进展, 34(2): 129-131.

周星, 阮于洲, 桂德竹, 等. 2013. 地理国情监测体制机制研究. 遥感信息, 28(4): 121-124.

周星, 阮于洲, 桂德竹, 等. 2014. 关于建立地理国情监测长效机制的思考. 测绘科学, 39(4): 46-49, 87.

周旭斌, 孟蕾. 2014. 地理国情监测在城市化发展中的应用研究——以汕头市为例. 测绘与空间地理信息, 37(6): 78-83.

朱力维, 王志强, 王军. 2014. 地理国情海量数据云存储技术设计研究. 测绘与空间地理信息, 37(6): 131-139.

Agrawal R, Gehrke J, Gunopulos D, et al. 1998. Automatic subspace clustering of high dimensional data for data mining applications. ACM SIGMOD Record. ACM, 94-105.

Bai J, Zhao Y, Sheng L, et al. 2015. Use of landsat-series data in national geographic condition monitoring in China. International Archives of the Photogrammetry Remote Sensing & S, XL-7/W3:1339-1344.

Chenery H B. 1986. Industrialization and Growth: A Comparative Study. Oxford: Oxford Press.

Davis K. 1965. The urbanization of the human population. Scientific American, 213(3): 41-53.

Dietzel C, Herold M, Hemphill J J, et al. 2005. Spatio-temporal dynamics in California's Central Valley: Empirical links to urban theory. International Journal of Geographical Information Science, 19: 175-195.

Du J, Zhou X, Tao S, et al. 2016. Cloud adaptive parallel simulated annealing genetic algorithm in the application of personnel scheduling in national geographic conditions monitoring//S. SUN, A. J. TALLONBALLESTEROS, D. S. PAMUCAR, et al., Fuzzy Systems and Data Mining li: 377-389.

Eppler M J. Burkhard R A. 2004. Knowledge Visualization: Towards a new discipline and its fields of application, ICA working paper#2/2004. University of Lugano, Lugano.

Fotheringham A S, Charlton M, Brunsdon C, et al. 1996. The geography of parameter space: An investigation of spatial non-stationarity. International Journal of Geographic Information Systems, 10(5): 605-627.

Hall P. 1998. Cities in civilization. Weidenfeld and Nicolson.

Koperski K, Adhikary J, Han J. 1996. Spatial Data Mining: Progress and Challenges. SIGMOD Workshop on Research Issues on Data Mining and Knowledge Discovery, 1-10.

Lv S H, Zhang J X, Zhang Z H, et al. 2016. Research on the construction method of comprehensive evaluation index of geographic conditions. ISPRS-International Archives of the Photogrammetry, Remote Sensing and Spatial Information Sciences, XLI-B7: 679-684.

Northam R M. 1975. Urban Geography. New York: Wiley Sons, 65-67.

Prebisch R. 1950. The economic development of Latin America and its principal problems. New York: United Nations Economic Commission on Latin America.

Sachs J D, Warner A M. 1995. Natural Resource Abundance and Economic Growth(NBER Working Paper No. 5398). Cambridge, MA: NBER.

Shneiderman B. 1996. The eyes have it: A task by data type taxonomy for information visualizations. The Craft of Information Visualization, 364-371.

Singer H W. 1950. The distribution of gains between investing and borrowing countries. America Economic Review, 5.

综合统计分析方面推荐参考文献

Su S, Chen X, DeGloria S D, et al. 2010. Integrative fuzzy set pair model for land ecological security assessment: A case study of Xiaolangdi Reservoir Region, China. Stochastic Environmental Research and Risk Assessment, 24: 639-647.

Su S, Gong Y, Tan B, et al. 2017. Area social deprivation and public health: Analyzing the spatial non-stationary associations using geographically weighed regression. Social Indicators Research, 133: 819-832.

Su S, Hu Y, Luo F, et al. 2014. Farmland fragmentation due to anthropogenic activity in rapidly developing region. Agricultural Systems, 131: 87-93.

Su S, Jiang Z, Zhang Q, et al. 2011. Transformation of agricultural landscapes under rapid urbanization: A threat to sustainability in Hang-Jia-Hu region, China. Applied Geography, 31: 439-449.

Su S, Lei C, Li A, et al. 2017. Coverage inequality and quality of volunteered geographic features in Chinese cities: Analyzing the associated local characteristics using geographically weighted regression. Applied Geography, 78: 78-93.

Su S, Li D, Hu Y, et al. 2014. Spatially non-stationary response of ecosystem service value changes to urbanization in Shanghai, China. Ecological Indicators, 45: 332-339.

Su S, Li D, Yu X, et al. 2011. Assessing land ecological security in Shanghai(China)based on catastrophe theory. Stochastic Environmental Research and Risk Assessment, 25: 737-746.

Su S, Li D, Zhang Q, et al. 2011. Temporal trend and source apportionment of water pollution in different functional zones of Qiantang River, China. Water Research, 45: 1781-1795.

Su S, Li Z, Xu M, et al. 2017. A geo-big data approach to intra-urban food deserts: Transit-varying accessibility, social inequalities, and implications for urban planning. Habitat International, 64: 22-40.

Su S, Liu Z, Xu Y, et al. 2017. China's megaregion policy: Performance evaluation framework, empirical findings and implications for spatial polycentric governance. Land Use Policy, 63: 1-19.

Su S, Ma X, Xiao R. 2014. Agricultural landscape pattern changes in response to urbanization at ecoregional scale. Ecological Indicators, 40: 10-18.

Su S, Pi J, Wan C, et al. 2015. Categorizing social vulnerability patterns in Chinese coastal cities. Ocean & Coastal Management, 116: 1-8.

Su S, Pi J, Xie H, et al. 2017. Community deprivation, walkability, and public health: Highlighting the social inequalities in land use planning for health promotion. Land Use Policy, 67: 315-326.

Su S, Sun Y, Lei C, et al. 2017. Reorienting paradoxical land use policies towards coherence: A self-adaptive ensemble learning geo-simulation of tea expansion under different scenarios in subtropical China. Land Use Policy, 67: 415-425.

Su S, Wan C, Hu Y, et al. 2016. Characterizing geographical preferences of international tourists and the local influential factors in China using geo-tagged photos on social media. Applied Geography, 73: 26-37.

Su S, Wan C, Li J, et al. 2017. Economic benefit and ecological cost of enlarging tea cultivation in subtropical China: Characterizing the trade-off for policy implications. Land Use Policy, 66: 183-195.

Su S, Wang Y, Luo F, et al. 2014. Peri-urban vegetated landscape pattern changes in relation to socioeconomic development. Ecological Indicators, 46: 477-486.

Su S, Xiao R. 2013. Spatially varying determinants of farmland conversion across Qiantang Watershed, China. Environmental Management, 52: 907-916.

Su S, Xiao R, Jiang Z, et al. 2012. Characterizing landscape pattern and ecosystem service value changes for urbanization impacts at an eco-regional scale. Applied Geography, 34: 295-305.

Su S, Xiao R, Li D, et al. 2014. Impacts of transportation routes on landscape diversity: A comparison of different route types and their combined effects. Environmental Management, 53: 636-647.

Su S, Xiao R, Mi X, et al. 2013. Spatial determinants of hazardous chemicals in surface water of Qiantang River, China. Ecological Indicators, 24: 375-381.

Su S, Xiao R, Xu X, et al. 2013. Multi-scale spatial determinants of dissolved oxygen and nutrients in Qiantang River, China. Regional Environmental Change, 13: 77-89.

Su S, Xiao R, Zhang Y. 2014. Monitoring agricultural soil sealing in peri-urban areas using remote sensing. Photogrammetric Engineering & Remote Sensing, 80: 367-372.

Su S, Xiao R, Zhang Y. 2012. Multi-scale analysis of spatially varying relationships between agricultural landscape patterns and urbanization using geographically weighted regression. Applied Geography, 32: 360-375.

Su S, Yang C, Hu Y, et al. 2014. Progressive landscape fragmentation in relation to cash crop cultivation. Applied Geography, 53: 20-31.

Su S, Zhang Q, Pi J, et al. 2016. Public health in linkage to land use: Theoretical framework, empirical evidence, and critical implications for reconnecting health promotion to land use policy. Land Use Policy, 57: 605-618.

Su S, Zhang Q, Zhang Z, et al. 2011. Rural settlement expansion and paddy soil loss across an ex-urbanizing watershed in eastern coastal China during market transition. Regional Environmental Change, 11: 651-662.

Su S, Zhang Z, Xiao R, et al. 2012. Geospatial assessment of agroecosystem health: Development of an integrated index based on catastrophe theory. Stochastic Environmental Research and Risk Assessment, 26: 321-334.

Su S, Zhou X, Wan C, et al. 2016. Land use changes to cash crop plantations: Crop types, multilevel determinants and policy implications. Land Use Policy, 50: 379-389.

Wan C, Su S. 2017. China's social deprivation: Measurement, spatiotemporal pattern and urban applications. Habitat International, 62: 22-42.

Wan C, Su S. 2016. Neighborhood housing deprivation and public health: Theoretical linkage, empirical evidence, and implications for urban planning. Habitat International, 57: 11-23.

Weng M, Pi J, Tan B, et al. 2017. Area deprivation and liver cancer prevalence in Shenzhen, China: A spatial approach based on social indicators. Social Indicators Research, 133: 317-332.

Xiao R, Su S, Mai G, et al. 2015. Quantifying determinants of cash crop expansion and their relative effects using logistic regression modeling and variance partitioning. International Journal of Applied Earth Observation and Geoinformation, 34: 258-263.

Xu M, Xin J, Su S, et al. 2017. Social inequalities of park accessibility in Shenzhen, China: The role of park quality, transport modes, and hierarchical socioeconomic characteristics. Journal of Transport Geography, 62: 38-50.

Zhang Q, Gao W, Su S, et al. 2017. Biophysical and socioeconomic determinants of tea expansion: Apportioning their relative importance for sustainable land use policy. Land Use Policy, 68: 438-447.

Zhang, Q, Su S. 2016. Determinants of urban expansion and their relative importance: A comparative analysis of 30 major metropolitans in China. Habitat International, 58: 89-107.

彩 图

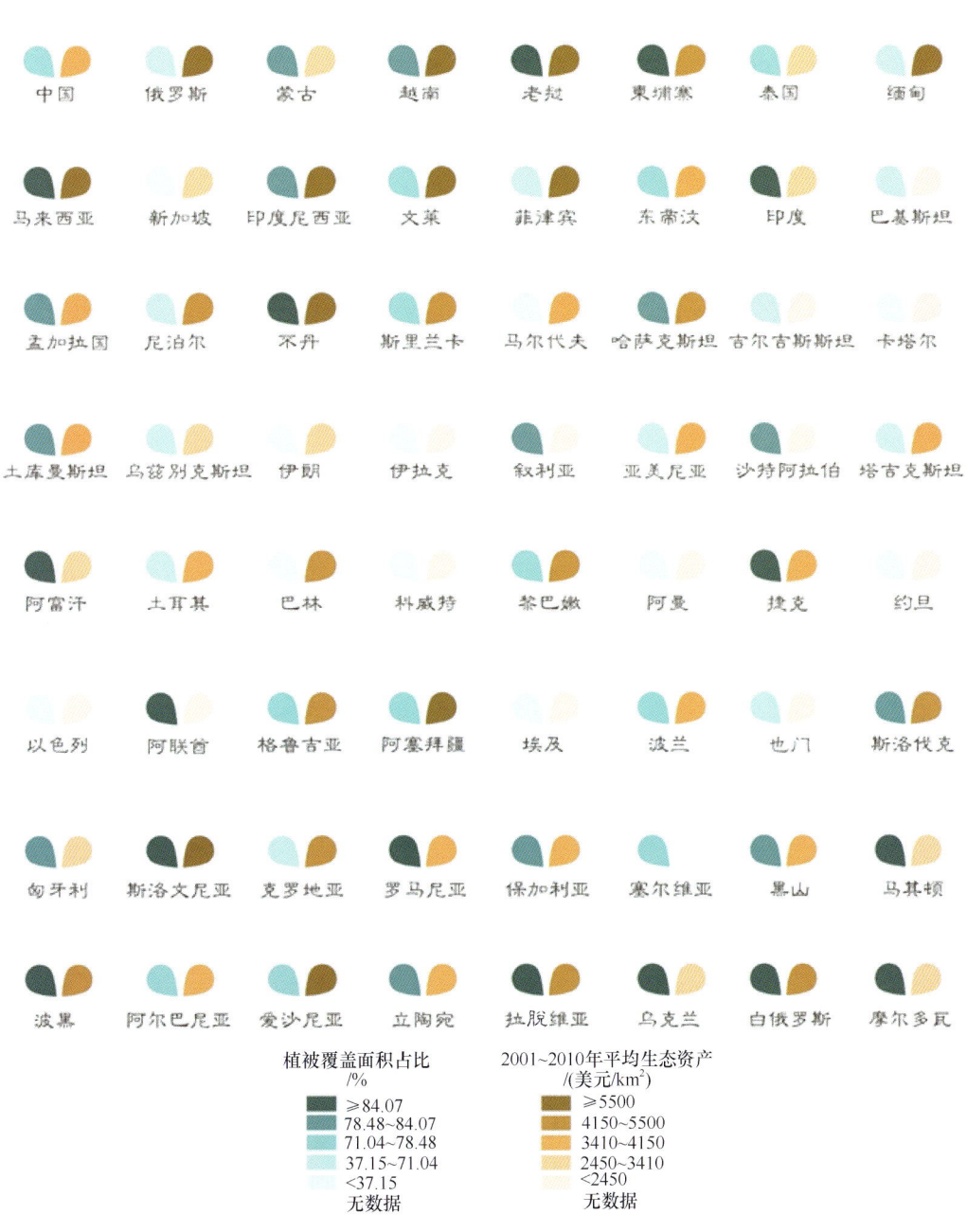

中国　俄罗斯　蒙古　越南　老挝　柬埔寨　泰国　缅甸

马来西亚　新加坡　印度尼西亚　文莱　菲律宾　东帝汶　印度　巴基斯坦

孟加拉国　尼泊尔　不丹　斯里兰卡　马尔代夫　哈萨克斯坦　吉尔吉斯斯坦　卡塔尔

土库曼斯坦　乌兹别克斯坦　伊朗　伊拉克　叙利亚　亚美尼亚　沙特阿拉伯　塔吉克斯坦

阿富汗　土耳其　巴林　科威特　黎巴嫩　阿曼　捷克　约旦

以色列　阿联酋　格鲁吉亚　阿塞拜疆　埃及　波兰　也门　斯洛伐克

匈牙利　斯洛文尼亚　克罗地亚　罗马尼亚　保加利亚　塞尔维亚　黑山　马其顿

波黑　阿尔巴尼亚　爱沙尼亚　立陶宛　拉脱维亚　乌克兰　白俄罗斯　摩尔多瓦

植被覆盖面积占比 /%
- ≥84.07
- 78.48~84.07
- 71.04~78.48
- 37.15~71.04
- <37.15
- 无数据

2001~2010年平均生态资产 /(美元/km²)
- ≥5500
- 4150~5500
- 3410~4150
- 2450~3410
- <2450
- 无数据

图 4.12 "一带一路"各国家生态资产

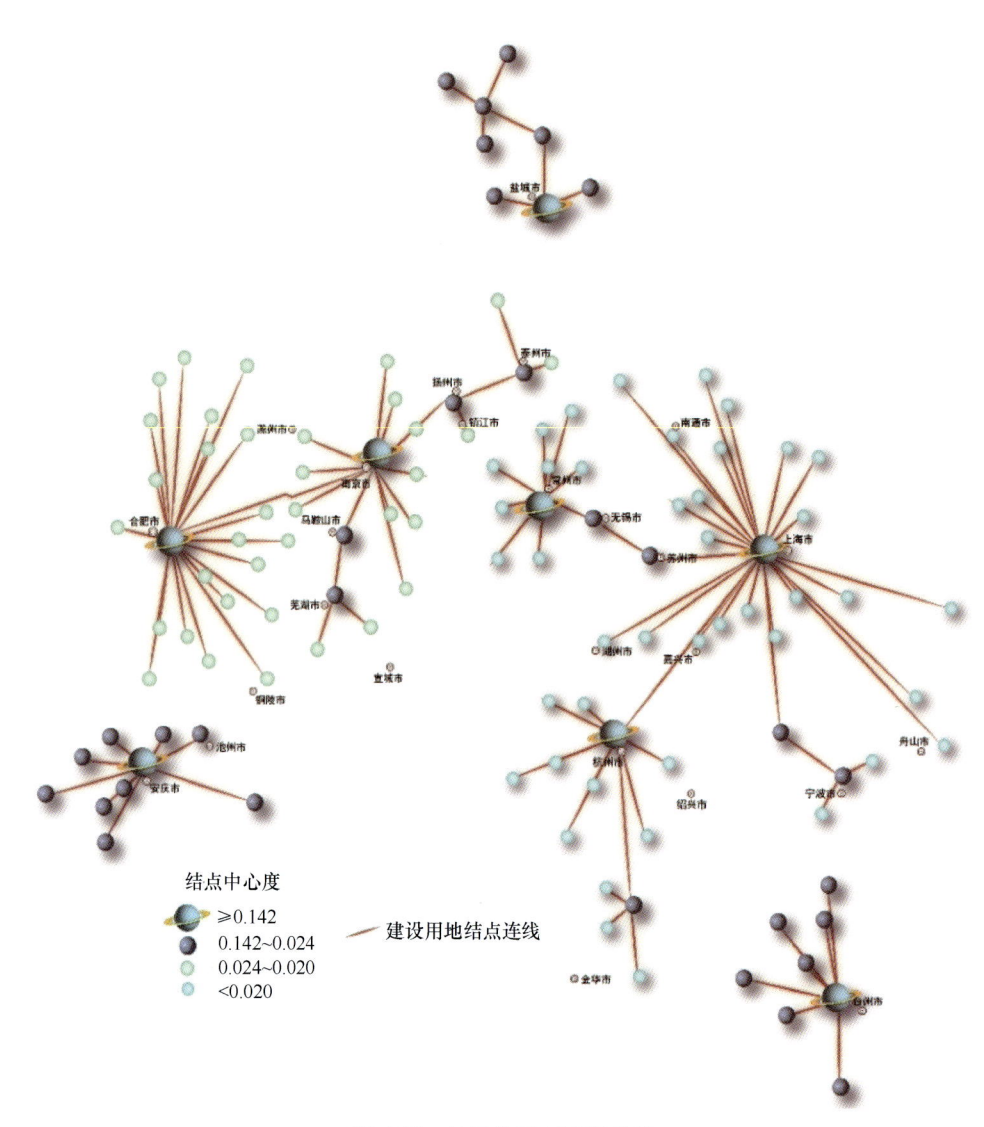

图 4.13 长三角城市空间体系

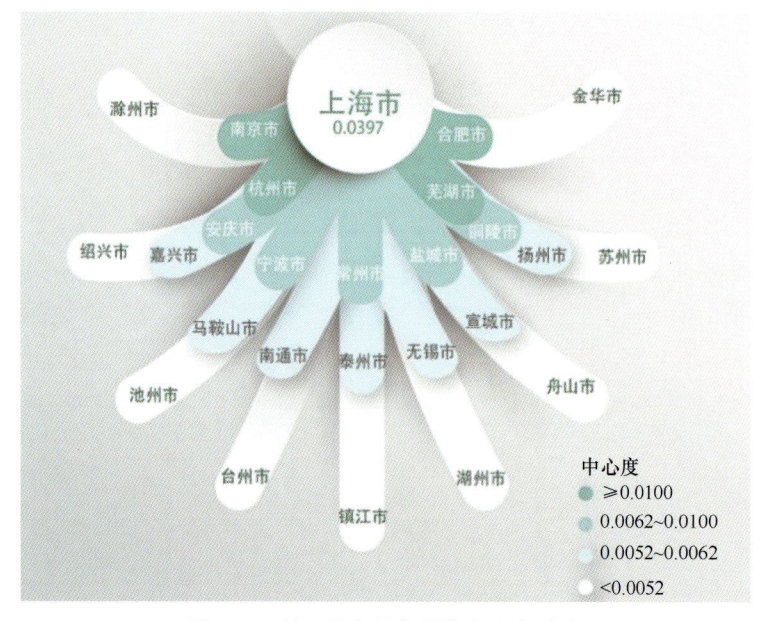

图 4.15 长三角各城市网络中心度对比

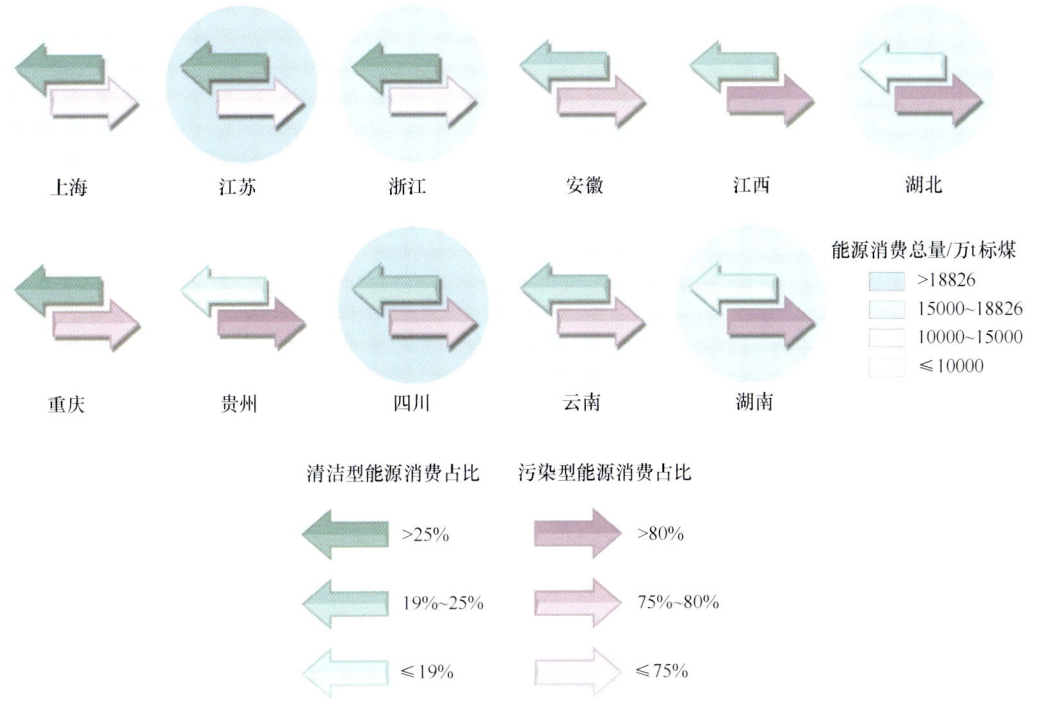

图 4.21　长江经济带能源消费及能源结构

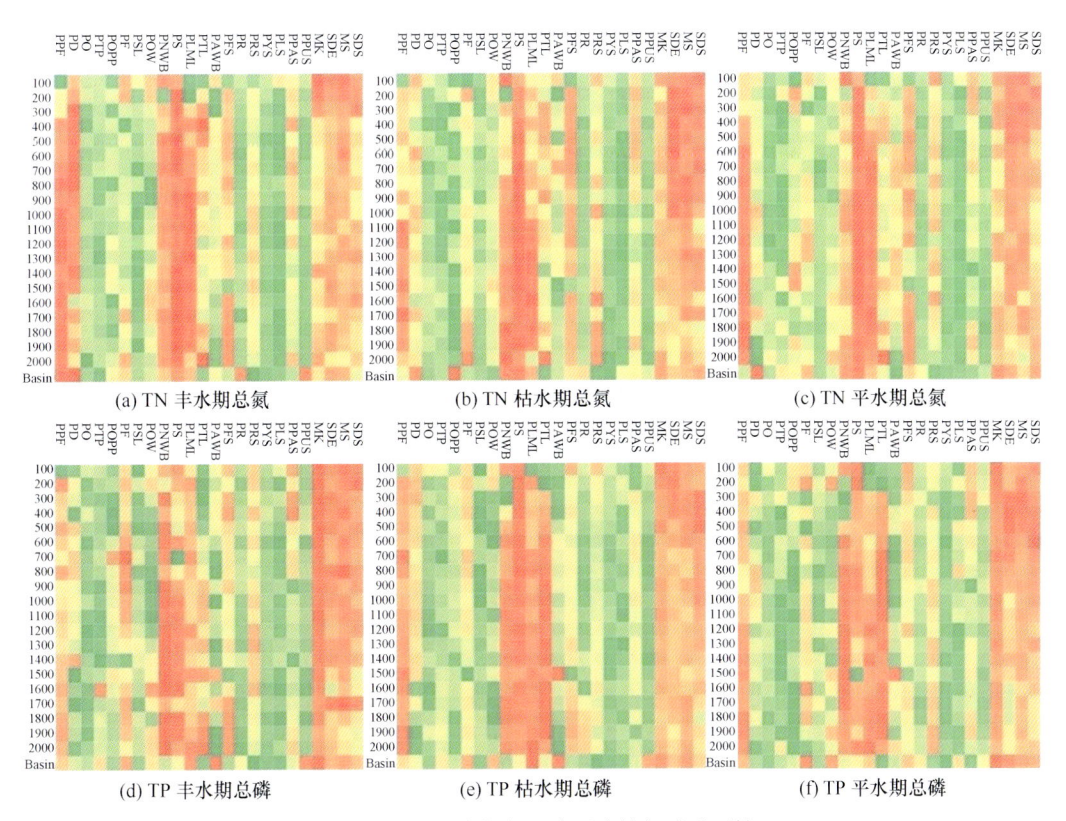

图 4.23　不同季节各影响因素的相对重要性

| 园地
| 林地
| 灌木
| 水田
| 旱地

1994年　2004年　2009年
(a)园地

1994年　2004年　2009年
(b)林地

1994年　2004年　2009年
(c)灌木

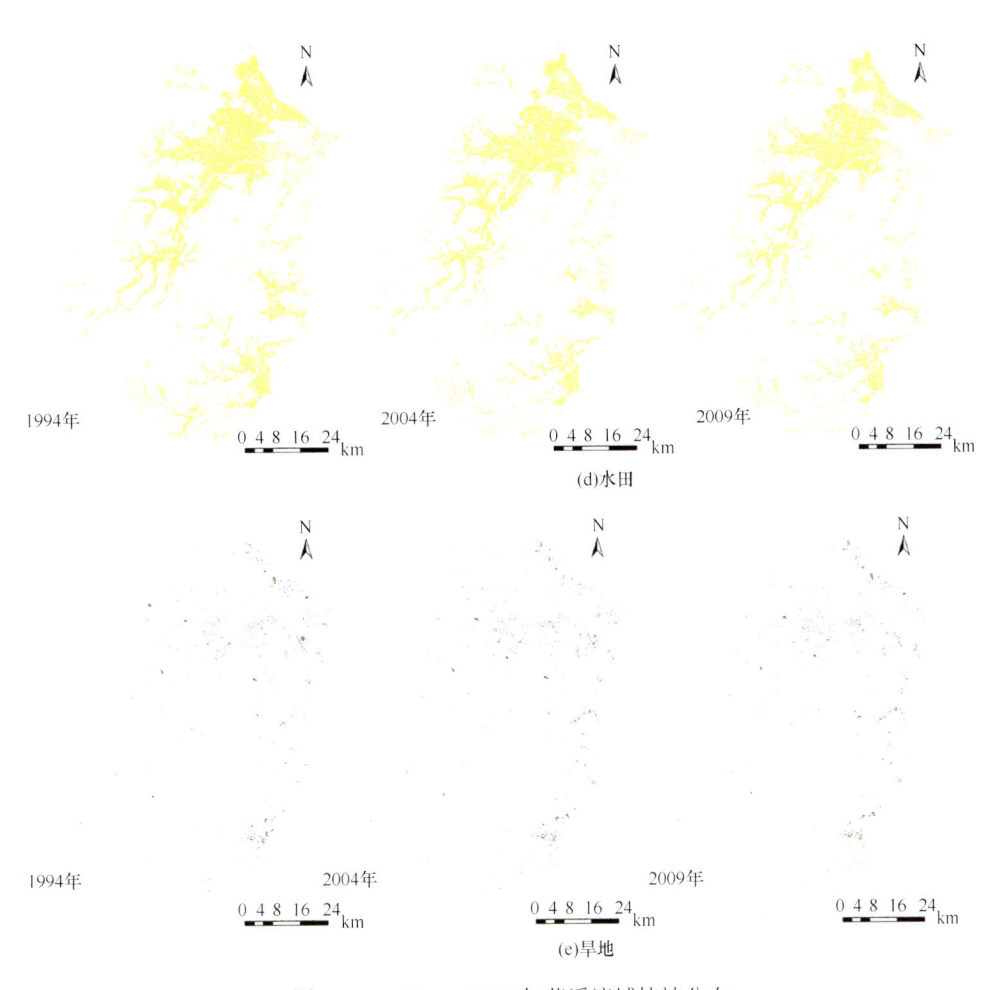

1994年　　　　　　　　　　　2004年　　　　　　　　　　　2009年
0 4 8 16 24 km　　　　　　0 4 8 16 24 km　　　　　　0 4 8 16 24 km

(d)水田

1994年　　　　　　　　　　　2004年　　　　　　　　　　　2009年
0 4 8 16 24 km　　　　　　0 4 8 16 24 km　　　　　　0 4 8 16 24 km

(e)旱地

图 4.26　1985~2009 年苕溪流域植被分布

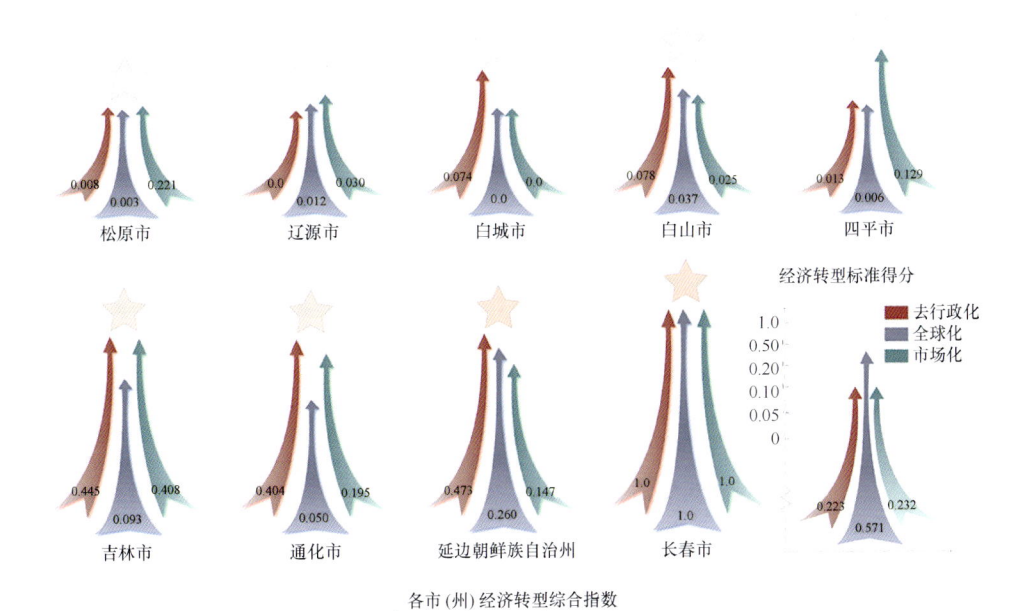

松原市　0.008　0.003　0.221
辽源市　0.0　0.012　0.030
白城市　0.074　0.0　0.0
白山市　0.078　0.037　0.025
四平市　0.013　0.006　0.129

吉林市　0.445　0.093　0.408
通化市　0.404　0.050　0.195
延边朝鲜族自治州　0.473　0.260　0.147
长春市　1.0　1.0　1.0
　　　　0.223　0.571　0.232

经济转型标准得分
去行政化
全球化
市场化

各市(州)经济转型综合指数
≥0.219　0.036~0.219　0.021~0.036　<0.021

图 4.28　吉林省经济转型分析

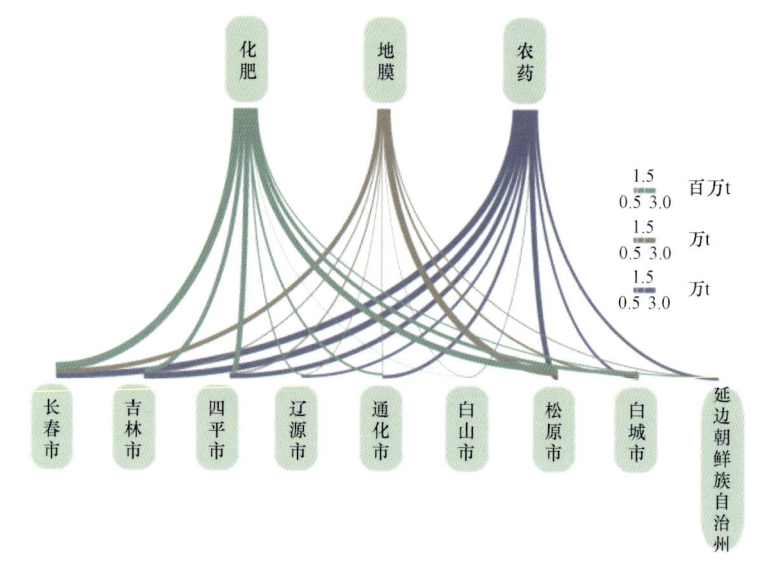

图 4.32　吉林省各市农药、化肥、地膜施用量

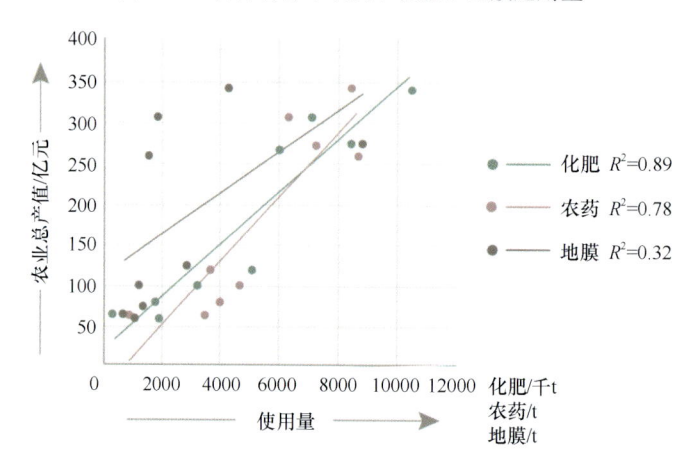

图 4.33　农业污染投入与农业总产值回归分析

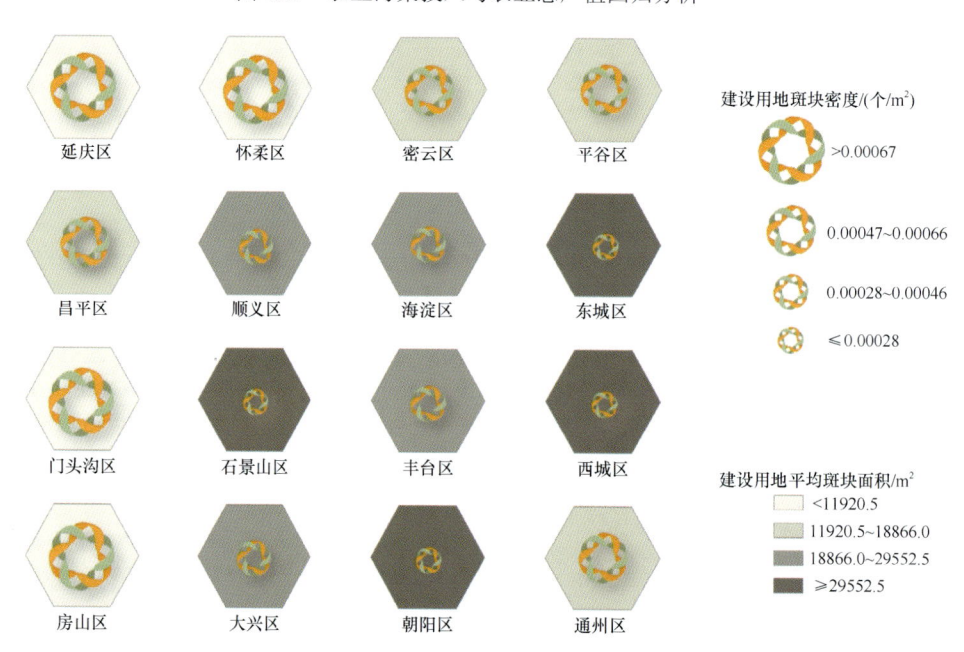

图 4.34　北京市各地区建设用地破碎度

(a)2015年

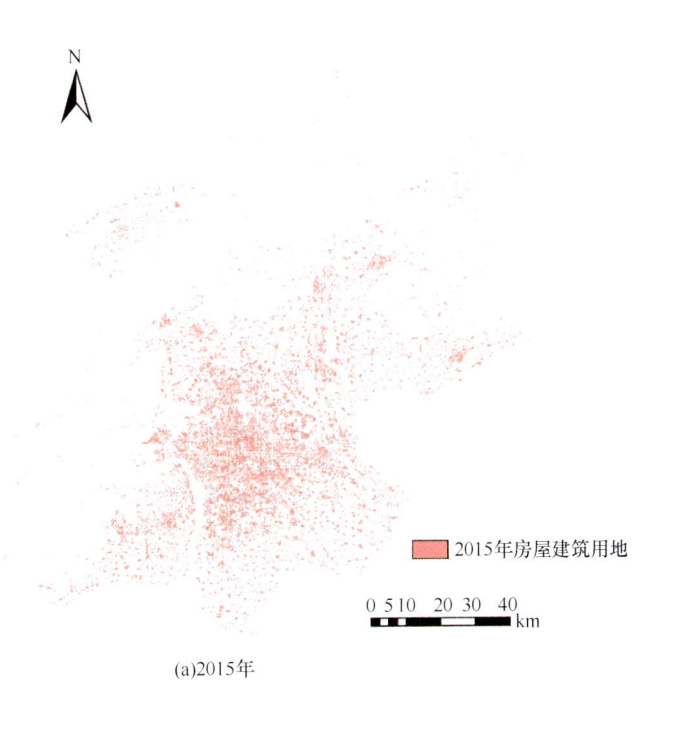

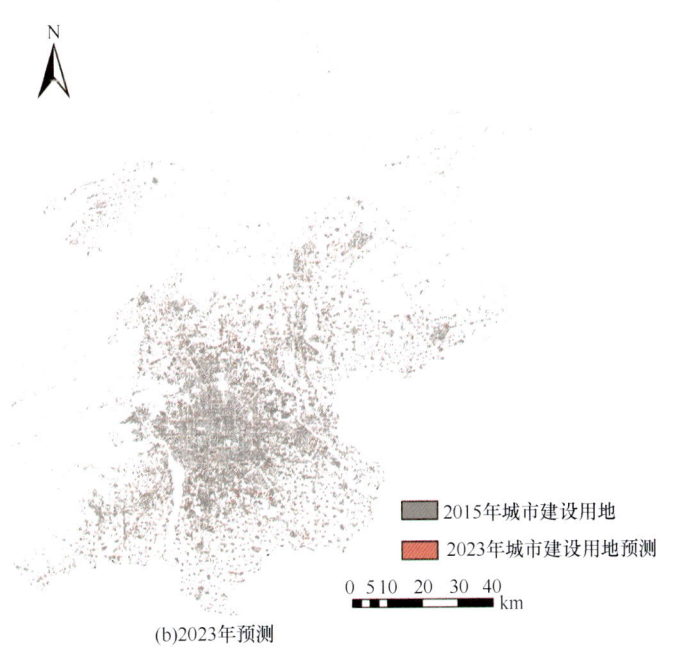

(b)2023年预测

图 4.35　预测结果与 2015 年城市建设用地对比

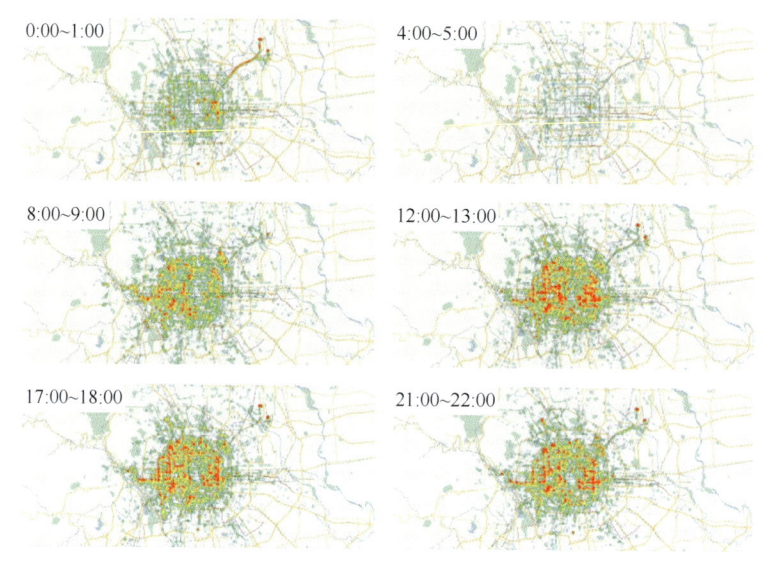

图 4.36 工作日出租车载客热点图

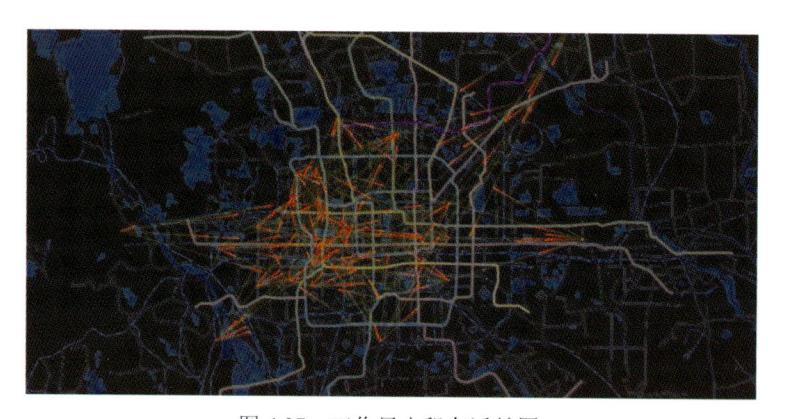

图 4.37 工作日出租车迁徙图

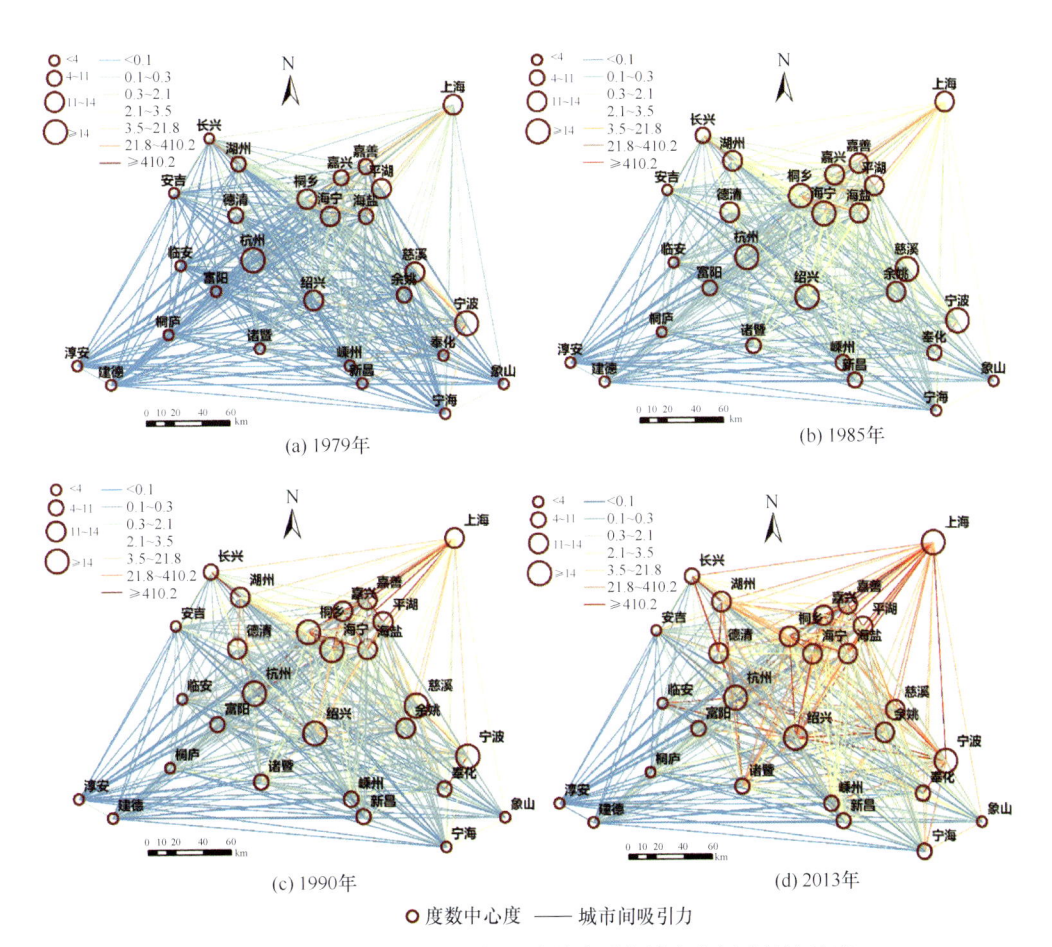

图 4.42 1979～2013年环杭州湾城市群各城市之间功能连接度

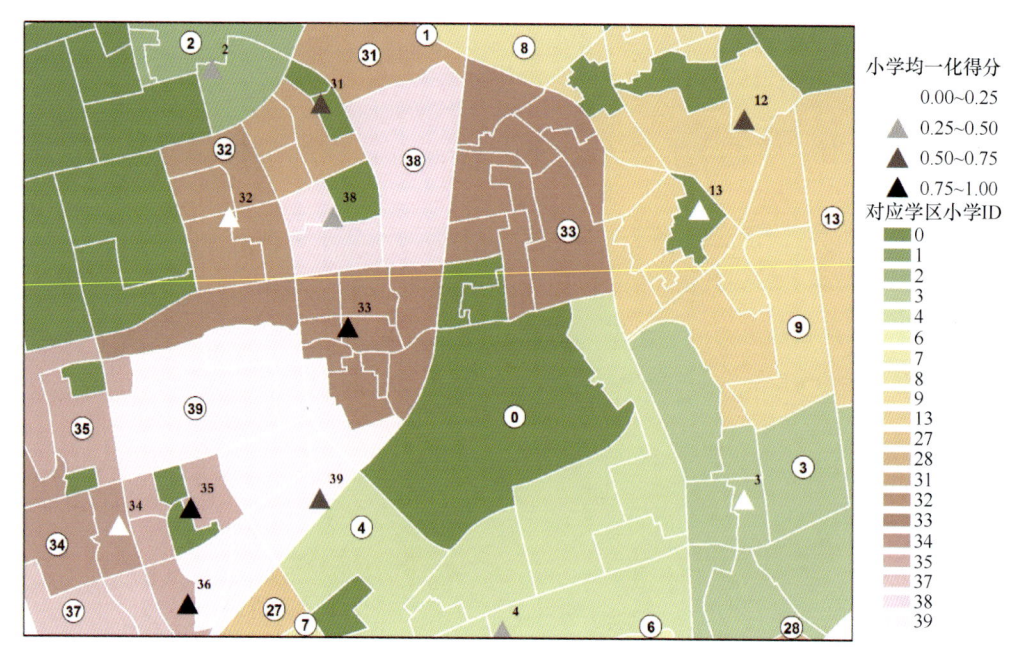

(a) 上海市徐汇区(局部)现有学区——基于居委区

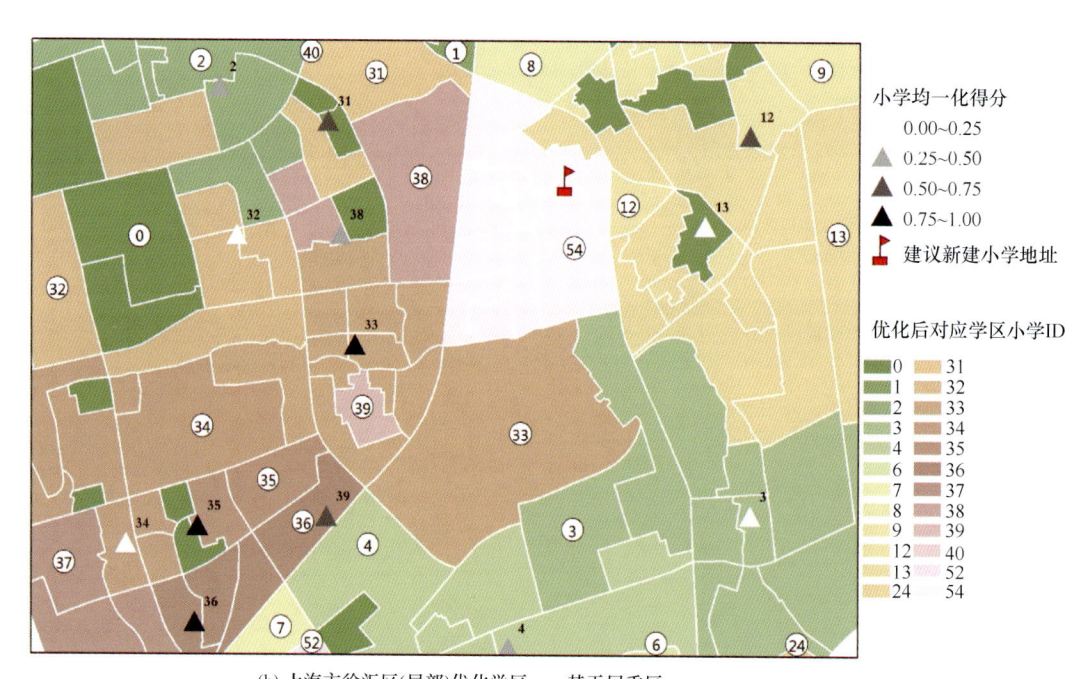

(b) 上海市徐汇区(局部)优化学区——基于居委区

图 4.43 学区现状及优化

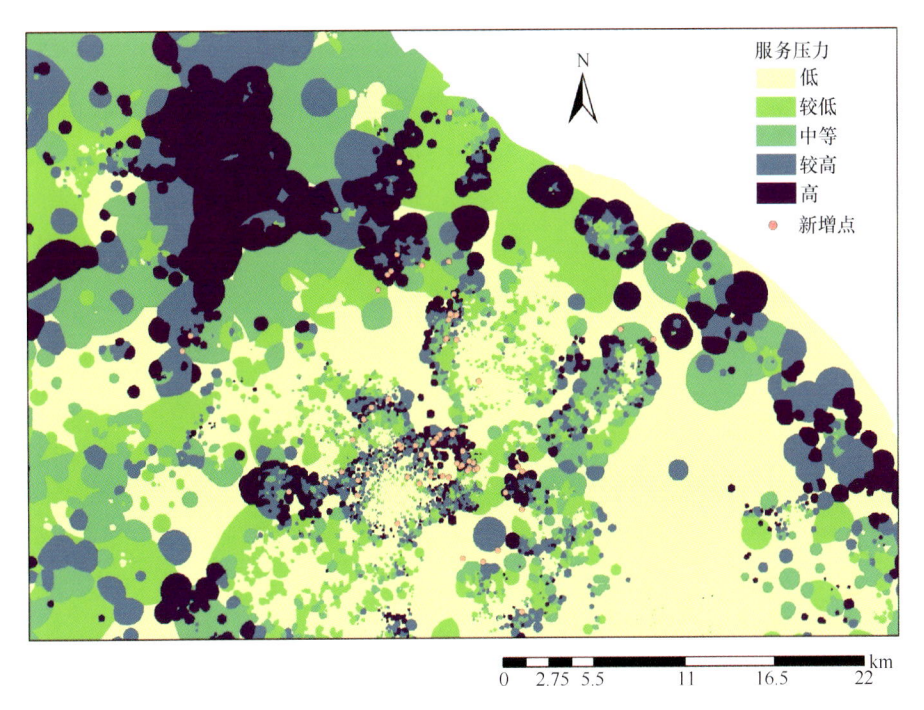

图 4.47　上海市全民健身路径优化选址（局部地区）

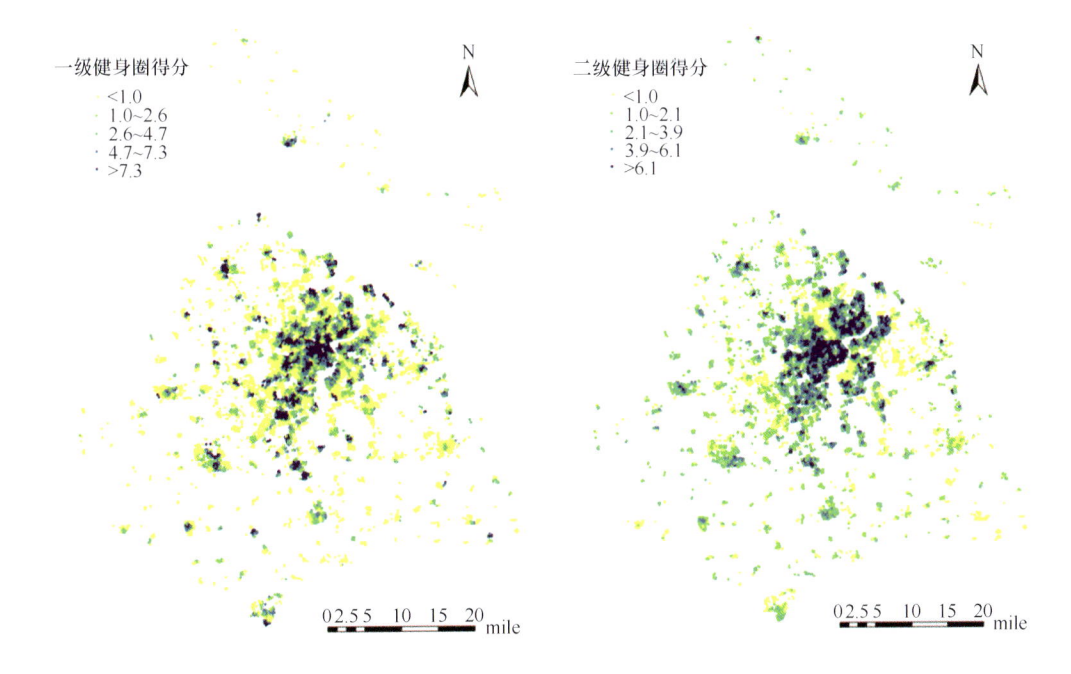

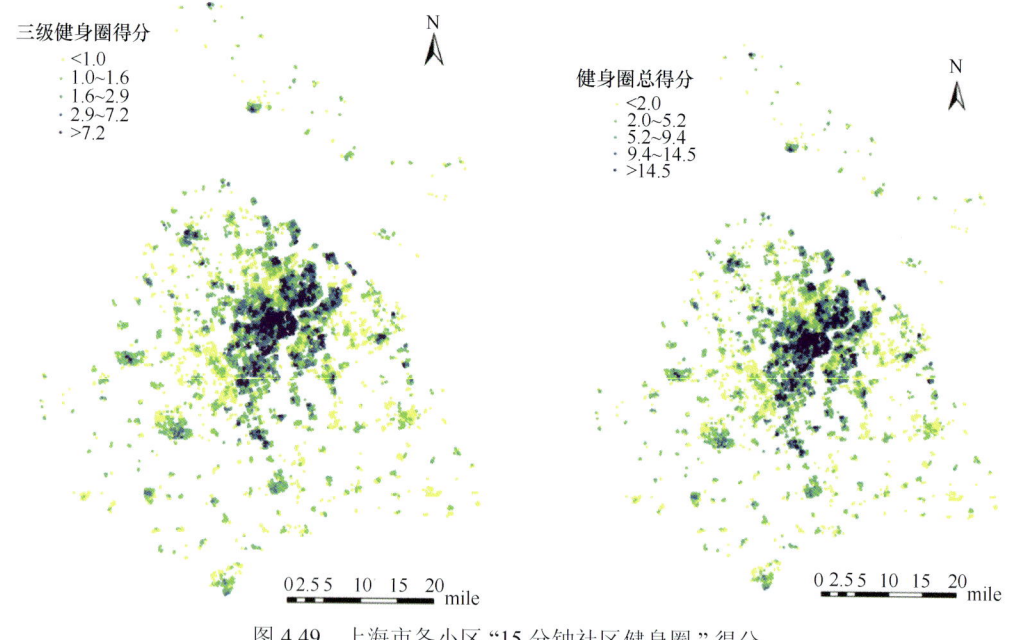

图 4.49　上海市各小区 "15 分钟社区健身圈" 得分

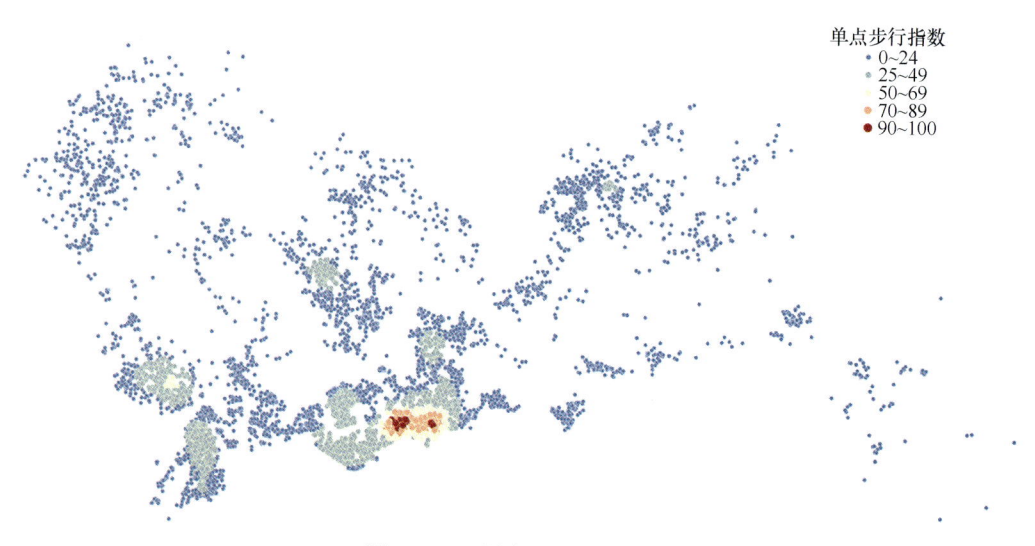

图 4.54　深圳市小区步行指数

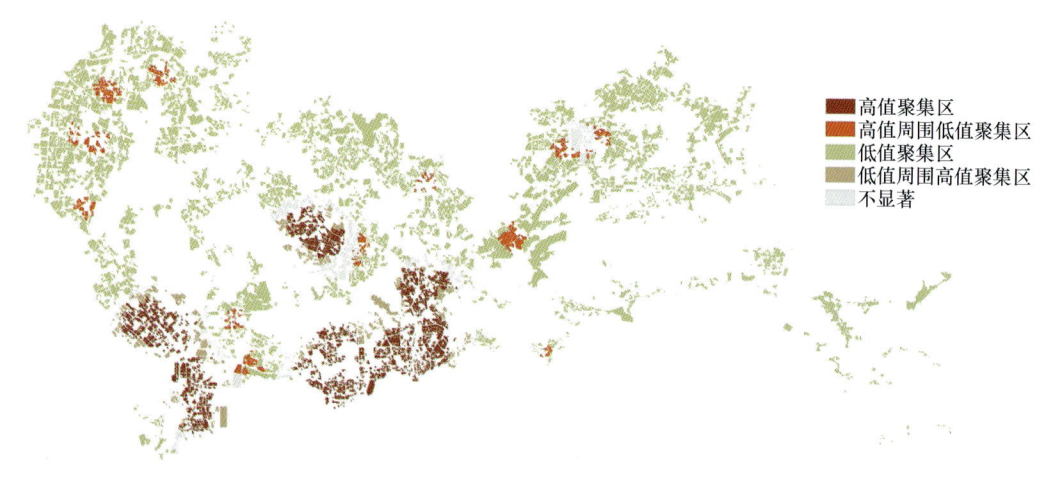

图 4.55　深圳市小区步行指数空间自相关分析

(a) 步行　　　　　　　　　　　(b) 驾车

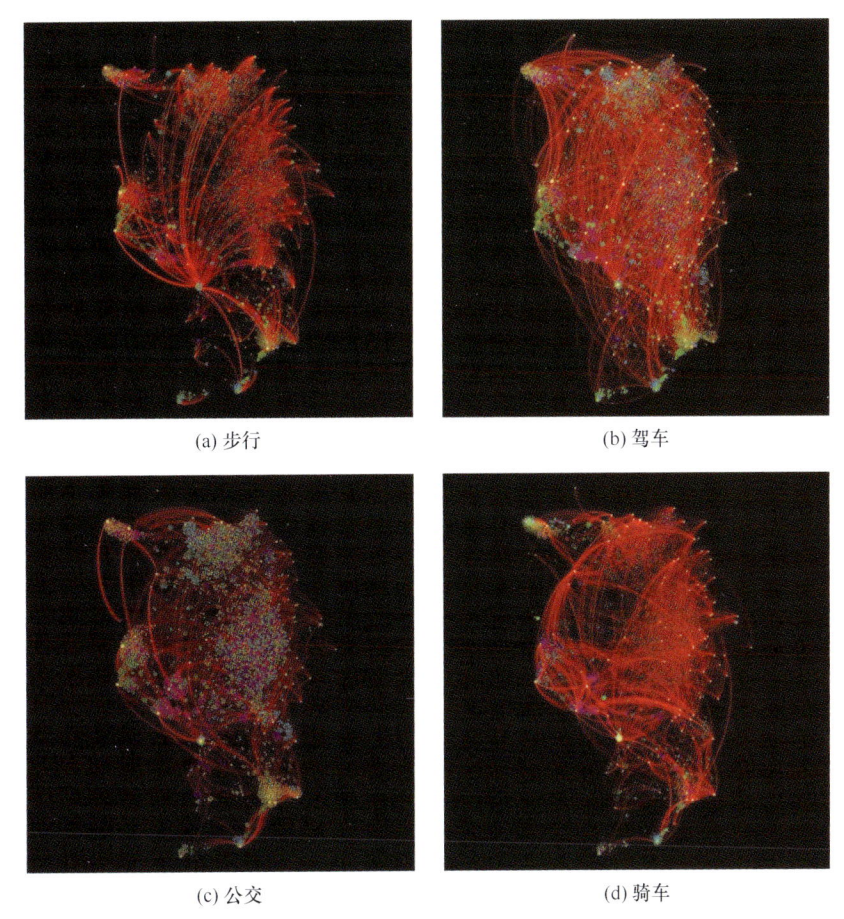

(c) 公交　　　　　　　　　　　(d) 骑车

图 4.57　各小区到其最近商店时间的互联网地图服务数据可视化

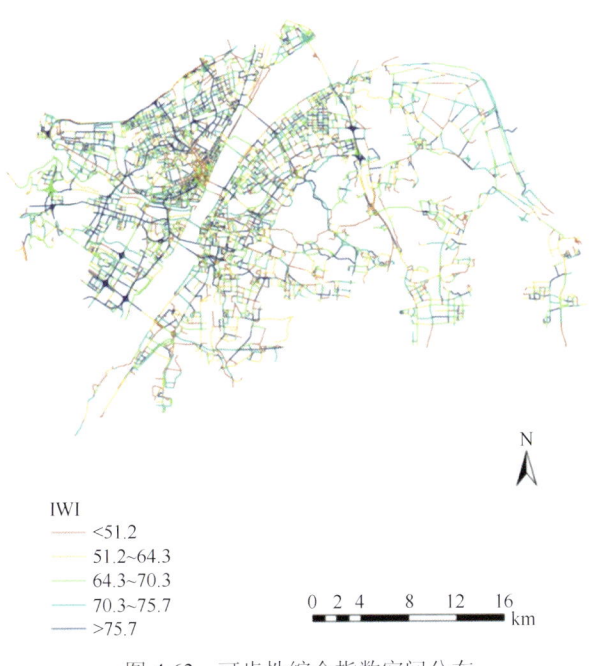

IWI
— <51.2
— 51.2~64.3
— 64.3~70.3
— 70.3~75.7
— >75.7

0　2　4　　8　　12　　16
km

图 4.63　可步性综合指数空间分布

(a) 1990年

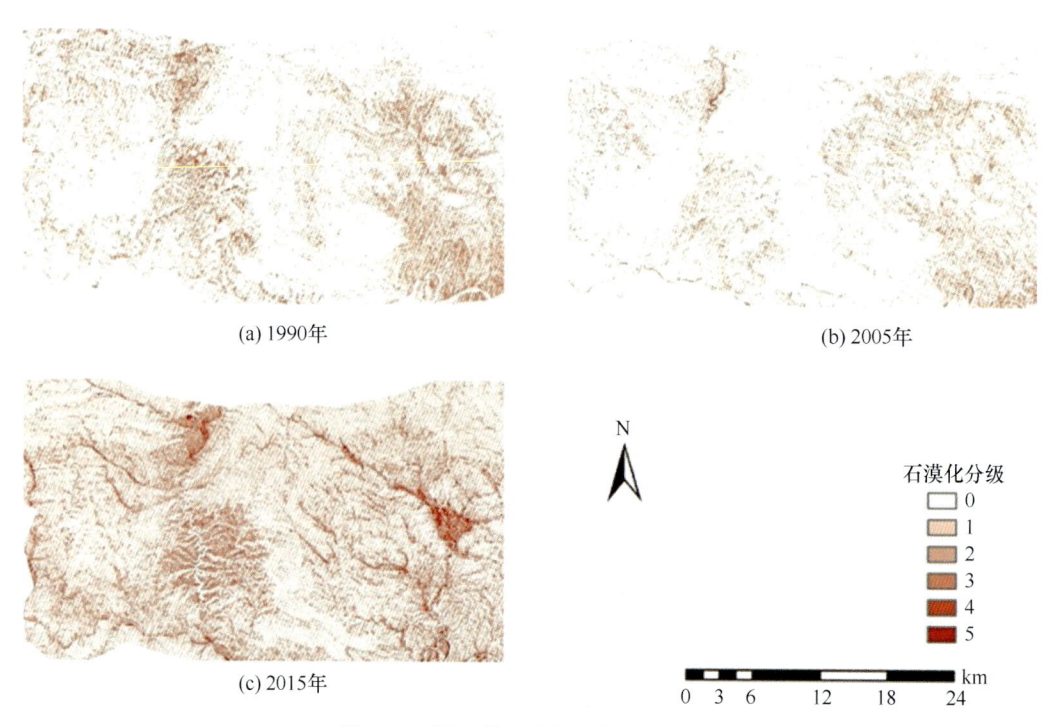

(b) 2005年

(c) 2015年

图 4.79 郧西县石漠化程度时空分布

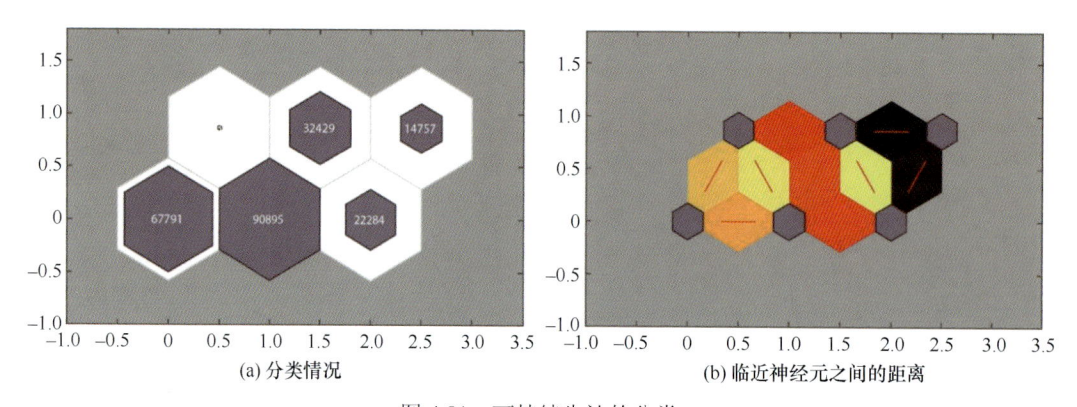

(a) 分类情况

(b) 临近神经元之间的距离

图 4.81 可持续生计的分类

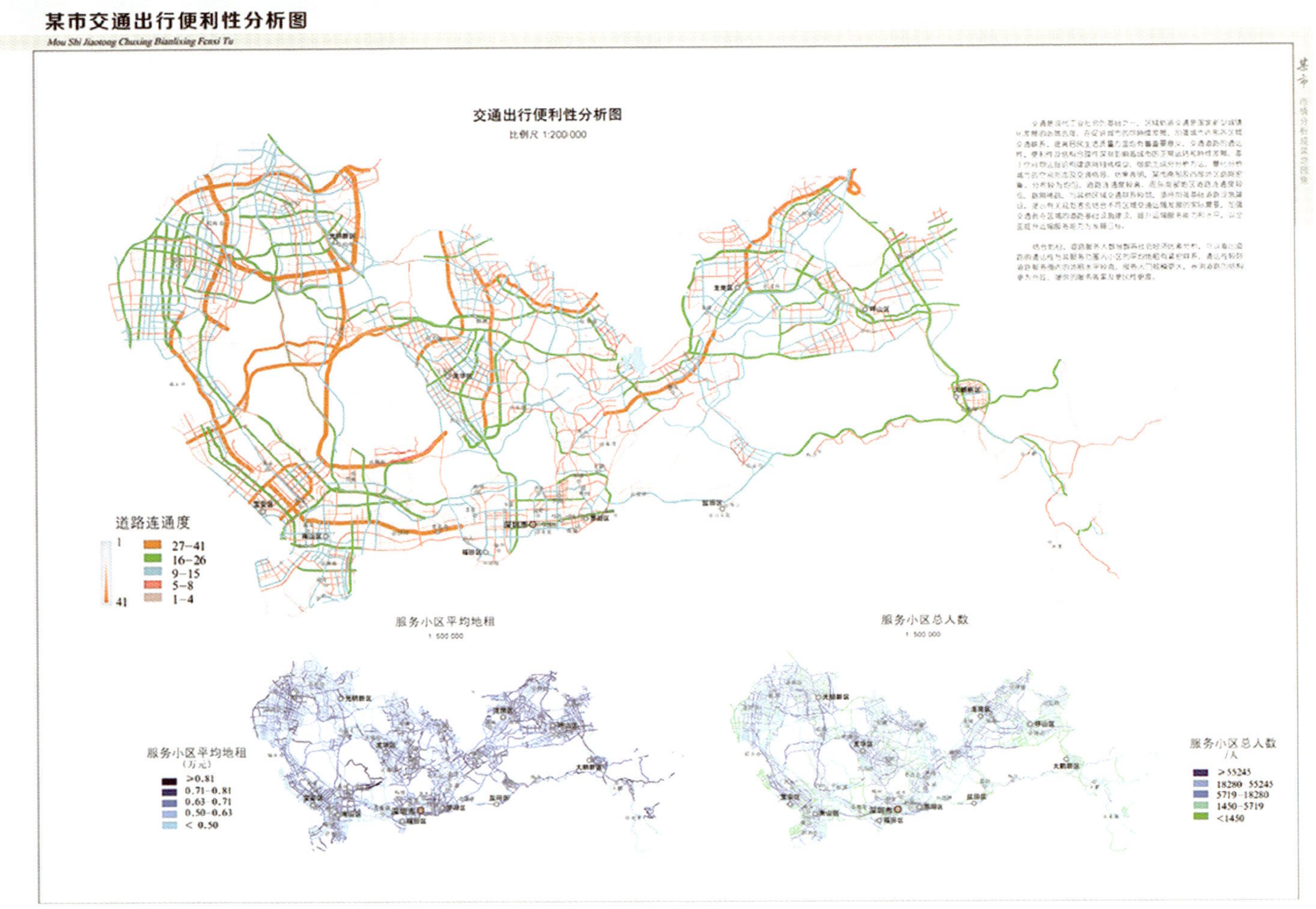

图 5.12 某市交通出行便利性分析图

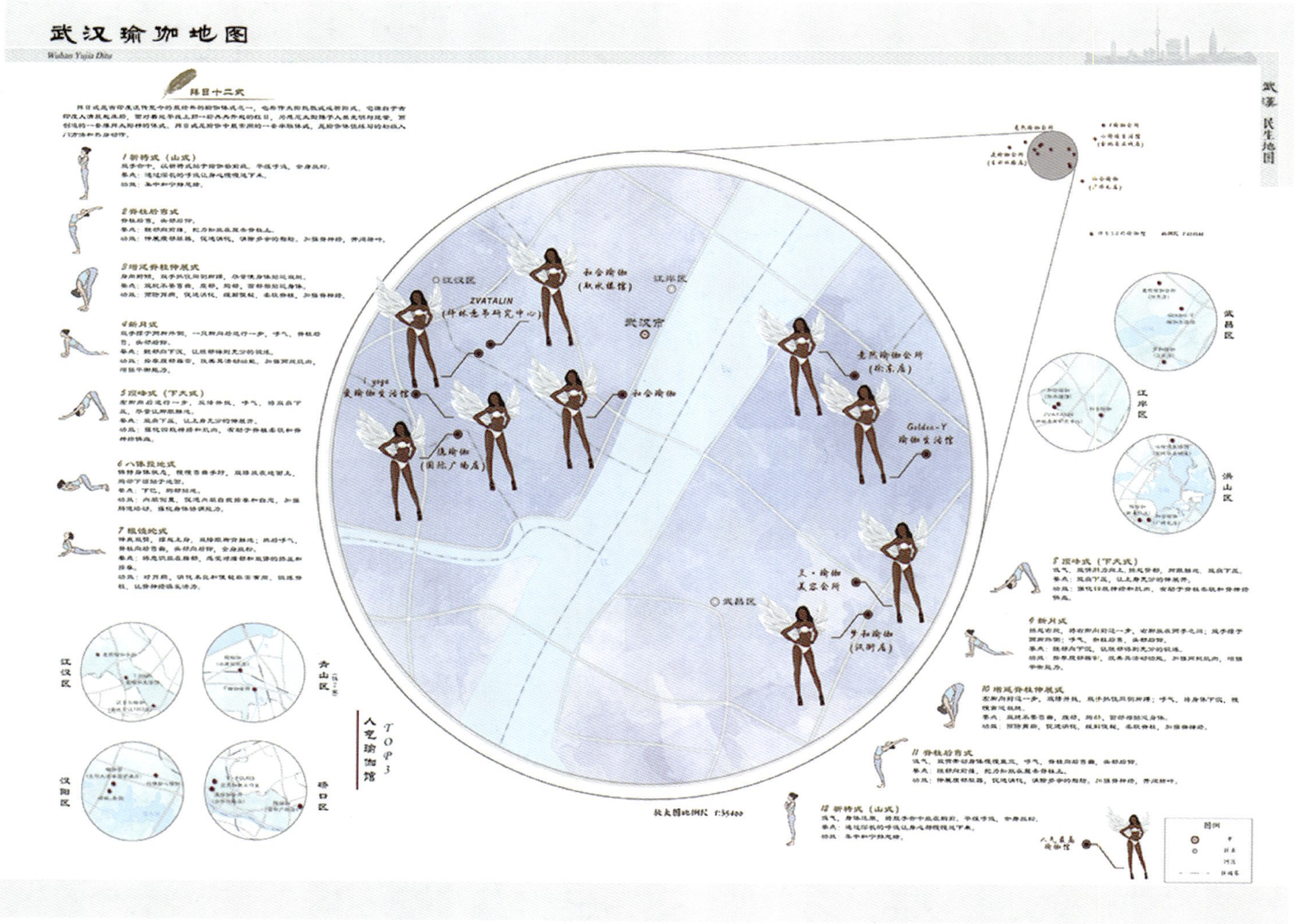

图 5.28　武汉市瑜伽地图